Volker Kiel

Analoge Verfahren in der systemischen Beratung

Ein integrativer Ansatz für Coaching,
Team- und Organisationsentwicklung

Mit einem Vorwort von Klaus Lumma

Mit 68 Abbildungen

Vandenhoeck & Ruprecht

Bibliografische Information der Deutschen Nationalbibliothek:
Die Deutsche Nationalbibliothek verzeichnet diese Publikation in der
Deutschen Nationalbibliografie; detaillierte bibliografische Daten sind
im Internet über https://dnb.de abrufbar.

Umschlagabbildung: na-um/shutterstock.com

Satz: SchwabScantechnik, Göttingen
Druck und Bindung: ♻ Hubert & Co. BuchPartner, Göttingen
Printed in the EU

Vandenhoeck & Ruprecht Verlage | www.vandenhoeck-ruprecht-verlage.com

ISBN 978-3-525-40672-4

»Als ich den gelehrten Astronomen hörte,
Als die Beweise, die Zahlen, in Reihen geordnet vor mir lagen,
Als man mir die Karten und Diagramme zeigte,
dass ich sie addiere, dividiere und messe,
Als ich sitzend den Astronomen hörte,
wo er unter reichem Beifall im Hörsaale las –
Wie bald war ich unerklärlich müde und krank:
Bis ich mich erhob und hinausglitt und von selbst davonwanderte
In die mystische, feuchte Nachtluft und von Zeit zu Zeit
In vollkommenem Schweigen emporsah zu den Sternen!«
(Walt Whitman, zit. nach Schoen, 1990, S. 109)

»Und im übrigen lassen Sie sich das Leben geschehen.
Glauben Sie mir: das Leben hat recht, auf alle Fälle.«
(Rainer Maria Rilke: Brief an Franz Xaver Kappus,
4. November 1904: Rilke, 1929, S. 49)

Inhalt

1 Ein systemisches Verständnis von Beratung

5 Die Resonanzbildmethode

6 Bilder im Dialog besprechen: Das Beratungsgespräch aus systemisch-kunsttherapeutischer Perspektive

7 Die Anwendung analoger Verfahren in der Beratungspraxis

Vorwort von Klaus Lumma

Wassily Kandinsky, Kleine Freuden 1913, akg-images

Ich kenne Volker Kiel als Kollege und Freund seit vielen Jahren und betrachte es als Ehre, um ein Vorwort für sein – wie mir scheint – wegweisendes Werk im Verlag Vandenhoeck & Ruprecht gebeten worden zu sein. Es ist eine solcher »Kleinen Freuden«, wie ich sie etwa auch beim Betrachten des gleichnamigen Kandinsky-Bildes empfinde: sehr vielschichtig in Komposition, Form und Farbe.

Meine Prognose: Volker Kiels Buch über seinen integrativen Ansatz für Coaching, Teamentwicklung und Organisationsentwicklung wird im Berufsfeld der Counselors, Supervisoren und Personalentwickler zu einem begehrten Werk werden. Wieso?

»It don't mean a thing if it ain't got that swing«, so schrieb Ervin Mills 1931 den Text zu Duke Ellingtons kompositorischem Meisterwerk, geschrieben als erstes Stück, in dem das Wort »Swing« vorkommt, ein Wort, welches jenes Phänomen beschreibt, das weltweit als Heimat des Jazz anerkannt ist. Seit ich Volker Kiels Manuskript erstmals vorliegen habe, drängt sich mir diese Analogie aus der Jazzmusik auch für sein Werk auf: Professor Kiel unterrichtet die Leser dieses wissenschaftlich-praktischen Werkes mit Swing: nicht langweilig, langatmig oder überheblich belehrend, sondern abwechslungsreich mit wechselnden Rhythmen und Tempi zwischen Praxisbeispielen und Theoriebeiträgen, eben überall mit Swing, ohne den seine »Melodien aus den analogen Verfahren systemischer Beratung« viel weniger Bedeutung, Wirkung und »Nachklang« hätten.

Wenn ich dieses Buch als swingend beschreibe, so drängt sich mir ein weiteres Analogien erlaubendes Konzept auf, das ich in der Anwendung meiner eigenen Leitungs- und Lehraufgaben seit 1972 erfolgreich praktiziere. Ich spreche jetzt ganz speziell von der »Denkweise« des Jazz im Beratungswesen, wie sie in

Max DePrees 1992 formulierten Thesen zum »Leadership Jazz« ausformuliert sind – jener Kunst, Teams und Unternehmen gemäß den Prinzipien des Jazz zu beraten mittels der Phänomene Melodieführung, Rhythmus, Berührtsein, Harmonie (Akkorde) und Stimme:

- *Die Melodie:* Damit man (fast) jederzeit weiß, worum es geht, muss sie hörbar und spürbar präsentiert werden. Sie ist gewissermaßen der Inhalt, das Thema, um »was es bei der Beratung geht«.
- *Harmonie und Rhythmus* dienen dem gefälligen Transport einer Melodie (eines Themas), damit der Zuhörer (Klient) sich mit seinem Thema angenommen und verstanden fühlen kann. Es gibt Melodien, die in sich selbst bereits einen Rhythmus tragen. Und es gibt Melodien, die mit ganz unterschiedlichen Harmonien (Akkorden) begleitet werden können.
- *Die Improvisation:* Sind Melodie (Thema), Rhythmus und Harmonie als Grundform allen klar – in professioneller Beratung (Counseling, Supervision, Coaching u. a.) nennen wir das die Kontraktphase – dann geht es an die Bearbeitung des Themas nach spontan-kompositorischen Prinzipien. Das geschieht im Jazz durch Improvisation und in der Beratung durch das Einsetzen situativ zu wählenden Handwerkszeugs.
- *Der Abschluss:* Hier ist beim klassischen Jazz wieder die Melodie gefragt und beim Beraten die Reflexion über das, was beim Bearbeiten in Beziehung zum mitgebrachten Thema als Entwicklungsaufgabe und als möglicher nächster Schritt deutlich geworden ist.

Volker Kiels Buch ist ein in diesem Sinne versiertes Werk mit ganz besonders praxisorientiertem Verständnis der ganzheitlichen Verbindung zwischen Digital-Rationalem und Analog-Bildhaftem im Sinne der Humanistischen Psychologie, gepaart mit systemischem Denken und getragen von der Begeisterung für bildnerische Resonanzen – wie sie auch in seinem Interview mit Gisela Schmeer zum Ausdruck kommt.

Vielen Dank für dieses hervorragende Fachbuch, welches fortan zu meiner »Heimatlektüre« als Counselor und Organisationsentwickler gehören wird und eine solche Rolle hoffentlich auch bei zahlreichen anderen Beratungsprofis spielen wird!

Dr. Klaus Lumma
Gründer und Senior Berater IHP: Institut
für Humanistische Psychologie

Zum persönlichen Hintergrund dieses Buchs

»Lasst uns den Menschen verwirklichen!«
(Martin Buber: Das echte Gespräch und
die Möglichkeit des Friedens. Dankesrede
anlässlich der Verleihung des Friedenspreises
des Deutschen Buchhandels, 1953, S. 9)

Seit nun mehr als 25 Jahren beschäftige ich mich mit Bildungs- und Entwicklungsprozessen von Menschen aus und in unterschiedlichen Lebenswelten.
Meine Faszination für analoge Methoden begann im ersten Kurs einer mehr-
jährigen Ausbildung in Gestalttherapie im Herbst 1997. Hier wirkte schon einer
meiner ersten Lehrtherapeuten, Tom Frazier, damals im Alter von 78 Jahren, viel
mehr analog als durch Worte: durch seine Gestik, Mimik, Stimmlage, Tonalität und vor allem durch seine Art, sein Gegenüber anzuschauen und zu sehen.
Durch seine Art, dir als Mensch echt und wohlwollend zu begegnen: von Mensch
zu Mensch. Oder wie der Existenzialphilosoph Martin Buber es verdichtend
formuliert hat: ›Der Mensch wird am Du zum Ich!‹ Gewöhnlich sagte Tom Frazier: »Sprich jetzt nicht, bleibe bei deinem Gefühl, ich sehe dich!« Ja, ich fühlte
mich auf *seine* ungewohnte und unsagbare Art wirklich gesehen. Und das tut
uns wohl. Barry Stevens, eine Wegbereiterin der Gestalttherapie, schreibt in den
1960er Jahren in ihrem Buch »Don't push the river«, dass die Navajo-Indianer
sich begrüßen mit: »Ich sehe dich!« Ich glaube, es ist ein ureigenes und existenzielles Bedürfnis des Menschen, sich gesehen zu fühlen. Sich-Gesehenfühlen
kann uns im Innersten berühren.

Eigentlich reden wir viel zu viel und überdecken indessen viel zu viel, nämlich das, was zwischen den Worten geschieht: das Wesentliche, ja das Wahrhafte.
Könnten wir das (aus)halten?

Später fand ich vermehrt den Zugang zu anlogen-bildhaften Methoden und
konnte in meiner Ausbildung in beeindruckender Weise mir wesentliche und
weiterführende Einsichten über mich, meine Anliegen und Lebensthemen vor
Augen führen. Dieses Einsehen trägt auch dazu bei, die Persönlichkeit zu entfalten: mehr und mehr ich selbst zu sein. Mein Dank gilt hier vor allem Klaus
Lumma, meinem Lehrtrainer und Lehrtherapeuten und langjährigen Weg-
begleiter. Durch seine Arbeit ist mir auch die Bedeutung von biografischen Szenen über »Spontanerinnerungen« für aktuelle Lebensthemen bewusst geworden.
Mit ihm fühle ich mich seit vielen Jahren freundschaftlich sehr verbunden.

Nach Aristoteles haben wir Menschen eine natürliche Kraft in uns, die sogenannte *Entelechie*, die uns zur Selbstverwirklichung bringt. Eine Kraft, die die Verwirklichung des Selbst anstrebt. So eine Energie oder etwas Ähnliches ist gewiss in uns gegeben, wenn auch nicht empirisch messbar.

Im Jahr 2012 fiel mir bei der Sichtung alter und teilweise verstaubter Unterlagen aus meiner Weiterbildung in Gestalttherapie zufällig ein Arbeitsblatt »Grundhaltungen für das Arbeiten mit Bildern« der Kunsttherapeutin Gisela Schmeer in die Hände. Seitdem habe ich einige Seminare bei ihr in München besucht. Durch Gisela Schmeer ist mir noch deutlicher geworden, wie über analoge Methoden auf unspektakuläre Weise unscheinbare Lösungen aus dem Hintergrund plötzlich sichtbar und im Vordergrund wirksam werden. Aus ihrer besonderen Art, Themen oder Zusammenhänge in Bildern zu sehen, ergeben sich intuitiv überraschende Lösungsideen – und zwar immer aus einem gemeinsamen Feld hervorgehend: aus den Wechselwirkungen zwischen ihr, der Klientin und dem Sichtbaren im Bild. In den Seminaren entfaltet sich aus dem Zusammenwirken mit ihr und den anderen Teilnehmenden sowie aus den zahlreichen visuellen Eindrücken der Bilder und bildlichen Vorstellungen eine Atmosphäre, die einladend wirkt, sich in seiner eigenen Existenz angesprochen zu fühlen, sich seinem Selbst bewusster zu werden und aus sich selbst heraus ausdrücken zu dürfen.

Heute, im Alter von über neunzig Jahren, sagt sie, dass es in der Beratung vor allem auf eines ankommt: Sehen zu lernen! Und: Welche Personen oder Ereignisse haben *dich* Sehen gelehrt? Ja, das scheint ein wesentlicher Moment von Beratung zu sein: sehen, schauen, auf sich einwirken lassen und nachspüren: Was klingt an? Was resoniert in mir? Welche Bilder und Körperempfindungen rühren sich in diesem Feld hier und jetzt in mir? Sowohl aufseiten des Klienten als auch aufseiten der Beraterin. Noch in ihrem Alter war Gisela Schmeer Anfang 2016 bereit, über drei Stunden ein ausführliches Gespräch mit mir zu führen, um ihre prägenden theoretischen Grundlagen und Überzeugungen zu teilen. Die Transkription dieses Interviews ist im Anhang dieses Buchs beigefügt.

Achtsamkeit ist heute in aller *Munde*. Es geht aber nicht darum, über Achtsamkeit ausgiebig zu lesen oder zu reden, sondern einfach sich selbst und den anderen emotional, körperlich und geistig zu (be)achten. Es einfach *tun*. Was hindert uns?

Heute bin ich in meiner Praxis als Seminarleiter, Coach, Berater und Lehrsupervisor von der Wirkung analoger und insbesondere von bildhaften Verfahren überzeugt. Gerade bildhafte analoge Verfahren haben offensichtlich und spürbar eine ausgeprägte Wirkung bei Klienten in Einzelberatungen oder bei Teilnehmenden von Seminaren zu verschiedenen Fragestellungen und in unterschiedlichen Kontexten. Auch in umfassenden und längerfristigen Prozessen zur Team- und Organisationsentwicklung sind analoge Methoden sehr aufschlussreich, reduzieren die Komplexität und führen unmittelbar vor Augen, worauf es jetzt ankommt. Analoge Verfahren verzichten auf das Wesentliche.

Analoge Verfahren sind aus der Praxis nicht mehr wegzudenken und dennoch unzureichend theoretisch begründet. Der berühmte Kommunikationswissenschaftler Paul Watzlawick (1967/1990) hat mit seiner Forschungsgruppe schon in den 1960er Jahren deutlich herausgestellt, dass das Analoge die eigentliche Beziehung meint, ja das »Dinghafte« unverblümt zeigt. Das Wesentliche liegt uns offensichtlich vor Augen. Wir brauchen es nur durch Anschauung zu erfassen.

Mir ist es wichtig, nicht nur äußere Bilder einzubeziehen, sondern sich auch der »Kraft der inneren Bilder« zu widmen und sich dessen bewusster zu werden: Welche Vorstellungen oder inneren Bilder leiten mich über vergangene, gegenwärtige oder künftige Ereignisse? Jetzt, in diesem Moment – unwillkürlich, wie von selbst? Und: Was fühle ich über diese Vorstellungen oder Bilder? Der populäre Hirnforscher Gerald Hüther spricht von der »Macht der inneren Bilder« (2010).

Menschen sollten in ihren Entwicklungsprozessen ganzheitlich begleitet werden. Das bedeutet, neben dem begrifflich-sprachlichen Denken – das Denken in Worten, Erklärungen und Schlussfolgerungen – den Zugang zum intuitiv bildhaften Denken ermöglichen. Neben dem Kognitiven auch das Emotionale eines Menschen spürbar und fühlbar werden lassen. Denken und Fühlen unmittelbar miteinander verweben: »Was fühle ich über das, was ich denke?« Und: »Was denke ich über das, was ich fühle?«

Üblicherweise werden in Entwicklungsprozessen Methoden angewandt, die hauptsächlich auf begrifflich-sprachlichem Denken beruhen. Die entsprechende Situation wird genau analysiert, ausgiebig diskutiert und logische Zusammenhänge werden (auch systemisch) rational verstanden. Beziehungen, verschiedene Perspektiven, Wechselwirkungen oder gar »Wunder über Nacht« werden fast schon virtuos zirkulär und hypothetisch erfragt und beschrieben. Sicherlich ist dies alles zur Gewinnung von Informationen hilfreich und bekannterweise sind nach Gregory Bateson Informationen Unterschiede, die einen Unterschied machen, und bewirken daher auch neue Sichtweisen.

Obwohl ich mich selbst in verschiedenen Weiterbildungen über viele Jahre mit diesen Dingen beschäftigt habe, würde ich mich nicht als »Systemischer Berater« oder gar als »Systemiker« bezeichnen. Die Wirklichkeit lässt sich nicht nur kognitiv oder systemisch erfassen.

Auch das systemische Vokabular könnte überdacht werden. Manche Begriffe, wie »utilisieren«, »pacen«, »driften« oder »ankoppeln«, erscheinen je nach

Gebrauch als seelenlose Worthülsen. Wie würde ich diese Begriffe meinem sechsjährigen Sohn erklären und welche Haltung zu Menschen würde ich ihm dabei vermitteln? Lasst uns aus der Begegnung mit unseren Klienten eine Sprache entwickeln, die berührt, oder wie der Gestalttherapeut und Theologe Erhard Doubrawa (2002) ein Buch betitelt: »Die Seele berühren«. »Eine Sprache sprechen, die die Seele versteht«, sagt Doubrawa in seinen Seminaren.

In diesem Buch verwende ich auch Begriffe aus der Systemtheorie und der systemischen Beratung, und meine Sprache wird sich immer mal wieder wandeln. Je nachdem, ob ich beim Schreiben gedanklich mit theoretischen Ansätzen befasst bin oder mir innerlich Klienten oder Beratungen aus der Praxis vor Augen führe, wandelt sich die Sprache von allgemein-abstrakt zu konkret-praktisch. Die Sprache verändert sich auch geschrieben oder gesprochen vor dem Hintergrund systemischer oder humanistischer Ansätze.

In meiner persönlichen systemischen Entwicklung bin ich insbesondere Jürgen Linke vom Berliner Institut für Familientherapie dankbar, der leider Ende 2004 im Alter von 53 Jahren viel zu früh gestorben ist. Und Gunther Schmidt, dem Begründer des Milton-Erickson-Instituts in Heidelberg. Beide haben mein systemisches Denken und meine Praxis als Berater über Jahre in verschiedenen Weiterbildungen stark geprägt und ihre Spuren trage ich bis heute in mir.

»Sei eine positive Umwelt für deine Mitmenschen!« Jürgen Linke pflegte das *so* zu sagen.

Einseitig kopflastige Prozesse scheinen häufig langwierig, energieraubend und somit ermüdend zu sein. Obwohl alles so logisch und vernünftig ist, verlaufen die gewonnenen Erkenntnisse und definierten Maßnahmen zur Verbesserung der entsprechenden Situation nicht selten im Sand. Und das aus gutem Grund: Diesen meist mühselig kognitiv herausgearbeiteten Erkenntnissen und Maßnahmen fehlt ein emotionales Empfinden ihrer Bedeutung. Es fehlt die Emotionalität. Es fehlt die nötige Umsetzungskraft aus der klaren Einsicht verbunden mit dem eindrücklichen Gefühl heraus: Das Erkannte ist unumgänglich jetzt geboten. Da helfen auch keine detaillierten Maßnahmenpläne und kein ausgeklügeltes Maßnahmencontrolling. Diese laden vielmehr zu Schuldgefühlen ein und folglich zu infantilem Rechtfertigungs- oder Trotzgehabe. Und bei Einzelnen – und das nicht nur im Coaching – macht sich ein Gefühl bemerkbar: »Irgendwie fehlt doch etwas!« Oder: »Ich fühle mich nicht *ganz* angesprochen!«

Bei analogen Verfahren wählt z. B. die Klientin oder der Teilnehmer für die gemeinte Situation ein Symbol, Motiv oder eine Metapher, malt ein Bild oder stellt erlebte Beziehungen zwischen relevanten Personen mit Figuren auf. Dabei wird das Analoge von der Klientin oder dem Teilnehmer intuitiv eingesehen. Das heißt, das Wesentliche wird durch unmittelbare sinnliche Anschauung (nicht durch Denken) erkennbar. Es ist ein Erkennen über intuitives Einsehen von Objekten, Personen, Beziehungen oder Ereignissen in der sinnlichen Anschauung.

Oft ist zu beobachten, dass durch analoge Methoden der Klient oder Teilnehmer vorher nicht bewusste Elemente, Facetten oder Beziehungen der dargelegten Situation plötzlich und überraschend einsieht, wodurch sich sein Erleben verändert. Dieses augenblickliche Gewahrwerden des eigentlich »Dinghaften« oder »Wahrhaften« des Gemeinten rührt häufig unerwartet Emotionen an und erzeugt die nötige Handlungskraft: ein »magischer Moment«.

Ich empfinde viel Dankbarkeit für die vielen Menschen, denen ich in meinem beruflichen Feld begegnet bin und die ich für eine gewisse Zeit begleiten durfte. Diese wertvollen gemeinsamen Gespräche, Diskussionen und Erlebnisse mit Klienten, Teilnehmenden oder Kollegen trage ich in mir. Ja, das gemeinsame Staunen darüber, was zwischen Menschen möglich werden kann: die berührenden Momente. Besonders bedanken möchte ich mich bei Aldo, Daniel, Daniela, Franziska, Hubert, Isabelle, Judith, Julia, Kevin, Patrick, Laura, Marcèlle, Mike, Silvana und Simon, die ihre Praxisfälle zur Untermalung der Theorie und zur Veranschaulichung der Methoden zur Verfügung gestellt und somit das vorliegende Buch sehr bereichert haben, und bei Cécile Brun für die hervorragenden Skizzen und Illustrationen. Großer Dank gilt auch dem IAP, dem Institut für Angewandte Psychologie der ZHAW in Zürich, an dem ich seit 2009 tätig bin: den Kolleginnen und Kollegen, dass wir vieles möglich machen.

Genug der persönlichen Worte. Nun wünsche ich Ihnen, liebe Leserin, lieber Leser, Freude mit diesem Buch sowie viele Anregungen und wertvolle Hinweise für Ihre Praxis.

Einleitung

Seit Mitte der 1980er Jahre wurden zunehmend systemtheoretische Konzepte für die Begründung psychosozialer Beratungspraxis herangezogen, woraus die sogenannte »Systemische Beratung« hervorgegangen ist. Systemische Beratung ist heute weit verbreitet und wird für einzelne Personen, Gruppen, Teams, Familien und für Organisationen angeboten.

Systemische Beratung wird als konzeptioneller Entwurf psychosozialer Praxis auf der Grundlage »systemischen Denkens« verstanden. Mit systemischem Denken ist eine grundlegende Betrachtungsweise psychischer und sozialer Phänomene gemeint, die den Blick auf Muster, Zusammenhänge und Dynamiken lenkt (Böse u. Schiepek, 1989, S. 198). Dabei ist systemisches Denken sowohl durch systemtheoretische Konzepte als auch durch erkenntnistheoretische Ansätze begründet.

Auf der Grundlage systemtheoretischer Prinzipien und Begriffe werden zum einen die Funktionsweise von psychischen und sozialen Systemen allgemein und zum anderen das *Wie von Veränderung* und somit Rahmenbedingungen und Vorgänge von Veränderung beschrieben. Vor dem Hintergrund verschiedener Facetten konstruktivistischer Erkenntnistheorie ist der Gegenstand systemischer Beratung auch die *Veränderung kognitiver Konstrukte von Wirklichkeit,* die zur subjektiven Orientierung für das Denken und Handeln dienen. Über konstruktivistische Ansätze wird das *Wie des menschlichen Erkennens* und das *Was der Veränderung* und somit der Gegenstand bzw. Inhalt systemischer Beratungspraxis dargelegt.

Demnach kann als Gegenstand systemischer Beratung die Veränderung problemerzeugender oder einschränkender subjektiver Konstruktion von Wirklichkeit betrachtet werden. Die Methoden und Interventionen der systemischen Beratung zielen vor allem darauf ab, problemerzeugende »Prämissen«, die dem Denken und Handeln zugrunde liegen, zu hinterfragen und zu »verstören«, um den Klienten mehr Wahlmöglichkeiten zu eröffnen (v. Schlippe u. Schweitzer, 1996). Aus diesem Verständnis ist auch der *ressourcen- und lösungsorientierte*

Ansatz systemischer Beratung hervorgegangen. Je nachdem, wohin wir die Aufmerksamkeit lenken, erzeugen wir ein subjektives Erleben von Wirklichkeit (Schmidt, 2008).

In unserem Erleben ergibt sich augenblicklich ein Unterschied, wenn wir unsere Wahrnehmung auf Hindernisse, Nachteile und Probleme oder auf Ressourcen, Vorteile und Lösungen fokussieren. Führe ich mir Menschen vor Augen, die mir wohltuend und kraftgebend sind, oder Menschen, die mir Schwierigkeiten bereiten und Energie rauben? Hier gelten Umdeutung, Umfokussierung und Imagination als wirksame Interventionen.

Dabei liegt bis heute das Hauptaugenmerk auf der Wechselwirkung zwischen Kognition und Verhalten: Da das Verhalten von Menschen durch deren *kognitiven Konstrukte von Wirklichkeit* bestimmt sei, würde eine Veränderung der subjektiven Prämissen auch eine Veränderung der Verhaltensweisen bewirken. Der hauptsächliche Gegenstand systemischer Beratung ist bis heute eine Veränderung problemerzeugender Konstrukte von Wirklichkeit.

Ist eine Veränderung des menschlichen Erlebens und Verhaltens wirklich so einfach?

Der vorrangige Fokus auf die kognitiven Konstrukte von Wirklichkeit ist meines Erachtens unzureichend, um ein umfassendes Verständnis von Veränderung psychischer und sozialer Systeme zu erlangen. Zum Beispiel werden *Emotionen* bis in die 1990er Jahre von den meisten Autoren der systemischen Beratung wenig berücksichtigt.[1] Erst in den vergangenen Jahren erhält die *Bedeutung des Körpers für das Erleben von Wirklichkeit* mehr Beachtung.[2]

Zudem ist die systemische Beratungspraxis bis heute überwiegend durch *sprachliche Interventionen*, wie z. B. zirkuläre Fragen, Skalierungsfragen, Kom-

---

1   Von Schlippe und Schweitzer widmen 2013 in der neu überarbeiteten Ausgabe ihres weitverbreiteten Lehrbuchs zur systemischen Beratung und Therapie gesonderte Kapitel dem Thema »Emotionen« und »Über Gefühle sprechen«. Hierbei liegt die Betonung auf dem Wort »sprechen«, wodurch das Hauptaugenmerk der Methodik systemischer Beratungspraxis deutlich wird: die Sprache. In ihrer ersten Ausgabe des Lehrbuchs von 1996 war von »Emotionen« oder »Gefühlen« in der Beratungspraxis oder als Forschungsgegenstand nicht ausdrücklich »die Rede«. Auch Ludewig geht in seinem 2015 neuaufgelegten Lehrbuch der systemischen Therapie vermehrt auf die Bedeutung von »Emotionen« in der Beratungspraxis ein.

2   Die Bedeutung des Körpers für das psychische System und insbesondere für das subjektive Erleben von Wirklichkeit wird in den letzten Jahren unter dem Begriff »Embodiment« u. a. auch durch Vertreter der Synergetik wie Wolfgang Tschacher untersucht (z. B. Storch, Cantieni, Hüther u. Tschacher, 2010). An dieser Stelle möchte ich darauf hinweisen, dass Beratungsansätze der Humanistischen Psychologie und insbesondere die Gestalttherapie schon seit den 1950er Jahren dem Körper besondere Beachtung schenken. Hierzu ist das Buch von James Kepner (1989) über Körperprozesse zu empfehlen.

mentare, paradoxe Interventionen, Umdeutungen, Metaphern oder Geschichten geprägt. Metaphern oder Geschichten lösen zwar Analogien in Form von inneren Bildern aus, sind jedoch rein sprachlich vermittelt. Analoge nicht sprachliche Methoden beschränken sich in der Regel auf soziale Skulpturen, Systemaufstellungen oder Rituale (z. B. Schwing u. Fryszer, 2007; Königswieser u. Hildebrand, 2007; König u. Vollmer, 2008; v. Schlippe u. Schweitzer, 2010).

Bildhafte analoge Methoden werden in der gängigen Literatur systemischer Beratung nicht aufgeführt oder nur vage angedeutet. Gleichzeitig fordern Vertreter der systemischen Beratung, dass der Handlungsspielraum systemischer Praktiker nicht durch die Bestimmung originärer Methoden eingeschränkt wird. Berater brauchen Wahlfreiheit in ihrem methodischen Vorgehen, um möglichst ihren persönlichen Kompetenzen, Neigungen und Grenzen zu entsprechen (Schiepek, Eckert u. Kravanja, 2013, S. 27 f.). Hier stellt sich die Frage:

Durch welche Methoden und Interventionen kann das Repertoire systemischer Beratungspraxis erweitert werden?

Analoge Methoden scheinen auf eine überraschende Weise das subjektive Blickfeld augenblicklich zu erweitern und damit verbunden die *subjektive Sichtweise* auf gemeinte Personen, Objekte oder Ereignisse zu verändern. Oft ist zu beobachten, dass durch die Anwendung analoger Methoden die Klientin oder Teilnehmerin vorher nicht bewusste Facetten, Muster oder Zusammenhänge der dargelegten Situation plötzlich einsieht, wodurch sich ihr Erleben verändert und neue Handlungsfelder erkannt werden. Auch in anschließenden mündlichen Reflexionen oder schriftlichen Auswertungen wurde in unzähligen Aussagen von Klienten oder Teilnehmenden die Wirkung in ähnlicher Weise beschrieben.

Zwar werden in der einschlägigen Literatur zur praktischen Gestaltung von Seminaren, Trainings, Workshops oder Coachings im psychosozialen Bereich mitunter analoge Methoden aufgeführt, die jedoch als »Werkzeuge« oder »Techniken« für die Praxis eher nur kurz beschrieben, als theoretisch begründet werden. Im Zusammenhang mit analogen Methoden werden weder wesentliche Begriffe erläutert noch die Wirkweise beschrieben. Insgesamt gesehen ist die theoretische Begründung und Fundierung von anlogen Methoden unzureichend. In diesem Zusammenhang stellt sich auch folgende Frage:

Was sind die wesentlichen Unterschiede zwischen sprachlich-rationalen und analogen Methoden?

In der Gesamtbetrachtung ist demnach zum einen der Versuch von Vertretern systemischer Beratung zu erkennen, die Praxis sowohl durch systemtheoretische Konzepte als auch durch konstruktivistische Ansätze ausgiebig zu fundieren, wobei die Praxis vor allem auf sprachlichen Interventionen wie z. B. Fragen oder Kommentaren beruht. Zum anderen werden bis heute analoge Verfahren und hier insbesondere bildhafte Methoden in die systemische Beratungspraxis nur gelegentlich einbezogen, obwohl diese Verfahren offensichtlich subjektive Sichtweisen und das damit verbundene kognitiv-emotionale und körperliche Erleben wirksam verändern und somit dem Gegenstand systemischer Beratung ausdrücklich entsprechen würden. Zugleich ist die Anwendung von analogen Methoden in der Beratungspraxis nicht ausreichend theoretisch beschrieben und begründet.

Was bedeutet vor diesem Hintergrund »integrativer Ansatz«?
Was wird im Folgenden miteinander integriert?

Zum einen wird der Mensch ganzheitlich als kognitiver, emotionaler und körperlicher Organismus betrachtet, wobei diese Ebenen nicht isoliert, sondern als unmittelbar miteinander verwoben gesehen werden. Zum anderen werden sowohl systemische Denkmodelle als auch Ansätze des Konstruktivismus mit Prinzipien der Gestaltpsychologie (Berliner Schule) und der Feldtheorie (Kurt Lewin) ergänzt und fundiert. Es ist schon erstaunlich, welche Gemeinsamkeiten zwischen diesen Ansätzen offensichtlich sind, wobei die jeweils anderen Schwerpunkte und Begriffe die Beratungspraxis befruchten und bereichern können. Hierdurch werden »althergebrachte« theoretische Konzepte und neuere Grundlagen der systemischen Beratung zusammengeführt. Bemerkenswert an dieser Stelle ist, dass auch Vertreter der aktuellen Forschung systemischer Beratung deutlich auf die Gestaltpsychologie und zudem auf die Kognitionstheorie von Jean Piaget verweisen (z. B. Kriz, 2013, 2014; Schiepek et al., 2013). Die theoretischen Überlegungen von Jean Piaget zu kognitiven Schemata greife auch ich in diesem Buch auf und verbinde diese mit der aktuellen Diskussion (siehe Abschnitt 1.5.1).

Über die Gestaltpsychologie und Feldtheorie gelangen wir auf das Terrain der Humanistischen Psychologie und insbesondere zur Gestalttherapie. Die Prinzipien gestaltorientierter Beratung gelten in diesem Buch als wesentliche Grundlage für die Beratungspraxis. Darüber hinaus werden Ansätze der Transaktionsanalyse (Pamela Levin, Mary und Bob Goulding) sowie aus der systemischen Kunsttherapie (Gisela Schmeer) eingeflochten, die sich für die Beratungspraxis als sehr brauchbar erwiesen haben. Ausführlich werde ich die von Gisela Schmeer entwickelte Resonanzbildmethode darlegen, um an diesem Beispiel allgemeine Prinzipien für die Beratung mit analog-bildhaften Verfahren herauszustellen.

Integrativ bedeutet hier auch, in der Beratungspraxis sowohl dem sprachlichen als auch dem bildhaften Denken unserer Klienten zu entsprechen und somit dem diskursiven Erkennen und dem intuitiven Einsehen. Und das geschieht über analoge Verfahren.

Ein vertieftes Verständnis theoretischer Ansätze und Begriffe ermöglicht uns, die Praxis gedanklich und sprachlich zu erfassen, um auf diese Weise Phänomene einordnen, verstehen und nachvollziehen zu können. Ein tiefgründiges begriffliches Auseinandersetzen wirkt sich auf unsere Haltung und unser Verhalten in der Praxis aus. Es macht einen Unterschied, ob ich die Bedeutung von »Autonomie«, »Intuition« oder »Resonanz« bloß lese und wieder abtue oder kognitiv-emotional begreife, gedanklich mit eigenen Erlebnissen und Vorstellungen verbinde und sie mir hierdurch spürbar unter die Haut gehen und wirken lasse. Theorie und Praxis werden hier als unmittelbar miteinander verknüpft betrachtet.

Immanuel Kant soll gesagt haben »Theorie ohne Praxis ist leer, Praxis ohne Theorie ist blind«. Gleichzeitig sollten wir uns vor Augen führen: Das Wissen der Akademiker ist nicht die Weisheit der Menschheit. Hierzu eine kurze Geschichte:

Nan-in, ein japanischer Zenmeister, empfing einen Universitätsprofessor, der ihn über die Kunst des Zen befragen wollte. Er füllte die Tasse seines Besuchers bis zum Rand und goss immer weiter. Als der Professor die Tasse überlaufen sah, konnte er sich nicht mehr zurückhalten. »Sie ist übervoll. Es passt nichts mehr hinein!« »Wie die Tasse«, sagte Nan-in, »bist du auch voll – mit Meinungen und Spekulationen. Wie kann ich dir zeigen, was Zen bedeutet, wenn du nicht zuerst deine Tasse leerst?« (Zitat aus Paul Reps: Zen Flesh, Zen Bones; nach Stevens, 1970/2000, S. 44).

Und wofür Erkenntnistheorie?

In der Beratung steht *das Erkennen* neuer Aspekte, Zusammenhänge oder Lösungen in der von der Klientin oder dem Teilnehmer gemeinten Situation im Vordergrund. Das, was wir von der Welt erkennen, sind unsere Erkenntnisse von der Welt, die unsere Wirklichkeit und somit unser Erleben von Wirklichkeit prägen. Dabei ist die Frage wesentlich: *Wie und was erkennen wir Menschen überhaupt?*

In *Kapitel 1* lege ich den theoretischen Rahmen für ein Verständnis von systemischer Beratung dar. Diese theoretischen Grundlagen dienen für den weiteren Verlauf als Bezugsrahmen für die Beratungspraxis und deren Methodik. Hier wird die Entwicklung systemischen Denkens in der Beratung von der Entstehung bis zum heutigen Stand der Forschung grob nachgezeichnet sowie der Begriff »System« erläutert.

Für ein Verständnis von den Bedingungen und Möglichkeiten der Veränderung lebender Systeme dienen uns die wesentlichen Prinzipien der Theorie autopoietischer Systeme nach Humberto Maturana (Unterkapitel 1.4). Das Konzept der Autopoiese stammt aus der Biologie und wird vor allem von Psychologen, Pädagogen, Geistes- und Sozialwissenschaftlern auf den Phänomenbereich der systemischen Beratung als Orientierungsmodell für das Verständnis der Funktionsweisen psychischer und sozialer Systeme übertragen.

Im Unterkapitel 1.5 bespreche ich das Phänomen der »Menschlichen Konstruktion von Wirklichkeit« aus verschiedenen Sichtweisen. Die Darlegung wesentlicher Ansätze des Konstruktivismus mündet in einem zusammenfassendem und für die Praxis relevantem Verständnis »Subjektiven Erlebens von Wirklichkeit« (Unterkapitel 1.6). Ein verinnerlichtes und existenziell durchdringendes Verständnis konstruktivistischen Denkens beeinflusst erheblich die Haltung und das Verhalten von Beratenden in der Praxis.

Nach diesen Begriffsklärungen betrachten wir Möglichkeiten der Veränderung des subjektiven Erlebens, wie durch Umdeutung, Umfokussierung oder Imagination (Unterkapitel 1.7). Dabei wird die Veränderung von problemerzeugenden oder einschränkenden Wirklichkeitskonstruktionen und insbesondere von kognitiven Schemata als Gegenstand systemischer Beratung verstanden. Grundlage für diese theoretischen Ausführungen ist meine Dissertation (Kiel, 2016), die hier verkürzt dargelegt wird.

In *Kapitel 2* wende ich die Blickrichtung und beschäftige mich mit Prinzipien gestaltorientierter Beratung. Hier werden neben Selbstregulation, Feldtheorie und Phänomenologie auch die »echte Begegnung zwischen Menschen« als das »Wesentliche von Beratung« thematisiert. In diesem Zusammenhang gehe ich auf die Unterscheidung von Martin Buber zwischen Ich-Es und Ich-Du menschlicher Beziehung ein. Dieser existenzialphilosophische Ansatz ist grundlegend für Beratungsansätze der Humanistischen Psychologie und steht eigentlich im Widerspruch mit konstruktivistischem Denken. Hier distanziere ich mich von den geläufigen Ansätzen des Konstruktivismus und erweitere diese durch die Möglichkeit des Menschen, das »Wesen«, das »Wahrhafte« und gleichzeitig Unsagbare im Analogen unmittelbar und intuitiv zu erfassen.

In *Kapitel 3* werfe ich einen Blick auf die Phasen »Ganzheitlicher Entwicklung« in Anlehnung an die Transaktionsanalytikerin Pamela Levin. Diese Phasen sind für die Strukturierung von Beratungsprozessen von Einzelnen, Teams und Organisationen sehr dienlich. Levin hat jeweils für die einzelnen Phasen Botschaften formuliert, die für die Entwicklung des Menschen bestärkend und förderlich sein können. Durch Praxisbeispiele werden Möglichkeiten zur Ausgestaltung dieser Phasen in der Team- und Organisationsentwicklung aufgezeigt.

In *Kapitel 4* stelle ich, um die Wirkung und Wirkweise von analogen Verfahren zu begründen, zunächst digitale und analoge Verfahren gegenüber. Anschließend gehe ich auf die Begriffe »Bild« und »Resonanz« ein. Ein umfassendes Verständnis von »Bild« und »Resonanz« ist grundlegend für die Beratungspraxis.

In *Kapitel 5* widme ich mich der Resonanzbildmethode nach Gisela Schmeer, Ärztin für Psychoanalyse und Kunsttherapeutin. Dieses analoge Verfahren weist für die Beratung von Einzelnen, Teams und Organisationen eine hohe Relevanz auf. Die ausführliche Betrachtung der wesentlichen Elemente und Aspekte der Resonanzbildmethode dient dazu, im Allgemeinen die Wirkweise von analogen Verfahren in der Praxis zu verstehen und nachzuvollziehen.

In *Kapitel 6* fundiere ich das Beratungsgespräch aus systemisch-kunsttherapeutischer Perspektive. Diese Ausführungen ebnen den Weg für die Praxis.

Für die theoretischen Herleitungen in den Kapiteln 4, 5 und 6 dient ebenfalls meine Dissertation als Quelle (Kiel, 2016), die in diesem Buch erheblich auf die Praxis bezogen dargestellt und über zahlreiche Beispiele erläutert wird.

In *Kapitel 7*, dem Praxisteil, werden wichtige analoge Verfahren für Einzelcoaching sowie für Team- und Organisationsentwicklung aufgeführt und mit zahlreichen Beispielen veranschaulicht. Alle hier beschriebenen Verfahren haben sich in der Praxis in verschiedenen Kontexten bewährt und sind auf weitere Praxisfelder übertragbar.

1 Ein systemisches Verständnis von Beratung

1.1 Geschichtliche Entwicklung systemischen Denkens in der Beratung

Am Anfang der Entwicklung systemischer Beratung in den 1950er bis 1970er Jahren lag der Fokus insbesondere auf dem Familiensystem. Erst in den 1980er Jahren wurden auch andere soziale Systeme wie Teams oder Organisationen sowie Einzelpersonen, ausdrücklicher in die Betrachtung miteinbezogen, aber eigentlich ist die systemische Beratung aus der systemischen Familientherapie hervorgegangen. Die theoretische Fundierung der Familientherapie erfolgte in den 1950er bis 1980er Jahren auf der Grundlage der Informationstheorie (Claude Shannon), der Kybernetik (Nobert Wiener) und der allgemeinen Systemtheorie (Ludwig von Bertalanffy). In diesem Zeitraum stand die Frage nach der Erhaltung des Gleichgewichts (Homöostase) im Mittelpunkt der Betrachtung von Systemen und somit die Angleichung des Ist-Zustandes an einen Soll-Zustand. Systeme wurden als offene Systeme verstanden, wobei hier komplexe Prozesse als plan- und steuerbar galten. Diese Auffassung wurde auch von Theoretikern und Praktikern der systemischen Familientherapie in den 1960er und 1970er Jahren weitgehend vertreten – z. B. von den strukturellen (Salvador Minuchin) oder strategischen Ansätzen (Jay Haley oder Selvini Palazzoli). Diese Therapeuten entwickelten Konzepte einer »funktionalen Familie« und verglichen diese mit dem »dysfunktionalen« Zustand der Familien, die in die Beratung kamen. Durch Interventionen sollte der Übergang von einer »dysfunktionalen« Familie (Ist-Zustand) zu einer »funktionalen« Familie (Soll-Zustand) erfolgen. Diese Therapiekonzepte beinhalteten die Vorstellung von einer zielbewussten und geplanten Steuerung von Systemen. Lebende Systeme galten als kontollierbar (v. Schlippe u. Schweitzer, 1996, S. 50; Ludewig, 2009, S. 61 ff.).

Seit Anfang der 1980er Jahre wurde das Verständnis von systemischer Beratung durch die Theorie autopoietischer Systeme (Maturana, 1985; Maturana u. Varela, 1987) und die Synergetik (Haken, 1981) weitreichend beeinflusst.

Diese Systemansätze – in der Biologie und Physik entwickelt – stellen die *Autonomie* und *Selbstorganisation* von Systemen heraus. Beide Ansätze bieten Begriffe und theoretische Prinzipien, die sich zur Beschreibung von Systemen auch in anderen Phänomenbereichen generell eignen und bereits von mehreren Autoren auf die Psychologie, Pädagogik und Sozialwissenschaften übertragen wurden.

In den 1980er und 1990er Jahren erhielt das Konzept der Autopoiese große Beachtung bei vielen Theoretikern und Praktikern sowie im Rahmen damaliger psychotherapeutischer Diskurse. Bis heute hat dieser Ansatz in der systemischen Beratung und Therapie einen hohen Stellenwert. Allerdings haben sich einige Autoren von der Autopoiese als Beschreibungs- und Erklärungsmodell wieder distanziert, da damit aus deren Sicht die für den Beratungskontext relevanten Fragen nicht ausgiebig beantwortet werden können.[3]

Ungeachtet der teilweise heftigen kritischen Auseinandersetzung ist das Veränderungsverständnis psychischer und sozialer Systeme auch noch heute durch das Konzept der Autopoiese deutlich geprägt. Der Ansatz der Autopoiese entspricht der Erfahrung aus der Beratungspraxis, dass Menschen nicht auf der Basis *trivialer Input-Output-Mechanismen* funktionieren und dient insofern als Abgrenzung zu einem mechanistischen und reduktionistischen Denken im Sinne von einfachen Ursache-Wirkung-Beziehungen. Auf dieser theoretischen Grundlage entwickelte sich das Vorgehen in der systemischen Beratungspraxis in Richtung *Klientenzentrierung im Sinne von Kooperation und Wertschätzung* (Ludewig, 1992, 2013; v. Schlippe u. Schweitzer, 1996) – eine Grund- und Werthaltung zu Menschen, die in den Beratungsansätzen der Humanistischen Psychologie schon seit den 1960er Jahren theoretisch begründet und praktiziert wird (z. B. Carl Rogers oder Ruth Cohn).

An dieser Stelle liegt die Frage nahe, wofür Vertreter der systemischen Beratung einen Rückgriff auf naturwissenschaftliche Modelle benötigen, um Werte und Haltungen zu legitimieren, die sich schon längst in Beratungsansätzen der Humanistischen Psychologie etabliert haben und überwiegend auf existenzphilosophischer Grundlage begründet sind (siehe z. B. Quitmann, 1996). Es ist anzunehmen, dass die Pioniere der systemischen Beratung eine »neue« Schule und Denkrichtung in Abgrenzung zu den herkömmlichen Ansätzen wie Psychoanalyse, Behaviorismus und Humanistischer Psychologie entwickeln wollten, ohne auf diese zu referenzieren. Eingebettet im gesellschaftlichen Kontext der 1970er und 1980er Jahre galt die »neue Schule« womöglich auch als

---

3   Zum Beispiel haben Günter Schiepek und Jürgen Kriz sich von der Autopoiesekonzeption distanziert und in Abgrenzung die Synergetik als theoretische Grundlage für systemische Beratung weiter ausgearbeitet.

Befreiungsversuch von bestehenden Machtverhältnissen und dem Establishment. Gerade die Ideen von Autonomie, Selbstregulierung und Kooperation schienen zu dieser Zeit einen besonderen Anklang auch in der akademischen Welt zu finden.[4]

Maturana scheint selbst erkannt zu haben, dass die Systemtheorie im Allgemeinen und damit verbunden auch sein Ansatz ein bestimmtes Bedürfnis bei Menschen anspricht: »Wenn nun die Systemtheorie weltweit Anklang findet, so ist daraus in der Tat zu schließen, dass man ihre Erklärungen gerne hört, weil sie ein Bedürfnis befriedigen. Das war in der Geschichte immer so« (Maturana, 1994, S. 236).

Parallel zu diesen Entwicklungen der 1980er Jahre wurde von Heinz von Foerster (1985) die Unterscheidung zwischen der *Kybernetik erster Ordnung* und der *Kybernetik zweiter Ordnung* formuliert.

Als Kybernetik erster Ordnung werden Annahmen systemischer Ansätze der 1950er bis 1980er Jahre bezeichnet. Vertreter dieser Ansätze gehen davon aus, dass ein System in seiner realen Beschaffenheit von einem Beobachter erkannt werden kann und auf der Grundlage dieser Erkenntnisse Interventionen strategisch planbar sind. Zum Beispiel sind die Grenzen, Regeln, Interaktionen oder Beziehungen von Systemen von außen objektiv analysierbar und steuerbar. Vertreter der Kybernetik erster Ordnung denken überwiegend in Begriffen von Macht, Steuerung und Kontrolle.

Im Rahmen der Kybernetik zweiter Ordnung ab den 1980er Jahren werden kybernetische Prinzipien auf die Erkenntnisprozesse des Beobachters von Systemen angewandt: Der Beobachter wird als in das System unmittelbar eingebunden gesehen – wonach eine objektive Beschreibung unmöglich ist. Vertreter der Kybernetik zweiter Ordnung bezweifeln, dass der Beobachter objektiv ein System in seiner Realität erkennen und beschreiben kann. Er rekonstruiert aufgrund seiner kognitiven Struktur das System *subjektiv* und kann aus dieser Perspektive das System nicht steuern, regulieren oder kontrollieren (siehe v. Schlippe u. Schweitzer, 1996, S. 53; v. Foerster u. Pörksen, 2011, S. 114 ff.).

Die Kybernetik zweiter Ordnung steht in engem Bezug zu dem von Heinz von Foerster und Ernst von Glasersfeld mitbegründeten erkenntnistheoretischen Ansatz des *radikalen Konstruktivismus*. Die zentrale Annahme des Konstrukti-

---

4 Bemerkenswert ist, dass Humberto Maturana, Francisco Varela und Kurt Ludewig aus Chile stammen, dessen Bevölkerung von 1973 bis 1990 während der Diktatur von Pinochet unter Unterdrückung gelitten hat. Vor diesem Hintergrund könnte das besondere Interesse an Autonomie und Kooperation gewachsen sein. Auch hier könnten Bedürfnisse – hervorgegangen aus der individuellen Geschichte und Herkunft – die Wahrnehmungen, das Denken und Handeln bestimmt haben.

vismus ist, dass Erkenntnis nicht objektiv, sondern stets relativ ist. Jede Wahrnehmung ist bereits durch den selbstreferenziellen Prozess des erkennenden Systems eine konstruierte Wahrnehmung.

Auf der Grundlage der Synergetik[5] wurden ab den 1990er Jahren verstärkt die Aspekte der Selbstorganisation und der Nichtlinearität psychischer und sozialer Systeme empirisch untersucht und beschrieben. Systeme entwickeln demnach selbstorganisiert ein geordnetes Muster, das durch systeminterne oder kontextuelle Veränderungen »gestört« werden kann. In einer Phase der Instabilität kann das System selbstorganisiert durch Verstärkung von Abweichungen bzw. »Fluktuationen« in einem diskontinuierlichen Sprung plötzlich einen neuen qualitativen Ordnungszustand einnehmen. In welchem Muster sich das System wieder stabilisiert, ist in der Regel von Zufällen abhängig und demnach nicht im Voraus zu bestimmen (Haken, 1981; Kriz, 1992, 1995a, 1995b; v. Schlippe u. Schweitzer, 1996). Auch hier ist eine kritische Betrachtung erforderlich, weil von einigen Vertretern systemischer Beratung viel zu leichtgläubig naturwissenschaftliche Modelle auf psychosoziale Phänomene übertragen werden durch den fehlgeleiteten Glauben, nun endlich die Praxis mit »harten Fakten« und empirischer Wissenschaft legitimieren zu können.

Hermann Haken selbst sieht bei der Anwendung der Synergetik auf psychologische und soziologische Phänomenbereiche »fundamentale Grenzen«. Gerade die wert- und bedeutungsneutrale naturwissenschaftliche Sprache solle insbesondere bei der Übertragung auf psychische Systeme überdacht werden. Ferner sieht er das Streben in den Wissenschaften nach Quantifizierungen hinsichtlich psychischer Prozesse über einen gewissen Grad hinaus eher kritisch (Haken, 2004, S. 73 f.).

Für Beratung ist von besonderer Tragweite, dass sich aus dem Konzept der Synergetik in keinerlei Hinsicht ableiten lässt, welche wesentliche *Bedeutung der zwischenmenschlichen Beziehung* bei der Anwendung von Interventionen beigemessen werden sollte (Haken, 2004, S. 73 f.). Wobei Haken in diesem Zusammenhang den personzentrierten Ansatz von Jürgen Kriz als gelungene Integration von Prinzipien der Synergetik und von humanistischen Ansätzen der Beratung hervorhebt und würdigt: »Diese bislang rein naturwissenschaftliche Betrachtungsweise lässt aber vielleicht erahnen, welche Anforderungen hier auf den Psychotherapeuten oder Psychologen zukommen: die einfühlsame Wahrnehmung des Zustands des Klienten, die auf Erfahrung und Intuition beruhende Abschätzung der Interventionsmöglichkeiten und die Ver-

---

5   »Syn-Ergetik« stammt aus dem Griechischen und heißt übersetzt »zusammen wirken«. Entsprechend kann die Synergetik als Lehre des Zusammenwirkens bezeichnet werden.

trauen einflößende Stabilisierung des Klienten. Meiner Ansicht nach kann die Theorie dynamischer Systeme einschließlich der Chaostheorie hier schnell überstrapaziert werden. Die Synergetik spiegelt wesentliche Eigenschaften biologischer Systeme wesentlich besser wider und gibt wertvolle Hinweise auf die Beeinflussung von Systemverhalten; aber all dies kann nicht die auf Empathie beruhende Beziehung ersetzen: All dies führt uns auf die schon längst von Jürgen Kriz gewonnenen Erkenntnisse zurück« (Haken, 2004, S. 76). Haben wir die psychologischen und philosophischen Grundlagen von Beratung so weit in den Schatten gestellt, dass nun Physiker – sicher gut gemeint – sich aufgefordert fühlen, uns auf diese hinweisen zu müssen?

Ohne Fundierung des Beratungsverständnisses auf Ansätzen der Humanistischen Psychologie liegt die Gefahr nahe, dass Berater durch bloße naturwissenschaftliche Denkmodelle und Forschungsweisen in »Psychotechniker« oder »Sozialingenieure« ausarten. Die Übertragung von aus physikalischen oder chemischen Experimenten hergeleiteten Prinzipien und Begriffe auf den Phänomenbereich psychischer und sozialer Systeme ist streng wissenschaftlich betrachtet nicht nachvollziehbar. Diese aus den Naturwissenschaften übernommenen Prinzipien und Begriffe dienen vielmehr als *Metapher* zur Beschreibung von Phänomenen der Selbstorganisation in psychischen und sozialen Systemen. Vertreter der Synergetik kommen selbst zu dem Schluss, dass die Übertragung der in den Naturwissenschaften experimentell untersuchten Prinzipien der Selbstorganisation auf psychische und soziale Systeme vielmehr einen heuristischen als einen empirischen, wissenschaftlichen Wert hat. Dabei besteht der Nutzen einer metaphorischen und hypothetischen Übertragung von Konzepten aus den Naturwissenschaften vor allem »in der Strukturierung und Orientierung, die sie in der praktischen Anwendung zum Verständnis des jeweiligen Feldes anbieten« (Strunk u. Schiepek, 2006, S. 277).

Vordringlich ergeben sich nun folgende Fragen:

* Was ist eigentlich ein System?
* Was sind die bestimmenden Merkmale von Systemen?
* Was kennzeichnet insbesondere den Menschen als lebendes System?
* Wie lässt sich eine Konstruktion von Wirklichkeit genauer erfassen?
* Wie erlebt der Mensch *seine* Wirklichkeit?

1.2 Was ist ein System?

Gegenstand systemischer Beratung sind Systeme in verschiedenen Phänomenbereichen und auf unterschiedlichen Ebenen, wie etwa Menschen als psychische Systeme, Familien, Teams oder Organisationen als soziale Systeme. Was ist ein System? Wie lässt sich der Begriff System genauer erfassen?

Das Wort System ist hergeleitet aus dem lateinischen Wort »Systema« und heißt übersetzt »Zusammenstellung«. In der antiken Literatur wird das Wort System in verschiedensten, auch nichtphilosophischen Anwendungen gebraucht, sodass der Begriff sehr unterschiedlich ausgelegt wird.

Zum Beispiel als »Zusammenstellung« von Erkenntnissen in der Wissenschaft wird System verstanden »als eine nach einer Idee der Ganzheit gegliederte Mannigfaltigkeit von Erkenntnissen« (Brugger, 1976, S. 392). Dieses System »entsteht erst durch Zusammenhang und Ordnung nach einem gemeinsamen Ordnungsprinzip, durch das jedem Teil im Ganzen unvertauschbar seine Stelle und Funktion zugewiesen wird« (S. 392). In diesem Fall steht System vornehmlich für das Ergebnis einer tatsächlichen Zuweisung und Zusammenstellung von Elementen nach vorgegebenen Ordnungskriterien. So gesehen werden Systeme von außen aktiv geschaffen, kontrolliert, korrigiert und aufrechterhalten.

Erst Ende des 18. Jahrhunderts versucht der Philosoph und Mathematiker Johann Heinrich Lambert einen einheitlichen Systembegriff zu formulieren und Systemeigenschaften genauer zu beschreiben. Nach Lambert muss ein System zwei Bedingungen genügen: Einerseits muss es identifizierbare Teile haben, die gemäß einer *Absicht oder einem Zweck* in einer bestimmten Weise miteinander verbunden sind. Andererseits muss diese Verbindung stabil sein, d. h., das System muss fortdauern, »solange es die Absicht erfordert« (Lambert zit. nach Historisches Wörterbuch der Philosophie, 1998, Bd. 10, S. 835). Lambert spricht von einem »gemeinsamen Band« bzw. von einer »verbindenden Kraft«, die jeweils bei den »Intellektual«-Systemen, den moralischen bzw. politischen Systemen oder bei den körperlichen bzw. physischen Systemen zur Wirkung kommt (S. 835).

Lamberts Überlegung, dass Systeme aus Einzelelementen bestehen, die miteinander verbunden sind, um einen Zweck zu erfüllen, ist weitgehend übereinstimmend mit den systemtheoretischen Ansätzen des 20. Jahrhunderts. Die Frage ist, was genau mit der »verbindenden Kraft«, mit dem »gemeinsamen Band« gemeint ist. Auch in gegenwärtig diskutierten systemtheoretischen Ansätzen wie der Synergetik wird eine im System *innewohnende Kraft* vermutet bzw. »eine unsichtbare Hand«, die alles miteinander verbindet (Haken, 1981).

Mitte des 19. Jahrhunderts beabsichtigen Jacob und Wilhelm Grimm, den Begriff System in der Weise allgemein zu bestimmen, sodass dieser für »fast alle« Anwendungen grundlegend ist: »[A]ls gemeinsame grundlage fast aller bedeutungen und anwendungen hat system den allgemeinsten sinn ›ein sinnvoll gegliedertes ganzes, dessen einzelne teile in einem zweckmäszigen zusammenhang stehen oder unter einem höheren prinzip, einer idee, einem gesetz sich zu einer einheit zusammenordnen‹, [...] der begriff der sinnvollen, prinzipgemäszen, zweckbestimmten ordnung einer mannigfaltigkeit von dingen ist durch den philosophischen wortgebrauch in den vordergrund gerückt worden« (Grimm u. Grimm, 1854/1960, Bd. 20, Sp. 1434).

In Überstimmung mit Lambert gelten auch hier folgende Merkmale als allgemein den Begriff »System« bestimmend: Zum einen ein *Ganzes,* das in Einzelelemente sinnvoll gegliedert ist, und zum anderen, dass diese Elemente bezogen auf eine Absicht oder einen Zweck in Beziehung bzw. in Zusammenhang stehen oder sich nach einem höheren Prinzip zu einer Einheit ordnen.

In den 1920er Jahren geht der wissenschaftliche Vitalismus nach Jakob von Uexküll (1920) und Hans Driesch (1922) von der Annahme aus, dass in lebenden Systemen eine »immaterielle Kraft« bzw. ein »außerräumlicher Faktor«, die sogenannte »Entelechie« wirkt, welcher die Lebensvorgänge in systemerhaltender Weise zweckmäßig und zielgerichtet lenkt. Lebende Systeme handeln *planvoll* und streben aus sich heraus ein bestimmtes Ziel an. Die Vitalisten schlossen eine kausal-mechanistische Erklärung aller Lebensvorgänge aus.

Hier stehen Uexküll und Driesch in der Tradition von Aristoteles, der den Begriff *Entelechie* geprägt hat, der aus dem Griechischen übersetzt »Vollkommenheit«, »Vollendung«, »Verwirklichung« oder »Wirklichkeit« heißt. Entelechie bezeichnet die Form, die sich im Stoff verwirklicht, besonders im Sinne einer dem Organismus innewohnenden Kraft, die ihn zur Selbstverwirklichung bringt. Laut Aristoteles bedeutet Entelechie die *Verwirklichung der in einem Seienden angelegten Vermögen oder Möglichkeiten.* Dabei ist eher der Vorgang der Verwirklichung oder des Wirklichwerdens gemeint als der Zustand der erreichten Wirklichkeit, d. h. die Vollendung und das Ziel eines Verwirklichungsprozesses (Historisches Wörterbuch der Philosophie, 1972, Bd. 2, S. 506 f.).

Durch die Ausarbeitungen des Biologen und Philosophen Jakob von Uexküll über lebende Systeme erhält Anfang des 20. Jahrhunderts der Begriff »System« in Abgrenzung zum damals verbreiteten mechanistischen Denken eine wesentliche Bestimmung. Von Uexküll unterscheidet in seinem Buch »Theoretische Biologie« von 1920 zwischen »der Umgebung« und »der Umwelt« sowie zwischen »Merkwelt« und »Wirkwelt« von Lebewesen. Lebewesen leben in einer Welt, die sie umgibt: die allgemeine *objektive Umgebung* mit ihren sämtlich umgebenden tatsächlichen physischen Gegenständen als objektive Wirklichkeiten. Jedoch lebt jedes einzelne Lebewesen in seiner spezifischen *subjektiven*

Umwelt. Die Umwelt ergibt sich aus den Merkmalen der wahrgenommenen Reize, welche das Lebewesen aus seiner Perspektive mit seinen Rezeptoren aus der Umgebung aufnimmt (Merkwelt) und aus den Aspekten, auf die es mit seinen Effektoren einwirkt (Wirkwelt). Auf diese Weise bezieht sich das Merken und Wirken eines Lebewesens nicht auf das gesamte gegebene Objekt, sondern nur auf bestimmte erkannte und bedeutsame *Merkmale.* Mit anderen Worten: Die subjektive Umwelt eines Lebewesens entfaltet sich aus dem, was es von der objektiven Umgebung merkt und auf was es wirkt. Dabei wird in der *Innenwelt* des Lebewesens das Merken über die Rezeptoren durch das »Merkorgan« und das Wirken über die Effektoren durch das »Wirkorgan« vermittelt.

Im Zusammenhang mit dem Merken und Wirken ist nicht nur die objektive physische Beschaffenheit der Umgebung relevant, sondern auch, welche *subjektive Bedeutung* die Merkmale für das Lebewesen haben. Je nach Trieben und Bedürfnissen der Lebewesen enthält dasselbe Objekt der Umgebung eine subjektiv unterschiedliche Bedeutung bzw. »Tönung« in ihrer jeweiligen Umwelt. Oder anders formuliert: Je nach *aktuellem Bedürfnis* erhalten die umgebenen merkbaren Objekte eine entsprechende Bedeutung, wodurch die jeweiligen subjektiven Umwelten der Lebewesen auch bezogen auf dieselben gemerkten Aspekte unterschiedlich bedeutungsvoll eingefärbt sind (Kriz, 2017, S. 37).

Merkwelt und Wirkwelt bilden als Umwelt ein zusammenhängendes Ganzes, wobei aus den Wechselwirkungen zwischen der *Innenwelt* des Lebewesens und der *Außenwelt* ein in sich *geschlossener Funktionskreis* hervorgeht: »Jedes Tier ist ein Subjekt, das dank seiner eigentümlichen Bauart aus den allgemeinen Wirkungen der Außenwelt bestimmte Reize auswählt, auf die es in bestimmter Weise antwortet. Diese Antworten bestehen wiederum in bestimmten Wirkungen auf die Außenwelt, und diese beeinflussen wiederum die Reize. Dadurch entsteht ein in sich geschlossener Kreislauf, den man den *Funktionskreis* des Tieres nennen kann. […] Für jedes einzelne Tier aber bilden seine Funktionskreise eine Welt für sich, in der es völlig abgeschlossen sein Dasein führt« (v. Uexküll, 1920, S. 100).

Indessen besitzt jeder Funktionskreis einen eigenen *Plan,* wodurch sich die Handlung mit den gemeinten Eigenschaften des Objektes verbindet. Diese vom Lebewesen selektierten und erkannten Eigenschaften dienen teils als Ursache und teils als Ziel seiner Handlung. Auf diese Weise schließen die Funktionskreise die Lebewesen mit den Objekten ihrer Umwelt als unteilbare Ganzheiten zusammen (S. 200).

Diese Überlegungen heben deutlich die *eigenartige Anschauung* und den *eigenwilligen Einfluss* auf die Umgebung mit dem Ergebnis einer subjektiven, in sich *abgeschlossenen Umwelt* aller Lebewesen hervor. Im Grunde leben alle Lebewesen immer nur in ihrer eigenen Merk- und Wirkwelt. Jedes Lebewesen bildet sich in seinem Merk- und Wirkraum aus seiner gegenwärtigen Perspektive und den damit verbundenen Anschauungen auf die Objekte seine *subjektiven bedeutungsvollen Wirklichkeiten*. Dabei widersprechen sich die objektiven und subjektiven Wirklichkeiten, wobei wir uns der Widersprüche selten bewusst sind. Jedes Lebewesen betrachtet und erlebt die Welt aus *seiner* jeweilig gegebenen Perspektive einzigartig in diesem Moment: »Die meisten Menschen werden sich niemals dessen bewusst, dass sie in zwei Welten leben, die sich in vielen Punkten widersprechen. Das Haus meines Nachbars ist, wenn ich vor der Haustüre stehe, klein, während mein eigenes groß ist. Gehe ich aber zum Nachbarn hinüber, so ist sein Haus groß und meins klein. Die sichtbare Größe eines Gegenstandes ist also abhängig von meinem subjektiven Standpunkt. Dies ist entscheidend für den Anblick aller Gegenstände, die mich umgeben. [...] Meine Umwelt wechselt wohl ihren Inhalt, ihrer Form nach bildet sie stets den Umkreis um meine Person als Weltmittelpunkt. Vor ihm sind die Gegenstände in ihrer Größe und ihren Einzelheiten abhängig« (S. 228).

Nach von Uexküll sind die Handlungen eines lebenden Systems »übermaschinell«: Lebewesen handeln weder mechanistisch nach einem Reiz-Reaktions-Schema noch funktionalistisch in dem Sinne, dass sie dem Systemganzen gehorchen. Ausgehend von der lebenden Zelle bezeichnet er lebende Systeme allgemein als *autonom*. Die Autonomie wird im Wesentlichen durch das *selbstregulierende* Merken und Wirken eines Lebewesens geäußert: »Die Eigengesetzlichkeit, d. h. die Abhängigkeit von einer eigenen Regel, ist ein wesentliches Kennzeichen des Lebendigen, und die bestimmende Regel wird von der spezifischen Lebensenergie diktiert. Sie äußert sich entweder in einem Merken der rezeptorischen oder in einem Wirken der effektorischen Zellen der Muskeln und Drüsen. Man kann daher die rezeptorische Zelle ein Merkautonom nennen und die effektorische Zelle als Wirkautonom bezeichnen« (S. 118).

Der Vitalismus verlor in den kommenden Dekaden an Bedeutung, da er einerseits keine Möglichkeit bot, die von ihm postulierten Kräfte oder Entelechien nachzuweisen, und andererseits mit der Zeit immer mehr Eigenschaften und Vorgänge lebender Systeme einer physikalischen-chemischen Analyse zugänglich wurden.

In den 1950er Jahren verfasste der Biologe Ludwig von Bertalanffy eine allgemeine Systemtheorie mit dem Versuch, gemeinsame Gesetzmäßigkeiten von Systemen in unterschiedlichen Phänomenbereichen zu formalisieren. Diese Theorie beansprucht die Formulierung und Ableitung jener Prinzipien, die für Systeme im Allgemeinen gelten. Prinzipien, die in einer Klasse von Systemen gefunden werden, sollen auch auf andere Systeme anwendbar sein (v. Bertalanffy, 1956, 1962).

Von Bertalanffy versuchte dabei, den Gegensatz von Mechanismus und Vitalismus in einer allgemeinen biologischen Systemtheorie zu überwinden. Seine »ganzheitlich und organismische Auffassung« wendet sich kritisch gegen drei Positionen seiner Zeit: den naturwissenschaftlichen Reduktionismus, die Maschinentheorien und den metaphysischen Vitalismus (Historisches Wörterbuch der Philosophie, 1972, Bd. 2, S. 859). Von Bertalanffy versteht Lebewesen als eine Einheit von in *dynamischer Wechselwirkung* stehenden Elementen und als *offene Systeme,* die sich mit ihrer Umgebung in einem ständigen Stoff- und Energieaustausch befinden. Dabei besagt das *Prinzip der Äquifinalität,* dass lebende Systeme auf verschiedenen Wegen einen Endzustand erreichen können. Das heißt, gleiche Anfangsbedingungen können zu verschiedenen Endzuständen und verschiedene Anfangsbedingungen können zu gleichen Endzuständen führen. Folglich sind die Zustände von lebenden Systemen wesentlich durch die eigene Organisation und weniger durch die Anfangsbedingungen bestimmt. Man kann also festhalten:

Das Verhalten von lebenden Systemen ist in einfachen Ursache-Wirkungs-Relationen nicht voraussagbar.

In den 1950er Jahren legten Arthur Hall und Robert Fagen weitere wesentliche Grundlagen für eine allgemeine Systemtheorie. Sie definieren System allgemein als »a set of objects together with relationships between the objects and between their attributes« (Hall u. Fagen, 1956, S. 18). Dabei werden die Objekte als Bestandteile des Systems und die Merkmale als Eigenschaften der Objekte verstanden. Die *Beziehungen* zwischen den Objekten gewährleisten den Zusammenhalt des Systems. Die Umwelt ist für ein gegebenes System die Summe aller Objekte, deren Veränderung das System beeinflussen, sowie jener Objekte, deren Merkmale durch das Verhalten des Systems verändert werden (S. 20).

Hier stellt sich die Frage, wie sich Systeme von ihrer Umwelt abgrenzen. Was unterscheidet System und Umwelt? Dabei ist keineswegs eindeutig, wann ein Objekt einem System oder wann es der Umwelt zugeschrieben wird (S. 20).

Systeme sind mit ihrer Umwelt verwoben, wodurch eine eindeutige Abgrenzung zwischen System, Subsystem und Umwelt unmöglich wird. Es ergeben sich hierarchische Ebenen von Systemen, in denen die untergeordneten Systeme in den übergeordneten Systemen eingebettet und Teil von diesen sind. Dabei stehen die einzelnen Ebenen in Wechselwirkung zueinander, z. B. Mensch, Paarbeziehung, Familie, Gesellschaft.

Die Abgrenzung und Beschreibung eines Systems erfolgt immer durch einen *Beobachter* aufgrund seiner Interessen und Bedürfnisse und seiner zur Verfügung stehenden sprachlichen Möglichkeiten. *Das Wahrnehmen und Erleben von Systemen ist immer subjektiv.*

Prinzipiell unterscheiden Hall und Fagen wie von Bertalanffy zwischen *geschlossenen und offenen Systemen,* wobei sie lebende Systeme als offene Systeme definieren. Lebende Systeme sind offen, weil sie mit ihrer Umwelt Stoffe, Energie oder Information austauschen. Ein System ist geschlossen, wenn kein Export oder Import in irgendeiner Form stattfindet. In geschlossenen Systemen werden demnach keine Bestandteile mit der Umwelt ausgetauscht (Hall u. Fagan, 1956, S. 23).

Für die Beschreibung lebender Systeme hat das Prinzip der *Homöostase* eine zentrale Bedeutung. Der Begriff »Homöostase« wurde in den 1930er Jahren von W. B. Cannon in die Physiologie eingeführt, um die Konstanterhaltung bestimmter physiologischer Größen wie z. B. die der Körpertemperatur unter wechselnden Umweltbedingungen zu erklären (Simon, Clement u. Stierlin, 1999, S. 135). Mit Homöostase wird der Gleichgewichtszustand bezeichnet, bei dem bestimmte Systemzustände innerhalb bestimmter Bandbreiten oder Sollwerte durch homöostatische Mechanismen konstant gehalten werden. Homöostatische Mechanismen zeichnen sich durch kontinuierlich regulierende Veränderungen innerhalb des Systems aus, die es als Ganzes in einem Gleichgewicht halten und eine gewisse Stabilität bewahren. Ein System befindet sich daher in einem *dynamischen Gleichgewicht,* das von Gregory Bateson in Anlehnung an den Kybernetiker William Ross Ashby als *Fließgleichgewicht* bezeichnet wird (Bateson, 1972/1992, S. 177).

Zusammenfassend kann »System« vorerst wie folgt allgemein umschrieben werden: Ein System ist eine von der Umgebung abgegrenzte Einheit, die aus einzelnen Elementen bzw. Objekten und deren Merkmalen besteht, die sich wechselseitig beeinflussen. Die Beziehungen und Wechselwirkungen gewährleisten einen Zusammenhalt der Einheit und sind gemäß einer Absicht oder einem Zweck in einer bestimmten Weise miteinander verbunden. Offene Systeme tauschen mit ihrer Umgebung Stoffe, Energie oder Informationen aus. In dieser Wechselwirkung des Systems zur Außenwelt kann zwischen der objektiven gemeinsamen Umgebung und der subjektiven individuellen Umwelt unterschieden werden. Offene Systeme befinden sich in einem dynamischen Gleichgewicht bzw. Fließgleichgewicht, in dem durch fortlaufende regulierende Veränderungen eine relative Stabilität des Systems erhalten bleibt. Nach dem Prinzip der Äquifinalität ist das Verhalten eines Systems durch die Anfangsbedingungen nicht voraussagbar. Die Abgrenzung zwischen System, Subsystem und Umgebung ist nicht eindeutig, sodass verschiedene hierarchische Ebenen innerhalb eines Systems unterschieden werden können. Die Abgrenzung und Beschreibung von Systemen erfolgt immer von einem Beobachter durch seine Interessen und Bedürfnisse und seine derzeit zur Verfügung stehenden sprachlichen Möglichkeiten. Dementsprechend ist ein System ein subjektives Konstrukt.

Unbeantwortet bleibt die Frage, ob in lebenden Systemen eine »innere Kraft« wirkt, die den Organismus handlungsleitend und zielgerichtet beeinflusst, um ihn zu verwirklichen, wie z. B. von Vertretern des Vitalismus postuliert wird. Hier unterscheidet sich der vitalistische von dem mechanistischen Ansatz zur Beschreibung von Systemen, worauf ich noch an verschiedenen Stellen in diesem Buch hinweisen werde.

1.3 Der Mensch als lebendes System

Wir Menschen können uns als lebende Systeme betrachten und dabei zumindest drei Ebenen unterscheiden: die physische, psychische und kognitive Ebene. Auf der physischen Ebene befinden sich die physikalischen und biochemischen Vorgänge des Organismus. Dieser Phänomenbereich auf der sensomotorischen und neuronalen Ebene ist naturwissenschaftlich zugänglich und empirisch messbar. Auf der psychischen Ebene wirken sowohl Wahrnehmungen, Kognitionen, Emotionen als auch Körperreaktionen unmittelbar zusammen und münden in einer einzigartigen derzeit erlebten Wirklichkeit: das gegenwärtig subjektiv wahrnehmbare und erfahrbare *kognitiv-emotionale und körperliche Erleben.*

Hier werden die physische, psychische und kognitive Ebene als unlösbar miteinander verwoben betrachtet, die sich gegenseitig beeinflussen und aus dieser Wechselwirkung die einzigartige Erlebniswelt und in dem Sinne die subjektive Wirklichkeit eines Menschen spezifizieren.

Auf kognitiver Ebene bilden wir unsere erfahrene Welt in kognitiven Strukturen von Kenntnissen und Begriffen und in Form von bildlichen Repräsentationen sinnesbezogen und mental ab. Diese kognitiven Schemata gehen augenblicklich aus der Wahrnehmung von Personen, Objekten oder Ereignissen hervor und bedingen den Sinn und die Bedeutung des Wahrgenommenen, wodurch unsere erlebte Wirklichkeit geprägt ist. Dabei liegt die abstrakte Vorstellung von einem kognitiven Modell, Konstrukt oder Schema jenseits des Physischen und ist nicht naturwissenschaftlich greifbar, sondern vielmehr eine metaphorische Vorstellung davon, wie sich Vorgänge auf kognitiver Ebene ereignen und wie menschliches Erkennen möglich ist. In Unterkapitel 1.5 werde ich auf das Phänomen der menschlichen Konstruktion von Wirklichkeit eingehen.

Wir befinden uns fortlaufend in Beziehung und Wechselwirkung mit unserer Umgebung: Einerseits nehmen wir ständig Impulse aus der Umgebung auf und andererseits reagieren und wirken wir durch unser Verhalten auf diese ein: *Merk- und Wirkwelt.* Wir sind immer eingebettet in einer Umgebung, sodass unser Denken, Fühlen und Verhalten auf diese bezogen ist.

Indessen verfestigt sich unsere eigentümliche Lebensweise und Anpassungsleistung geschichtlich im *Körper,* worauf Barry Stevens (1902–1985), eine Wegbereiterin der Gestalttherapie, schon Ende der 1960er Jahre in ihrem Buch »Don't push the river« hinweist: »Die Lebensweise zeigt sich im Körper. Natürlich. Wie sollte es sonst sein? Ich *bin* mein Körper, und mein Körper ist ich. Wie kann ich mich sonst ausdrücken? Wenn ich mich einigele und nichts sage, drücke ich mich aus. Wenn ich mit den Zehen wackele, drücke ich mich aus. Wenn ich meine Schultern steif mache, drücke ich mich aus. Wenn ich nicht ›höre‹, drücke ich mich aus. Wenn ich ein Gewohnheitsmuster annehme, drücke ich mich selbst als Artefakt aus, eine Art Statue, die *künstlich* atmet und sich *künstlich* bewegt. Ich habe *mich* gemacht« (Stevens, 1970/2000, S. 111).

Ja, unser Körper ist unser ständiger Begleiter immer und überall. Der Körper ist die Ausformung unserer Existenz. Der Körper ist *analog* zu unserem überdauernden Lebensstil und derzeitigen Lebenszustand immer eingebettet in einer Umgebung. Wir verkörperlichen unser Erleben, und zwar andauernd und dauerhaft. Wir sind verkörpertes Leben. Gleichzeitig ist unser Leben körperlich. Das Leben geschieht körperlich. Diese Worte mögen befremdlich sein – sie sind es jedoch gerade dann, wenn uns diese Gedanken fremd sind, wenn wir uns unseres Körpers wenig bewusst sind.

Auch der Mitbegründer der Gestalttherapie, Fritz Perls (1893–1970), betrachtet den Menschen als ganzheitliche Einheit, als *ganzheitlichen Organismus.* Jede Splittung oder Spaltung in Teile, Aspekte oder Ebenen widerspricht dieser Ganzheit: »Die stärkste Spaltung besteht in der Körper-/Geist-Dichotomie, die tief in unserer Kultur verwurzelt als gegeben hingenommen wird. Es ist der Aberglaube, es gebe eine Trennung, wenn auch gegenseitige Abhängigkeit, zweier unterschiedlicher Substanzen, des Psychischen und des Physischen. [...] Wir sind Organismen, wir (das bedeutet nicht ein mysteriöses Ich) *haben* keinen Organismus. Wir *sind* eine ganzheitliche Einheit, aber wir sind frei, vielerlei Aspekte von dieser Ganzheit zu abstrahieren. *Abstra*hieren, nicht *sub*trahieren, nicht aufsplittern. Wir können unserem jeweiligen Interesse entsprechend das Verhalten dieses Organismus, oder seine soziale Funktion, oder seine Physiologie, oder seine Anatomie, oder dies oder jenes abstrahieren, doch müssen wir uns hüten, eine solche Abstraktion als einen ›Teil‹ des gesamten Organismus zu begreifen« (Perls, 1969/1981, S. 9).

Der Mensch ist ein komplexes Wesen: Wir können verschiedenartige Deutungen über die wahrgenommene Welt hervorbringen und viele verschiedene kognitiv-emotionale und körperliche Zustände einnehmen sowie uns situationsbezogen anpassen und plötzlich verändern. Zugleich sind unser Erleben und dessen Veränderungen nicht bestimmbar und voraussagbar. Dynamik ergibt sich

daraus, dass unser Erleben nicht statisch, sondern fortlaufend kognitiv, emotional und körperlich geschieht und sich ständig wandelt. Gleichzeitig erhält das Erleben über einen gewissen Zeitraum ein relativ stabiles dynamisches Gleichgewicht innerhalb bestimmter Ausprägungen eines Zustandes:
Der Mensch als lebendes System befindet sich in einem Fließgleichgewicht.

Um dem Menschen in seiner Ganzheit gerecht zu werden, formulierte die Gesellschaft für Humanistische Psychologie in den 1960er Jahren unter dem Vorsitz von Abraham Maslow folgende vier Thesen als Grundlage für ihre theoretische und praktische Arbeit (Bühler u. Allen, 1974, S. 7). Bis heute scheint es erstrebenswert zu sein, diese Thesen als Orientierung für die Entwicklung von Menschen im Auge zu behalten:

1. Im Zentrum der Aufmerksamkeit steht die erlebende Person. Damit rückt das Erleben als das primäre Phänomen beim Studium des Menschen in den Mittelpunkt.
2. Der Akzent liegt auf spezifisch menschlichen Eigenschaften, wie der Fähigkeit zu wählen, der Kreativität, Wertsetzung und Selbstverwirklichung – im Gegensatz zu einer mechanistischen und reduktionistischen Auffassung des Menschen.
3. Die Auswahl der Fragestellungen und der Forschungsmethoden erfolgt nach Maßgabe der Sinnhaftigkeit – im Gegensatz zur Betonung der Objektivität auf Kosten des Sinns.
4. Ein zentrales Anliegen ist die Aufrechterhaltung von Wert und Würde des Menschen, und das Interesse gilt der Entwicklung der jedem Menschen innewohnenden Kräfte und Fähigkeiten. In dieser Sicht nimmt der Mensch in der Entdeckung seines Selbst, in seiner Beziehung zu anderen Menschen und zu sozialen Gruppen eine zentrale Stellung ein.

Hierbei interessiert *die Einzigartigkeit und das Erleben des Menschen* sowie die *Entwicklung seiner Kräfte und Fähigkeiten*. Dabei ist die Tendenz des Menschen zur *Selbstverwirklichung* zentral. Maslow hat in seinem Buch zur »Psychologie des Seins« den Begriff Selbstverwirklichung genauer aufgeschlüsselt. Er definiert Selbstverwirklichung als »fortschreitende Verwirklichung der Möglichkeiten, Fähigkeiten und Talente, als Erfüllung einer Mission oder einer Berufung, eines Geschicks, eines Schicksals, eines Auftrages, als bessere Kenntnis und Aufnahme der eigenen inneren Natur, als eine ständige Tendenz zur Einheit, Integration oder Synergie innerhalb der Persönlichkeit« (Maslow, 1973, S. 41).

Das subjektive Erleben und die Möglichkeiten seiner Veränderung sowie Kompetenz- und Ressourcenorientierung sind seit den 1980er Jahren zunehmend auch Hauptaugenmerk von Vertretern systemischer Beratung. Ausgehend vom Ansatz der Autopoiese nach Maturana wird das Erleben des Menschen als *autonom bzw. eigengesetzlich* verstanden.

1.4 Lebende Systeme in Anbetracht der Autopoiese: Der Mensch als autonomes Wesen

Die Theorie autopoietischer Systeme wurde von dem chilenischen Biologen Humberto Maturana in den 1970er Jahren formuliert und in den folgenden Jahren mit seinem Assistenten und späteren Kollegen Francisco Varela weiter ausgearbeitet. Die Theorie stellt einen Versuch dar, die Organisationsweise lebender Systeme zu beschreiben. Mit lebenden Systemen sind biologische Systeme gemeint, die sich von physikalischen oder chemischen Systemen in der unbelebten Natur sowie von Menschen gemachten, technischen Systemen unterscheiden.

Maturana bezeichnet lebende Systeme als autopoietisch (griech. autos: »selbst« und poiein: »gestalten, machen«), weil aus seiner Sicht lebende Systeme durch den Mechanismus der Selbstreproduktion gekennzeichnet sind: »Die autopoietische Organisation wird als eine Einheit definiert durch ein Netzwerk der Produktion von Bestandteilen, die 1. rekursiv an demselben Netzwerk der Produktion von Bestandteilen mitwirken, das auch diese Bestandteile produziert, und 2. das Netzwerk der Produktion als eine Einheit in dem Raum verwirklichen, in dem die Bestandteile sich befinden« (Maturana, 1985, S. 158).

Maturanas Forschungsinteresse war von Beginn an, die charakteristischen Eigenschaften lebender Systeme zu benennen und die wesentlichen Unterschiede zu nicht lebenden Systemen herauszustellen. Sein Ziel ist es, Kriterien herauszuarbeiten, die ausschließlich lebende Systeme charakterisieren. Er hält die verfügbare Sprache bzw. Begrifflichkeit zur Beschreibung lebender Systeme für ungeeignet, um Antworten auf seine Forschungsfragen zu erhalten. Die etablierte wissenschaftliche Sprache würde die eigentlichen strukturellen Mechanismen verdecken, nach welchen lebende Systeme im Grunde operieren. Diese herkömmliche Art von Beschreibung führe eher zu metaphorischen Vorstellungen und versperre den Blick auf die »eigentlichen Operationen« lebender Systeme (S. 14 ff.).

Maturana versucht, jeden voreingenommenen Blick zu vermeiden, der durch sprachliche Unterscheidungen dem System von außen *eigentlich* nicht fassbare innewohnende Eigenschaften, Funktionen, Zwecke oder Absichten zuschreibt. Diese sprachlichen Unterscheidungen werden durch den Beobachter im Rahmen seines Denk- und Sprachvermögens getätigt, wodurch er dem System von außen bestimmte Merkmale auferlegt:

Beschreibungen sind immer Zuschreibungen eines Beobachters auf der Grundlage seiner eigenen vorhandenen sprachlichen Kategorien.

Zum Beispiel, indem ein Berater eine Person als »intelligent«, »freundlich« oder »ehrgeizig« bezeichnet oder einem Kind die Funktion im Familiensystem zuschreibt, den unterschwelligen Konflikt der Eltern abzulenken. Diese Beschreibungen sind keine Aussagen über die *eigentliche* Funktionsweise lebender Systeme bzw. von Menschen. Sie sind in dem Sinne metaphorisch, dass diese Beschreibungen beobachtetes Verhalten auf in Sprache gefasste Kategorien reduzieren, die als reale Eigenschaften im Inneren des Menschen oder im sozialen System nicht an sich existieren. Diese Beschreibungen sind immer *Zuschreibungen* eines Beobachters, welche er von außen an das System heranträgt. Beschreibungen oder Begriffe bilden niemals »das Ding an sich« ab. Im Grunde könnte jede wahrgenommene Person oder jedes wahrgenommene Ereignis von einer jeweiligen Beobachterin anders beschrieben werden.

Durch *funktionale Beschreibungen* werden lebende Systeme nur in den Relationen zwischen ihren Elementen und zu ihrem Umfeld betrachtet und dringen nicht zum »innersten Wesen« vor (Maturana, 1994, S. 34). Zum Beispiel sind Beschreibungen wie Macht, Kontrolle, Distanz, Nähe oder Regeln Zuschreibungen einer Beobachterin über die sozialen Beziehungen bzw. Funktionen zwischen Personen innerhalb eines definierten Systems oder dessen Beziehungen zu seinem Umfeld. Auch diese Beschreibungen sind immer von einer Beobachterin nach ihren verfügbaren sprachlichen Kategorien dem System zuerkannt und keine Aussagen darüber, wie lebende Systeme im Innersten tatsächlich funktionieren.

Maturana beabsichtigt, lebende Systeme »von innen her zu beschreiben« (S. 34), sie in ihrer Eigenart zu erfassen, »was sie als eigenständige, einzigartige abgrenzbare Entitäten ausmacht« (S. 35). Er strebt eine rein mechanistische Beschreibung und Erklärung lebender Systeme an und konzentriert sich ausschließlich auf die »strukturellen Mechanismen«, wofür er eine Sprache benötigt, die sich auf die in lebenden Systemen wirkenden Mechanismen beschränkt (Maturana, 1985, S. 14 f.).

Folglich richten sich seine Untersuchungen ausschließlich auf das, was die wesentlichen inneren Mechanismen sind, die lebende Systeme *eigentlich* charakterisieren. Offenbar geht er davon aus, dass dieser einzigartige Mechanismus im Inneren lebender Systeme unabhängig von Beobachtern tatsächlich existiert und natürlich gegeben ist.

An dieser Stelle wird ein erster Widerspruch in den Aussagen Maturanas offensichtlich: Wenn ein Beobachter immer aufgrund seiner zur Verfügung stehenden sprachlichen Unterscheidungen bzw. durch seine Sprache ein eigenes Abbild der Welt erschafft, dann wäre auch eine sogenannte »mechanistische« Sprache nur eine weitere Möglichkeit der sprachlichen Unterscheidung eines Beobachters, die keinerlei Anspruch auf Algemeingültigkeit hätte. Der Mensch bleibt immer in der Subjektivität seiner sprachlichen Unterscheidungen befangen, gleichgültig in welcher Sprachform.

Was sind nun die »eigentlichen Operationen« lebender Systeme? Was ist das »innerste Wesen«, die »Eigenart« von lebenden Systemen bzw. der »strukturelle Mechanismus«, der angeblich durch die herkömmliche Sprache nicht zugänglich ist? Welcher Mechanismus ist »einzigartig« für lebende Systeme und charakterisiert diese als solche?

Für Maturana und Varela ist das definierende Kriterium lebender Systeme eine Eigenart von Organisation, durch die sie laufend sich selbst erzeugen. Diese für lebende Systeme charakteristische Organisation bezeichnen sie als autopoietische Organisation: »Wenn wir von Lebewesen sprechen, haben wir bereits angenommen, dass es etwas Gemeinsames zwischen ihnen gibt, andererseits würden wir sie nicht zu der einen Klasse zählen, die wir das ›Lebendige‹ bezeichnen. […]. Unser Vorschlag ist, dass Lebewesen sich dadurch charakterisieren, dass sie sich – buchstäblich – andauernd selbst erzeugen. Darauf beziehen wir uns, wenn wir die sie definierende Organisation *autopoietische Organisation* nennen« (Maturana u. Varela, 1987, S. 50 f.).

Die *autopoietische Organisation* besteht ausschließlich aus einem Netzwerk und dessen Bestandteilen. Dieses Netzwerk wird auch als Struktur bezeichnet. Diese Struktur bildet sich als eine zeitliche und räumliche Einheit heraus und grenzt sich von ihrer Umwelt ab. Dabei erzeugen die Bestandteile in einem fortlaufenden Prozess von Wechselwirkungen diese Struktur, die wiederum diese Bestandteile hervorbringt. Dieser Mechanismus ist in diesem Sinne dynamisch und rekursiv, Produzent und Produkt sind untrennbar miteinander verknüpft. Diese für lebende Systeme einzigartige und charakteristische Weise der Organisation ist die Autopoiese. Es »ist den Lebewesen eigentümlich, dass das einzige Produkt ihrer Organisation sie selbst sind, d. h., es gibt keine Trennung zwischen Erzeuger und Erzeugnis. Das Sein und das Tun einer autopoietischen Einheit sind untrennbar, und dies bildet die spezifische Art von Organisation« (S. 56).

Folglich wird die Existenz, »das Sein« eines lebenden Systems durch Aktivität, »das Tun« der Bestandteile ständig erzeugt. Aktivität ist die Voraussetzung für die Existenz eines lebenden Systems, die wiederum die Aktivität erst ermöglicht. Lebende Systeme sind demnach nicht statisch, sondern dynamisch und fortlaufend in Bewegung. Sie leben.

Maturana und Varela (S. 52 f.) zeigen am Beispiel der Zelle als biologisch zusammengesetzter Einheit die Funktionsweise autopoietischer Organisation auf: In einer Zelle sind die molekularen Bestandteile in einem kontinuierlichen Netzwerk von Wechselwirkungen dynamisch miteinander verbunden. Dieser Zellstoffwechsel erzeugt Bestandteile, die einen Rand, eine Begrenzung für dieses Netz von Transformationen bilden. Der abgrenzende Rand wird als Membran bezeichnet. Diese Membran begrenzt die Ausdehnung des Netzwerkes, wodurch das Netzwerk als Einheit generiert wird und aufrechterhalten bleibt. Gleichzeitig wird die Membran durch dieses Netzwerk konstruiert: Die Organisation ist durch einen zirkulären, sich selbst erzeugenden und aufrechterhaltenden Prozess gekennzeichnet: Auf der einen Seite erzeugt das dynamische Netzwerk von Transformationen seine eigenen Bestandteile und gleichzeitig die Membran. Auf der anderen Seite stellt diese Membran überhaupt erst die Möglichkeiten für die Transformationen des Netzwerkes her.

Dabei gilt nach Maturana und Varela dieser aufgezeigte Mechanismus auf molekularer Ebene als allgemeingültige Organisationsweise lebender Systeme und ist unter der Bezeichnung »Autopoiese« kennzeichnend für alle lebenden Systeme.

Somit werden die Belege für die Theorie autopoietischer Systeme überwiegend empirischen Untersuchungen auf molekularer Ebene entnommen. Ausgehend von dieser Ebene werden die charakteristischen Eigenschaften aller lebenden Systeme abgeleitet und verallgemeinert. Diese Verallgemeinerung ist empirisch nicht nachvollziehbar, wobei Maturana diesen Anspruch auch nicht erhebt. Ausgehend von den empirischen Wurzeln auf molekularer Ebene bildet sich eine allgemeine Theorie lebender Systeme heraus, die eher einen metaphorischen Gehalt aufweist als auf empirischer Begründung fußt.

1.4.1 Die Autonomie lebender Systeme: Eigenlogik und Geschlossenheit

Der Begriff Autonomie ist hergeleitet von griechisch autos, »selbst«, und nomos, »Gesetz«, und heißt im philosophischen Sinn *Eigenständigkeit oder Eigengesetzlichkeit* (Rehfus, 2005, S. 65).

Nach Maturana und Varela ist Autonomie eines der wesentlichsten und unmittelbarsten Merkmale von Lebewesen. Für sie ist ein System autonom, »wenn es dazu fähig ist, seine eigene Gesetzlichkeit bzw. das ihm Eigene zu spezifizieren« (Maturana u. Varela, 1987, S. 55).

Mit anderen Worten: Ein lebendes System ist autonom, wenn es sich selbst verwirklicht.

Bei genauer Betrachtung bildet sich das Merkmal der Autonomie aus dem Mechanismus der Autopoiese heraus: Einerseits sind sämtliche Operationen des

Systems durch die eigene Struktur bestimmt. Andererseits erzeugen die Operationen die Struktur selbst und stellen somit den Ausgangspunkt für weitere Operationen dar. Nach diesem Mechanismus sind autopoietische Systeme durch Zirkularität, Strukturdeterminiertheit, Selbstreferenzialität und operationale Geschlossenheit gekennzeichnet – Eigenschaften lebender Systeme, aus denen ihre Autonomie hervorgeht. Dabei können diese nicht isoliert betrachtet werden, denn sie sind eng miteinander verbunden und bedingen sich gegenseitig.

Der Mechanismus der Autopoiese erzeugt und erhält die Autonomie lebender Systeme, wobei nach Maturana die *operationale Geschlossenheit* die allgemeine Bedingung für dessen Autonomie ist (Maturana, 1985, S. 245).

Was ist nun mit »operationaler Geschlossenheit« lebender Systeme gemeint?

Allgemein bezeichnet »operationale Geschlossenheit« die Fähigkeit lebender Systeme, geschlossen gegenüber ihrer Umwelt zu operieren. Lebende Systeme beziehen sich in ihrem Verhalten immer nur auf sich selbst, d. h. auf ihre aktuell bestehende Struktur. Auf diese Weise sind lebende Systeme *struktur- bzw. zustandsdeterminiert.* Das bedeutet z. B., dass alle Wahrnehmungen, Kognitionen und Emotionen des Menschen ausschließlich durch seine eigene Struktur bestimmt sind, durch seinen aktuellen physisch-psychischen Zustand. Da jede Operation des Systems die eigene Struktur aufrechterhält, ist jede Operation durch einen zirkulären Verlauf Ausgangsbasis für jede weitere Operation und infolgedessen selbstreferenziell. Entsprechend werden lebende Systeme als operational geschlossen beschrieben.

So gesehen würde einerseits das Erleben eines Menschen von Wirklichkeit aus seinen Wahrnehmungen, Kognitionen und Emotionen bestehen und andererseits würde dieses Erleben seine Wahrnehmungen, Kognitionen und Emotionen bestimmen. Das Sein eines lebenden Systems ist untrennbar mit seinem Tun verschmolzen: Ich bin, was ich tue und was ich tue, bin ich – in diesem Moment, im Hier und Jetzt.

In der Gesamtbetrachtung ergibt sich die Autonomie lebender Systeme daraus, dass sie sich aufgrund ihrer operationalen Geschlossenheit selbst regulieren und infolgedessen von außen nicht direkt beeinflussbar sind. Operationale Geschlossenheit bedeutet nicht Isolation oder Abgeschlossenheit von der Systemumwelt (»Milieu«). Lebende Systeme sind für die Aufnahme von Impulsen aus der Umwelt offen. Zwar werden durch äußere Impulse Effekte im lebenden System ausgelöst, die Verarbeitung und Wirkung dieser Impulse wird jedoch durch die Struktur des Systems bestimmt: »Allgemeiner formuliert bedeutet dies, dass das externe Agens, das auf ein beliebiges molekulares System einwirkt, die Effekte zwar auslöst, aber nicht in der Lage ist, sie zu determinieren. Es wird durch die äußere Einwirkung lediglich eine strukturelle Dynamik ausgelöst, deren Folgen aber durch die Struktur des Systems selbst spezifiziert und bestimmt werden« (Maturana u. Pörksen, 2002, S. 71).

Aus der Umwelt werden Veränderungen im lebenden System durch »Perturbationen« angeregt. Das Wort »Perturbation« stammt von dem lateinischen Verb »perturbare« und heißt »durcheinanderwirbeln«, »beunruhigen«, »verwirren«. Perturbation kann demnach mit Begriffen wie »Störung« oder »Verstören« übersetzt werden. Perturbationen bestimmen nicht, was dem Lebewesen geschieht, vielmehr bedingt die Struktur des Lebewesens, zu welchem Wandel es infolge der Perturbation in ihm kommt. Eine solche Interaktion schreibt deshalb ihre Effekte nicht vor. Sie determiniert sie nicht und ist daher nicht »instruierend«. Durch Interaktionen wird gegebenenfalls eine Wirkung im lebenden System »ausgelöst« (Maturana u. Varela, 1987, S. 105 f.).

Hier stellt sich die Frage:

- Wie werden Veränderungen durch »Perturbationen« aus der Umwelt beim Menschen angeregt?
- Wie geschehen »eigengesetzlich« bzw. autonom im Menschen durch »Irritationen« Veränderungen?

Impulse aus der Umwelt wirken nur dann, wenn diese im Menschen Informationen generieren, indem sie erfahrbare Unterschiede im Nervensystem anregen, z. B. durch kinästhetische Empfindungen wie körperliche Berührungen, durch auditive Impulse wie Worte oder durch visuelle Eindrücke wie Bilder oder Zeichen. Dabei entstehen Empfindungen, Worte oder Bilder als sinnhafte Erlebnisse. Sie sind bedingt durch die Nerventätigkeit *im Inneren des Menschen,* die durch äußere Reize wie Berührungen, Schallwellen oder elektromagnetische Wellen ausgelöst werden (v. Foerster u. Pörksen, 2011, S. 16 ff.; Maturana u. Pörksen, 2002, S. 60 ff.).

Die gespürte Empfindung, das gehörte Wort oder das gesehene Bild werden im Menschen durch seine physiologische Struktur erzeugt und als Erfahrung durch Beschreibung mit Bedeutung versehen und in dem Sinne erst zur Information. Dabei ist die Art und Weise der Beschreibung bestimmt durch die sprachlichen Möglichkeiten und Unterscheidungen des Erlebenden und somit entsprechend seiner kognitiven Struktur in diesem Moment:

Der Mensch verarbeitet immer autonom bzw. »eigengesetzlich« die Ereignisse aus seiner Umwelt.

Dieser Ansatz hat weitreichende Konsequenzen für das Verständnis psychosozialer Beratung: Die Wirkung einer Intervention kann nicht verordnet oder bestimmt werden, sondern geschieht immer gegenwärtig und einzigartig bedingt durch die Struktur des Klienten. Einfache Ursache-Wirkungs- bzw. Input-Output-Beziehungen greifen nicht: »Niemand ist in der Lage, gezielt festzulegen, was in einem anderen Menschen geschieht; niemand vermag ein strukturdeterminiertes System – einen anderen Menschen – instruktiv zu intervenieren und gezielt zu determinieren, wie sich dieses lebende System verhalten wird, wenn man es mit einer bestimmten Einsicht oder Erfahrung konfrontiert« (Maturana u. Pörksen, 2002, S. 120).

Der Beratungsprozess erscheint erheblich vielschichtiger und ist aufgrund der unzähligen individuellen Möglichkeiten autonomer Verarbeitung nicht direkt steuerbar. In der Konsequenz müssen seitens des Beraters Machbarkeitsansprüche und überhöhte Steuerungs- bzw. Kontrollbedürfnisse beiseitegelegt werden. Stattdessen sind Haltungen erforderlich wie Aufmerksamkeit, Offenheit für das Offensichtliche bzw. eine ausgeprägte sinnesbewusste Wahrnehmung für das, was im Moment geschieht, Anpassungsfähigkeit an das Wahrgenommene, Neugierde im Sinne von Interesse an der »Eigengesetzlichkeit« und »das ihm Eigene« des Klienten oder Bescheidenheit bezogen auf das eigene Steuerungsvermögen. Es gilt, die »Eigenart« des Menschen zu achten und zu würdigen.

Hier liegt die Gefahr sichtbar nah, die Verantwortung für die Wirkung von Beratung nun allein aufseiten der Klientin zu verschieben und dass auf der anderen Seite Berater in falsch verstandener Verantwortungslosigkeit ausarten. Berater sind sehr wohl verantwortlich z. B. für die Gestaltung der Rahmenbedingungen, in welchen erwünschte und förderliche Entwicklungen eher wahrscheinlich möglich sind. Dazu gehört vor allem auch die Gestaltung von Beziehungen (siehe Unterkapitel 2.6) und das Schaffen einer entwicklungsfördernden Atmosphäre und Dramaturgie (siehe Kapitel 3).

Die Frage ist, ob wir für die Legitimierung einer durch humanistische Werte geprägten Haltung in der zwischenmenschlichen Beratungsbeziehung unbedingt auf Grundlagen der Biologie und hier im Schwerpunkt auf molekulare Forschungen – basierend auf einem mechanistischen Erklärungsansatz – zurückgreifen müssen. Die Beantwortung dieser Frage würde das Feld der Humanistischen Psychologie mit deren philosophischen Grundlagen weiter öffnen.

1.4.2 Strukturelle Kopplung lebender Systeme: Anpassung und Entwicklung

Maturana beschreibt mit dem Begriff »strukturelle Kopplung« die Fähigkeit lebender Systeme, sich strukturell an veränderte Umweltbedingungen anzupassen. Lebende Systeme gleichen ihre Struktur an das gegebene Umfeld an, um ihre Organisation und somit ihre Autopoiese zu bewahren (Maturana, 1985, S. 143 f.).

Er geht vom Verständnis der allgemeinen Systemtheorie aus, dass lebende Systeme durch Interaktion in wechselseitiger Beziehung mit ihrem Umfeld (»Milieu« oder »Medium«) stehen und Einflüssen ausgesetzt sind, die das innere Gleichgewicht stören. Diese Störungen bzw. »Perturbationen« werden vom System durch strukturelle Anpassungen ausgeglichen, ohne jedoch seine Organisation und somit Autopoiese zu verlieren.

Die Fähigkeit lebender Systeme, auf Umwelteinflüsse mit strukturellen Anpassungen zu reagieren, bezeichnet Maturana (S. 143 f.) als die »strukturelle Plastizität« eines autopoietischen Systems.

Er spricht auch von »struktureller Kopplung«, wenn zwei oder mehrere lebende Systeme (»strukturell plastische Systeme«) durch Interaktionen gegenseitig strukturelle Veränderungen auslösen. Strukturelle Kopplung beinhaltet die zeitliche Dimension und bezeichnet hier die »Geschichte« wechselseitiger Strukturveränderungen zwischen lebenden Systemen mit dem Ergebnis einer gegenseitigen Angleichung. Im Fluss der strukturellen Kopplung bildet sich ein gemeinsamer Bereich heraus, in dem die Verhaltensweisen der beteiligten lebenden Systeme wechselseitig aufeinander abgestimmt sind, der sogenannte »konsensuelle Bereich« (Maturana u. Pörksen, 2002, S. 89).

In diesem konsensuellen Bereich haben die beteiligten Systeme identische strukturelle Zustände und »interagieren in strenger, eindeutiger Übereinstimmung« (Maturana, 1985, S. 290). Wesentlich dabei ist, dass die Organisation bzw. die Autopoiese Bestand hat und folglich in dem oben ausgeführten Sinn »das ihm Eigene«, die »Eigengesetzlichkeit« bzw. die Autonomie der jeweiligen lebenden Systeme erhalten bleibt (siehe Abschnitt 1.4.1).

Somit werden im Geschehen der strukturellen Kopplung die wechselseitigen Interaktionen immer nur bestimmt durch die jeweils eigene Struktur der beteiligten Systeme verarbeitet. Direkte gegenseitige Beeinflussung bleibt auch bei struktureller Kopplung unmöglich. Wir können auch nicht vorhersehen oder voraussagen, wie der konsensuelle Bereich als Phänomen strukturgekoppelter Systeme sich konkret ausgestalten wird.

Im zwischenmenschlichen Bereich entstehen aus der strukturellen Kopplung von Individuen *soziale Systeme*. Sie sind Einheiten höherer Ordnung, die ihren eigenen Existenzbereich haben. Die strukturelle Kopplung basiert hier auf *Kommunikation* zwischen Individuen, deren Ergebnis ein neuer Bereich von Phänomenen ist, die von isolierten Individuen nicht hätte erzeugt werden können. Das System weist eine soziale Phänomenologie auf, die darauf beruht, dass individuelle Erhaltung durch die kollektive Einheit, die das Ergebnis der strukturellen Kopplung von Individuen ist, verwirklicht werden kann. Es entsteht ein Gleichgewicht zwischen individueller Erhaltung und der Erhaltung der Gruppe als erweiterter Einheit. Das Gleichgewicht bleibt so lange aufrechterhalten, wie die Dynamik der Erhaltung der kollektiven Einheit die individuelle Erhaltung einschließt (Maturana u. Varela, 1987, S. 207–213).

Die zentralen Momente bei sozialen Systemen sind, dass zum einen aus der strukturellen Kopplung von Individuen ein *sprachlicher Bereich* hervorgeht, der den Existenzbereich des Systems darstellt, und dass zum anderen soziale Systeme nicht nur die Erhaltung der Mitglieder, sondern auch deren *Entwicklung* ermöglichen (S. 216 f.).

Dabei ist der durch strukturelle Kopplung zwischen Menschen erzeugte Bereich der zeitliche und räumliche Rahmen, in dem zwischenmenschliche Kommunikation entsteht: »Was für kommunikatives Verhalten eigentümlich ist, ist sein Auftreten in einem konsensuellen Bereich, d.h. seine historische Bedeutung, die Tatsache, dass ein besonderes kommunikatives Verhalten als Verhalten in einem bestimmten Moment und in einem bestimmten Kontext erfolgt« (Maturana, 1985, S. 291).

So gesehen ereignet sich Kommunikation in dem zwischen Menschen gemeinsam erschaffenen Bereich. In diesem Bereich besitzt die gezeigte und wahrgenommene Kommunikation eine gemeinsame Bedeutung, die aus der gemeinsamen Geschichte der wechselseitigen Angleichung von Bedeutungen entstanden ist. Die verwendeten Worte wie auch die analogen Ausdrücke erhalten durch wiederholtes und wechselseitiges Angleichen und Anpassen bisheriger individueller Bedeutungen mit der Zeit eine gemeinsam geteilte Bedeutung, die nur für diesen entstandenen konsensuellen Bereich gültig ist. Zwischen Menschen wird durch aufeinander bezogenes Verhalten *ko-evolutionär* ein gemeinsamer Interaktionsbereich erschlossen. Es entsteht ein zeitlich und räumlich begrenzter Rahmen bzw. Kontext, innerhalb dessen ein aufeinander abgestimmtes und übereinstimmendes semantisches Verständnis besteht und bestimmtes Verhalten gezeigt wird.

Das Prinzip der strukturellen Kopplung ist insbesondere für die Annahme bedeutsam, dass Menschen sich durch aufeinander bezogene Kommunikation mit der Zeit in ihrem subjektiven Modell von Wirklichkeit gegenseitig angleichen. Die an der Interaktion Beteiligten schaffen einen konsensuellen Bereich in Gestalt einer gemeinsamen Sichtweise von Wirklichkeit – das gegenseitige Annähern und Anpassen der individuellen Sichtweisen mit dem Ergebnis einer gemeinsamen Sichtweise. Die Sichtweisen sind nicht statisch bzw. feststehend, sondern werden durch die Interaktion laufend erzeugt und angepasst (»strukturelle Plastizität«).

Dieses Annähern, Anpassen und Erzeugen erfolgt über »Sprachlichkeit« und in diesem Sinne sowohl über Worte als auch über analoge Ausdrucksweisen wie Gestik, Mimik oder Zeichen (Maturana, 1994, S. 209).

Zum Beispiel in Maßnahmen zur Organisationsentwicklung können die Teilnehmenden immer wieder erfahren, wie von jeder am Austausch beteiligten Person Begriffe wie »Organisation«, »Führung« oder »Kultur« einzigartig verwendet werden. Durch Nachfragen der jeweiligen Erfahrungen mit den relevanten Begriffen (»individuelle Geschichte«) und dessen Bedeutungen, durch Austausch und Klärungen entsteht mit der Zeit (»gemeinsame Geschichte«) ein gemeinsames Verständnis, das ausschließlich für diese Workshopgruppe zu dieser Zeit gültig ist. Neben dem verbalen Austausch besteht auch die Möglichkeit, mit analogen Methoden, wie z. B. durch Zeichen oder Bilder, nonverbal Zugang zu den subjektiven Ansichten und Bedeutungen der Teilnehmenden zu finden, um ein gemeinsames Verständnis zu erzeugen. Die weiteren Äußerungen und Ausdrücke – durch Worte oder Bilder – beziehen sich auf dieses Konstrukt und werden vom Gegenüber durch diese gemeinsam erzeugte Sichtweise subjektiv wahrgenommen und erfahren. Sie erhalten vor diesem Hintergrund ihre Bedeutung.

Die Betonung liegt hier auf *subjektiv*. Ein wesentlicher Aspekt dabei ist, dass die an diesem Prozess beteiligten Individuen ihre Organisation bzw. Autopoiese erhalten und in dem Sinne ihre Autonomie bzw. ihre Eigengesetzlichkeit, das »ihnen Eigene«. Letztendlich bedeutet das, dass keine gemeinsame Perspektive über Wirklichkeit außerhalb der beteiligten Individuen objektiv existiert. Jedes Individuum erzeugt immer nur eine »ihm eigene« Sichtweise von einer gemeinsamen Sichtweise. Durch Interaktion zwischen den Individuen geschieht zwar Annäherung zwischen den subjektiven Sichtweisen, jedoch bleibt jede Sichtweise immer eine einzigartige, die durch die Eigengesetzlichkeit des jeweiligen Individuums erzeugt und kommuniziert wird. Im Grunde bleiben dem Menschen auch seine Vorstellungen über die gemeinsamen Vorstellungen »ihm eigen« und sind in dem Sinne »eigengesetzlich« bzw. autonom.

Hieraus lässt sich auch die Forderung an Beratende ableiten, offen und neugierig zu sein für die Sichtweise des Klienten, sich fragend und zuhörend an die Sichtweise des Gegenübers anzunähern und die eigene Sichtweise über die Sichtweise des Klienten zu reflektieren und mitzuteilen. Zum Beispiel: »Für mich klingt das so, als ob Sie Ihrem Chef die Begleitung der angedachten Veränderung nicht zutrauen würden. Wie sehen Sie das?« Oder: »Ich habe den Eindruck, dass Sie mit der neuen Aufgabe noch einige Schwierigkeiten und Hürden verbinden. Wie empfinden Sie das?«

Aus dieser wechselseitigen Beeinflussung in der Interaktion kann sich eine gemeinsame Sichtweise über Wirklichkeit entwickeln. Diese gemeinsame Sichtweise ist ein Konsens, eine Einigung, die aus der strukturellen Kopplung zwischen den am Beratungssystem beteiligten Personen geschaffen wird und die nur begrenzt auf diesen konsensuellen Bereich gültig ist: eine gemeinsam geteilte Wirklichkeit.

Die Grundvoraussetzung hierfür ist die Annahme, dass Wirklichkeit nicht objektiv begründbar ist, sondern immer nur subjektiv oder intersubjektiv hervorgebracht wird.

Ein soziales System erhält seine Stabilität oder Kohärenz, wenn sich ein gemeinsamer sprachlicher Bereich herausbildet und für die Individuen eigene Entwicklung erfahrbar ist. Oder in dem oben gemeinten Sinn: wenn an die individuelle Struktur anschlussfähige und entwicklungsfördernde Impulse ausgetauscht werden. Aus den Beziehungen und Wechselwirkungen zwischen den Individuen geht eine emotionale Atmosphäre hervor, wie z. B. das Gefühl von Mitmenschlichkeit, Wohlwollen, Zugehörigkeit oder Gemeinschaft, das für den Einzelnen isoliert nicht erlebbar wäre.

Menschliche Entwicklung geschieht in Beziehung und Austausch mit anderen Menschen. Menschen ermöglichen sich gegenseitig Anregungen für Veränderungen, verbal und nonverbal, wie z. B. über Gestik, Mimik oder über Zeichen und Bilder. Dabei gilt als Voraussetzung für Veränderung, dass diese Impulse an die Struktur des Einzelnen anknüpfen, sodass diese überhaupt wahr- und aufgenommen werden.

Andererseits können in sozialen Systemen auch Dynamiken entstehen, die die Entwicklung einzelner Individuen hemmen oder sogar auf diese schädlich wirken, wie Missgunst, Misstrauen, Ausgrenzung oder Abwertung. In diesen Fällen ist das Gleichgewicht des sozialen Systems gestört. Es verliert seine Stabilität, kann aus den Fugen geraten, auseinanderfallen und sich auflösen.

Gerade unter diesen Aspekten können wir Beratungssettings mit Einzelnen oder Gruppen als strukturell gekoppelte Systeme zwischen Individuen betrachten, woraus sich ein neuer Phänomenbereich mit einer eigenen Sprache bzw. »Sprachlichkeit« und emotionalen Atmosphäre herausbildet: *das Beratungssystem*. Im Kontext von Beratung mit Einzelnen oder Gruppen ist es grundlegend, dass sich diese Atmosphäre für die Entwicklung des Einzelnen als förderlich erweist – und langfristig auch für die Beraterin.

Dabei sollte im Grunde die Forderung an Beratende, für eine entwicklungsfördernde Atmosphäre zu sorgen und Interventionen an die Struktur des Klienten anzupassen, Allgemeingut von Beratung sein. Richard Bandler und John Grinder beschreiben schon in den 1970er Jahren, wie die nonverbale Kommunikation und insbesondere die gesprochene Sprache des Beraters an der Struktur der Klientin ausgerichtet sein sollte, um wirksam zu sein. Hier wird der Begriff des »Pacings« (auf Deutsch: Spiegeln) aus der Hypnotherapie nach Milton Erikson aufgegriffen und formalisiert (Bandler u. Grinder, 1975/1992, 1976/1994).

Zum Beispiel sollte die Beraterin ihre Sprache an das Repräsentationssystem der Klientin anpassen, das bedeutet, die Sprache sprechen, die den sensorischen Erfahrungen (z. B. visuell, auditiv oder kinästhetisch) der Klientin entspricht. Wenn die Beraterin ihre Kommunikation durch sinnesspezifische Worte (wie z. B. sehen, hören, fühlen) an das Repräsentationssystem der Klientin angleicht, dann sind ihre Äußerungen an die Struktur der Klientin anschlussfähiger. Somit ist die verbale Kommunikation der Beraterin isomorph im Sinne von gleichförmig zum Modell der Klientin: Die Äußerungen der Klientin und der Beraterin beziehen sich auf das gleiche Repräsentationssystem, wodurch ein besseres gegenseitiges Verständnis ermöglicht wird. Jedoch ist der Ansatz von Bandler und Grinder äußerst kritisch zu betrachten, da sie prinzipiell von einer direkten Beeinflussung und Steuerbarkeit der Klienten ausgehen, was unvereinbar mit den Aussagen über autopoietische Systeme ist.

Jedenfalls bedarf es, den Begriff »Struktur« genauer zu fassen. Welche Struktur des Menschen ist konkret gemeint, die die Wahrnehmung, das Denken und das emotionale Erleben operational geschlossen erzeugt und aufrechterhält? Hier gelangen wir zu dem Mechanismus menschlichen Erkennens bzw. zur »Biologie der Kognition«.

1.4.3 Menschliches Erkennen: Der sich selbst beobachtende Beobachter

Für Maturana ist Erkennen auf der Grundlage biologischer Mechanismen das Ergebnis der Aktivität des Nervensystems. Dabei gilt das Nervensystem als ein operational geschlossenes dynamisches Netzwerk und ist dementsprechend autonom bzw. »eigengesetzlich«. Reize aus der Umwelt lösen über die Sinne in diesem Netzwerk zwar Veränderungen aus, die Konkretisierung wird jedoch durch die Struktur des Netzwerkes bestimmt (Maturana u. Pörksen, 2002, S. 62).

Erkennen ist als Ergebnis der Funktionsweise des Nervensystems nicht eine Repräsentation der »Welt da draußen«, sondern wird verstanden als »ein andauerndes Hervorbringen einer Welt durch den Prozess des Lebens selbst« (Maturana u. Varela, 1987, S. 7).

Die Welt ist in ihrer Beschaffenheit, in ihrem tatsächlichen Sein, für den Menschen unzugänglich. Sie wird durch den Menschen fortlaufend selbst bedingt und durch seine eigene Struktur in ihm hervorgebracht.

Somit ist Erkennen ein aktiver Prozess des Menschen. Menschen schaffen sich selbst ihre Wirklichkeit, indem sie Reize aus der Umwelt über das Sehen,

Hören, Fühlen, Riechen oder Schmecken durch die Struktur ihres Nervensystems zu sinnesbezogenen Ereignissen – wie Bilder, Geräusche, Empfindungen, Gerüche oder Geschmäcke – im Inneren des Organismus verarbeiten.

Indem wir wahrnehmbare oder erfahrbare sinnliche Erlebnisse durch Bezeichnungen oder Beschreibungen sprachlich erfassen – wie z. B. durch Begriffe wie »Tisch«, »Baum«, »Freude«, »Spannung« oder »Druck« –, gelangen diese fassbarer in unser Bewusstsein und erhalten Sinn und Bedeutung. Folglich bringt der Mensch sein Erleben von Wirklichkeit insbesondere durch Sprache selbst hervor. Je nachdem, wie ich die sinnlich erlebte Welt beschreibe, erzeuge ich mein derzeitiges Erleben. Wir Menschen erzählen uns förmlich in unser Wirklichkeitserleben hinein. Es gibt keine Trennung zwischen »Produkt und Produzenten«. Erlebte Wirklichkeit und erlebender Mensch sind eins.

Wie sind unter diesen Voraussetzungen Lernen und kognitive Entwicklung überhaupt möglich? Maturana begreift Lernen als einen Vorgang fortlaufender *Zustandsänderung* des lebenden Organismus, die durch die Interaktion mit der Umwelt und somit durch Verhalten immer in der Gegenwart ausgelöst wird. Lernen geschieht zwar im zeitlichen Verlauf der individuellen Entwicklung, da vergangenes Verhalten als Auslöser einer Zustandsänderung die Grundlage für künftiges Verhalten bildet. Dennoch funktioniert der lebende Organismus immer nur in seiner »strukturellen Gegenwart« (Maturana, 1985, S. 60 ff.).

Verhalten wird *stets aus dem gegenwärtigen Zustand* des lebenden Systems in diesem Moment strukturdeterminiert erzeugt, wobei unmittelbare Anpassungen an veränderte Umweltbedingungen entsprechend der »strukturellen Plastizität« als Lernen und Entwicklung verstanden werden. Somit geht der Zustand eines lebenden Systems immer aus seiner gegenwärtigen Struktur hervor, die sich aus der Interaktion mit der Umwelt fortlaufend verändert. Vom derzeitigen Zustand unabhängig überdauernde Eigenschaften oder Instanzen wie »Lernen« oder »Gedächtnis« gelten als reine Vermutung eines Beobachters und sind im Rahmen der Autopoiese nicht existent.

Maturana stellt erkenntnistheoretisch nicht infrage, dass lebende Systeme in Beziehung zu einer gegenständlichen Welt stehen und diese erfahren. Jedoch lässt sich nach ihm die Frage, inwieweit diese Erfahrung eine getreue Abbildung einer vom Erkennenden unabhängigen Realität oder beliebige Konstruktion darstellt, nicht beantworten. Keine Aussage über die Beschaffenheit der Welt kann unabhängig von einem Erkennenden gemacht werden (Maturana u. Pörksen, 2002, S. 63). Alle Aussagen oder Beschreibungen von der Welt werden immer von einem Beobachter getätigt, sodass die Welt immer bedingt durch die Struktur dieses Beobachters in diesem Moment subjektiv hervorgebracht und sprachlich erfasst wird: »Der Beobachter ist die Quelle von allem. Ohne ihn gibt es nichts« (S. 27).

1.4.4 Die eigensinnige Wahrnehmung und die wirklichkeits-erzeugende Sprache des Beobachters

»Der *Sinn,* den man ersinnen kann,
ist nicht der ewige *Sinn.*
Der Name, den man nennen kann,
ist nicht der ewige Name.«
(Laotse, vermutlich 6. Jh. v. Chr., Tao te King, 1921, S. 65)

Nach Maturana besteht kein Zugang zur äußeren oder inneren Welt, der unabhängig ist von einem Beobachter. Alles, was über die äußere oder innere Welt gesagt wird, wird von einem Beobachter der äußeren oder inneren Welt gesagt. Der Beobachter verwendet Sprache und trifft Unterscheidungen in Sprache, um seine Erfahrungen zu beschreiben (Maturana u. Pörksen, 2002, S. 24 ff.): »Alle konkreten oder begrifflichen Unterscheidungen, mit denen wir umgehen, sind von uns als Beobachtern getroffen worden: Alles, was gesagt wird, wird von einem Beobachter zu einem anderen Beobachter gesagt« (Maturana, 1985, S. 139).

Beschreibungen sind immer Beschreibungen eines Beobachters, der durch seine sprachlichen Möglichkeiten und somit bestimmt durch seine *kognitive Struktur* eine subjektiv sinn- und bedeutungsvolle Wirklichkeit erzeugt. Die sprachlichen Möglichkeiten eines Beobachters bestehen im Grunde aus den Worten und Begriffen, die ihm gegenwärtig für die Beschreibung der wahrgenommenen Personen, Objekte oder Ereignisse zur Verfügung stehen. Indessen gehen für den Beobachter aus seiner Beschreibung Sinn und Bedeutung hervor und beeinflussen als »Perturbation« seine subjektiv erlebte Wirklichkeit: das gegenwärtige kognitiv-emotionale und körperliche Erleben.

Folglich erzeugt der Beobachter nach Maturana *seine* Welt durch *seine* sprachlichen Unterscheidungen. Der Mensch erschafft sich *seine* Wirklichkeit durch Sprache. Das bedeutet auch, dass der Mensch in der (Re-)Konstruktion von Welt durch seine Möglichkeiten der sprachlichen Beschreibung beschränkt ist. Daher liegt die grundlegende Annahme nahe, dass Formen des analogen Ausdrucks wie (soziale) Skulpturen, Bilder oder Zeichnungen die Möglichkeiten der (Re-)Konstruktion bzw. der Abbildung von Wirklichkeit per se erweitern.

Der systemische Berater und Autor mehrerer Lehrbücher, Kurt Ludewig, befasst sich seit den 1980er Jahren ausführlich mit dem theoretischen Ansatz von Maturana und hat dessen wesentliche Aussagen auf psychische und soziale Systeme übertragen (Ludewig, 2009, 2015).

Nach Ludewig erzeugt das Nervensystem fortwährend Unterschiede in den Relationen seiner Zustände, z. B. im sensorischen Bereich (Farben, Geräusche oder Gerüche) oder im motorischen Bereich (Körperreaktionen bzw. -bewegungen). Der Mensch erlebt von diesen Unterschieden nur einen geringen Teil bewusst als sinnliche Erlebnisse und generiert daraus – unbewusst oder bewusst – Erfahrung. Diese Erfahrungen konstituieren das subjektive Erleben und gestalten die Innenwelt – das psychische System. In Sprache übersetzte Erfahrungen bilden als Beschreibung die Einheiten, aus denen die subjektive Welt besteht. Diese Beschreibungen stellen die Elemente des kommunikativen Bereiches dar und bedingen durch Interaktion das Erschaffen eines gemeinsamen Verständnisses über die Welt. Sie sind nur so lange brauchbar oder nützlich, wie sie dazu führen, mit den beschriebenen Phänomenen in sinnvoller und zielerfüllender Weise umzugehen (Ludewig, 2009, S. 25 ff., S. 53).

Sprachliche Unterscheidungen bringen Einheiten hervor, erzeugen und konstituieren Objekte der materiellen und geistigen Welt. Letztendlich besteht die gesamte ihm bewusste Lebenswelt eines Menschen aus den Beschreibungen, mit welchen er seine Erfahrungen formuliert. Dabei lassen sich zwar die Erfahrungen nicht vollständig beschreiben, jedoch hat der Mensch keinen anderen Zugang zu seinen Erfahrungen als über die Sprache (Ludewig, 1992, S. 65).

Der Mensch bildet durch sein sprachliches Erfassen der erfahrenen Welt eine subjektiv sinn- und bedeutungsvolle Wirklichkeit. Dieser Aspekt ist für den Beratungskontext wesentlich: Je nachdem, welche Worte oder Begriffe die Klientin verwendet, um ihre Erlebnisse und Erfahrungen zu beschreiben, je nachdem, auf welche Weise die Klientin ihre Erlebnisse und Erfahrungen erzählt, erzeugt sie ihre gegenwärtige Wirklichkeit.

Oder pointiert gesagt: Je nachdem, welche Geschichte ich erzähle, bewirke ich Wirklichkeit.

Dabei ist die subjektive Erfahrung äußerst beschränkt, da dem Menschen nur wenige Aspekte der wahrnehmbaren Welt bewusst erfahrbar werden. Einerseits nehmen wir die Welt reduziert und selektiv wahr, andererseits sind wir uns nur zu einem geringen Teil unserer sinnlichen Erlebnisse bewusst. Welchen von den unzähligen sinnlichen Erlebnissen sind wir uns z. B. auf einem Waldspaziergang in diesem Moment *wirklich* bewusst?

Eine weitere und erhebliche Einschränkung besteht darin, dass die Gesamtheit der Erfahrung über Sprache nicht fassbar und somit gänzlich nicht beschreibbar ist. Erleben und Erfahren sind nur reduziert sprachlich übersetz- und ausdrückbar. Erleben und Erfahren werden über Sprache reduziert und abstrahiert. Hierfür lohnt es sich, ein weiteres Mal einen Blick in das Buch »Don't push the river« der Gestalttherapeutin Barry Stevens zu werfen, die in diesem Zusammenhang von den *Fallen der Sprache* spricht: »Was wir doch für eine miserable Grammatik haben, um auszudrücken, was wirklich ist, was ist. Wenn ich mich ausdrücke, tappe ich in die Falle der Sprache. Der See ist nicht ›da draußen‹. Ich spüre ihn in mir fließen. Die Hügel und Bäume sind nicht ›da draußen‹. Ich spüre ihre Stille in mir. Der Himmel ist nicht ›da draußen‹. Ich spüre dieselbe Weite und Leichtigkeit in mir. Der Boden ist nicht ›da draußen‹. Ich bin in Kontakt mit dem Boden. Der Stuhl, auf dem ich sitze – hmmm … Wenn es um den Stuhl geht, tappe ich wieder in die Sprachfalle, oder immer noch. Dieser Stuhl und ich. Ich fühle mich zwischen uns fließen *und* in Kontakt (Berührung)« (Stevens, 1970/2000, S. 235).

Und an anderer Stelle setzt sie fort: »Meine Erfahrung ist nicht *deine,* und außer der Sprachfalle gibt es für mich keinen Grund, meine Erfahrung auszudrücken. Tatsächlich *drücke* ich sie aus, durch meinen Körper, der ich bin. Augen, Hautfarbe, Haltung … *all* diese Ausdrucksformen und ihre Veränderungen sind offensichtlich. Ich brauche kein Wort zu sagen. Aber bei einem Leben, das so sehr mit/von der Sprache verstrickt ist, verliere *ich* den Kontakt mit dem, was ich erfahre. Indem ich versuche zu beschreiben, was ist, erkunde ich die Falle. Wovon unsere Sprache sagt, ›es geschehe‹, verzerrt die Wirklichkeit, und wenn ich die Wörter und die Grammatik verwende, verzerre ich mich. In meinem Bemühen werde ich mir der Verzerrung und dem Miss-Verständnis zwischen meinen Worten und mir stärker bewusst« (S. 235).

Die Erweiterung der erfahrbaren Fläche von Wirklichkeit und dessen Beschreibungen würden eine veränderte subjektive Wirklichkeit und somit ein anderes Erleben ermöglichen. Formen des analogen Ausdrucks wie Skulpturen, Bilder oder Zeichnungen könnten den erfahrbaren Horizont erlebter Wirklichkeit erweitern und dadurch die »befahrbare« Fläche für sprachliche Beschreibung ausdehnen.

1.5 Menschliche Konstruktion von Wirklichkeit: Der Mensch verhaftet in seiner Welt

Seit dem 5. Jahrhundert v. Chr. beschäftigt sich die Philosophie mit der grundlegenden Frage nach den Bedingungen und Möglichkeiten des Menschen, die Welt zu erkennen. Die Frage lautet bis heute, in welchem Verhältnis die erlebte Wirklichkeit[6] des Menschen sich zur ontologischen[7] Welt bzw. zur seienden Welt

---

6   Das Wort »Wirklichkeit« wurde von der deutschen Mystik für das lat. »actualitas« geprägt. Wirklichkeit benennt das Seiende vom Wirken her und deutet so an, dass sich das Sein im Wirken kundtut und vollendet. Im heutigen Sprachgebrauch ist Wirklichkeit fast gleichbedeutend mit Realität. Jedoch bezeichnet Realität eher die Seinsweise der materiellen Dinge und nicht deren Wirkung (Brugger, 1976, S. 470 f.).

7   Das Wort »Ontologie« wurde um die Mitte des 17. Jahrhunderts geprägt. Nach seinen griechischen Bestandteilen übersetzt heißt es: Lehre vom Seienden (Brugger, 1976, S. 276). Dem-

herausbildet. Oder anderes gefragt: Inwieweit entspricht das innere, subjektive Abbild von Welt einer äußeren, objektiv-gegenständlichen Welt?

Diese Frage ist in der Philosophie bis heute nicht beantwortet und im Grunde auch nicht beantwortbar, da es dem Menschen unmöglich ist, aus sich herauszutreten und unabhängig von seinen subjektiven Erkenntnismöglichkeiten die Möglichkeiten seiner Erkenntnis objektiv zu erfassen. Der Mensch bleibt immer und überall in seiner Selbstreflexivität befangen. Die ontologische Welt wird dem Menschen nur durch *sein* Erleben zugänglich, folglich kann der erlebende Mensch niemals ermessen, inwieweit sein Erleben von Welt bzw. seine Wirklichkeit durch die Art und Weise seines Erlebens geprägt wird. Der Mensch kann aufgrund seiner Befangenheit nicht in Erfahrung bringen, ob seine Wirklichkeit auch die ontologische bzw. die tatsächlich gegenständliche Welt abbildet.

Dabei sind die Ansichten in der Philosophie durchaus unterschiedlich und kontrovers bezüglich der Frage, inwieweit eine Übereinstimmung zwischen menschlicher Wirklichkeit und gegenständlicher Welt besteht.

Auf der einen Seite gehen z. B. Vertreter des erkenntnistheoretischen Idealismus von einem »Hervorbringen des Gegenstandes« durch den Menschen aus, wodurch bloß der ideale bzw. ideelle Bewusstseinsinhalt zum eigentlichen Gegenstand wird. Dabei wird die Möglichkeit eines »Sichangleichens« zwischen menschlicher Erkenntnis und gegenständlicher Welt infrage gestellt (Brugger, 1976, S. 174). Auf der anderen Seite nehmen Vertreter des Realismus an, dass das wirklich Seiende unabhängig von unserem Bewusstsein existiert, wobei menschliche Erkenntnis grundsätzlich sich diesem Seienden angleichen und das Seiende erfassen kann, wie es an sich ist (S. 316 f.).

Immanuel Kant (1724–1804) gilt als Wegbereiter einer konstruktivistischen Erkenntnistheorie. Sein im Jahr 1787 erschienenes epochales Werk »Kritik der reinen Vernunft« (Kant, 1787/1998) wird allgemein als Gründungsschrift der modernen Philosophie verstanden. Kant bespricht in seiner »Kritik der reinen Vernunft« das »Ding an sich« bzw. das »wirklich Seiende«, wie es unabhängig von unserer Erkenntnis vorliegt. Das »wirklich Seiende« steht im Gegensatz zur *Erscheinung,* die *nicht an sich,* sondern *für uns* besteht. Nach Kant kann das »Ding an sich« durch die menschlichen Bedingungen des Erkennens nicht bestimmt bzw. durch die menschlichen Sinnesempfindungen und Denkweisen nicht erkannt werden.

Bei Kant gilt das »Ding an sich« als das von menschlicher Erkenntnis unabhängige und nicht erfassbare, tatsächlich Gegebene in der Welt. Er unterschei-

---

nach bedeutet ontologische Welt: die seiende Welt bzw. die tatsächlich gegenständliche Welt. Oder mit den Worten von Immanuel Kant: »Das Ding an sich«.

det zwischen Erscheinung als demjenigen, was einem Menschen in sinnlicher Anschauung, also durch Sehen, Hören, Riechen, Schmecken, Fühlen gegeben ist, und den von sinnlicher Anschauung unabhängigen »Dingen an sich«.

Das »Ding an sich« gilt als außerhalb der sinnlichen Anschauung gegeben und bleibt in dieser Gegebenheit für den Menschen *mit seinen Sinnen* unfassbar. Zugleich bezieht sich die in der sinnlichen Anschauung auftretende Erscheinung auf ein »Ding an sich«, da jede Erscheinung immer als Erscheinung von etwas Gegebenem gesehen wird. Erscheinung bezieht sich immer auf etwas äußeres Gegebenes im Gegensatz zu bloßem Schein als reines geistiges Produkt. Dabei ist das Gegebene in der Erfahrung nicht mit dem »Ding an sich« deckungsgleich, da die Formen der Anschauung und die Kategorien des Verstandes auf die Erfahrung einwirken und diese strukturieren.

In dieser Hinsicht eröffnet sich ein erkenntnistheoretisches Spannungsfeld zwischen äußerer objektiver Welt und innerer subjektiver »Formung«: Einerseits bezieht sich menschliche Erkenntnis *immer* auf ein äußeres tatsächlich Gegebenes, wobei andererseits dieses durch die Formen der Anschauung und die Kategorien des Verstandes nicht erkannt werden kann. So verstanden ist Erkenntnis zwar eine Konstruktion des erkennenden Subjekts, jedoch bezieht sich diese Erkenntnis auf die gegenständliche Welt (Rehfus, 2005, S. 301).

Kant versteht in seiner »Kritik der reinen Vernunft« *Erkennen als Konstruktion des Menschen,* die durch sinnliche Formen der Anschauung und durch verstandesmäßige Kategorien des Denkens hervorgeht: Die gegenständliche Welt ist dem Menschen durch Anschauung als geordnete Erscheinung sinnlich gegeben und wird durch den Verstand gedacht. Sinnliche Anschauungen und verstandesmäßiges Denken geschehen nach menschlichen Formen und sind in dem Sinne Zusammengefügtes bzw. Konstruktionen des Menschen. Folglich ist es der Mensch selbst, der sein Wissen von der Welt erschafft.

Dabei sind die sinnlichen Formen der Anschauung und die verstandesmäßigen Kategorien des Denkens *a priori* eine grundlegende Eigenschaft *aller* Menschen, und menschliches Erkennen bezieht sich auf die gegenständliche Welt, auch wenn diese in ihrem Sein nicht erfasst werden kann. Von den Dingen können Menschen nur das erkennen, was sie selbst *a priori* in sie hineinlegen. Das »wirklich Seiende« bleibt dem Menschen unzugänglich.

Bis heute ist der Untersuchungsgegenstand von Vertretern konstruktivistischer Ansätze die Beziehung zwischen menschlicher Erkenntnis der Welt und der gegenständlichen Welt, wie die Welt in ihrem Sein tatsächlich ist. Folglich können konstruktivistische Ansätze als erkenntnistheoretische Ansätze bezeichnet werden, die sich mit den Möglichkeiten und Grenzen menschlicher Erkenntnis befassen. Dabei ist die grundlegende Annahme, dass wir Menschen die tatsächliche Welt bzw. die Seinswelt nicht erkennen, sondern lediglich ein Modell von der Welt konstruieren. Das Modell ist nicht die Welt an sich, sondern ein *kognitives Konstrukt,* das wiederum als Orientierungsgrundlage für unser Wahrnehmen, Denken und Handeln dient.

Die Frage nach den Bedingungen und Möglichkeiten menschlichen Erkennens hat für die theoretische Fundierung und Praxis von Beratung eine wesentliche und entscheidende Bedeutung. Die Antwort auf diese Frage entscheidet fundamental und umfassend über das Wesen von Beratung: Ist Gegenstand der Beratung die Veränderung problemerzeugender subjektiver »Ideen« bzw. Vorstellungen oder Sichtweisen von Wirklichkeit, die per se nicht die gegenständliche Welt abbilden, oder bezieht sich Beratung auf die Beschreibung und Veränderung der gegenständlichen Welt, die zumindest annäherungsweise von den beteiligten Menschen objektiv erfasst werden kann?

Derzeit ist die Frage insofern beantwortet, dass überwiegend als eine wesentliche Grundlage systemischer Beratung die erkenntnistheoretischen Ansätze des Konstruktivismus gelten. z. B. die von Paul Watzlawick, Ernst von Glasersfeld, Heinz von Foerster oder Humberto Maturana.

Neben dem systemischen Denken haben konstruktivistische Prämissen die systemische Beratungspraxis seit Anfang der 1980er Jahre wesentlich beeinflusst. Als Folge dessen hat sich der Gegenstand von der Beschreibung und Veränderung von Systemen – wie z. B. Hierarchien, Regeln, Koalitionen oder Interaktionsmustern – in Richtung Veränderung von problemerzeugenden subjektiven Sichtweisen bzw. Konstruktionen von Wirklichkeit verschoben.

1.5.1 Kognitive Schemata: Die inneren Abbildungen der erfahrenen Welt

Wir Menschen reagieren nicht unmittelbar auf unsere Umgebung, sondern immer nur vermittelt über ein kognitives Schema von wahrgenommenen Personen, Objekten oder Ereignissen. Im Laufe der Entwicklung eines jeden Menschen bilden sich über Erfahrungen mit der Umgebung kognitive Schemata heraus, die auch als *kognitive Konstrukte* verstanden werden können. Die kognitiven Schemata eines Menschen beinhalten seine vermeintlichen Kenntnisse, Begriffe und bildlichen Repräsentationen, wie Vorstellungen oder innere Bilder über gemeinte Personen, Objekte, Situationen oder auch über innere Körperereignisse und -empfindungen. Aus dem kognitiven Schema gehen entsprechende Ansichten, Annahmen oder Überzeugungen hervor, welche die *Sichtweise* auf das Gemeinte prägen. Zudem leitet das kognitive Schema über *Erwartungen und Antizipationen* die weiteren Erkundungen und Wahrnehmungen der Umgebung.

Schon in den 1930er Jahren geht der britische Psychologe Frederic Charles Bartlett (1886–1969) davon aus, dass das Gedächtnis keine verblassenden Abbilder der Wirklichkeit enthält. Wir Menschen speichern unsere Erfahrungen vielmehr als »Schema«: Unsere ehemals wahrgenommenen Erfahrungsinhalte werden nach Maßgabe individueller Interessen, Werthaltungen und Gewohnheiten selektiert und modifiziert. Gedächtnisinhalte strukturieren sich im Sinne logischer und sachlicher Plausibilität (Rationalisierung) sowie im Sinne des Üblichen, Gewohnten und Vertrauten (Konventionalisierung). Wir behalten vom ehemals wahrgenommenen Sachverhalt ein solches Schema und nur wenige ausgeprägte Einzelheiten (Bartlett, 1932).

Ende der 1970er Jahre umschreibt der Kognitionspsychologe Ulric Neisser in Anlehnung an Bartlett den Begriff Schema wie folgt: »Ein Schema ist jener Teil des ganzen Wahrnehmungszyklus, der im Inneren des Wahrnehmenden ist, durch Erfahrung veränderbar und irgendwie spezifisch für das, was wahrgenommen wird. Das Schema nimmt Information auf, wenn sie bei den Sinnesorganen verfügbar wird, und es wird durch diese Information verändert. Es leitet Bewegungen und Erkundungsaktivitäten, die weitere Informationen verfügbar machen, und wird durch diese wiederum verändert« (Neisser, 1979, S. 50).

In Abbildung 1 wird dieser von Neisser beschriebene Vorgang veranschaulicht.

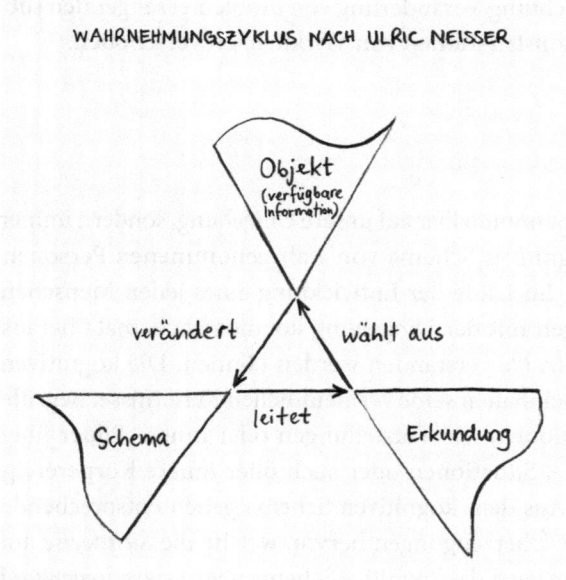

WAHRNEHMUNGSZYKLUS NACH ULRIC NEISSER

Abbildung 1: Zyklus der Wahrnehmung (in Anlehnung an Neisser, 1979, S. 27)

Die kognitiven Schemata bilden sich einerseits aus den Erfahrungen mit der Umgebung und andererseits über die kognitiven Mechanismen des Wahrnehmenden heraus. Insofern werden die Schemata weder als reines geistig konstruiertes Produkt unabhängig von der Umwelt noch als reine Kopie der Umwelt verstanden. Genau genommen, verändert sich der Wahrnehmende fortlaufend durch die *Informationen,* die er aufnimmt. Informationen verändern die kognitiven Schemata, durch die auch unsere Wahrnehmungen geleitet sind, sodass der darauf folgende Wahrnehmungsakt nicht wie der vorherige verlaufen kann. Aufgrund der andauernden Veränderung der Schemata können zwei Wahrnehmungsakte niemals identisch sein: Einerseits passen wir ständig unsere Wahrnehmungen den sich verändernden Schemata an, z. B. in der Selektion und Fokussierung von Inhalten, andererseits stellt uns die Umgebung eine unendlich reiche Informationsstruktur zur Verfügung. Wir erzeugen viele kognitive Schemata, die untereinander auf komplexe Weise verbunden sind und verschiedene, auch sich widersprechende Wahrnehmungen, und dementsprechend Handlungen bewirken können (S. 48 ff.)

Demnach werden kognitive Schemata nicht als statisch begriffen, sondern verändern sich andauernd in der Interaktion mit der Umgebung, ausgelöst durch Informationen. Da die kognitiven Schemata die Erkundungen und Wahrnehmungen von der Welt leiten, bringen die Veränderungen der Schemata die Welt immer wieder in einem anderen Licht hervor. Oder anders gesagt: Je nachdem, welches kognitive Schema sich in diesem Moment vordergründig bildet, formt sich die Welt in bestimmten Facetten *sinn- und bedeutungsvoll* heraus. Somit leitet das hervorgebrachte kognitive Schema die gegenwärtige Sichtweise und insofern auch, auf welche Weise die Welt (ein)gesehen wird.

Erlebnisinhalte werden augenblicklich in ein entsprechendes Schema als »erkannt« oder »verstanden« eingeordnet, wodurch das Wahrgenommene als sinn- und bedeutungsvoll erscheint. Wie schon erwähnt, beinhalten kognitive Schemata die vermeintlichen Kenntnisse, Begriffe und bildlichen Repräsentationen über das Wahrgenommene. Aus diesem kognitiven Konstrukt ergibt sich die *Bedeutung* des Gemeinten, wobei diese zugeschriebene Bedeutung das subjektive Erleben erheblich beeinflusst. Zugleich leitet das kognitive Schema aus den vordringlichen *Interessen und Bedürfnissen* heraus die weiteren Wahrnehmungen und Erkundungen der Umgebung, sodass entsprechend relevante Informationen selektiv entnommen und in den Blick genommen werden:

Kognitive Vorgänge sind unmittelbar mit unseren aktuellen Interessen und Bedürfnissen verbunden.

Angenommen, ich fühle mich durstig, dann wird meine Wahrnehmung z. B. von der Kenntnis geleitet, dass in einem Supermarkt oder Kiosk Getränke erworben werden können. Vor diesem Hintergrund erkunde ich meine Umgebung nach entsprechenden Hinweisen oder Zeichen. So könnte mir ein bekanntes und nun erkanntes Logo eines Supermarkts unmittelbar *Vorstellungen oder innere Bilder* von bestimmten Getränken auslösen. Oder wenn ich ein bestimmtes Buch suche, so könnten meine Kenntnisse über Merkmale des Buches und Annahmen über den möglichen Ort meine Erkundungen leiten. Diese Kenntnisse und Annahmen formieren sich sinnesspezifisch über innere Bilder oder innere Dialoge heraus, z. B. indem ich mir das Buch in meiner Vorstellung visuell vor Augen führe oder mir innerlich sage, wo der Roman sein könnte, wonach ich meine Umgebung erkunde. Oder ich stelle mir bildlich das Buch auf dem Tisch im Wohnzimmer liegend vor, worauf ich zielbewusst und erwartungsvoll dort hingehe. Diese vielschichtigen und häufig nicht bewussten kognitiven Vorgänge dienen einem Bedürfnis oder Interesse – wie in diesem Beispiel, den Roman zu lesen, um durch das Eintauchen in seine Welt mich von alltäglichen Sorgen oder Problemen abzulenken. Die gelesenen Worte lösen in mir z. B. Bilder oder Dialoge aus, wodurch ich mir innerlich diese andere Welt visuell und auditiv vorführe und mich darüber emotional-körperlich entspanne.

Kognitive Schemata formen einerseits durch ihre Strukturen aktiv eine sinn- und bedeutungsvolle Ordnung aus der unüberschaubaren und vielschichtigen Welt heraus, wobei andererseits diese Ordnung die Erkundung und Wahrnehmung der Welt leitet. Hier schließt sich der Kreis: Produkt und Produzent sind eins. Die Ordnung und das Ordnen der Welt sind unmittelbar mit dem kognitiven Schema verbunden.

Assimilation und Akkommodation als kognitive Vorgänge

Die Untersuchungen des Schweizer Biologen und Kognitionspsychologen Jean Piaget (1896–1980) zeigen deutlich, dass es *die* Erkenntnis nicht gibt. Piaget versteht Erkenntnis als Ergebnis eines handelnden Subjektes, das nicht passiv die gegenständliche Welt in ihrem Sein abbildet, sondern aktiv die Objekte seiner Umwelt transformiert bzw. konstruiert: »Um nämlich Objekte zu erkennen, muss das Subjekt auf sie einwirken und sie infolgedessen transformieren: Es muss sie von der Stelle bewegen, verbinden, in Beziehung zueinander setzen, auseinandernehmen und wieder zusammensetzen. Von den elementarsten sensomotorischen Handlungen […] bis hin zu kompliziertesten intellektuellen Operationen, welches verinnerlichte, gedanklich ausgeführte Handlungen sind […], ist Erkenntnis ständig verknüpft mit Handlungen oder Operationen, d. h. mit Transformationen« (Piaget, 2014, S. 43 f.). Dabei entspringt Erkenntnis weder allein aus den Objekten der Umwelt noch aus dem Inneren des Subjekts, sondern »erwächst« aus der Interaktion zwischen dem Subjekt und den wahrgenommenen Objekten (S. 44).

Nach Piaget wird Erkenntnis durch subjektive *Handlungsstrukturen bzw. kognitive Strukturen* erzeugt, die sich während der Entwicklung eines Menschen mehr und mehr aus der Wechselbeziehung mit der jeweiligen Umwelt einzigartig herausformen. Die Handlungsstrukturen werden als Ergebnis einer ständigen kognitiven Anpassung des Subjektes an die ihm gegebene Umwelt verstanden. In der Entwicklung eines jeden Menschen bilden sich innere Vorstellungs- bzw. Repräsentationsstrukturen heraus, die die erfahrenen Personen, Objekte oder Ereignisse der äußeren Welt begrifflich und bildlich repräsentieren. Vor dem Hintergrund dieser *Repräsentationen* werden die Dinge in der gegenwärtigen Wahrnehmung beschrieben sowie erklärt und erscheinen insofern sinn- und bedeutungsvoll.

Die Anpassung kognitiver Strukturen erfolgt aus der Interaktion mit der gegebenen Umwelt durch die Mechanismen der *Assimilation und Akkommodation*. Bei der Assimilation wird die Wahrnehmung von Personen, Objekten oder Ereignissen derart verarbeitet, dass diese sich in die vorhandenen kognitiven Strukturen einfügen. Bei der Akkommodation passen sich die kognitiven Strukturen dem Wahrgenommenen selbst an, wodurch diese Strukturen sich verändern. Diese Anpassungen werden durch gegenwärtige Erlebnisse ausgelöst, die nicht sinnvoll in bestehende kognitive Strukturen eingeordnet werden können. Kognitive Entwicklung geschieht aus einem ständigen Wechselspiel zwischen Assimilation und Akkommodation. Kognitive Strukturen sind nicht statisch, sondern befinden sich in einem selbstregulierenden, dynamischen Fließgleichgewicht, in dem sogenannten Äquilibrium (hierzu auch Zimbardo, 1992, S. 65 f.).

Sinn-Attraktoren als kognitive Ordnung

In diesem Zusammenhang lohnt es sich einen Blick auf die Ausführungen zur Synergetik zu werfen. Die Synergetik, die von dem deutschen Physiker Hermann Haken Ende der 1960er Jahre im naturwissenschaftlichen Bereich ausgearbeitet wurde, hat allgemeingültige Prinzipien der Selbstorganisation und Phänomene der Ordnungsbildung in offenen Systemen zum Untersuchungsgegenstand.

Wissenschaftler verschiedener Disziplinen, jedoch überwiegend mit einem psychologischen Hintergrund, erforschen und beschreiben auf Grundlage der Synergetik, wie Veränderungen in psychischen und sozialen Systemen geschehen, welche Voraussetzungen für Veränderung notwendig sind und warum Menschen in ihrem Denken, Fühlen und Verhalten nicht vorhersagbar beeinflussbar sind (Schiepek et al., 2013, S. 30).

In der Synergetik wird Ordnung als Ergebnis von Selbstorganisation in offenen dynamischen, komplexen Systemen verstanden: Sie entsteht (bottom-up) durch die Wechselwirkungen zwischen den Elementen auf der *Mikroebene* und beeinflusst (top-down) auf der *Makroebene* die weitere Systemdynamik im Sinne dieser Ordnung. Selbstorganisierte Ordnungen werden allgemein als *Attraktoren* beschrieben. Mit diesen Ordnungen geht eine starke Reduktion der Komplexität in dem jeweiligen System einher.

Zum Beispiel kann der gemeinsame Klatschrhythmus in einem Konzert als eine relativ stabile Ordnung und somit als Attraktor bezeichnet werden, der aus dem wechselwirkenden Klatschen vieler einzelner Zuschauer entsteht und wiederum gleichzeitig das Verhalten aller Zuschauer bestimmt bzw. die Freiheitsgrade aller Zuschauer erheblich einschränkt. Hier kann auf der *mikroskopischen Ebene* das rhythmische Klatschen Einzelner als Ordner verstanden werden, der sich wie zufällig aus unzähligen Möglichkeiten durchsetzt und das Verhalten aller anderen Zuschauer wie durch eine Welle bindet, sodass erst das Muster auf der *makroskopischen Ebene,* der gemeinsame Klatschrhythmus, entstehen kann.

Der Psychologe und Autor mehrerer Lehrbücher, Jürgen Kriz, bezeichnet Attraktoren auf kognitiver Ebene menschlicher Prozesse als »Sinn-Attraktoren«, die das gegenwärtige Erleben sinn- und bedeutungsvoll ordnen: »Sinn-Attraktoren auf dieser Ebene betreffen vor allem die Ordnung, mit welcher wir die unglaubliche Komplexität der Sinneseindrücke im Lichte bisheriger Erfahrungen und gelernter Ordnungen reduzieren und uns damit die ›Welt‹ verständlich machen« (Kriz, 2013, S. 108).

Sinn-Attraktoren gelten als kognitive Ordnungen, die sich als passend zur wahrgenommenen Erlebniswelt des Menschen stabilisieren, wobei weitere Informationen in diese sinn- und bedeutungsbildend eingefügt werden. In diesem Zusammenhang bezeichnet Kriz Sinn-Attraktoren in Anlehnung an Piaget als kognitive Schemata. Dabei führt die »sinnbildende Kraft« eines kognitiven Schemas dazu, dass der Mensch seine Erfahrungen auf bekannte und vertraute Aspekte zurückführt und dem so Verstandenen Handlungsweisen folgen lässt, die sich bisher als erfolgreich erwiesen haben (S. 123).

Auch die Systemforscher Guido Strunk und Günter Schiepek beschreiben Attraktoren von psychischen Systemen in Anlehnung an Piaget als kognitive Schemata (Strunk u. Schiepek, 2006, S. 278; Schiepek u. Strunk, 2014, S. 98 f.). Kognitive Schemata gelten als grundlegende Organisationseinheit psychischer Prozesse bzw. als übergreifende Bedeutungsmuster des Wahrnehmens, Erlebens und Verhaltens. »Metaphorisch kann man ein solches Schema als Attraktor bezeichnen« (Schiepek u. Strunk, 2014, S. 99).

Dabei können die kognitiven Schemata eines Menschen seine Wahrnehmungen der äußeren oder inneren Welt dermaßen bestimmen, dass diese zu den bisherigen Schemata passen: »Indem Schemata die Wahrnehmung organisieren, erzwingen sie zumindest tendenziell eine Wahrnehmung, die mit den beteiligten Schemata im Einklang steht« (S. 99).

Nach Strunk und Schiepek erzeugt der Mensch kognitive Schemata auf der Basis selbstorganisierender Prozesse, die auch bei veränderten oder neuen Umweltbedingungen als relativ stabile Ordnungen erhalten bleiben oder sich bei erheblicher Unstimmigkeit mit aktuellen Erlebnissen verändern bzw. sich neuen Umweltgegebenheiten anpassen. Diese Vorgänge auf der kognitiven Ebene werden auch in Anlehnung an Piaget als Assimilation und Akkommodation bezeichnet (S. 100).

Fazit zu kognitiven Schemata

Unter Einbezug der aufgeführten Literatur lassen sich aus dem Blickwinkel der Synergetik die wichtigsten Aussagen über kognitive Schemata wie folgt zusammenfassen:

Kognitive Schemata werden als relativ stabile sinn- und bedeutungsvolle subjektive Ordnungen der vielschichtigen und unübersichtlichen Welt begriffen. Einerseits bilden sich kognitive Schemata als subjektive Repräsentation von Personen, Objekten und Ereignissen aus der Interaktion mit der individuell gegebenen Umwelt vermittelt über sinnesbezogene Wahrnehmungen individualgeschichtlich heraus. Andererseits ordnen kognitive Schemata die unzähligen Einflüsse aus der Umwelt sinn- und bedeutungsvoll.

Diese Ordner werden als »Operatoren« bzw. »Kräfte« bezeichnet, die diese Ordnung erzeugen. Dabei wird aus den gegenwärtigen sinnesbezogenen Wahrnehmungen der Erlebniswelt augenblicklich ein kognitives Schema selbstorganisiert hervorgebracht, das dem Wahrgenommenen Sinn und Bedeutung gibt sowie die weiteren Wahrnehmungen leitet.

Das kognitive Schema reduziert als Sinn-Attraktor erheblich die Komplexität der kognitiv-emotionalen und körperlichen Vorgänge und ordnet diese in eine subjektiv erlebte Wirklichkeit, die für den Menschen als sinn- und bedeutungsvoll sowie als übersichtlich und stimmig erscheint.

Das Einpassen bzw. Einbinden wahrgenommener Objekte oder Ereignisse in das hervorgebrachte kognitive Schema geschieht durch Assimilation, wodurch eine relativ stabile subjektive Übereinstimmung zwischen Wahrnehmung und Bedeutung erhalten bleibt und das Schema bzw. der Sinn-Attraktor sich mehr und mehr als passend verfestigt. Demnach wirken ordnende Kräfte in psychischen Systemen bis hierhin zumindest auf zwei Ebenen: einerseits als Einpassung der Wahrnehmung in das hervorgebrachte kognitive Schema und in der Weise als stabilisierender Mechanismus der bestehenden Ordnung, wobei andererseits diese Ordnung als kognitives Schema die vielschichtig-mehrdeutige Wahrnehmungswelt sinn- und bedeutungsvoll strukturiert.

Bei den Ausführungen über den Begriff »kognitives Schema« in Anlehnung an Piaget werden auch Parallelen zum Begriff »kognitive Struktur« bzw. »kognitives Konstrukt« bei Ernst von Glasersfeld offensichtlich, auf die zumindest er selbst mehrfach ausdrücklich hinweist.

Kognitive Konstrukte zur Orientierung in der eigensinnigen Erlebniswelt

Der Vertreter des Radikalen Konstruktivismus, Ernst von Glasersfeld, führt den Begriff »Viabilität« im Sinne von »Brauchbarkeit« bzw. »Gangbarkeit« ein und stellt somit den instrumentellen Aspekt von kognitiven Strukturen für den Menschen heraus. Das kognitive Konstrukt von Wirklichkeit wird im Grunde als Instrument für erfolgreiches bzw. zielstrebiges Handeln verstanden. Daher ist es nicht von Bedeutung, ob die Vorstellungen des Handelnden von der Umwelt ein »wahres« Bild von der realen Welt darstellen, sondern lediglich, ob das Konstrukt für den Handelnden brauchbar bzw. gangbar ist. Der Handelnde bedarf bloß einer Vorstellung von Welt, die es ihm ermöglicht, Hindernisse zu vermeiden und seine Ziele zu erreichen (v. Glasersfeld, 1985, S. 22 f.).

Oder als Frage formuliert: Wie erlebt der Mensch die Auswirkungen seines Handelns, das aufgrund seiner Konstruktion von Welt erfolgt? Oder: Ist der aktuelle Erlebensfluss eines Menschen stimmig mit seinen Vorstellungen von Welt?

Bei alldem geht es nicht um »Gleichförmigkeit« (v. Glasersfeld, 1981/1991, S. 19) zwischen den subjektiven Vorstellungen oder Ideen von der Welt mit einer »objektiven« Welt und in dem Sinne um Wahrhaftigkeit, sondern vielmehr um Gleichklang zwischen der Idee und dem Erleben von Welt und in dem Sinne um Stimmigkeit. Insofern wird Passung oder fehlende Passung als Folge eines subjektiven »Vergleichs« zwischen kognitiver Konstruktion und Erlebenswelt verstanden. Wiederholung, Konstanz und Regelmäßigkeit können nur aufgrund eines Vergleiches erkannt werden (S. 36).

In dem Verhältnis, in dem ein Mensch die Auswirkungen seines Handels als stimmig mit seiner Konstruktion und als erwünscht erlebt, würde von diesem Menschen eine Passung zwischen Konstruktion von Welt und Erleben von Welt wahrgenommen. Das kognitive Konstrukt erscheint als brauchbar und die Erlebniswelt als gangbar. In einem anderen Verhältnis, in dem ein Mensch die Auswirkungen als unstimmig und unerwünscht erlebt, würde eine Anpassung des kognitiven Konstrukts erfolgen bzw. erforderlich sein. Hier erscheint das

Konstrukt als unbrauchbar und aufgrund dessen die Erlebniswelt als schwierig begehbar, ertragbar oder lebbar.

An dieser Stelle ist die Aussage von grundlegender Bedeutung, dass der Mensch, wenn auch nicht bewusst, selbst entscheidet, welche Merkmale oder Eigenschaften er im Vergleich betrachtet und unterscheidet (v. Glasersfeld, 1991/1981, S. 31 ff.). Demnach wird der Vergleich zwischen kognitiver Konstruktion und Erlebenswelt bezogen auf *selbstgewählte Merkmale* und nach *eigenen Kriterien* der Bewertung als gleich oder ungleich, stimmig oder unstimmig bzw. passend oder unpassend empfunden. Wie lässt sich dieser »Vergleich« an einem einfachen Beispiel veranschaulichen?

In der zwischenmenschlichen Wahrnehmung könnte sich ein Vorgesetzter von seinem Mitarbeiter das »Bild« konstruiert haben, dass dieser »unzuverlässig« sei, weil er häufig verspätet morgens zur Arbeit erscheint. Dieses konstruierte Bild des Vorgesetzten wird im Vergleich mit seiner Erfahrung von der wahrgenommenen Eigenschaft des »Zu-spät-Kommens« mehrere Male morgens bestätigt. Ein anderer Vorgesetzter, der die Eigenschaft des »Zu-spät-Kommens« aus welchen Gründen auch immer nicht wahrnimmt oder nicht *merkt,* könnte diesen Mitarbeiter als »zuverlässig« beschreiben, weil aus seiner Sichtweise der Mitarbeiter beim Kunden beständig hohe Anerkennung erlangt. Beide Vorgesetzten würden nach ihren jeweiligen Kriterien und wahrgenommenen Eigenschaften ihr eigenes »Bild« als »Wissen« von diesem Mitarbeiter konstruieren und im Vergleich mit ihrer Erfahrungswelt durchaus bestätigt sehen.

Nach Jakob von Uexküll würden beide Vorgesetzten in ihrer eigenen *Merk- und Wirkwelt* leben (siehe Unterkapitel 1.2). In diesem Verständnis würde sich jeder Mensch in seiner jeweiligen brauchbaren Möglichkeit von Welt auf gangbaren Wegen erleben. Eine subjektive Erlebenswelt, die für den Menschen individuell zu seinen Vorstellungen passend erscheint, unabhängig von irgendeiner objektiven Welt da draußen. Dieser Aspekt scheint die Radikalität des radikalen Konstruktivismus auszumachen. Oder mit den Worten von Jakob von Uexküll: Jeder Mensch lebt in seiner subjektiven Umwelt, eingebettet in der gemeinsamen objektiven Umgebung – in einem geschlossenen Funktionskreis.

1.5.2 Sinnesbezogene Vorstellungen: Das innere Vergegenwärtigen von Vergangenem, Zukünftigem oder Phantasiertem

Vorstellung meint in der engeren psychologischen Bedeutung das Sich-Vergegenwärtigen von Sinnesgegebenheiten, nicht aufgrund unmittelbar einwirkender Sinnesreize, sondern aufgrund der von früheren Wahrnehmungen zurückgebliebenen *Spuren*. Je nachdem, ob in den Vorstellungen frühere Wahrnehmungen mehr oder minder getreu wiedererweckt oder deren Elemente in freier Weise kombiniert werden, wird von Gedächtnis- oder bloßen Phantasiebildern gesprochen. Dabei entspringen alle Vorstellungen grundsätzlich aus dem Erfahrungsmaterial der äußeren Sinne, und umgekehrt können sich Vorstellungen im Aufbau eines Wahrnehmungsbildes mit den unmittelbaren Sinnesgegebenheiten verbinden. Die Vorstellungsbilder erscheinen im Unterschied zu den unmittelbaren sinnlichen Wahrnehmungen bzw. den Wahrnehmungsbildern weniger deutlich, weniger stabil und mehr der willkürlichen Erweckung oder Abschaltung unterworfen zu sein (Brugger, 1976, S. 445 f.).

In dem hier dargelegten Beratungsverständnis wird Vorstellung als das *innere, mehr oder weniger bewusste, sinnesbezogene Sich-Vergegenwärtigen* von Personen, Objekten oder Ereignissen einer vergangenen, zukünftigen oder phantasierten Welt verstanden. Je nachdem, wie weit unsere Vorstellungen unmittelbar auf früheren Wahrnehmungen beruhen oder ein Ergebnis freier Verknüpfung von Wahrnehmungsinhalten darstellen, entspricht unsere Vorstellung eher Erinnerungsbildern oder Phantasiebildern. Vorstellungen erscheinen im Kontrast zu unmittelbarer Wahrnehmung undeutlicher, blasser, unvollständig und sind verzerrt. In diesem Sinne sind Vorstellungen kein genaues Abbild von der inneren oder äußeren Welt, sondern vielmehr eine *subjektive sinnesbezogene Repräsentation* von Personen, Objekten oder Ereignissen. Einerseits beruhen Vorstellungen als Erinnerung oder Phantasie immer auf vergangenen Wahrnehmungen bzw. Erfahrungen, wobei andererseits Vorstellungen in die unmittelbare gegenwärtige Wahrnehmung einfließen und somit das gegenwärtige Erleben erheblich beeinflussen können:

Unsere gegenwärtige Erlebniswelt wird durch die sich vergegenwärtigte Vorstellungswelt eingefärbt.

So können wir uns sowohl in *Wunsch- bzw. Lösungsvorstellungen* als auch in *Problemvorstellungen* hineinphantasieren und uns gedanklich im Dort und Dann verlieren, wobei wir das entsprechende Erleben im Hier und Jetzt körperlich-emotional empfinden. In der Hypnotherapie sprechen wir von Lösungstrance und Problemtrance, in die wir uns über sinnesbezogene Vorstellungen hineinimaginieren.

Je nachdem, welche Sinne wir in unsere Vorstellung miteinbeziehen, beleuchten diese bestimmte Aspekte in dem inneren Vergegenwärtigen von Personen, Objekten oder Ereignissen: visuelle, auditive, taktile, Geruchs- oder Geschmacksvorstellungen. An dieser Stelle möchte ich auf die detaillierten und bahnbrechenden Ausführungen von Richard Bandler und John Grinder über die Vorgänge der sinnesspezifischen Repräsentation der Welt beim Menschen verweisen (z. B. Bandler u. Grinder, 1976/1994, 1984; Bandler, 1987).

Unser gegenwärtiges Erleben kann durch Vorstellungsbilder wesentlich geprägt werden, wobei diese Bilder »vor dem inneren Auge« bewusst oder nicht bewusst im Hintergrund wirken. Vorstellungen über die Vergangenheit, Gegenwart oder Zukunft schaffen Sinn und Bedeutung und sind unmittelbar mit Emotionen verbunden, wobei sich diese Bilder gewöhnlich nicht willentlich in das derzeitige Erleben einfügen. Das Erscheinen und Verschwinden innerer Vorstellungsbilder geschieht in der Regel *unwillkürlich und nicht bewusst* und doch scheinen diese Bilder unsere derzeit erlebte Wirklichkeit wesentlich zu leiten.

Auf jeder Wanderung wird das gegenwärtige Erleben immer wieder geleitet von Vorstellungen des Dort und Dann, von dem Ziel, was es zu erreichen gilt. Dieses Ziel wird innerlich ausgemalt, die Gegenwart (der anstrengende Aufstieg) oder die Vergangenheit (die zurückliegende Wegstrecke) erhalten Sinn und Bedeutung in Anbetracht der zu erwartenden Aussicht auf dem Berggipfel in der Zukunft, während ein Gefühl von Vorfreude spürbar wird. Gewöhnlich sind wir uns weder bewusst, wie diese Vorstellung plötzlich entsteht bzw. »erweckt« oder »abgeschaltet« wird, noch, dass dieses innere Bild in diesem Moment uns auf unserem Weg begleitet und unser gegenwärtiges Erleben leitet. Dabei können sich Vorstellungen auf unser Innenleben – wie Körperereignisse oder psychische Funktionen – oder auf die Außenwelt beziehen.

1.5.3 Gestaltwahrnehmung: Die innere Ordnung des Menschen

> »Eine Gestalt ist ein Muster, eine Figur, die besondere Art, wie die
> vorhandenen Einzelelemente organisiert sind. Die Grundannahme
> der Gestaltpsychologie ist, dass die menschliche Natur in Strukturen
> oder Ganzheiten organisiert ist, dass sie vom Individuum auf diese
> Art erfahren wird und dass sie nur als eine Funktion dieser Strukturen
> oder Ganzheiten, aus denen sie besteht, verstanden werden kann.«
> (Perls, 1976, S. 22)

Anfang des 20. Jahrhunderts wurde die Gestaltpsychologie u. a. von Max Wertheimer, Wolfgang Köhler und Kurt Koffka experimentell und theoretisch begründet, die zum Kern der damaligen sogenannten Berliner Schule gehörten. Als weitere einflussreiche Vertreter gelten Wolfgang Metzger und Kurt Lewin, der Begründer der Feldtheorie (siehe Unterkapitel 2.2). Die Gestaltpsychologen stellen die Möglichkeit objektiver Wahrnehmung infrage und machen deutlich, dass wir aufgrund allgemeiner Ordnungsprinzipien und durch unsere innere Struktur *autonom* Wirklichkeit subjektiv herausbilden.

Die Gestaltpsychologen gehen grundlegend von Prinzipen aus, die den menschlichen Organismus von innen heraus selbst regulieren. Diese Prinzipien streben eine eigene Ordnung, eine eigene Ganzheit an und können diese an verändernde Umweltbedingungen anpassen, ohne ihre Integrität bzw. die Funktionsfähigkeit des Organismus zu gefährden. In der Gestaltpsychologie wird die Selbstregulation als »*Grundsatz der natürlichen Ordnung*« beschrieben. Köhler sprach in diesem Zusammenhang von spontaner Selbstregulierung, Wertheimer setzte Gestalt mit »von innen her bestimmt« gleich (Portele, 1999, S. 265 ff.).

Wolfgang Metzger (1899–1979) hat das »Problem der Ordnung« in den 1940er Jahren zum Gegenstand seiner Untersuchungen gemacht. Er ging davon aus, dass bestimmte Phänomene bzw. Arten des Geschehens, »die frei, sich selbst überlassen, einer ihnen selbst gemäßen Ordnung fähig sind« (Metzger, 1940/2001, S. 209). Diese Ordnung wird nicht von außen bestimmt, sondern geschieht von selbst aus dem *Inneren* des Systems. Bei der Entstehung wirken bestimmte Kräfte und Bedingungen von innen heraus, die diese Ordnung auch an veränderte Umweltbedingungen anpassen und aufrechterhalten: »Ordnung kann unter Umständen von selbst – ohne das äußere Eingreifen eines ordnenden Geistes – *entstehen*. […] Es sind dieselben Kräfte und Bedingungen, denen sie ihre Entstehung, ihre Erhaltung, ihre Anpassung an veränderte Umstände und ihre Wiederherstellung verdankt« (S. 209 f.).

Wobei der »Grundsatz der natürlichen Ordnung« für den Bereich der Wahrnehmung, des Gedächtnisses und der Koordination der Bewegungen gilt (S. 211).

Zum Beispiel kann die subjektiv erlebte Wirklichkeit als »eigene Ordnung« verstanden werden, die sich der Mensch selbstregulierend herausbildet. Wir formieren selbst eine sinn- und bedeutungsvolle Ordnung in die erfahrene vielschichtige und unüberschaubare Welt. Dieses Bild, das wir uns von der erfahrenen Welt schaffen, ist unser eigenes geordnetes Abbild von der Welt und nicht die Welt in ihrer tatsächlichen Beschaffenheit.

Gestaltpsychologen haben anhand zahlreicher Beispiele und Experimente aufgezeigt, wie wir aus sichtbaren einzelnen, ungeordneten Elementen ganze, geordnete Figuren bzw. Gestalten wahrnehmen, indem wir die Einzelelemente in Beziehung zueinander setzen und diesem Gebilde eine eigene Ordnung oder bekannte Figur auflegen. Unsere Erfahrung ist bereits auf unterster Ebene der Wahrnehmung organisiert, indem der Organismus Reize der äußeren Welt selbstreguliert nach bestimmten *Ordnungsprinzipien* zu Gestalten formiert (Metzger, 1940/2001).

Demnach können schon auf der Ebene der Wahrnehmung die Objekte und Ereignisse als sinnesbezogene Ordnungen oder als »ganze Gestalten« betrachtet werden, die aus einzelnen Elementen der unzähligen und unüberschaubaren Sinnesempfindungen spontan selbstregulierend herausgebildet werden. Diese vom Menschen geschaffene Ordnung weist eine eigene Qualität auf, die sich erst aus dem Ordnen der Einzelelemente ergibt.

Dabei ist es nicht immer eindeutig, welche Ordnung wir in der sichtbaren unstrukturierten Anordnung von Elementen erkennen und in diesem Sinne Figuren, Gestalten oder Muster herausbilden. Wir können ganz verschiedene sinn- und bedeutungsvolle Ordnungen erstellen und wahrnehmen. Folglich wird die Welt nicht von allen Menschen eindeutig und feststehend gleich wahrgenommen, sondern individuell unterschiedlich und veränderbar:

Die Welt ist mehrdeutig wahrnehmbar und erlebbar.

Das *Figur-Grund-Prinzip* besagt, dass Gestalten sich als abgesonderte, umgrenzte, gegliederte, möglichst einheitliche und geschlossene Figuren jeweils von einem unstrukturierten Grund abheben, wobei ein Wechsel und Verschieben von Figur und Grund jederzeit möglich ist. Dabei wird dieser Wechsel in unserem Erleben von Figur und Grund durch unsere *Bedürfnisse oder Interessen* von innen selbst reguliert. Je nach aktuell dringlichstem Bedürfnis treten bestimmte Aspekte aus der Vielfalt unserer Umgebung als Figur in den Vordergrund, wobei andere im Hintergrund verborgen bleiben. Oder anders gesagt: Unsere Wahrnehmung wird durch das aktuell vorherrschende Bedürfnis geleitet, wodurch dasjenige als Figur in den Vordergrund gerät, was die erlebte Unausgewogenheit ausgleichen könnte. Die Figur erhält Bedeutung je nach Dringlichkeit und Ausprägung des Bedürfnisses und inwieweit der Organismus mit ihr die Möglichkeit der Erfüllung dieses Bedürfnisses und somit die Wiederherstellung seines Gleichgewichtes (Homöostase) verbunden sieht.

Durch die Erfüllung des mit ihr verbundenen Bedürfnisses verliert die Figur an Bedeutung und Interesse, sodass selbstregulierend das nun gegenwärtig vorrangige Bedürfnis eine neue Figur in den Vordergrund der Wahrnehmung schiebt. Wenn wir einigermaßen physisch-psychisch im Gleichgewicht sind und insofern aktuell kein dringendes oder ausgeprägtes Bedürfnis unsere Aufmerksamkeit bindet, weitet und öffnet sich unser Wahrnehmungsspektrum der uns gegebenen Welt. Wir fühlen uns innerlich ausgewogener, wodurch unsere Wahrnehmung weicher, beweglicher und weniger starr fixiert auf bestimmte Personen, Objekte oder Ereignisse wird (Hartmann-Kottek, 2008).

Unser Organismus reguliert sich selbst durch aktuelle Bedürfnisse.

Schauen wir uns eine von Fritz Perls beschriebene Szene aus der Alltagswirklichkeit an, um das Figur-Grund-Prinzip menschlicher Wahrnehmung im alltäglichen Leben besser nachvollziehen zu können:

»Angenommen der Raum ist ein Wohnzimmer, und die Szene ist eine Cocktailparty. Die meisten Gäste sind bereits anwesend, die Nachzügler kommen nach und nach herein. Ein Neuankömmling betritt den Raum. Er ist chronischer Alkoholiker und braucht dringend etwas zu trinken. Für ihn wird alles – die anderen Gäste, die Sessel und Sofas, die Bilder an den Wänden – unwichtig sein und im Hintergrund bleiben. Er wird sich schnurstracks an die Bar begeben; sie wird von allen Objekten im Raum als einziges in den Vordergrund treten. Jetzt kommt ein weiterer Gast. Es ist eine Malerin, und die Gastgeberin hat gerade eins ihrer Werke erworben. Ihr Hauptanliegen ist es, herauszufinden, wie und wo ihr Bild hängt. Sie wird das Gemälde unter allen Objekten im Raum auswählen. Wie der Alkoholiker wird sie von den Leuten überhaupt nicht berührt sein, sie wird auf ihr Bild zusteuern, wie eine Taube zum Taubenschlag. Oder nehmt den Fall des jungen Mannes, der auf die Party gekommen ist, um seine Freundin zu treffen. Er wird die Menge durchkämmen, er wird zwischen den Gesichtern suchen, bis er sie gefunden hat. Sie wird die ›Figur‹ bilden, alles übrige den Hintergrund. Für den umschweifenden Gast, der von Gruppe zu Gruppe wechselt und von einer Unterhaltung zur nächsten, von der Bar zum Sofa, von der Gastgeberin zur Zigarettendose, wird der Raum zu verschiedenen Zeiten unterschiedlich aussehen. Während er mit einer Gruppe redet, wird sie und die Unterhaltung ›Figur‹ sein. Wenn er sich, gegen Ende des Gespräches, müde fühlt und sich entschließt, sich hinzusetzen, wird der eine leere Platz auf dem Sofa als ›Figur‹ hervortreten. Da sein Interesse wechselt, ändert sich seine Wahrnehmung des Raumes, der Leute und der Gegenstände, sogar seiner selbst. ›Figur‹ und Hintergrund werden ständig vertauscht, sie bleiben nicht statisch wie beispielsweise für den jungen Liebhaber, dessen Interesse fixiert und unwandelbar ist. Nun kommt der letzte Gast. Er wollte zunächst gar nicht kommen […] und hat an dem ganzen Verlauf kein wirkliches Interesse. Für ihn bleibt die ganze Szene ungegliedert und bedeutungslos, wenn nicht etwas geschieht, was sein Interesse und seine Aufmerksamkeit auf sich lenkt« (Perls, 1976, S. 21).

Daraus kann man – angelehnt an von Uexküll – folgern:

Anscheinend lebt jeder Mensch in seiner eigenen Merk- und Wirkwelt – in seiner einzigartigen Umwelt, die in einer gemeinsamen Umgebung eingebettet ist.

Zu den sich herausbildenden Gestalten gehören neben den Figuren der optischen oder akustischen Wahrnehmung, wie Objekte oder Melodien, z. B. auch Gedanken, Emotionen oder Bewegungsabläufe wie Tänze oder Choreografien, die als Figur im Vordergrund sinnlich hörbar, sichtbar, fühlbar oder spürbar werden: Welche Figur tritt über welchen meiner Sinne wahrnehmbar in den Vordergrund meiner Aufmerksamkeit? Welches Bedürfnis oder Interesse könnte mit dieser Figur verbunden sein?

Gegenwärtige Personen, Objekte, aktuelle oder vergangene Ereignisse können auch als Figuren im Vordergrund unseres Bewusstseins erscheinen, wenn diese von Interesse sind und wir das Bedürfnis haben, sie zu verstehen. Wir haben dann das Bedürfnis, dem Erlebten Sinn und Bedeutung zu geben. Dabei geht eine *tiefgründige Bedeutung* einer im Vordergrund wahrnehmbaren Figur oder Gestalt immer nur dann hervor, wenn wir diese eingebettet in ihrem *Hintergrund* sehen: »Eine Gestalt ist immer in Vordergrund und Hintergrund differenziert, und die Beziehung des Vordergrunds zum Hintergrund heißt ›Bedeutung‹. Mit anderen Worten, sobald du etwas aus seinem Zusammenhang reißt, verliert oder verzerrt das, nach meiner Idee, seine Bedeutung« (Perls, 1976, S. 211).

Jedes Phänomen erhält seine Bedeutung einerseits durch die gegenwärtige Umgebung, in der es zum Vorschein kommt, und andererseits durch seine Entstehung oder Entwicklung bzw. durch seine Geschichte: Ein Tango tanzendes Paar erhält in der Fußgängerzone eine andere Bedeutung als auf der Tanzfläche während einer Familienfeier. Wenn wir die (Vor-)Geschichte zu diesem Tanz in der Fußgängerzone *wissen* würden, könnte sich die augenblicklich gegebene Bedeutung plötzlich wandeln. Zum Beispiel gilt der Tanz dann als das Einlösen einer Wette eines Hochzeitpaares oder dient einem Spendenprojekt für die neue Turnhalle. Das Bild, das in einem Café an der Wand hängt, erhält plötzlich eine andere Bedeutung, wenn ich weiß, dass dieses von Gerhard Richter gemalt wurde. Das kaltherzige und zynische Verhalten einer Frau gegenüber ihrem Partner macht plötzlich Sinn, wenn ich weiß, dass ihr Mann sich auf eine Liebschaft mit einer Kollegin eingelassen hat:

Vor welchem Hintergrund ist das gegenwärtig erlebte Phänomen sinn- und bedeutungsvoll?

Wenn wir aus dem Hintergrund oder der Vorgeschichte Sinn und Bedeutung erfasst haben, reagieren wir oft erleichtert und erlöst: »Ah ja, jetzt verstehe ich!«

Wir Menschen haben das Bedürfnis, zu verstehen, Sinn und Bedeutung zu finden, um die erlebte Welt sinn- und bedeutungsvoll zu ordnen – immer aus unserer gegenwärtigen Perspektive vor dem Hintergrund unserer bisherigen erfahrungsreichen Geschichte.

Ein weiteres Prinzip ist die *Tendenz zur Bildung »guter Gestalten«*. Wir haben in der Wahrnehmung die Tendenz zur Einfachheit und Klarheit in der Form sowie zur Schließung offener Gestalten. Unsere Wahrnehmung wird derart reguliert, dass wir einfache, klare und abgeschlossene Gestalten aus unzähligen Sinneseindrücken herausformen. Bei der Verarbeitung von Erlebnissen ist hier auch die Tendenz gemeint, unerledigte Situationen oder Sachverhalte zu erledigen oder offene Fragen und Konflikte zu klären oder zu lösen.

Nach dem *Prinzip der Konstanz* ist die Gestalt, die sich erfahrbar vor dem Hintergrund herausbildet, zeitlich relativ beständig und erhält auch gegenüber Störungen und Veränderungen eine gewisse Stabilität.

Gestalten sind etwas anderes als Summen ihrer Teile. Eine Gestalt ist umso stabiler, je stabiler die Teile zueinander sind. Und umgekehrt: Die Beziehungen zwischen den Teilen sind umso stabiler, je stabiler, d. h. je eindrücklicher (prägnanter) die Gestalteigenschaft des Ganzen ist. Eine stabile Gestalt zeichnet sich durch *Prägnanz* aus. Prägnanz kann als ausgezeichnete und daher beständige Ordnung verstanden werden, was als »Verkörperung des reinen Wesens« empfunden wird (Walter, 1977, S. 25).

Die Begriffe »Grundsatz der natürlichen Ordnung«, »Tendenz zur guten Gestalt«, »Konstanz« und »Prägnanz« bezeichnen »Grundgesetze« menschlicher Wahrnehmung, die auch für menschliches Denken, Handeln und Fühlen gelten. Sie bilden die subjektiven Freiheitsräume, in denen eingleisige und eindeutig voraussagbare psychische Abläufe nicht existieren (S. 34).

Zusammengefasst werden laut der Gestaltpsychologie Wahrnehmen und Erleben als Ergebnis subjektiver Verarbeitung der unüberschaubaren sinnesbezogenen Empfindungen der individuell gegebenen Umwelt verstanden und geschehen nach gewissen Ordnungsprinzipien bzw. »Gesetzen«. Diese Verarbeitung ist durch die neurologischen Voraussetzungen, durch biografische Erfahrungen und daraus resultierende Erwartungen, durch Wissen und Kenntnisse sowie durch das Suchen nach Sinn und Bedeutung bedingt und geht aus dem gegenwärtigen emotional-körperlichen Zustand hervor. Selbstregulierend wird diese Verarbeitung geleitet durch das aktuell vorherrschende Ungleichgewicht des Organismus und das daraus resultierende gegenwärtige Bedürfnis oder Interesse. Wir bilden und stabilisieren nach unserem aktuellen Bedürfnis oder Interesse selbstregulierend eine subjektiv sinn- und bedeutungsvolle figural geordnete Wirklichkeit.

Insofern ist Wahrnehmen und Erkennen mit den Worten der Autopoiese struktur- bzw. zustandsdeterminiert und somit das Ergebnis eines autonomen, »eigengesetzlichen« Verarbeitungsprozesses innerer und äußerer Impulse. Das Herausbilden einer subjektiven Wirklichkeit ist durch die derzeit gegebene Struktur bzw. durch den aktuellen Zustand des Menschen bestimmt.

Wahrnehmen und Erkennen resultieren aus der fortlaufenden Verarbeitung der dynamischen Wechselbeziehung des Menschen mit seiner Umgebung. Der Mensch ist immerwährend gefordert, die zahlreichen Reize aus der äußeren und inneren Welt nach Sinn und Bedeutung zu ordnen, um handlungsfähig zu sein und um seine Bedürfnisse zu befrieden. Das Ergebnis dieses Schaffens von Ordnung hinein in die Komplexität der Welt kann als subjektiv erlebte Wirklichkeit bezeichnet werden, die für den jeweiligen Menschen sinnvoll, verwertbar und dementsprechend stimmig mit seinem weiteren Erleben von Wirklichkeit ist. Diese Wirklichkeit kann sich als dauerhafte und stabile bzw. prägnante Ordnung des Lebens herausbilden.

Ist es wirklich so einfach, unser Leben zu verwirklichen? Ja, wir können unser Leben vordergründig *wirklich* »nett« einrichten – jedoch zu welchem Preis? In der Gesamtheit betrachtet ist das Gefüge der Bedürfnisse eines Menschen vielfältig und vielschichtig und manche Bedürfnisse können sich gegenseitig widersprechen oder zuwiderlaufen und scheinen miteinander unvereinbar zu sein. Jede Ordnung von Lebenswirklichkeit zur Befriedung von Bedürfnissen könnte sich zuungunsten anderer Bedürfnisse durchsetzen. Diese ausgeblendeten oder verdrängten und somit nicht gelebten Bedürfnisse oder Anteile der Person verstummen mit der Zeit. Sie könnten aber im Schatten des »netten« Scheins eine Spur hinterlassen, nicht ganz erfüllt im Leben zu sein, oder das Gefühl, dass etwas im Leben unstimmig ist oder fehlt – ja, vielleicht sogar unsere Lebensfreude. Hierzu eine Episode von Barry Stevens:

> »Ich war mit einer Frau zum Essen verabredet, die ich von früher kannte. Damals hatte sie etwas sehr Rebellisches, und ihr Leben war von großer Unsicherheit geprägt. Während des Essens zeigte sich, dass sie ihren rebellischen Geist aufgegeben und jene Art von Sicherheit erreicht hatte, die sich darin äußert, dass man ein nettes Haus, ein gutes Einkommen und einen zuverlässigen Ehemann sein Eigen nennt. Über Schwierigkeiten wurde nicht gesprochen. Alles war so richtig nett, und ich wurde traurig. Ich sagte mir, dass es in Ordnung sei, dass sie sich für diesen Weg entschieden hatte, und es war ja in der Tat sehr nett und angenehm und ganz bequem so. Ich war den ganzen Abend sehr ›nett‹ (glaube ich). ›Bring hier nichts durcheinander!‹ – Dieser Satz lag so klar und deutlich in der Luft. Wie Äther atmete ich diesen Satz und schläferte mich damit ein.
>
> Sie fuhr mich nach Hause. Als sie fort war, bemerkte ich, dass ich eine Melodie summte, die ich nicht zuordnen konnte. Ich summte weiter, bis zum Schluss; erst da merkte ich, was mein organismisches Selbst da tat. Am Ende der Melodie kamen mir die Worte in den Sinn: ›Armer Schmetterling‹. Ich fühlte meine Traurigkeit, und sie war echt« (Stevens, 1970/2000, S. 15).

Es ist für uns Menschen existenziell, dass wir durch Anpassungen ein dynamisches Gleichgewicht bzw. eine Stimmigkeit zwischen unserer selbst geschaffenen Ordnung von Wirklichkeit und unserem Erleben von Wirklichkeit erhalten. Für eine innere Ausgewogenheit passen wir unsere Sichtweise der Welt an, wenn diese (dauerhaft) nicht mit unserem Erleben von der Welt überstimmt. In einer fehlenden Passung oder fehlgeleiteten Anpassung scheint eine unerschöpfliche Quelle für Spannungen, Konflikte und Leid oder einfach für fehlende Freude am Leben zu liegen (siehe Abschnitt 1.7.2).

1.6 Subjektives Erleben von Wirklichkeit: Die Bedeutung von Bedeutungen

Aus dem bisher Gesagten können wir über das subjektive Erleben von Wirklichkeit zunächst Folgendes zusammenfassen:

Wir Menschen bilden kognitive Schemata als innere subjektive Abbildungen von wahrgenommenen Personen, Objekten und Ereignissen heraus. Oder als Frage formuliert: Welche Kenntnisse, Begriffe und bildlichen Repräsentation abstrahieren wir von dem in unserer Erlebniswelt Wahrgenommenen? Aus diesen kognitiven Schemata gehen entsprechende Ansichten, Annahmen oder Überzeugungen hervor, die unsere Sichtweise auf die Welt und unsere weiteren Wahrnehmungen leiten.

Unsere Vorstellungen können sich zeitlich gesehen auf die Vergangenheit, Gegenwart oder Zukunft beziehen, werden jedoch immer in der Gegenwart, im Hier und Jetzt hervorgerufen. Im Vordergrund unserer Erlebniswelt erscheinen entweder Wahrnehmungen, geformt aus unmittelbar einwirkenden Sinnesempfindungen von Phänomenen der gegenwärtigen Welt, oder sinnesbezogene Vorstellungen über Vergangenes, Gegenwärtiges oder Zukünftiges. Diese sinnesbezogenen Vorstellungen können selbst zum Gegenstand der Wahrnehmung, z. B. in Form innerer Bilder oder innerer Dialoge werden: Wie nehme ich in diesem Moment das vergangene oder zukünftige Ereignis in mir wahr? Welches Bild oder welchen Dialog *stelle* ich mir innerlich *vor*? Wie *stelle* ich mir die Zukunft *vor*?

Die Unterscheidung zwischen Innen und Außen ist relevant, wenn wir nach den Quellen unserer Wahrnehmung fragen: Entspringen die Wahrnehmungen aus dem gegenwärtigen sinnesbezogenen In-Beziehung-Sein mit den Phänomenen im »Hier und Jetzt« oder aus inneren sinnesbezogenen Vorstellungen über Personen, Objekte oder Ereignisse der Gegenwart im »Dort und Jetzt«, der Vergangenheit im »Dort und Damals« oder der Zukunft im »Dort und Dann«? Sind wir unmittelbar in Verbindung und Berührung mit den uns gegenwärtigen Phänomenen der Umgebung oder sind wir abgeschweift in unseren *Erinnerungen* über die Vergangenheit oder in *Phantasien* über die Zukunft? Sind wir mit unserer Aufmerksamkeit hier in der gegenwärtigen Welt oder befinden wir uns dort in unserer erinnerten oder phantasierten Vorstellungswelt?

Sinnesbezogenes Wahrnehmen, kognitive Vorgänge und emotionales Erleben werden nicht als zeitlich nacheinander, sondern als unmittelbar miteinander verbunden und sich stets überlappend begriffen, wobei sich gleichzeitig ein relativ stabiles kognitives Schema als Ordnung herausbildet. Angeregt von Sinnesempfindungen wie Sehen, Hören, Fühlen, Riechen oder Schmecken formieren sich augenblicklich kognitive Schemata, die dem Wahrgenommenen *Sinn und Bedeutung* verlehen und uns in ein entsprechendes emotionales Erleben führen. Die hervorgehenden kognitiven Schemata leiten unser Erkunden, Wahrnehmen und Denken und prägen unser emotionales Erleben sowie die hiermit verbundenen körperlichen Reaktionen. Kognitive Schemata sind einerseits subjektive sinn- und bedeutungsvolle, in sich stimmige Abbildungen der erlebten Welt und bedingen andererseits als relativ stabile Ordnung unser unmittelbares, gegenwärtiges emotional-körperliches Erleben von Welt: Unsere subjektiv erlebte Wirklichkeit.

Der Psychotherapeut und Kommunikationspsychologe Paul Watzlawick (1921–2007) unterscheidet in den 1970er Jahren zwei Arten von Wirklichkeit:

Die erste Wirklichkeit bezieht sich auf die physischen und die »objektiv« feststellbaren Eigenschaften von Dingen. Diese Wirklichkeit definiert er im Sinne eines naturwissenschaftlichen Verständnisses: »Wir wollen also jene Wirklichkeitsaspekte, die sich auf den Konsensus der Wahrnehmung und vor allem auf experimentelle, wiederholbare und daher verifizierbare Nachweise beziehen, der Wirklichkeit erster Ordnung zuteilen« (Watzlawick, 1974/1992, S. 143).

Die Frage ist: Welche Bedeutung, welchen Wert haben diese Tatsachen subjektiv für den Einzelnen? Watzlawick bezeichnet die subjektive Bedeutung des Wahrgenommenen als *Wirklichkeit zweiter Ordnung*. In diesem Bereich der Wirklichkeit bestehen nicht die Kategorien von »richtig« oder »falsch« bzw. »wahr« oder »nicht wahr« (Watzlawick, 1981/1991b, S. 218 ff.).

Die Wirklichkeit zweiter Ordnung ist unsere subjektiv konstruierte sinn- und bedeutungsvolle Ordnung über das von uns Wahrgenommene, aus der unsere Sicht- und Denkweise und entsprechend unser Erleben hervorgeht: »Die Wirklichkeit zweiter Ordnung, die unsere Weltschau, Gedanken, Gefühle, Entscheidungen und Handlungen bedingt, ist das Ergebnis einer ganz bestimmten Ordnung, die wir der kaleidoskopischen, phantasmagorischen Vielfalt der Welt aufstülpen und die also nicht das Resultat der Erfassung der ›wirklichen Welt‹ ist, sondern die im eigentlichsten Sinne eine ganz bestimmte Welt konstruiert« (Watzlawick, 1985/1995, S. 94).

Zum Beispiel stellt ein Mitarbeiter während einer Besprechung viele Fragen. Das Verhalten des Mitarbeiters wird von den an der Besprechung beteiligten Personen wahrgenommen. Interessierte Wissenschaftler könnten empirisch mittels Videoanalyse genau untersuchen und quantifizieren, wie viele, wie lange und in welchen zeitlichen Abständen der Mitarbeiter Fragen stellt. Das objektiv nachprüfbare Ergebnis würde zum Bereich der Wirklichkeit erster Ordnung gehören. Die subjektive Bezeichnung, Bewertung und Erklärung des Verhaltens und dementsprechend die subjektive Bedeutung betrifft die Wirklichkeit zweiter Ordnung. Das Verhalten könnte von verschiedenen Beobachtern als »aufdringlich«, »interessiert«, »engagiert« oder als »unwissend« bezeichnet und bewertet werden. Auch die Erklärungen für das Verhalten könnten subjektiv sehr unterschiedlich sein: »Der Mitarbeiter braucht Anerkennung!« oder »Er möchte in Konkurrenz mit seinem Vorgesetzten treten!« oder bis zu absurden tiefenpsychologischen Analysen wie »Er wurde von seinem Vater nie geliebt!«

Wir verarbeiten die wahrgenommene Welt bedingt durch unsere Struktur bzw. durch unseren aktuellen Zustand, woraus sich ein relativ stabiles sinn- und bedeutungsvolles Erleben von Wirklichkeit ergibt. Zum Beispiel werden bei den an einem Gespräch Beteiligten durch die gehörten Worte unwillkürlich sinnesbezogene Vorstellungen wie innere Bilder ausgelöst, um dem Gehörten Sinn und Bedeutung zu verleihen. Diese inneren Bilder fließen und mischen sich in das Gespräch ein und färben die erlebte Wirklichkeit. Dabei sind wir uns gewöhnlich nicht über das augenblickliche Erscheinen und Verschwinden dieser Bilder im Hintergrund bewusst. Jeder, der die deutsche Sprache versteht, führt sich über das gehörte Wort »Ferien« ein eigenes Bild oder eine eigene Szene innerlich vor Augen, je nachdem, welche Erfahrungen oder Ereignisse der Hörende mit dem Gehörten unmittelbar verbindet – in diesem Moment.

Die Frage ist, was genau im Inneren des Menschen sein Erkunden, Wahrnehmen und Erleben am wirksamsten beeinflusst und aufrechterhält. Einen entscheidenden Einfluss könnte das aktuelle *emotional-körperliche Befinden* bzw. die *psycho-physische Grundstimmung* haben: Es ist ein wesentlicher Unterschied, ob wir uns verärgert, verängstigt oder verliebt fühlen, krank oder gesund sind, körperliche Beschwerden haben, uns körperlich wohl und kräftig fühlen, durstig, hungrig oder gesättigt sind. Unsere aktuelle emotional-körperliche Grundstimmung färbt die Wahrnehmung der äußeren und inneren Welt erheblich ein und in dem Sinne unsere derzeit erlebte Wirklichkeit. Aus unserer aktuellen emotional-körperlichen Grundstimmung gehen Bedürfnisse hervor, wodurch entsprechende Aspekte der Umgebung im Vordergrund unserer Wahrnehmung erscheinen (siehe Abschnitt 1.5.3).

Der Schweizer Psychiater Luc Ciompi hat die Wechselwirkungen zwischen Emotionen, Kognitionen und Verhalten ausführlich untersucht und den Begriff der »Affektlogik« eingeführt (Ciompi, 1997/2005).

Für Ciompi ist der aktuell vorherrschende Affekt[8] bzw. die aktuelle »psycho-physische Gestimmtheit« oder »psycho-physische Befindlichkeit« einer der wichtigsten Parameter, die das Wahrnehmen, Denken und Verhalten eines Menschen bestimmen. Der aktuelle emotionale und körperliche Zustand eines Menschen ist wesentlich dafür, welche Informationen überhaupt wahrgenommen werden und welche Bedeutung sie erhalten.

Der Mensch selektiert und verarbeitet Impulse der äußeren und inneren Welt je nachdem, aus welcher psycho-physischen Grundstimmung er diese wahrnimmt: »Kognitive Informationen haben immer eine affektive Einfärbung. Bestimmte Informationen können nur in bestimmten Stimmungen aufgenommen werden. Stimmungskonforme Informationen werden am leichtesten, stimmungs-differente am schwersten aufgenommen. Ob Kognitionen zur Information im wörtlichen Sinn werden (in die Fühl-, Denk- und Verhaltenssysteme des Empfängers eingebaut werden) oder nicht, hängt nicht in erster Linie von ihrem kognitiven Inhalt, sondern von ihren affektiven Konnotationen sowie den affektiv-kognitiven Strukturen des Empfängers selbst ab« (S. 301).

Dem Menschen ist es womöglich nicht bewusst, durch welche inneren Vorgänge sich sein Wahrnehmen, Denken und Erleben herausbildet. Wir können durch emotional-körperliches Befinden in unserem Denken und Verhalten beeinflusst sein, ohne dass wir dieses Befinden bewusst wahrnehmen. Zum Beispiel kann das Erleben von Stress unser Wahrnehmen, Denken und Verhalten beeinflussen und aufrechterhalten, ohne dass wir uns dessen bewusst sind.

Demnach lautet die entscheidende Frage: Aus welchem *gegenwärtigen inneren Zustand* schöpfen wir unsere Gedankenwelt? Hier erhält die Alltagsweisheit einen zweifachen Sinn: »Schlafe eine Nacht darüber, morgen sieht die Welt schon wieder anders aus!«

Nicht nur die Welt hat sich über Nacht gewandelt, sondern auch der Mensch.

Als Gegenstand systemischer Beratungsansätze gilt vornehmlich die Veränderung bzw. Anpassung problemerzeugender subjektiver Vorstellungen oder

---

8 Nach Luc Ciompi wird in der Literatur für »Gefühle«, »Emotionen«, »Stimmungen«, »Launen« oder »Gemütsbewegungen« der Begriff »Affekt« verwendet (Ciompi, 1997/2005, S. 62 ff.). Ciompi definiert Affekt als »eine von inneren oder äußeren Reizen ausgelöste, ganzheitliche psycho-physische Gestimmtheit von unterschiedlicher Qualität, Dauer und Bewusstheitsnähe« (S. 67). In der Philosophie wird Gefühl bzw. Emotion als subjektive Befindlichkeit, ein Bewegtsein der Seele in sich selbst beschrieben. Bei akuten und intensiveren Gefühlswogen wird von Affekt gesprochen, bei gleichartig andauernder Gefühlsbefindlichkeit von Stimmung (Brugger, 1976, S. 119). Im vorliegenden Buch wird der Begriff »psycho-physische Gestimmtheit« oder »psycho-physische Befindlichkeit« für den aktuell subjektiv empfundenen emotional-körperlichen Zustand eines Menschen verwendet.

Sichtweisen der Wirklichkeit. Bei alldem bleibt jedoch eine Frage nach wie vor unbeantwortet: Wie lassen sich kognitive Konstrukte aus systemischer Perspektive überhaupt verändern?

1.7 Veränderung des subjektiven Erlebens von Wirklichkeit

Seit Anfang der 1980er Jahre ist auf Grundlage konstruktivistischer Ansätze der Gegenstand systemischer Beratung die Veränderung problemerzeugender Konstrukte von Wirklichkeit. Problemerzeugend in dem Sinne, dass unsere Annahmen, Vorstellungen und Erwartungen nicht zu unseren unmittelbaren Erlebnissen und Erfahrungen passen. Unsere kognitiven Konstrukte dienen nicht mehr als passender Schlüssel für das Erschließen erwünschter Wirklichkeiten. Auch wenn das Bild des »Schlüssels« eher mechanisch und weniger organisch anmutet, könnte sich hier folgende Frage ergeben: Wie geht der Mensch mit unpassenden Schlüsseln um, die eigentlich dem Erschließen annehmbarer bzw. erwünschter Wirklichkeiten dienen sollten? Oder anders gefragt: Welche grundsätzlichen Möglichkeiten stehen uns zur Verfügung, wenn sich unsere Vorstellungen und Erwartungen nicht erfüllen und wir das als problematisch und schwierig erleben?

1.7.1 Veränderung durch Information: Unterschiede, die als Unterschiede wahrgenommen werden

Das Veränderungsverständnis systemischer Beratung wurde durch den Begriff der Information nach dem Anthropologen und Kybernetiker Gregory Bateson (1904–1980) grundlegend geprägt. Information ist zu einem Inbegriff von Veränderung geworden: Informationen werden als Interventionen verstanden, die je nach subjektiv wahrgenommenem Unterschied Veränderungen in der Konstruktion von Wirklichkeit bewirken. Wie ist dieser Zusammenhang zwischen Information, Unterschied und Veränderung zu verstehen?

Nach Bateson gelten als Information Unterschiede, die für den wahrnehmenden Organismus einen Unterschied darstellen. Die Wahrnehmung arbeitet nur mit Unterschieden, sodass jede Aufnahme von Information notwendigerweise die Aufnahme eines Unterschieds ist. Dabei ist die Wahrnehmung von Unterschieden durch Schwellen begrenzt. Unterschiede, die zu klein oder zu langsam dargestellt sind, werden nicht wahrgenommen (Bateson, 1979/1993, S. 39 f.).

Der menschliche Organismus nimmt mit seinen Sinneskanälen keine Signale wahr, die unter einem bestimmten Schwellenwert liegen. Die kleinste physikalische Differenz, die als Unterschied zwischen zwei Reizen empfunden wird, ist die sinnesspezifische Unterschiedsschwelle. Die Unterschiedsschwelle bezieht sich nicht nur auf zwei oder mehrere Reize, die gleichzeitig dargeboten werden, sondern auch auf die Veränderung eines Objektes in der Zeit, die unterhalb einer bestimmten Schwelle nicht wahrgenommen wird. Demnach reagiert der Empfänger entweder auf einen wahrnehmbaren Unterschied zwischen den Werten oder Eigenschaften zweier Teile oder auf eine Veränderung der Werte oder Eigenschaften von einem Teil zum Zeitpunkt 1 und demselben Teil zum Zeitpunkt 2. Dabei reagiert der Empfänger auf die Beziehung zwischen diesen zwei Werten oder Eigenschaften, auf den Unterschied bzw. die Veränderung (S. 118).

Folglich ist die Aufnahme von Information eine Reaktion des Organismus auf einen Unterschied zwischen mindestens zwei Werten oder Eigenschaften, die über einem bestimmten sinnesspezifischen Schwellenwert der Wahrnehmung liegt, sodass dieser Unterschied von dem wahrnehmenden Organismus erkannt wird. In dem Sinne bestehen Informationen aus ›Unterschieden, die einen Unterschied machen« (S. 123). Zum Beispiel bemerke ich im Coaching, dass die Klientin, während sie über ihre Mitarbeiterin spricht, ihre Stimme hebt, sich gleichzeitig körperlich aufrichtet und dass sich ihr Gesicht leicht rötet. Dabei spüre ich körperlich einen leichten Druck auf meiner Brust. Diese Veränderungen sind *mir* wahrnehmbare sinnesbezogene Unterschiede und in diesem Sinne *für mich* Information. Das stetige tägliche Wachsen des Körpers meines sechsjährigen Sohnes ist über meine Sinne nicht wahrnehmbar. Erst im Vergleich mit einem Foto von ihm aus dem vergangenen Jahr ist *mir* sein Wachstum plötzlich als Unterschied zwischen damals und heute ersichtlich und offensichtlich.

Dabei sind Informationen nicht eindeutig und allgemeingültig in der gegebenen Umwelt vorhanden, sondern *formen* sich erst im Inneren des Organismus aus Unterschieden in den Sinnes- oder Körperempfindungen, wie z. B. visuell, auditiv oder kinästhetisch, heraus. Impulse aus der Umwelt werden erst im lebenden System sinnesspezifisch *in Form* gebildet und in dem Sinne zur *Information*.

Nach Bateson ist die Bildung einer neuen Struktur, einer neuen Ordnung oder eines neuen Musters in den Bereichen von Kommunikation, Organisation, Denken, Lernen und Evolution ohne Information nicht möglich (S. 61).

Demnach wird eine Veränderung unserer Sichtweise von Wirklichkeit nur durch Information möglich – durch von uns gebildete und wahrgenommene Unterschiede. Grundsätzlich sind Veränderungen nur durch subjektiv wahrgenommene Unterschiede möglich. Jedes denkbare Beispiel von Veränderung subjektiver Wirklichkeitskonstruktion lässt sich auf die Bildung und Wahrnehmung von einem Unterschied zurückführen. Ein Unterschied, der aus dem Vergleich zwischen der bisherigen Sichtweise und der aktuell erlebten Wirklichkeit des wahrnehmenden Menschen erfahren wird.

Je nachdem, wie deutlich und bedeutsam diese Unterschiede von dem jeweiligen Menschen in seiner Erlebniswelt gebildet und sinnesbezogen wahrgenommen werden, können diese Unterschiede Anpassungen – oder in Anlehnung an Piaget Akkommodationen – in dem hervorgebrachten kognitiven Schema bewirken. Der Vorgang der Akkommodation und somit eine Anpassung kognitiver Schemata an sinnesbezogene Eindrücke in der Erlebniswelt wird nur durch deutliche und bedeutsame wahrgenommenen Unterschiede und in diesem Sinne durch Information ausgelöst:

Demnach wird Information als Intervention verstanden.

Wie in Abschnitt 1.4.1 beschrieben, ist aufgrund der Autonomie lebender Systeme die Wirkung äußerer Impulse im Menschen nicht voraussagbar oder vorhersehbar. Interventionen wirken stets bestimmt durch die Eigengesetzlichkeit der gegenwärtigen Struktur des Wahrnehmenden, sodass von außen die eigentliche Wirkung nicht beeinflusst oder gesteuert werden kann. Entsprechend regen zwar Interventionen in Form äußerer Impulse das Nervensystem zu Unterschieden an, diese werden jedoch von dem Wahrnehmenden bedingt durch seine gegenwärtige Struktur selbst gebildet und erkannt. Ausschließlich dasjenige durch die Struktur in dieser Form Erkannte oder in dieser Weise *In-Formierte* wirkt auf das gegenwärtige Erleben von Wirklichkeit ein.

Indessen wirken Informationen vor allem durch das *emotionale Erleben* des wahrgenommenen und erkannten Unterschiedes. Oder anders gesagt: Für die Wirkung eines äußeren Impulses ist das Ausmaß des emotionalen Erlebens beim Wahrnehmen und Erkennen eines Unterschiedes entscheidend. Oder als Frage formuliert: »*Wie erlebst du diese Information emotional? – Freudig, lustig, traurig, schmerzlich, ängstlich oder berührend?*«

1.7.2 Veränderung der Sichtweise: Lösungen zweiter Ordnung

Auch die Forschungsgruppe um Paul Watzlawick ging davon aus, dass die Art unserer Wahrnehmung durch Vorstellungen, Annahmen und Überzeugungen bzw. »Prämissen« bestimmt wird, die sich aus unseren Erfahrungen mit der Zeit herausbilden. Dabei ist es gleichgültig, ob diese Prämissen »richtig« oder »falsch« sind, solange diese für den Menschen zu einer subjektiv sinnvoll erlebten Wirklichkeit führen (Watzlawick, Beavin u. Jackson, 1967/1990, S. 243 f.).

Diese subjektiv herausgebildeten Prämissen können zu Problemen, Schwierigkeiten oder Konflikten führen, wenn die damit verbundenen Vorstellungen, Annahmen oder Überzeugungen über die Wirklichkeit als unpassend oder unvereinbar zur unmittelbar erlebten Wirklichkeit erfahren werden. Das bedeutet, unser Problemempfinden ergibt sich aus dem Widerspruch zwischen der Welt, wie wir sie einerseits aufgrund unserer Wahrnehmung unmittelbar erfahren und wie sie andererseits aufgrund unserer Prämissen für uns sein sollte. Pointiert gesagt:

Probleme werden von uns selbst als innere Antwort auf die subjektiv wahrgenommene Diskrepanz zwischen Ist- und Soll-Erleben erzeugt und aufrechterhalten.

> »Wer bei uns Hilfe sucht, leidet in irgendeiner Weise an seiner Beziehung zur Welt. Damit sei gemeint […], dass er an seinem Bilde der Welt leidet, am ungelösten Widerspruch dazwischen, wie die Dinge sind und wie sie seinem Weltbild nach sein sollten« (Watzlawick, 1981/1991b, S. 36).

Das Problemempfinden verfestigt sich vor allem dann, wenn unsere Prämissen, auf denen das Erleben der fehlenden Passung beruht, für uns wirklicher sind als die Wirklichkeit. Oder anders gesagt: Das eigentliche Problem entsteht, wenn wir durch konkrete Ereignisse einen *Unterschied* zwischen unserem kognitiven Konstrukt über die Wirklichkeit und der erlebten Wirklichkeit unmittelbar erfahren und hierbei das Konstrukt für uns »richtiger« und »wahrer« ist als das Erlebte. Gewöhnlich wird das Problem entweder der eigenen Unzugänglichkeit oder der Umwelt zugeschrieben, aber nicht bei den unpassenden Prämissen gesucht, an denen wir festhalten (Watzlawick, Weakland u. Fisch, 1976/1992, S. 69–83).

So gesehen ist das eigentliche Problem das rigide Festhalten an der subjektiven Sichtweise von Wirklichkeit, obwohl dem betreffenden Menschen widersprechende Erlebnisse *einfahren* und das kognitive Konstrukt als nicht gangbar oder zielführend in seiner Erlebniswelt erfahren wird.

Zum Beispiel klagt ein Klient während einer Coachingsitzung über seinen Chef: Der Chef sei wenig wertschätzend, nicht kooperativ und fühle sich kaum in die Situation der Mitarbeitenden ein. Durch diese Beschreibungen und Erzählweise bringt der Klient implizit seine Vorstellungen zum Ausdruck, wie sein Chef eigentlich sein sollte. Dieser wahrgenommene Unterschied zwischen dem Chef, wie der Klient ihn tagtäglich erlebt und wie der Chef eigentlich sein sollte, löst das Problemempfinden aus. Je rigider der Klient an seinen Vorstellungen festhält und erwartet, dass sich sein Chef nun endlich doch verändere und seinem Wunschbild entspreche, desto eher könnte er sich immer wieder auf ein Neues enttäuschen. Währenddessen hält der Klient an der Überzeugung fest, dass es nicht hilfreich wäre, den Chef auf sein

»Fehlverhalten« direkt anzusprechen, sondern der Chef müsste »selbst zur Einsicht gelangen« und entsprechend von sich aus sein Verhalten ändern. Aus dieser Sichtweise des Klienten besteht die einzige mögliche Lösung darin, den Kontakt und den Austausch mit dem Chef zu meiden.

Lösungen erster Ordnung sind Lösungen, die sich aus der gegebenen Sichtweise herleiten. Diese Lösungen können zu einer Verfestigung der als problematisch erlebten Situation gerade dann führen, wenn die Beteiligten ohne erwünschten Erfolg durch »mehr desselben« versuchen, die Gegebenheiten zu verändern (S. 51 ff.).

Lösung zweiter Ordnung heißt, sich von Vorstellungen, Annahmen oder Überzeugungen *zu lösen,* die dauerhaft zu Klagen oder (Selbst-)Vorwürfen und somit zu Problemerleben führen. Dieses Lösen geschieht durch das Überschreiten der bisherigen Sichtweise, wodurch überraschende und neuartige Einsichten möglich werden:

Im Grunde ist die Lösung zweiter Ordnung eine Veränderung der bisherigen Sichtweise auf das als problematisch Erlebte, wodurch sich untermittelbar über neue Einsichten das Erleben und Verhalten wandeln kann.

So verstanden würden Berater oder Coaches nicht Veränderung auf der Verhaltensebene des Klienten ersuchen, sondern eine Veränderung seiner Sichtweise ermöglichen.

In dem oben aufgeführten Beispiel könnte der Berater den Klienten fragen, welche Eigenschaften er an seinem Chef besonders wertschätzt (*Umfokussierung auf positive Aspekte der Wirklichkeit*) oder fragen, in welchen Situationen er seinen Chef mehr wertschätzend, kooperativ und empathisch erlebt hat als üblich (*Ausnahmen von der Problemsicht*). Oder: Was ihn so sicher macht, dass sein Chef nicht wertschätzend, empathisch und wenig kooperativ sei (*direktes Hinterfragen der Überzeugungen*). Durch diese Fragen bittet der Berater den Klienten, andere Aspekte der Wirklichkeit zu beschreiben und somit seine Sichtweise auf die Wirklichkeit zu verändern. Der Klient wird eingeladen, *andere Beschreibungen und Erzählweisen* über Wirklichkeit zu erproben, wodurch sich seine Sichtweise und die damit verbundene Erlebensweise von Wirklichkeit entsprechend anpassen könnten.

Auch über die sogenannte und durchaus bekannte »*Wunderfrage*« nach Steve de Shazer (1992) könnte sich die Klientin in eine für sie ideale Wirklichkeit begeben und hineinerzählen: »Angenommen, es wäre Nacht und Sie legen sich schlafen. Während Sie schlafen, geschieht ein Wunder und das Problem, das Sie schon seit längerer Zeit belastet, ist gelöst. Da Sie geschlafen haben, wissen Sie nicht, dass dieses Wunder geschehen ist. Was wird Ihrer Meinung nach morgen früh das erste kleine Anzeichen sein, das Sie darauf hinweist, dass sich etwas verändert hat?«

Die Wunderfrage verhilft der Klientin, sich ein möglichst *klares Bild* von ihrer erwünschten Wirklichkeit vor Augen zu führen und erlebbar werden zu lassen. Durch weitere Fragen kann diese *Idealvorstellung* präzisiert werden: »Was genau wäre anders? Wie würden Sie sich anders verhalten? Was würden Sie tun, wenn Sie sich von dem beklagten Zustand befreit fühlen? Welche Gedanken/ Gefühle sind dann anders? Wer in Ihrer Umwelt würde bemerken, dass dieses Wunder geschehen ist? Wann war es in letzter Zeit schon einmal so ein bisschen wie nach dem Wunder? Was könnten Sie jetzt tun, um ein Stück dieses Wunders schon jetzt passieren zu lassen?«

Nach der systemischen Beraterin und Strukturaufstellerin Insa Sparrer heißt Lösung, dass sich etwas löst. Lösung ist demnach eher die *Auflösung von Problemen* und der Beginn von etwas Neuem. Sie führt verschiedene Aspekte auf, wie sich das *Lösungserleben* zeigen kann (Sparrer, 2017, S. 17–20). Hier gelten als Anzeichen von Lösung:

- Innere Blockaden lösen sich und etwas kommt ins Fließen. Häufig beginnt hier die Klientin, durchzuatmen und sich körperlich aufzurichten.
- Die Lösung kann von starken Emotionen wie Trauer oder Erschöpfung begleitet sein.
- Die Blickrichtung wendet sich vom Problem ab und wechselt in die Richtung einer Lösung. Dabei stellt die Lösung die Erfahrung einer Umkehr dar und ist daher etwas prinzipiell anderes.
- Im Problemzustand hängen wir am Einzelnen fest und sind in der Vielfalt gefangen. Im Lösungszustand staunen wir über die Fülle der Welt. Damit verbunden wechselt die Klientin ihre Sichtweise über die bisherige Situation. Sie nimmt ihre Welt als eine andere wahr, wodurch das ehemals Problematische neu erlebbar wird.
- Die Veränderung vollzieht sich in der Person und nicht in der Welt. Die Lösung zeigt sich in einem neuen Erleben der Welt. Die Tatsachen treten in der Lösung auf andere Weise in Beziehung und verändern somit ihre Bedeutung.
- Die Wahlmöglichkeiten für die Klientin erhöhen sich. In der Lösung wird der Möglichkeitsraum noch nicht gelebter Möglichkeiten eröffnet.
- Die Lösung erfordert ein Hinter-sich-Lassen bisheriger Konzepte. Die Klientin überschreitet Grenzen im Denken.
- Die Veränderung kann sich plötzlich oder allmählich vollziehen.

Lösungen erster Ordnung werden dann zum Problem, wenn eine Lösung zweiter Ordnung notwendig ist: Eine Veränderung der bisherigen Sichtweise. »Oder anders ausgedrückt: das zu lösende Problem ist die Überzeugung, dass die Dinge so und so sein *sollten,* und nicht der tatsächliche Sachverhalt. Ohne die utopische Prämisse wäre die Aktualität der betreffenden Lebenssituation vielleicht durchaus erträglich. Was in dieser Form der Problembildung also vorliegt, ist eine Fehllösung: eine Veränderung erster Ordnung wird versucht, wo nur eine solche zweiter Ordnung zum Erfolg führen kann« (Watzlawick, Weakland u. Fisch, 1974/1992, S. 83).

1.7.3 Veränderung durch Umdeuten und Umfokussieren

> »Ich habe angefangen,
> ein bisschen vergnügt zu sein,
> da man mir sagte,
> das sei gut für die Gesundheit.«
> (Voltaire, Brief an Abbé Trublet, 27. April 1761)

Die subjektive Bedeutung von Personen, Objekten oder Ereignissen geht aus den vermeintlichen Kenntnissen, Begriffen und bildlichen Repräsentationen hervor, die wir im Laufe unserer Geschichte aus Erfahrungen oder Erlebnissen über diese gebildet haben. Oder anders gesagt: Die Bedeutung und damit verbunden das subjektive Erleben wird von dem kognitiven Schema bestimmt, das wir unmittelbar mit dem Wahrgenommenen verbinden. Über Beschreibungen mittels der uns gegenwärtig zur Verfügung stehenden Worte oder Begriffe erfassen und verfestigen wir diese Bedeutung sprachlich. Diese kognitive Verknüpfung geschieht in der Regel nicht bewusst und wird gewöhnlich für den Wahrnehmenden als einzige Möglichkeit der Betrachtung und Beschreibung gesehen. Indessen besteht immer die Möglichkeit, das Wahrnehmbare auf eine andere Weise zu beschreiben, wodurch andere Aspekte von Wirklichkeit hervorgehoben und sichtbarer werden. Entsprechend wird das Gemeinte mit anderen Bedeutungen *versehen.* Die Welt ist nicht eindeutig, sondern vieldeutig. Das von uns Erlebte lässt sich auf vielfältige Weise erzählen.

Durch das Anbieten anderer Begriffe oder Beschreibungen für das als problematisch empfundene Verhalten oder Ereignis beabsichtigen wir, dem Klienten eine neue Sichtweise und damit verbunden ein positiveres Erleben der Situation zu ermöglichen. Über andere Beschreibungen oder Erzählweisen werden bisher nicht oder zu wenig erkannte positive Aspekte beleuchtet, wodurch das Gemeinte als weniger problematisch und somit annehmbarer empfunden werden könnte.

Durch eine neue Sichtweise auf das Problematische, Störende oder Beklagenswerte eröffnen sich andere sinnvolle Bedeutungen, wodurch sich das Erleben plötzlich und erheblich wandeln kann. Je nach Bedeutung könnte die Wirklichkeit augenblicklich annehmbarer oder »gangbarer« erscheinen. Insofern beeinflusst allein schon eine Veränderung der Sichtweise auf das Gemeinte das subjektive Erleben und kann bereits in dieser Wirkung an und für sich als Lösung aufgefasst werden. Wie lässt sich dieser Vorgang der Umdeutung weiterführend beschreiben?

Nach Watzlawick, Weakland und Fisch (1976/1992, S. 116–134) beinhaltet die Umdeutung einen Wechsel des begrifflichen und gefühlsmäßigen Rahmens, in dem die Klientin ihre Sachlage erlebt und beurteilt. Der veränderte Rahmen stellt ein neues Deutungsmuster dar, mit dessen Hilfe die Klientin die gemeinte Situation anders und problemfreier erfassen kann. Umdeutung ist demnach eine Veränderung der subjektiven Sichtweise, wodurch den konkreten Gegebenheiten eine andere Bedeutung zugewiesen wird. Die Sachlage der Situation bleibt unverändert:

Durch Umdeutung wird das als problematisch empfundene Verhalten oder Geschehen in einen anderen Deutungsrahmen gestellt.

Dabei liegt die Bedeutung, die einem Objekt zugeschrieben wird, auf einer höheren logischen Stufe als das Objekt selbst. Die Bedeutung ist *meta* zum Objekt, weil sie die subjektive Beziehung zum Objekt und somit die Erfahrung leitet. Sie stellt eine *subjektive Wirklichkeit über Wirklichkeit* dar und wird dementsprechend als »Metawirklichkeit« bezeichnet (S. 119 f.).

Eine veränderte Sichtweise auf das Gemeinte bewirkt einen Wechsel des Deutungsrahmens und somit einen Wandel auf der Ebene der Metawirklichkeit, ohne den konkreten Sachverhalt – die Wirklichkeit erster Ordnung – zu verändern (siehe Abbildung 2). Diese Metawirklichkeit wird auch als Wirklichkeit zweiter Ordnung bezeichnet (siehe Unterkapitel 1.6).

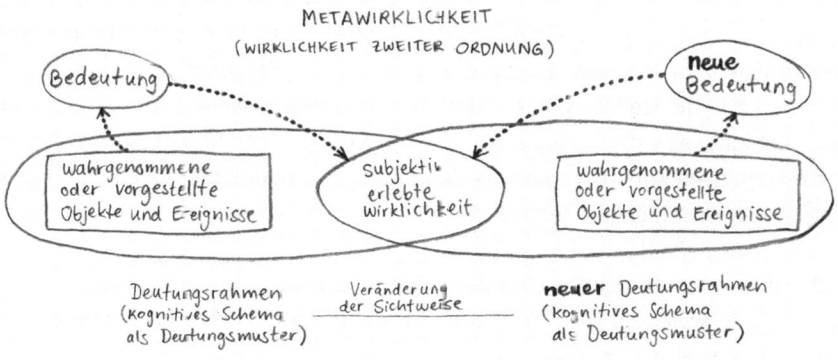

Abbildung 2: Vorgang der Umdeutung

Nach Watzlawick wird unser Erleben von Wirklichkeit dadurch bestimmt, dass wir wahrgenommenen Objekten Klassen zuordnen. Diese Klassen sind *kognitive Strukturen,* deren Formulierung nicht nur auf den physischen Eigenschaften ihrer Elemente beruht, sondern besonders auf dem Sinn und Wert, der ihnen subjektiv zugeschrieben wird: »Da die Klassen nämlich nicht greifbare Objekte, sondern Begriffe und daher Konstruktionen unseres Denkens sind, ist die Zuteilung eines bestimmten Objekts zu einer bestimmten Klasse weitgehend das Ergebnis von Entscheidungen und Umständen, keineswegs aber eine endgültige, unverrückbare Wahrheit« (Watzlawick, 1976/1992, S. 121).

Die Zuordnung eines Objektes zu einer bestimmten Klasse ist eine subjektive Leistung, die keinen Anspruch auf wirkliche Abbildung der Realität hat. Die Zugehörigkeit eines Objektes zu einer bestimmten Klasse bewirkt seine Bedeutung. Demnach würde ein Wechsel der Klasse dem Objekt eine andere subjektive Bedeutung zuweisen. Das Objekt erhält für den Betreffenden einen neuen Sinn und Wert, ohne dass das wahrgenommene oder vorgestellte Objekt sich merklich verändert: »In seiner abstraktesten Definition ist Umdeuten also ganz allgemein das Hervorheben einer anderen, ebenso gültigen Klassenzugehörigkeit eines Objekts anstelle der bisher in Betracht gezogenen und im besonderen daher die Einführung einer solchen Klassenzugehörigkeit in die Wirklichkeitswahrnehmung aller Beteiligten« (S. 122):

Durch das Hervorheben eines anderen Aspekts erhält dasselbe Verhalten, Objekt oder Ereignis eine andere kognitive Zuordnung und dementsprechend eine andere Bedeutung.

Zum Beispiel sucht ein Mitarbeiter im Vergleich zu anderen Mitarbeitenden sehr häufig das Gespräch mit seinem Vorgesetzten. Der Vorgesetzte kann potenziell diesen von ihm wahrgenommenen Sachverhalt verschiedenartigen Begriffen im Rahmen seiner Deutungsmuster und sprachlichen Möglichkeiten zuordnen wie »unselbstständig« oder »neugierig« oder »interessiert«. Oder eine Mitarbeiterin äußert sich während einer Besprechung nicht. Der Vorgesetzte könnte dieses Verhalten z. B. als »teilnahmslos« oder als »zuhörend« bewerten. Je nachdem aus welcher Sichtweise der Vorgesetzte den Sachverhalt einsieht und deutet, erzeugt er ein kognitives Konstrukt, das die Bedeutung und dementsprechend seine subjektiv erlebte Wirklichkeit bestimmt.

Richard Bandler und John Grinder (1985) widmen der Umdeutung ein eigenes Buch, in welchem sie verschiedene Facetten und Verfahren detailliert darlegen. Hier meint Umdeuten bzw. »Reframing« allgemein das Hervorrufen einer anderen Reaktion auf ein als problematisch empfundenes Ereignis oder

Verhalten – entweder durch das Darbieten einer anderen Beschreibung *(Bedeutungsreframing)* oder durch das Wechseln des Kontextes, in dem das Gemeinte erlebt wird *(Kontextreframing)*.

Wie schon erläutert, könnte sich durch eine andere Beschreibung die Bedeutung von demselben Verhalten oder Ereignis plötzlich wandeln. Zum Beispiel fühlt sich eine Mitarbeiterin während der Erarbeitung der Projektdokumentation durch die vielen Anrufe der Kunden ziemlich gestört. Sie könnte dieselben Ereignisse auch anders beschreiben: »Ich werde gebraucht!« »Ich bin wichtig!« Oder: »Ich kann helfen!«

Bei dieser Art der Umdeutung hebt die Beraterin Aspekte hervor, die demselben Verhalten oder Ereignis eine positive Bedeutung zuschreiben und folglich eher ein erwünschtes Erleben bei der Klientin bewirken: »Für einen Bedeutungsreframe fragen Sie sich: ›Gibt es einen größeren oder anderen Rahmen, in dem dieses Verhalten einen positiven Wert hätte?‹ Welcher andere Aspekt dieser gleichen Situation könnte einen anderen Bedeutungsrahmen liefern, der der betreffenden Person verborgen ist?‹ oder einfach: ›Wie sonst könnte ich genau die gleiche Situation beschreiben?‹« (S. 28).

Ein Kontextreframing könnte dann hilfreich sein, wenn der Klient ein Verhalten oder eine Eigenschaft als problematisch erlebt, ohne zu benennen, in welchem Zusammenhang dieses Merkmal seine Ablehnung erfährt. Zum Beispiel bei allgemeinen Zuschreibungen oder Verallgemeinerungen wie: »Mein Chef ist immer so energisch!« Oder: »Mein Mitarbeiter ist zu detailbesessen!« Ein Verhalten oder eine Eigenschaft wird seitens des Klienten als negativ beschrieben, wobei ihm ein Kontext, in dem dieses Merkmal wertvoll oder nützlich wäre, derzeit nicht zugänglich zu sein scheint. Der Berater könnte hier dem Klienten einen Kontext oder Zusammenhang aufzeigen, wo dieses spezielle Merkmal eine positive Bewertung erfährt. Zum Beispiel könnte der Berater dem Klienten antworten: »Ja, ›energisch‹ könnte sehr wertvoll sein, wenn Ihr Chef sich für das Wohl seiner Mitarbeitenden einsetzen müsste.« Oder: »Ja, gerade diese Genauigkeit ist bei der Budgetierung oder bei der Erstellung einer Kundenbroschüre so wichtig.«

»Um ein Kontextreframing zu finden, fragen Sie sich: ›In welchem Kontext hätte dieses spezielle Verhalten, über das der Klient sich beklagt, einen Wert?‹ Suchen Sie verschiedene Kontexte, bis Sie denjenigen ausgemacht haben, der die Bewertung des Verhaltens verändert« (Bandler u. Grinder, 1985, S. 28).

Beim Wechseln des Kontextes schauen wir, in welcher anderen Situation oder in welchem anderen Zusammenhang das beklagenswerte Verhalten oder

Ereignis einen positiven Wert hat. In einem weiteren Beispiel, diesmal aus der Familienberatung, klagt der Vater über die »Sturheit« seiner Tochter, worauf die Beraterin – in diesem Fall Virginia Satir – Folgendes zu ihm sagt: »Diese Fähigkeit, die Sie Ihr mitgegeben haben, kann man nicht kaufen, und vielleicht kann sie ihr das Leben retten. Stellen Sie sich vor, wie wertvoll diese Fähigkeit sein wird, wenn Ihre Tochter zu einer Verabredung mit einem Mann geht, der schlechte Absichten hat« (Satir, zit. nach Bandler u. Grinder, 1985, S. 21).

Bei Umdeutungen bleibt das gemeinte Verhalten oder Ereignis an sich unverändert. Die neue Sichtweise ist eine andere Möglichkeit, den Sachverhalt zu bewerten, die weder »wahr« noch »falsch« ist, sondern eine denkbare Konstruktion von Wirklichkeit darstellt, auf die der Betreffende eher positiv reagiert: »Eigentlich sagt das Reframing dies: ›Sehen Sie, diese äußere Sache ereignet sich und ruft diese Reaktion in Ihnen hervor, so dass Sie annehmen, die Bedeutung zu kennen. Aber wenn Sie in dieser Weise anders darüber nachdenken würden, dann würden Sie auch anders reagieren‹. Durch die Fähigkeit, über Dinge auf ganz unterschiedliche Weise nachzudenken, baut man ein ganzes Spektrum von Einsichten auf. Aber keine ist ›wirklich‹ wahr. Es sind nur Aussagen über die Verständnisweise eines Menschen« (S. 59).

An dieser Stelle scheint folgender Hinweis noch wichtig zu sein: Eine Umdeutung wirkt in erwünschter und entwicklungsfördernder Weise nur auf der Basis einer wertschätzenden, wohlwollenden und achtsamen Beziehung zwischen Beraterin und Klientin – vor dem Hintergrund der Überzeugung, dass wir die Wirklichkeit auf verschiedene Weisen betrachten und sichten können und diese jeweiligen Sichtweisen zu unterschiedlichem Erleben führen. Weder die eine noch die andere Sichtweise ist richtig oder falsch, wahr oder unwahr. Hierbei sollte das empfundene Leid der Klientin nicht ins Lächerliche gezogen oder verniedlicht, weggeredet oder gar überredet, sondern gewürdigt und ernst genommen werden. Und schließlich entscheidet die Klientin, welche Bedeutung für sie annehmbarer und lebbarer erscheint – immer mit einer guten Absicht im Sinne der Selbstregulation des Organismus (hierzu auch v. Schlippe u. Schweitzer, 2013, S. 316).

2 Prinzipien gestaltorientierter Beratung

> »Die wichtigste Stunde ist immer die Gegenwart,
> der bedeutendste Mensch immer der,
> der dir gerade gegenübersteht,
> und das notwendigste Werk immer die Liebe.«
> (Meister Eckhart)

2.1 Einführung

Die Gestalttherapie wurde in den 1950er Jahren bis Ende der 1960er Jahre von Fritz und Laura Perls sowie von Paul Goodman in den wesentlichen Grundzügen in Abgrenzung und Kritik zur psychoanalytischen Tradition entwickelt. Einflussreiche Quellen der Gestalttherapie waren zur damaligen Zeit vor allem die Gestaltpsychologie, die Feldtheorie und die Phänomenologie. Später, in den 1980er Jahren, wurde der Einfluss des Existenzialphilosophen Martin Buber sichtbarer herausgestellt.

Die Ziele gestalttherapeutischer Arbeit beschreibt Stella Resnick, eine ehemalige Schülerin von Fritz Perls, mit den Aspekten »*Seiner selbst bewusst zu sein*« und »*Selbstverantwortung*«: »Gestalttherapie hat zwei Hauptziele: Sie will dem einzelnen helfen, a) seiner selbst bewusster und b) selbstverantwortlicher zu werden. ›Seiner selbst bewusst zu sein‹, heißt, sich selbst zu kennen, in Harmonie mit dem zu sein, was jeden Augenblick im Inneren passiert. Durch eine solche ›Selbst-Bewusstheit‹ ist der einzelne in der Lage, sich seiner natürlichen, gesunden Anlagen bewusst zu werden. Er kann seine Bedürfnisse und Wünsche besser voneinander unterscheiden, besser unterscheiden, wodurch er sich froh und wodurch er sich niedergeschlagen fühlt. Er wird erkennen, welche überkommenen Haltungen und Gewohnheiten nicht mehr zu ihm passen, und wo er etwas hinzulernen muss. ›Selbstverantwortung‹ heißt, zu erkennen, dass man selbst die Wahl hat, dies oder das zu tun, so oder so zu sein. Wenn der einzelne diese Verantwortung für sein Leben übernimmt, vergrößert er seine Möglichkeiten. Er lernt, Entscheidungen zu treffen, die seinen Handlungsspielraum erweitern und nicht verengen. Andere Leute, eine Lebenssituation, das Schicksal für das verantwortlich zu machen, was einem widerfährt, heißt, die Verantwortung für sein Leben abzugeben. Der therapeutische Prozess in der Gestalt-Therapie aber bedeutet, dass der einzelne seine eigenen Fähigkeiten entwickelt und nicht andere manipuliert, damit das eigene Wohlergehen erreicht oder gesichert wird« (Resnick, 1975, S. 68; zit. nach Stevens, 1971/1996, S. 5 f.).

Grundlegend für gestaltorientierte Beratung ist die *Entwicklung der Persönlichkeit* im Hinblick auf die *Einzigartigkeit des Individuums* und die *Entfaltung seiner Potenziale.*

Schon in der Antike gingen Philosophen davon aus, dass jeder Mensch als einmaliges, unverwechselbares Individuum geboren wird. Jedes Individuum trägt in sich unermessliche Potenziale, die auf Entfaltung hin angelegt sind. In diesem Zusammenhang bedeutet Potenzial die realistische Möglichkeit, die auf Verwirklichung hin ausgerichtet ist. Wie an verschiedenen Stellen in diesem Buch erwähnt, spricht der griechische Philosoph Aristoteles von einer *Entelechie,* einer im individuellen Menschsein verwurzelten Strebekraft, die auf das Erreichen der »Glückseligkeit« gerichtet ist. Die individuelle Persönlichkeit zu entwickeln, bedeutet, die individuellen Potenziale, die individuellen Anlagen zu entfalten. Dieser Prozess ist ein lebenslanger. Der Prozess der Entfaltung der individuellen Persönlichkeit ist ein umfassender, ganzheitlicher Lernprozess. Seine Persönlichkeit zu entfalten, bedeutet, seine Ich-Identität im schwebenden Gleichgewicht aufzubauen. Das heißt, immer mehr »Ich-Selbst« zu sein, mit sich selbst übereinstimmen (Hülshoff, 2010).

Bis heute wird gestaltorientierte Beratung durch diese Grundlagen sowie Grundhaltung und -ausrichtung getragen und lässt sich nur vor diesem Hintergrund umfassend und tiefgreifend nachvollziehen. Daher ist es wesentlich, einen Blick auf die theoretischen Wurzeln der Gestalttherapie zu werfen und ausgehend davon, deren Einflüsse auf die heutige Beratungspraxis aufzuzeigen.

Eine einheitliche gestaltorientierte Beratungspraxis existiert nicht. Die Praxis ist immer vermittelt und daher verkörpert durch die ausübende Person mit ihrer Geschichte, Erfahrung, Ausbildung und Entwicklung. Es ist immer nur möglich, eine besondere und nicht die allgemeine Praxis darzulegen. Im Folgenden werde ich grundlegende Prinzipien gestaltorientierter Praxis erläutern, nach denen nur selten ausschließlich praktiziert wird. Je nach Hintergrund der Beraterin werden diese Prinzipien durch weitere Ansätze angereichert. Der kundige Leser wird jedoch die offensichtlichen Parallelen zu aktuellen Strömungen, wie konstruktivistischer Erkenntnistheorie und systemtheoretischen Ansätzen, leicht erkennen.

2.2 Gestaltorientierung: Die Selbstregulation des Menschen achten und stärken

>»Gestalt! Wie kann ich klarmachen, dass es sich dabei nicht
>auch bloß um ein weiteres, von Menschen ersonnenes Konzept
>handelt? Wie kann ich verdeutlichen, dass Gestalt – nicht nur
>in der Psychologie – etwas der Natur innewohnendes ist?«
>(Perls, 1969/1981, S. 64)

In der gestaltorientierten Beratung geht man davon aus, dass Situationen in unserem Leben, die nicht abgeschlossen und gleichzeitig sehr bedeutsam sind, uns innerlich vereinnahmen, Energie binden und somit den selbstregulierenden Fluss der Bildung neuer relevanter Figuren blockieren. Zum Beispiel ein ungelöster Konflikt mit einem Kollegen, die fehlende Wertschätzung des Vorgesetzten, die Nichtbeachtung bei einer Beförderung oder das abschätzige Verhalten einer Kundin. Häufig sind wir dann auf das Ereignis fixiert, fühlen uns unzufrieden, frustriert, gekränkt, bedrückt oder verärgert. Wir können uns weniger auf das Gegenwärtige konzentrieren, wirken nervös, weil wir innerlich mit der unvollendeten Situation beschäftigt und belastet sind: »Ich hatte eine sehr wichtige Vertragsverhandlung mit einem Kunden. Währenddessen tauchte immer wieder die belastende Szene mit meiner Frau in mir auf.« Oder: »Ich war in den Ferien mit meiner Familie, wollte mich endlich entspannen und mir Zeit für uns nehmen. Doch mir gingen immer wieder diese Worte meines Chefs durch den Kopf.« Auch Ereignisse, die schon längere Zeit zurückliegen, können belastend wirken und Energie binden: »Ich habe letztes Jahr im Zuge einer Reorganisation unerwartet meine Führungsfunktion verloren. Bis heute ist diese Wunde nicht verheilt.«

Diese offenen Situationen geben den Vordergrund unserer Wahrnehmung nicht frei und bleiben eine beständige Quelle, die unsere Aufmerksamkeit bindet, erhöhte Erregung oder Stress bewirken, weil die Gestalt nicht geschlossen ist, weil die Situation nicht abgeschlossen ist, weil die »Wunde nicht verheilen will« (Perls, 1969/1981 S. 69).

Zum Beispiel Verluste, Kränkungen oder Sehnsüchte drängen sich über Erinnerungen oder Vorstellungen in Form innerer Bilder oder innerer Dialoge aus dem Hintergrund immer wieder in den Vordergrund unserer Wahrnehmung, binden Energie und können unser Erleben im Hier und Jetzt erheblich einfärben und eintrüben. Fixe Erinnerungs- oder Vorstellungsbilder oder unaufhörliche innere Dialoge hindern uns, dem Gegenwärtigen frei, spontan und kraftvoll zu begegnen. Wir fühlen uns ermüdet, kraftlos, gereizt oder mutlos und empfinden weniger Lebensfreude oder Elan.

Dabei ist *Wiederholungszwang* der wiederholte Versuch, mit einer schwierigen Situation fertigzuwerden. Die Wiederholungen sollen dazu dienen, eine Gestalt zu schließen und auf diese Weise Energien für Wachstum und Entwicklung freizusetzen. »Die unerledigten Situationen blockieren das Getriebe; es sind Barrieren auf dem Weg der Reifung« (S. 69). »Jede Erfahrung bleibt unvollständig, bis man mit ihr fertig ist. Die meisten Menschen verfügen über eine große Belastbarkeit hinsichtlich unerledigter Situationen. [...] Obwohl man eine beachtliche Menge unerledigter Erfahrung vertragen kann, so suchen doch diese unvollständigen Entwicklungen ihre Vervollständigung; und wenn sie stark genug werden, wird der Betreffende von Zerstreutheit, zwanghaftem Verhalten, übermäßiger Vorsicht, bedrückender Energie und einer sinnlosen Geschäftigkeit befallen« (Polster u. Polster, 1983, S. 46).

In der gestaltorientierten Beratung betrachte ich mit der Klientin diese unerledigten und ungelösten Situationen, diese »offenen Gestalten«, und lade sie experimentell dazu ein, diese »zum Guten« zu lösen bzw. zu schließen.

Zum Beispiel könnte die Klientin in der Beratung einen Dialog mit einer »schwierigen« Mitarbeiterin in Szene bringen, in dem sie nacheinander beide Perspektiven einnimmt und aus der jeweiligen Anschauung das äußert, was bisher unausgesprochen zwischen beiden vorliegt. Oder wir könnten den »abschätzigen« Chef auf einen »Leeren Stuhl« im Raum platzieren und ihn uns dort imaginativ im Hier und Jetzt vorstellen. Wir könnten die Klientin fragen: »Welche Position des Stuhls hier im Raum würde am ehesten der erlebten Beziehung zu deinem Chef entsprechen? Wie sitzt dein Chef dort? Mit welcher Körperhaltung? Mit welcher Gestik? Was empfindest du ihm gegenüber? Was fühlst du? Was spürst du im Körper – jetzt in Beziehung zu ihm? Was möchtest du ihm sagen? Was würde er antworten? Was fühlst du jetzt?«

Durch das Schließen von belastenden offenen Situationen erfährt die Klientin die Gegenwart wieder vollständiger, empfindet sich befreiter, lebendiger und wendet sich den aktuellen Erfordernissen und Aufgaben sowie den vorhandenen Möglichkeiten ihrer Umgebung wieder zu. Dabei strebt der Organismus selbstregulierend eine Ordnung und das Schließen »offener Gestalten« an (siehe Abschnitt 1.5.3).

Der Organismus kennt keine Entscheidungen, er funktioniert immer auf der Grundlage von *Präferenzen und Prägnanz* im Sinne von Klarheit, Deutlichkeit und Eindeutigkeit von aktuell Erwünschtem, Ersehntem, Notwendigem oder Existenziellem, von dem, was aktuell von Interesse ist: unser gegenwärtig dringlichstes *Bedürfnis*. Und: Der Organismus hat immer recht. »Wenn wir dieses Prinzip in Begriffen der Gestaltpsychologie darlegen, können wir sagen, dass das vorherrschende Bedürfnis eines Organismus jederzeit ›Figur‹ ist und dass die anderen, zumindest zeitweilig, in den Hintergrund rücken. Die ›Figur‹ bildet das Bedürfnis, das am heftigsten auf Befriedigung drängt, ob es nun [...] das Bedürfnis der Lebenserhaltung direkt oder ob es weniger lebensnotwendige Bereiche – physiologischer oder psychologischer Art – berührt« (Perls, 1976, S. 26).

Menschen besitzen die natürliche Fähigkeit, sich durch *Selbstregulation* der jeweiligen Umgebung kreativ anzupassen. Bei erfolgreicher kreativer Anpassung sind wir uns unserer Bedürfnisse und der äußeren Anforderungen gewahr, erkennen die eigenen Fähigkeiten und Ressourcen sowie die Potenziale und Möglichkeiten der gegebenen Situation und nutzen diese, um ein Gleichgewicht zwischen Innen- und Außenwelt zu finden.

Gestaltorientierte Beratung vertraut auf die Selbstregulation der Klienten und versucht, diese zu stärken. Voraussetzung dafür ist die ganzheitliche Wahrnehmung der inneren und äußeren Wirklichkeit: »Organismische Selbstregulation erfordert die Fähigkeit, die äußere Wirklichkeit mit ihren Erfordernissen ebenso wie die inneren Erfordernisse, Gefühle und Überzeugungen zu erspüren und ganzheitlich wahrzunehmen, was zu der eigenen Person in der jeweiligen Umgebung passt. Damit etwas ›passt‹, ist eine Verbindung zwischen dem wahren inneren Selbst und den äußeren Dingen in dem Individuum/Umwelt-Feld erforderlich. Die gestalttherapeutische Arbeit zielt auf eine integrierte Regulation auf der Basis einer dialektischen Synthese widerstreitender Anforderungen [...] und diese Synthese wird organismische Selbst-Regulation genannt« (Yontef, 1999, S. 32).

Häufig beschreiben Klienten im Coaching, dass sie sich innerlich getrieben fühlen, ohne dafür eine äußere Notwendigkeit zu erkennen: »Ich versuche immer alles perfekt zu machen und sitze dafür bis spät abends im Büro. Selbst mein Chef sagt schon, dass ich nicht so hohe Ansprüche an mich stellen müsste. Das ist aber leichter gesagt als getan.« Oder: »Ich bin immer so freundlich und zuvorkommend zu anderen Menschen und achte dabei nicht auf meine eigenen Bedürfnisse. Oft fühle ich mich im Nachhinein übergangen, und dann ärgere ich mich über mich selbst!«

Nicht selten treiben wir uns durch innere Sätze an, wie z. B.: »Sei stark!«, »Streng dich an!«, »Sei perfekt!«, »Beeil dich!«, »Mach es mir recht!« oder »Sei vorsichtig!« (Goulding u. Goulding, 1981, S. 56 ff.). Diese *Antreiber* sind häufig gut gemeinte Botschaften, die wir in unserer frühen Sozialisation von unseren Bezugspersonen ohne Erwägen übernommen haben, um reale oder phantasierte Anforderungen bewältigen zu können. Sicher erfüllen diese Botschaften in bestimmten Situationen ihren Zweck, und wir werden durch erwünschte Wirkungen auch immer wieder bestätigt. Unsere Selbstregulation ist dann gestört, wenn diese Antreiber generell als Figur im Vordergrund unser Denken, Fühlen und Handeln bestimmen und dabei wesentliche Bedürfnisse in dessen Schatten nicht mehr spürbar sind und vorhandenes Potenzial sich nicht entfalten kann. Die inneren Sätze sind dann restriktiv und einschränkend und verhindern dadurch Flexibilität und persönliches Wachstum: »Die Kluft zwischen den potentiellen Fähigkeiten und ihrer Verwirklichung einerseits und der Verzerrung dieser Authentizität andererseits wird hier deutlich. Das Ungeheuer ›Man sollte‹ hebt sein hässliches Haupt. Wir ›sollten‹ viele Züge und Quellen unserer Ursprünglichkeit eliminieren, verleugnen, unterdrücken, negieren, und dafür Rollen annehmen, vortäuschen, entwickeln, spielen, die von unserem Elan vital nicht getragen sind und zu verschiedenen unechten Verhaltensweisen führen. Anstelle von Ganzheit einer realen Person finden wir Zersplitterung, die Konflikte und die nicht gefühlte Verzweiflung der Papier-Menschen« (Perls, 1969/1981, S. 9).

In diesen Fällen könnte es hilfreich sein, die Biografie der Klientin zu betrachten, um zu schauen, durch welche Ereignisse in ihrer persönlichen Geschichte sich diese Antreiber verinnerlicht haben. Anschließend könnte die Klientin sich neue Denk-, Fühl- und Verhaltensmuster erlauben und diese für ihr heutiges Leben verankern. Dieses Verfahren wird von Mary und Bob Goulding in ihrem Buch »Neuentscheidung« ausführlich beschrieben (Goulding u. Goulding, 1981).

Unsere Selbstregulation kann auch dann gestört sein, wenn verschiedene Bedürfnisse parallel als Figur in unserem Bewusstsein gleichrangig auftauchen und diese *Polaritäten* auf den ersten Blick nicht vereinbar zu sein scheinen. Zum Beispiel: »Ich würde so gern heute Nachmittag mit meiner Familie ins Freibad gehen, jedoch muss ich noch den Bericht bis morgen fertigstellen!« Oder: »Ich würde mich ja selbstständig machen und meine eigene Praxis gründen, wenn ich nicht dieses Bedürfnis nach Sicherheit hätte!« Oder: »Ich will mich eigentlich von meinem Mann trennen, aber ich habe so eine verdammte Angst vor dem Alleinsein!« Wir haben das Gefühl, weder dem einen noch dem anderen entsprechen zu können. Wir fühlen uns dann häufig hin und her gerissen, energielos, müde oder konfus und in der Folge handlungsunfähig, die Situation zu lösen: »Das Figur/Grund-Prinzip diktiert, dass immer nur ein Ereignis im Vordergrund stehen kann und die Situation bestimmt. Andernfalls gibt es einen Konflikt und Konfusion. […] Wenn mehr als eine Gestalt in den Vordergrund tritt, kann eine Spaltung oder Dichotomie, ein innerer Konflikt entstehen, der die Energie schwächt, die nötig ist, um die unvollendete Situation zu schließen« (S. 91).

In diesen Fällen lade ich den Klienten ein, die jeweiligen parallel wahrnehmbaren Bedürfnisse zu separieren und diese sequenziell als Gestalt ganzheitlich bewusster und erlebbarer werden zu lassen: »Für mich klingt das so, als ob du zwei Seelen in deiner Brust hättest, die gleichzeitig auf dich einwirken und noch nicht miteinander vereinbar zu sein scheinen. Einerseits das Bedürfnis, mehr Zeit für deine Familie zu haben, und andererseits das Bedürfnis, eine führende Rolle in diesem Projekt zu übernehmen. Ich würde gern mit dir diese beiden Seiten nacheinander betrachten. Bist du damit einverstanden?«

Folgende Fragen können dabei hilfreich sein, um beide Seiten herauszuarbeiten und für einen Moment als Gestalt im Vordergrund voll erscheinen zu lassen:

- »Durch welche Körperhaltung, Gestik, Mimik wird diese Seite am ehesten zum Ausdruck gebracht?
- Wie ist die Atmung?
- Wie groß erscheint dir diese Seite?
- Wie alt scheint sie zu sein?
- Was fühlt diese Seite?
- Was sagt sie dir?
- Welche inneren Bilder tauchen bei ihr auf?
- Was möchte sie für dich erreichen?
- Was befürchtet sie?
- Welchen Namen hat diese Seite?
- Durch welche Figur aus einem Roman, Märchen oder Film würde sie am ehesten sinnbildlich dargestellt?«

Anschließend werden diese beiden Seiten in einen Dialog geführt, wodurch eine Integration der jeweils dahinterliegenden Bedürfnisse möglich wird.

Praxisbeispiel

Ich habe über mehrere Jahre in größeren zeitlichen Abständen eine Klientin zu privaten und beruflichen Fragen beraten. Sie war als Führungskraft im IT-Bereich eines international agierenden Pharmakonzerns tätig. Nennen wir sie hier Martina. Eines Tages erhielt ich von ihr die Anfrage, ob ich sie bei einer Entscheidung unterstützten könnte: Ihr Abteilungsleiter habe sie gefragt, ob sie bereit wäre, eine Nachfolge in den USA zu übernehmen.

Martina: »Nun stehe ich aber womöglich bald vor der Situation, mich entscheiden zu müssen. Und dies fällt mir nicht leicht. Ich denke ständig darüber nach, wäge andauernd die Vor- und Nachteile ab, fühle mich hin und her gerissen. Und genau diese Sache würde ich gern mit dir anschauen. Könnte mein Partner dabei sein? Ich denke, die Entscheidung betrifft ja auch ihn.«

Ich stimmte zu und vereinbarte einen Termin mit beiden.

Im Coaching fragte ich sie zunächst: »Was beschäftigt dich genau, während du dabei bist, dich zu entscheiden? Welche Bilder gehen dir durch den Kopf? Welche Stimmen? Welche Gefühle fühlst du dabei?«

Wir bildeten zwei Seiten der Entscheidung heraus:

Martina: »Einerseits sehe ich die Abenteurerin, die neugierig aufgeregt ist, sich frei fühlt, eher kurzatmig ist und sich sagt: ›Jetzt ist meine Zeit.‹ Andererseits sehe ich die Genießerin, die ruhig und gelassen ist, sich ausgeglichen fühlt, durchatmet und sich sagt: ›Das Leben ist angenehm.‹«

Im nächsten Schritt bat ich Martina, für die jeweiligen Seiten einen Stuhl zu wählen und diese in Beziehung zueinander sowie zu ihrem jetzigen Platz zu positionieren. Ich forderte sie auf, sich sinnbildlich die jeweiligen Seiten als Gestalt vorzustellen und zu beschreiben (siehe Abbildung 3).

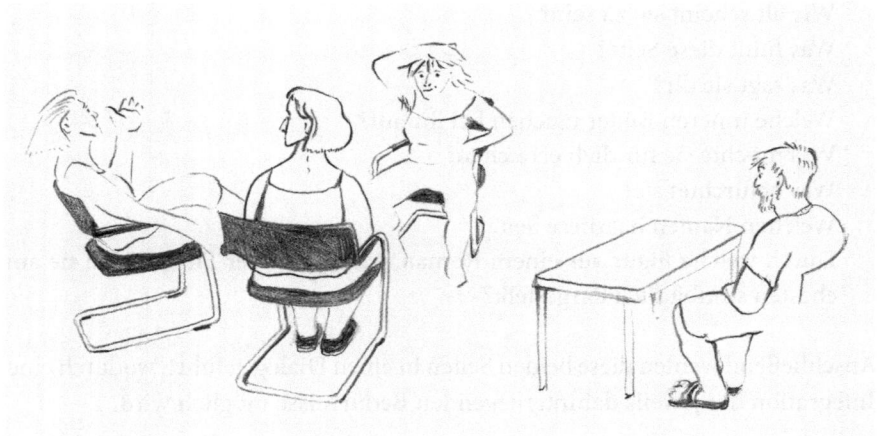

Abbildung 3: Martina in Beziehung zu ihren beiden Anteilen

Martina sitzt in der Mitte, rechts von ihr in ihrer Vorstellung die »Abenteurerin« und links von ihr in ihrer Vorstellung die »Genießerin«. Ihr Partner sitzt hinter einem Tisch und beobachtet die Szene.

Danach setzte sich Martina nacheinander auf die jeweiligen Stühle und verkörperte einerseits die »Abenteurerin« und andererseits die »Genießerin«. Sie versetzte sich jeweils in die entsprechende Körperhaltung, Gestik, Mimik und Atmung, äußerte Gedanken, Wünsche und Gefühle.

Ich brachte beide Seiten miteinander in Dialog, wodurch gegenseitige Geringschätzung zum Ausdruck gebracht wurde:

Abenteurerin zu Genießerin: »Du bist langweilig, bürgerlich und spießig!«

Genießerin zu Abenteurerin: »Du bist leichtsinnig, egozentrisch und planlos!«

Indem ich beide Seiten aufforderte, sich gegenseitig zu sagen, was sie an dem anderen schätzen, was sie durch die andere Seite befürchten und wie sie künftig besser miteinander kooperieren könnten, wurde eine Integration möglich.

Am Ende der Sitzung bat ich Martina, auf ihrem ursprünglichen Stuhl wieder Platz zu nehmen. Sie schaute sich beide Seiten auf den Stühlen noch mal genau an und positionierte diese neu. Ihr Partner beobachtete schweigend den Vorgang aus der Distanz und war innerlich sehr beteiligt.

Martina: »Danke, ich habe jetzt ein stimmiges Gefühl, dass ich mich zum Guten entscheiden werde.«

Zwei Monate später erhielt ich einen Anruf von Martina: »Ich erwarte ein Kind. Ich bin sehr aufgeregt und glücklich!«

2.3 Phänomenologische Einstellung: Des Augenfälligen und Offensichtlichen gewahr werden

> »Ich habe das Bewusstsein zum Angelpunkt meines Ansatzes gemacht, weil mir klar wurde, dass die Phänomenologie der wichtigste und unabdingbare Schritt ist, den wir machen müssen, um zu wissen, was zu wissen ist.«
> (Perls, 1969/1981, S. 72)

> »Gewahrsein kennt keinerlei Absicht. Kein gut. Kein schlecht. Sie fließt einfach. Don't push the river. Das ist eine Mahnung. Ich war dabei zu forcieren, mehr zu sagen. Warum versuche ich auszudrücken, was ich nicht ausdrücken kann?«
> (Stevens, 1970/2000, S. 125)

Phänomenologie wurde von Edmund Husserl (1859–1938) Anfang des 20. Jahrhunderts begründet und ist im engeren Sinne die Wissenschaft von den sich im Bewusstsein offenbarenden Phänomenen. Nach Husserl ist die Phänomenologie nicht Erkenntnis im eigentlichen Sinn, sondern »geistiges Schauen«, *Intuition*. Die »Wesensschau« steht im Mittelpunkt der phänomenologischen Methode: ein innerliches, geistiges Aussprechen des Gegenstandes, wie er in der geistigen Schau gegeben ist. Die Welt so wahrnehmen, wie sie sich im Rahmen des Einzelnen in seiner Erfahrung darstellt (Quitmann, 1996, S. 64 ff.).

Phänomenologie ist das Nachzeichnen, *intuitive Erfassen und Einsehen,* ausgehend von dem, was offensichtlich ist, was sich im Lebensraum und insofern in dem Feld von Individuum/Umwelt zeigt. Der Phänomenologe betrachtet das Offensichtliche als gegeben und versucht, erlebnismäßig in die Situation einzutreten, um durch seine Sinnesbewusstheit zu entdecken, was offensichtlich vorliegt. Die phänomenologische Einstellung besteht darin, vorhandenes

Wissen, vorgefasste Meinungen über das Wahrzunehmende zu erkennen und auszuklammern und in dem Sinne »zu den Sachen selbst« zurückzukehren. Eine phänomenale Exploration erstrebt eine zunehmend klare und detaillierte Beschreibung dessen, was ist (Yontef, 1999, S. 26 ff.).

Fritz Perls (1976, S. 201) bezeichnet die Phänomenologie als Philosophie des »Augenfälligen« oder des »Offensichtlichen«.

Sehen und Schauen sind die Zugänge des *Einsehens* des Gegebenen und Vorhandenen, aus der sinnlichen Anschauung das Offensichtliche einsehen, sich das Gegebene im Gegenständlichen oder im Gegenüber vergegenwärtigen. Hierfür bedürfen wir offener Sinne für all das, was uns gegenwärtig gegeben und sinnlich erfahrbar erscheint.

»Eines der Gestalt-Experimente besteht darin, dass die Leute Paare bilden und abwechselnd sagen: ›Es ist mir offensichtlich, dass …‹, und dabei darauf zu achten, dass man nicht interpretiert. Es klingt nicht nach einer großen Erkenntnis, wenn man hört, wie jemand sagt: ›Es ist mir offensichtlich, dass du lächelst‹, ›Es ist mir offensichtlich, dass deine Hand auf dem Knie liegt‹, und so weiter. Aber wenn, ›Es ist mir offensichtlich, dass du lächelst‹ und ›Es ist mir offensichtlich, dass deine Stimme zittert‹ zusammenkommen, ist noch etwas anderes offensichtlich geworden. Wenn ich mich an das Offensichtliche halte, verschwindet das Verborgene und Umständliche, und ich selbst werde weniger umständlich und bin direkter im Kontakt. Wenn ich, nachdem ich das Offensichtliche am anderen wahrgenommen habe, zu *mir selbst* gehe: ›Es ist mir offensichtlich, dass ich …‹, bemerke ich an mir selbst alle möglichen Dinge, die mir vorher nicht aufgefallen waren und bin mir meiner selbst und dessen, was ich tue, sehr viel bewusster« (Stevens, 1970/2000, S. 60).

In der Beratung bin ich mir meines Gegenübers gewahr und vergegenwärtige es mir wesentlich über meine Augen, um zu schauen, über meine Ohren, um zu hören, und über meine körperlichen Empfindungen, um zu fühlen und zu spüren.

Ich lade die Klienten immer wieder ein, sich experimentell dessen gewahr zu werden, was offensichtlich ist. Dabei umfasst Gewahrsein oder Bewusstheit (Awareness) drei Bereiche (Perls, 1979, S. 57):
1. bewusstes Wahrnehmen der Welt,
2. bewusstes Wahrnehmen des Selbst,
3. bewusstes Wahrnehmen, was dazwischen ist – der Zwischenbereich der Phantasie.

John O. Stevens, Sohn von Barry Stevens, beschreibt in seinem bekannten Übungsbuch zur Gestalttherapie, »Die Kunst der Wahrnehmung«, ausführlich diese drei Zonen menschlicher Wahrnehmung (Stevens, 1971/1996, S. 15 ff.):

1. Die Wahrnehmung der äußeren Welt: Der aktuelle sensorische Kontakt mit Objekten, Personen oder Ereignissen im unmittelbaren gegenwärtigen Moment, d. h. Kontakt mit dem, was ich hier und jetzt sehe, höre, rieche, schmecke oder berühre.
2. Die Wahrnehmung der inneren Welt: Der aktuelle sensorische Kontakt mit gegenwärtigen inneren Vorgängen, d. h. das, was ich inseits meiner Haut jetzt fühle, z. B. Stechen, Muskelspannungen, körperliche Manifestation von Gefühlen und Emotionen, Unbehagen oder Wohlgefühl.
3. Die Wahrnehmung, die sich auf die Aktivität der Phantasie gründet: Jede mentale Aktivität jenseits der Wahrnehmung gegenwärtiger Erlebnisse, z. B. Erklären, Vorstellen, Interpretieren, Vermuten, Denken, Vergleichen, Planen, Erinnern an Vergangenes oder Vorausnehmen von Zukünftigem. All dies existiert in unserer Phantasie, in unserem Einbildungsvermögen.

Die Wahrnehmungen der äußeren und inneren Welt (1. und 2.) umfassen alles, was ich von der gegenwärtigen Realität wissen kann – so, wie ich die Welt im Hier und Jetzt unmittelbar erlebe. Diese »Realitäten«, so wie sie sich in diesem Augenblick in meiner Wahrnehmung ereignen, bilden die solide Grundlage meiner Erfahrung sowie meiner Existenz hier und jetzt. Gleichgültig, welche Gedanken ich mir mache oder andere Menschen sich über diese Wahrnehmungen machen, meine Wahrnehmungen dieser Realitäten sind vorhanden und spiegeln in mir die äußere und innere Welt wider. Die dritte Art der Wahrnehmung betrifft meine Vorstellungen oder inneren Bilder von Objekten, Personen oder Ereignissen. Diese sind nicht gegenwärtig real, in der äußeren oder inneren Welt sinnlich nicht wahrnehmbar, sondern nur in meiner eigenen Vorstellungswelt vorhanden.

Ich achte darauf, dass die Klienten sich nicht in Phantasien, Täuschungen, Bewertungen oder Interpretationen verlieren. Durch Gewahrsein ihrer selbst, der Ereignisse im Umfeld, aber auch ihrer Phantasien oder Bewertungen geschieht Integration und damit häufig verbunden eine Verschiebung des Problems oder der Frage in den Hintergrund: »Awareness ist eine Form des Erfahrens. Es ist der Prozess, in wachem, aufmerksamem Kontakt zu stehen mit den wichtigen Vorgängen im Feld von Individuum/Umwelt bei voller sensomotorischer, emotionaler, kognitiver und energetischer Unterstützung. Ein fortlaufendes und nicht unterbrochenes Kontinuum der Awareness führt zu einem Evidenzerlebnis, zu einem unmittelbaren Begreifen der offensichtlichen Einheit von disparaten

Elementen in dem Feld. Neue sinnhafte Ganzheiten werden durch bewussten Kontakt geschaffen. Somit ist die Awareness in sich bereits die Integration und Lösung eines Problems« (Yontef, 1999, S. 26).

Ebenso wichtig ist es, immer wieder eine phänomenologische Haltung zum Klienten und zu seiner Umwelt einzunehmen. Mir meiner inneren Bilder, Vorstellungen, Wertungen, Absichten und Gefühle bewusst zu sein und sie zumindest zeitweise auszuklammern, um mit dem in Berührung zu bleiben, was offensichtlich ist. Nur durch umfassende Bewusstheit wird ein Begreifen und in dessen Folge eine Veränderung möglich – die Pforte für wahre zwischenmenschliche Begegnung ist geöffnet.

Barry Stevens spricht von »*organischem Wissen*«, das aus Gewahrsein plötzlich wie von selbst als klare Gewissheit hervorgeht. Hierzu eine weitere Episode aus ihrem Buch zur Gestalttherapie:

> »Als Mimi mir erzählte, dass sie schließlich doch nicht schwanger war und wieder ihre Tage bekommen hatte und deshalb nicht mit ihrem Mann und mir in die Stadt kommen und neunzig Meilen über staubige Straßen fahren würde, hatte ich keinerlei weitere ›Informationen‹. Ich mochte Mimi nicht und dachte, es wäre besser, wenn sie kein Kind bekäme. Mein organisches Selbst zählte die Dinge irgendwie zusammen, unabhängig von meinem ›Denken‹, und sagte Mimi, dass sie lieber zu einem Arzt gehen sollte. Keine Erklärungen, keine unnötigen Worte. Das, was ich sagte, klang klar und entschlossen und ohne jeden Druck. Mimi fuhr und blieb auf Anweisung des Arztes zwei Monate in der Stadt. Sie war schwanger, und wenn sie keine medizinische Versorgung bekommen hätte, hätte sie das Kind verloren. Ich fühlte mich gut. Wäre ich über mein organisches Wissen hinweggegangen, hätte ich mich schlecht gefühlt. Und ich wäre es gewesen. Dies ist für mich das einzige ›Schlecht‹ – ein Fehl-griff, eine falsche Wahl. […] Was Mimi und ich erlebten, war Gewahrsein: Ich war gewahr. Und dann weiß ich nicht, wie ich die Antwort bekomme« (Stevens, 1970/2000, S. 80).

Es scheint geboten zu sein, unserem organischen Wissen und den daraus resultierenden Gewissheiten mehr zu vertrauen. Der Zugang liegt im Gewahrsein.

2.4 Feldtheoretische Anschauungen: Den Menschen mit seinem Umfeld verwoben betrachten

> »Das menschliche Organismus/Umwelt-Feld ist natürlich nicht nur ein physikalisches, sondern auch ein soziales Feld. Also müssen wir in jeder Humanwissenschaft [...] von einem Feld sprechen, in dem zumindest soziokulturelle, sinnliche und physische Fakten interagieren.«
> (Perls, Hefferline u. Goodmann, 1951/1991, S. 10)

Menschen sind immer und überall mit ihrer Umgebung in Wechselwirkung eingebunden. Die Gegebenheiten und Veränderungen der Umgebung wirken bewusst wahrnehmbar oder unterschwellig auf den Menschen ein und umgekehrt wirkt der Mensch auf die ihm gegebene und sich ihm verändernde Umwelt ein. Der Mensch bringt aus dieser Wechselwirkung eine eigene Ordnung über *seine* Umwelt hervor, die für ihn sinn- und bedeutungsvoll ist. Diese wechselwirkende Beziehung zwischen Mensch und Umgebung wurde auch von dem Gestaltpsychologen Kurt Lewin im Rahmen seiner Feldtheorie betrachtet und untersucht.

Kurt Lewin (1890–1947) begründete die Feldtheorie und wird als einstiger Kollege von Max Wertheimer und Wolfgang Köhler der gestaltpsychologischen Schule zugeordnet. Die Grundüberlegung der Feldtheorie ist, dass lebendige Phänomene sich immer in Wechselbeziehung zu anderen Phänomenen befinden und nur aus diesen Wechselbeziehungen heraus zu verstehen sind. Dabei sind nur einige Aspekte dieser Wechselwirkungen und Kräfte unserem Bewusstsein zugänglich, andere können erahnt werden oder sind ganz unserem Wissen entzogen (Gremmler-Fuhr, 1999, S. 356).

Die Begriffe »psychologischer Raum«, »psychologisches Feld« und »Lebensraum« werden von Lewin synonym verwendet (Lewin, 1963/2012, S. 87). Als einen seiner Hauptsätze der psychologischen Feldtheorie formuliert er: »Jedes Verhalten oder jede sonstige Veränderung ist einzig und allein vom psychologischen Feld zu dieser Zeit abhängig« (S. 88).

In diesem psychologischen Feld sind für unser Erleben nicht die tatsächlichen Dinge oder Ereignisse der Umgebung als solche bestimmend, sondern die Art und Weise, wie das Wahrgenommene in uns zu einem jeweils gegebenen Zeitpunkt und somit gegenwärtig im Hier und Jetzt über unsere *Anschauung* abgebildet bzw. repräsentiert ist.

Auch die »psychologische Vergangenheit« und die »psychologische Zukunft« sind Teile des psychologischen Feldes in der Gegenwart. Nicht irgendein tatsächlich geschehenes Ereignis der Vergangenheit oder Zukunft sind in der Gegenwart handlungsrelevant, sondern allein, wie in uns Vergangenes oder Zukünftiges in diesem Moment psychologisch gegenwärtig ist: Als gleichzeitige

Teile des gegenwärtigen psychologischen Feldes gelten bestimmte Erwartungen, Wünsche, Befürchtungen oder Tagträume bezogen auf unsere Zukunft oder erinnerte Ereignisse unserer Vergangenheit, die uns in diesem Moment in den Sinn kommen und auf diese Weise als subjektive »Realitätsschichten« wirken (S. 95 f.): »Man muss sich unbedingt darüber im klaren sein, dass die psychologische Vergangenheit und die psychologische Zukunft gleichzeitige Teile des psychologischen Feldes darstellen, wie es zur gegebenen Zeit t existiert. Die Zeitperspektive wechselt fortwährend. Nach der Feldtheorie hängt jede Art von Verhalten vom gesamten Feld einschließlich der Zeitperspektive zur gegebenen Zeit ab, nicht aber darüber hinaus noch von irgendeinem vergangenen oder zukünftigen Feld oder dessen Zeitperspektive« (S. 96).

Nach Lewin ist Verhalten (V) eine Funktion (F) der Person (P) und ihrer Umwelt (U): $V = F(P,U)$. Dieser Satz gilt sowohl für affektive Erregungen wie für zweckgerichtete Tätigkeiten, für das Träumen, Wünschen und Denken wie auch für das Erzählen und Handeln. In dieser Gleichung werden Person (P) und Umwelt (U) als wechselseitig abhängige Variablen betrachtet. Unsere Wahrnehmung und unser Erleben des Umfeldes ist abhängig von unserer *aktuellen psycho-physischen Befindlichkeit* und gleichzeitig ist unser Befinden abhängig von unserem Umfeld, wie z. B. materiell durch vorhandene oder fehlende Anreize oder sozial wie etwa durch Er- oder Entmutigung, Wertschätzung oder Abwertung, Zuwendung oder Abweisung. Um ein Verhalten zu verstehen oder vorauszusagen, werden Personen und Umwelt als *eine Konstellation interdependenter Faktoren* betrachtet. Die Gesamtheit dieser Faktoren wird als *Lebensraum (L)* des Individuums bezeichnet. Demnach umschließt der Lebensraum beides, die Person und die Umwelt. Insofern gilt folgende Formel: $V = F(P,U) = F(L)$ (S. 271 f.).

In dieser Wechselwirkung zwischen Person und Umwelt sind die *aktuellen Bedürfnisse* der Person zentral. Der aktuelle Zustand der Bedürfnisse »organisiert« das Verhalten und beeinflusst die Erkenntnisstruktur des Lebensraumes (S. 305 f.). Mit anderen Worten: Die Weise, wie ich den gegebenen Lebensraum in meiner Wahrnehmung nach Bedeutsamem strukturiere und erkenne, ist bedingt durch meine *aktuellen Bedürfnisse*.

Darauf weisen auch Monika Stützle-Hebel und Klaus Antons in ihrer Einführung in die Praxis der Feldtheorie hin: „Er [Lewin] geht in seinem Konzept des Lebensraums davon aus, dass jeder Mensch die Welt mit ganz eigenen Augen sieht. Lebensraum ist nicht die äußere soziale Wirklichkeit, sondern die subjektiv wahrgenommene und die innere Repräsentanz, die die Bedürfnisse, Interessen und Wünsche der Person und ihre damit verknüpften Ziele strukturiert (Stützle-Hebel u. Antons, 2017, S. 16).

Bedürfnisse werden als subjektiv wahrgenommener Unterschied zwischen dem aktuellen und einem erwünschten Zustand von etwas Bedeutsamen verstanden, welche eine *Bedürfnisspannung* erzeugen. Verhalten konkretisiert sich im Lebensraum, indem Menschen versuchen, ihre Ziele zu erreichen und Spannungen abzubauen (S. 17 f.).

Phänomene ergeben nur umfassenden Sinn und Bedeutung, wenn wir sie in ihrer Umgebung eingebettet begreifen und nicht isoliert betrachten. Menschen existieren immer als Teil einer Umgebung und sind in deren Wirkgefüge eingebunden. Der menschliche Organismus ist mit seiner Umgebung verwoben und kann nur in dieser Relation gedacht werden. Die Umgebung hat Auswirkungen auf das Wahrnehmen, Denken, Fühlen und Handeln und umgekehrt wirkt der Mensch auf seine Umgebung ein. Wir verändern uns, je nachdem, in welcher Umgebung wir uns befinden und wie wir diese erleben.

Die Feldtheorie unterscheidet zwischen der *physikalischen Umgebung* und dem *anschaulichen Umfeld*. Das anschauliche Umfeld beinhaltet die einzigartige Bedeutung dieses Feldes für das Individuum und ist das das Erleben bestimmende und handlungsleitende Moment. Je nach Sichtweise bildet sich aus der Umgebung eine Gestalt, die das Verhalten bestimmt. Das anschauliche Umfeld verändert sich, auch wenn die Umgebung physikalisch dieselbe bleibt (Portele, 1999, S. 268 f.).

Eine Landschaft hat für den Wanderer eine andere Bedeutung als für den pflügenden Bauer. Für den einen bedeutet dieselbe Landschaft eher eine friedliche, erholsame Umwelt, für den anderen eher eine mit Arbeit verbundene Anstrengung. Jeder Betrachter bildet sich vor dem Hintergrund derselben physikalischen Umgebung durch seine Anschauung *Figuren* mit den entsprechenden Bedeutungen in seiner Wahrnehmung heraus. Diese Bedeutungen haben unmittelbare Auswirkungen auf das Erleben und Handeln in dieser Umgebung. Indessen ist die Anschauung des Betrachters durch seine aktuellen Bedürfnisse geleitet, wodurch er seine *psychologische Umwelt* strukturiert.

Im gestaltorientierten Coaching exploriere ich mit der Klientin ihr Anliegen immer eingebettet in der jeweils besonderen Umgebung und dem erweiterten Kontext. Zum Beispiel können folgende Fragen zur Klärung des situativen Erlebens der Klientin dienen:

- Wie fühlst du dich in dieser Situation/Umgebung?
- Wie viel Energie spürst du dort?
- Was empfindest du in deinem Körper?
- Was denkst du? Was sagst du dir? Welcher innere Satz begleitet dich?
- Was nimmst du dort wahr? Wohin geht deine Aufmerksamkeit?
- Welche Personen, Aspekte oder Objekte sind in deinem Fokus?

- Was wünschst du dir? Was ist dir wichtig? Welche Bedürfnisse/Interessen leiten dich?
- Was erwartest du? Was befürchtest du?
- Welche Gedanken, inneren Bilder oder Vorstellungen begleiten dich dort?
- Welche künftigen Entwicklungen siehst du, ahnst du oder spürst du?
- Zu welchen vergangenen Ereignissen siehst du/empfindest du Parallelen?
- Was empfindest du als schwächend oder hemmend? Was als stärkend oder fördernd?
- Woran hinderst du dich?
- Was oder wen vermeidest du? Was oder wen suchst du?
- Wie verhältst du dich? Wie wirkt sich dein Verhalten auf andere Personen aus?
- Welche Figur stellst du sinnbildlich am ehesten in dieser Situation/Umgebung dar? (z. B. Romanfigur/Märchenfigur/Filmfigur)
- In welchem erweiterten Kontext ist diese Situation eingebettet?

Wir arbeiten gemeinsam heraus, welche Bedürfnisse und Fähigkeiten sich entfalten können, welche inneren Konflikte, Hemmnisse oder Barrieren wahrgenommen werden, was unausgesprochen, unerledigt und ungelöst ist, welche weiteren Ressourcen und Möglichkeiten vorhanden sind, um erwünschte Entwicklungen auf den Weg zu bringen. Welche Personen, Objekte, Ereignisse eine positive Bedeutung haben und gesucht werden und welche eine negative Bedeutung haben und vermieden werden – Annäherungs- und Vermeidungsverhalten:

Das Potenzial der Situation erkennen und nutzen.

Das Feld im *Dort und Dann,* in dem die Klientin ihr Anliegen verortet, wird in der Beratung im *Hier und Jetzt* als Gestalt und in dieser Form als gemeinsamer Bezugsrahmen vergegenwärtigt. Um dieses Vergegenwärtigen zu verstärken, bitte ich die Klientin immer wieder, ihre Beschreibungen und Erläuterungen so zu formulieren, als ob die Ereignisse gerade jetzt geschehen würden. In diesem Sinne wird die Gestalt zwischen uns sichtbarer, lebendiger, greifbarer und somit spürbarer. Ich lade die Klienten ein, sich in die verschiedenen Perspektiven der Beteiligten experimentell einzudenken und einzufühlen, um die jeweiligen Anschauungen sichtbarer, das damit verbundene Erleben erfahrbarer und die Wechselwirkungen deutlicher werden zu lassen.

An dieser Stelle scheint z. B. auch die Arbeit mit dem »Leeren Stuhl« besonders wirksam zu sein: Der Klient wählt für jeden relevanten Beteiligten, einschließlich seiner eigenen Person, einen leeren Stuhl und positioniert die Stühle so in Beziehung zueinander, dass diese äußere Struktur am ehesten sein inneres Erleben der Beziehungen im Feld offenlegt.

Im nächsten Schritt nimmt der Klient abwechselnd den stellvertretenden Stuhl eines Beteiligten ein und äußert aus dieser Position die entsprechende Sichtweise: Gefühle, Empfindungen sowie mehr oder weniger deutlich werdende Wünsche und Gedanken. Es ist besonders erhellend, wenn der Klient aus der jeweiligen Perspektive der Beteiligten beschreibt, welches Bild sie (die anderen) über ihn (den Klienten) haben, was sie über ihn denken und fühlen, was sie ihm gegenüber nicht aussprechen. Dabei ist es wichtig, dass der Klient aus der Perspektive des anderen sich selbst auf einem leeren Stuhl sinnbildlich vorstellt und in dieser Form zu »ihm« bzw. sich direkt spricht. Durch diese direkte Ansprache erfährt der Klient, welche Vorstellungen und Bilder der andere bzw. die anderen über ihn haben könnten (siehe Abbildung 4).

Das Bild, von dem wir glauben, das die anderen es von uns haben, ist für unser Erleben und im weiteren Verlauf für die Entwicklung unseres Selbstbildes sehr mächtig (Laing, Phillipson u. Lee, 1971).

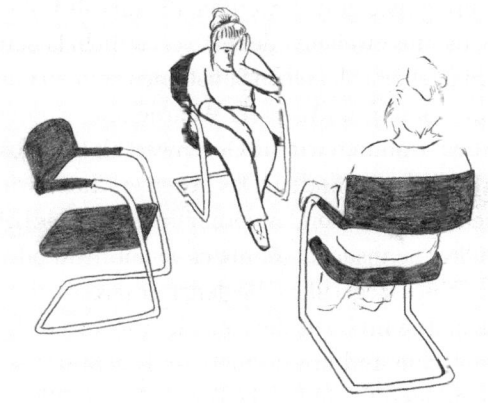

Abbildung 4: Wechsel der Perspektiven

Erläuterung: Die Klientin nimmt auf dem Stuhl in der Mitte denkend, fühlend und körperlich die Perspektive einer Kollegin in Beziehung zu der Klientin selbst ein. Hierfür sieht sie sich selbst in ihrer Vorstellung sitzend auf dem Stuhl gegenüber vorne rechts.

Durch das Vergegenwärtigen des Feldes erhält die Klientin ein klareres Bild von ihrer Situation, ein tieferes Verständnis für das Erleben der anderen Beteiligten und über mögliche Wechselbeziehungen. Eine umfassende Bewusstheit des Feldes verändert die Anschauung und damit verbunden das Erleben der Klientin. Das zu Beginn der Beratung formulierte Anliegen kann sich dabei verschieben oder sogar in den Hintergrund geraten. Die Klientin erkennt weitere Handlungsmöglichkeiten, die den (neu) bewusst gewordenen Erfordernissen der Situation eher entsprechen: Nach dem Ansatz der gestaltorientierten Beratung geschieht Veränderung allein schon durch umfassendes Gewahrsein der gemeinten Situation.

Jetzt bitte nicht fragen, welche Maßnahmen und konkreten Schritte die Klientin umsetzen möchte, sondern darauf vertrauen, dass sich die Selbstregulation der Klientin im Feld vollzieht.

2.5 Existenzielle Fragen des Menschseins: Wandel durch Annahme

> »Das Gefühl zu haben ›schwerfällig‹ zu sein, heißt noch nicht,
> dass man unglücklich sein muss. Nur wenn ich denke, dass ich
> etwas anderes ›sein sollte‹, werde ich unglücklich und versuche es
> zu ändern. Schwerfälligkeit ist. Schmerz ist. Traurigkeit ist.«
> (Stevens, 1970/2000, S. 79)

Wir können in unserem Leben vor Ereignisse gestellt werden, die uns als unlösbar oder unveränderbar erscheinen, die uns zweifeln oder gar verzweifeln lassen. Diese die eigene Existenz betreffenden unabgeschlossenen Situationen können uns sehr belasten und als ständige Figur im Vordergrund unserer Wahrnehmung unser alltägliches Erleben erheblich einfärben, wodurch wir die Gegenwart als freudlos, beklemmend oder gar als schwer erträglich empfinden. Das Leben erscheint wie überschattet. Bei manchen existenziell ungelösten und unlösbaren Fragen, wie bei unerträglichem Verlust oder unerfüllter Sehnsucht, könnte es versöhnend oder lösend wirken, diese Fragen als vom Schicksal gerufene Begleiter unseres Lebens anzunehmen und darauf zu vertrauen, dass im Laufe der Zeit die Antworten wie von selbst gegeben werden. Unerwünschte und unveränderbare Ereignisse des Lebens annehmen, die damit verbundenen Gefühle wie Trauer, Verzweiflung, Sehnsucht, Bedrückung, Verletzung oder Kränkung würdigen und einen Umgang mit diesen Begleitern finden, wodurch diese erträglicher und lebbarer werden könnten: *Wofür ist dieses Gefühl jetzt in mir? Wofür ist dieser Schmerz, diese Wut oder Trauer gut? Was an »Gutem« möchte das Gefühl für mich verwirklichen?*

An dieser Stelle lohnt es sich, erneut einen Blick in die Briefe von Rainer Maria Rilke an seinen Freund Franz Xaver Kappus zu werfen und folgende Auszüge, geschrieben am 16. Juli 1903, auf sich wirken zu lassen (1929, S. 21):

> »Aber ich glaube trotzdem, dass Sie nicht ohne Lösung bleiben müssen, wenn Sie sich an Dinge halten, die denen ähnlich sind, an welchen jetzt meine Augen sich erholen. Wenn Sie sich an die Natur halten, an das Einfache in ihr, an das Kleine, das kaum einer sieht, und das so unversehens zum Großen und

Unermesslichen werden kann; wenn Sie diese Liebe haben zu dem Geringen und ganz schlicht als ein Dienender das Vertrauen dessen zu gewinnen suchen, was arm scheint: dann wird Ihnen alles leichter, einheitlicher und irgendwie versöhnender werden, nicht im Verstande vielleicht, der staunend zurückbleibt, aber in Ihrem innersten Bewusstsein, Wach-sein und Wissen.«

Hier anknüpfend folgen die in der Literatur schon häufig zitierten Zeilen aus diesem Brief, dessen Worte und Aussagekraft bei existenziellen Fragen uns als möglicher Weg einer Lösung erscheinen könnten. Die Paradoxie: Lösung durch Annahme des Ungelösten (S. 26):

»Sie sind so jung, so vor allem Anfang, und ich möchte Sie, so gut ich es kann, bitten, lieber Herr, Geduld zu haben gegen alles Ungelöste in Ihrem Herzen und zu versuchen, die Fragen selbst liebzuhaben wie verschlossene Stuben und wie Bücher, die in einer sehr fremden Sprache geschrieben sind. Forschen Sie jetzt nicht nach den Antworten, die Ihnen nicht gegeben werden können, weil Sie sie nicht leben könnten. Und es handelt sich darum, alles zu leben. Leben Sie jetzt die Fragen. Vielleicht leben Sie dann allmählich, ohne es zu merken, eines fernen Tages in die Antwort hinein.«

Und schließlich die Ermutigung, das Leben selbst zu bilden und zu formen und alles anzunehmen, was aus dem Leben uns Menschen zukommt (S. 25):

»Vielleicht tragen Sie ja in sich die Möglichkeit, zu bilden und zu formen, als eine besonders selige und reine Art des Lebens; erziehen Sie sich dazu, – aber nehmen Sie das, was kommt, in großem Vertrauen hin, und wenn es nur aus Ihrem Willen kommt, aus irgendeiner Not Ihres Innern, so nehmen Sie es auf sich und hassen Sie nichts.«

Vor diesem Hintergrund liegt eine »Paradoxie der Veränderung« nahe: Je weniger ich existenziell Unveränderbares oder mich persönlich verändern will, desto mehr lebe ich von selbst in die Veränderung hinein: sich selbst, andere Menschen oder Ereignisse sein lassen. Es gibt immer wieder Momente, in denen wir mit uns selbst unzufrieden sind, mit unserem Sein oder Dasein oder bestimmte Eigenschaften oder Eigenarten von uns bemängeln oder ablehnen. Je mehr ich mich abwerte oder *versuche,* ein anderer zu sein, desto stärker bin ich in diesem Spannungsfeld zwischen meinem Sein und dem angestrebten Ideal gebunden und desto weniger kann oder darf mein Selbst sich verwirklichen. Je mehr ich mir meines gegenwärtigen (Da-)Seins gewahr bin, mich darauf einlasse und annehme, so wie es ist, desto mehr Wandel geschieht von selbst. Eine Bedingung, die von Arnold Beisser[9] formuliert wurde und in gestaltorientierter Praxis viel Beachtung findet: »Kurz gesagt geht es um Folgendes: Veränderung geschieht, wenn jemand wird, was er ist, nicht, wenn er versucht, etwas zu werden, das er nicht ist. Veränderung ergibt sich nicht aus einem Versuch des Individuums oder anderer Personen, seine Veränderung zu erzwingen, aber sie findet statt, wenn man sich Zeit nimmt und die Mühe macht, zu sein, was man ist; und d. h., sich voll und ganz auf sein gegenwärtiges Sein einzulassen« (Beisser, 1989/1997, S. 144).

Das folgende Transkript einer Gestaltsitzung von Fritz Perls mit einer Klientin veranschaulicht, wie dieses Prinzip in seiner Beratungspraxis zur Geltung kommt. Hier wird deutlich, wie sich seiner selbst gewahr sein und sich selbst annehmen zu plötzlichem Wandel des Erlebens führen kann. Es handelt sich um eine Sitzung, die Fritz Perls im Rahmen seiner Seminare in den Jahren 1966–68 am Esalen Institut, Kalifornien, durchführte:

»Ellie: Ich heiße Ellie … Hm, ich habe ein flattriges Gefühl in der Brust, im Augenblick, und ich möchte locker werden.
Fritz: Das ist ein Programm.
E.: Wie?
F.: Das ist ein Programm – wenn du sagst: ›Ich möchte locker werden.‹
E.: Ich versuche es, jetzt.
F.: ›Ich versuche es‹. Das ist auch ein Programm. Du bringst das, was du sein willst, mit dem, was ist, durcheinander.
E.: Jetzt – ich bewege meine Arme, um mich zwangloser zu fühlen. Und ich möchte über …
F.: Erlaube mir, dir etwas zu sagen, Ellie. Die Grundlage dieser Arbeit ist das Jetzt. Du bist die ganze Zeit in der Zukunft. ›Ich möchte an dem und dem arbeiten.‹ ›Ich will das versuchen‹, und so weiter. Wenn du arbeiten kannst, dann fange jeden Satz mit dem Wort jetzt an.
E.: Jetzt sage ich zu Ihnen, Dr. Perls, dass ich mich nicht wohl fühle. Jetzt spüre ich, wie sich meine Brust hebt und senkt. Ich spüre einen tiefen Atemzug. Ich fühle mich jetzt ein bisschen besser.

---

9   Arnold R. Beisser (1925–1991) war ein US-amerikanischer Psychiater und lernte bei Fritz Perls Gestalttherapie. Er hatte an der Stanford-Universität Medizin studiert und gerade die nationalen Tennismeisterschaften gewonnen, als er im Alter von 25 Jahren schwer an Kinderlähmung erkrankte und fast vollständig gelähmt wurde. In seinem bekanntesten Buch »Wozu brauche ich Flügel?« schildert er eindrucksvoll seine Versuche, mit diesem radikalen Umbruch in seinem Leben fertigzuwerden (Beisser, 1989/1997).

F.: Siehst du, anstatt zu versuchen, dich in die Zukunft zu flüchten, kommst du nun mit dir selbst im Jetzt in Berührung. Natürlich fühlst du dich besser« (Perls, 1974, S. 184 f.).

Natürlich gilt dieses Prinzip nicht für alle Ereignisse oder Eigenschaften, jedoch für viele Fragen des Lebens, die die eigene Existenz betreffen. Auch bei starken Gefühlen, Eigenschaften oder Verhaltensweisen, die mich wiederholt in Schwierigkeiten bringen, könnte sich aus dem Annehmen dieser Seite und Würdigen des dahinterliegenden Bedürfnisses überraschend eine Wandlung ergeben. Zunächst scheint es für die persönliche Entwicklung förderlich zu sein, dieses Gefühl oder diese Eigenschaft als *Seite* der eigenen Existenz wahrzunehmen und wertzuschätzen, die aus einem Bedürfnis heraus ruft und agiert. Dieser Seite Beachtung zu schenken, die womöglich schon seit Jahren nicht gewollt ist – damit wäre der Weg für eine *Kooperation* mit dieser Seite geöffnet, um gemeinsam Möglichkeiten zu verhandeln, das Bedürfnis auf andere Weise zu erfüllen. Zum Beispiel könnten wir in der Beratung diese unerwünschte Seite der Klientin auf einem leeren Stuhl als Gestalt imaginieren und sich dort zeigen lassen, um auf diese Weise mit ihr ins Gespräch zu gehen (siehe Abbildung 5) und zu fragen:

- Was wünschst du dir?
- Was ist dein Bedürfnis?
- Was möchtest du erreichen?
- Wofür zeigst du dich?
- Oder zusätzlich: Wann hast du dich zum ersten Mal gezeigt? Was war damals der Anlass? Was hast du daraus gelernt?

Abbildung 5: Dialog mit einer ungewollten Seite

Nicht durch Verdrängen, Unterdrücken oder gar Bekämpfen lassen sich ungewollte Anteile der eigenen Person integrieren, sondern durch liebevolle

Annahme, Würdigung und Versöhnung. Zu sehen und anzuerkennen, dass sich diese Seite in mir geschichtlich entwickelt hat als Anpassungsleistung an wahrgenommene Bedingungen meiner Umwelt, um aus einer Not wesentliche, ja vielleicht sogar existenzielle Bedürfnisse zu erfüllen – als Ergebnis der Selbstregulation meines Organismus mit einer guten Absicht, für etwas Gutes. Heute geht es womöglich darum, andere Verhaltensweisen zu entwickeln und zu erproben.

2.6 Existenzielle Begegnung: Die Kraft des Zwischenmenschlichen entfalten

> »Der Mensch soll nicht durchschaut, sondern in seiner Offenbarkeit und seiner Heimlichkeit, in dem Verhältnis beider zueinander immer vollständiger geschaut werden.«
> (Buber, 1953a, S. 323)

> »Im Schauen eines Gegenübers erschließt sich dem Erkennenden das Wesen. […] Im Schauen war er kein Ding unter Dingen, kein Vorgang unter Vorgängen, sondern ausschließlich gegenwärtig«
> (Buber, 1922, S. 50)

Gestaltorientierte Praxis beruht wesentlich auf dem existenzialphilosophischen Ansatz von Martin Buber (1878–1965). Nach Buber kann Beziehung zwischen Menschen eine heilende aber auch eine destruktive, ja sogar eine zerstörerische Kraft ausüben. Die heilende Kraft geht aus einer Ich-Du-Beziehung hervor, zum Gegenpol einer Ich-Es-Beziehung. Ich-Du-Beziehung ist eine direkte, gegenseitige Beziehung, eine grenzenlose Beziehung zum anderen. Sie ist Begegnung mit einer unmittelbaren Gegenwart. »Ich und Du« ist wahre Begegnung. »Ich und Es« ist »Vergegnung«, Begegnung mit einem Gegenstand, einem Objekt. Das analysierende, messende und beurteilende Ich in Verbindung mit einem Es. Diagnostizierende Augen und Ohren, die den anderen durchleuchten wollen (Buber, 1922, S. 9 ff.).

Unsere übliche Art und gewöhnliche Wirklichkeit mit Menschen ist eine Beziehung zu einem Es. Hierbei wandelt sich auch das Wesen des Ich: Das Ich in Beziehung zum Du ist ein anderes als das Ich in Beziehung zu einem Es. An dieser Stelle lohnt es sich, einen Blick in die Ausführungen des Gestalttherapeuten Stephen Schoen zu werfen: »Was ist es [Ich-Du] eindeutig nicht? Nicht das, was den Großteil unseres Lebens ausmacht: es ist nicht, was wir beobachten, messen, kategorisieren, integrieren. Es ist nicht in Raum, Zeit, Ordnung oder Ursächlichkeit gefasst. Es ist nicht das Produkt der Vergangenheit oder der nützlichen

Gegenwart. Und dennoch brauchen wir für alle diese Myriaden von Phänomenen keine anderen Personen der Handlung. Stattdessen verändern wir unsere Beziehung zum anderen, der jetzt eine Art Gegenstand wird, einer Summe von Eigenschaften, etwas, das >festzuhalten< ist, etwas, das berechnet werden kann. Der andere ist nicht mehr *Du*, sondern *Es* [...]. Und das *Ich* in Verbindung mit dem *Es*, das messende und beurteilende *Ich*, ist ein anderes als das *Ich* in Verbindung mit dem *Du*« (Schoen, 1990, S. 109).

Das Ich, welches Es spricht, ist ein anderes Ich, welches Du spricht, konstatiert Buber in seiner Einführung zu »Ich und Du« (1922) und führt weiter aus: »Die Beziehung zum Du ist unmittelbar. Zwischen Ich und Du steht keine Begrifflichkeit, kein Vorwissen und keine Phantasie; und das Gedächtnis selber verwandelt sich, da es aus der Einzelung in die Ganzheit stürzt« (S. 18). Ich und Du sind also *unmittelbar*: Das Ich sieht oder wertet das Du *nicht als Mittel* für etwas anderes, sondern schaut den anderen in seinem Wesentlichen: »Alles Mittel ist Hindernis. Nur wo alles Mittel zerfallen ist, geschieht die Begegnung« (S. 19).

Sprachlich lässt sich das Erleben von Bubers Ich-Du nicht fassen: Dieses unmittelbare, zeitlose und ausschließliche Erleben im gegenwärtigen Augenblick ist sinnlich wirklicher, als es Worte zu sagen oder zu beschreiben vermögen. Im eigentlichen Sinne geschieht Ich-Du vor der Sprache, bevor wir darüber denken und mit Worten kleiden. Ich-Du ist unsagbar und unaussprechbar. Sprachliches Erfassen von Wirklichkeit reduziert immer die erlebte Wirklichkeit. In diesem Verständnis äußert sich auch Stephen Schoen zu Buber: »Wie aber soll man das *Ich* oder das *Du* in diesem Zustand der Grenzenlosigkeit definieren? Gerade das ist Bubers Punkt. Man kann es nicht erklären, nicht weil es nicht konkret ist oder wirklich wäre, sondern weil es *für Worte zu wirklich* ist« (Schoen, 1996, S. 38).

Gestaltorientiertes Coaching schafft einen Rahmen, um wahrhafte Begegnungen eher möglich werden zu lassen: Die Möglichkeit eröffnen, *sich* zu geben und hinter dem Schein des Charakters, das wahre Wesen sein zu dürfen. Das Risiko eingehen, sich zu zeigen, durch die Maske erblickt zu werden. Ich *selbst* zu sein. Die Gestalt, die im Du für das Ich sichtbar wird, ist nicht greifbar, beschreibbar oder erfahrbar; sie ist gegenwärtig, so Buber: »Die Gestalt, die mir entgegentritt, kann ich nicht erfahren und nicht beschreiben; nur verwirklichen kann ich sie. Und doch schaue ich sie, im Glanz des Gegenüber strahlend, klarer als alle Klarheit der erfahrenen Welt. Nicht als ein Ding unter den >inneren< Dingen, nicht als ein Gebilde der >Einbildung<, sondern als das Gegenwärtige. Auf die Gegenständlichkeit geprüft, ist die Gestalt nicht >da<; aber was ist so gegenwärtig wie sie?« (Buber, 1922, S. 17).

Vor allem durch Präsenz sowie durch eine offene, annehmende und wertschätzende Haltung wird eine Atmosphäre gefördert, die Momente von Ich und Du im Hier und Jetzt erlauben. Diese Begegnung ist unmittelbar bezogen auf die Einzigartigkeit und Ganzheitlichkeit des anderen. »Ich« ist nicht durch eigene Absichten, Zwecke, Erwartungen, Sehnsüchte, Gier, Phantasien oder Wertungen geleitet. Lassen wir hierzu den Gestalttherapeuten Rich Hycner zu Wort kommen, der den Ansatz einer Dialogischen Beratung weitreichend mitgeprägt hat: »Die ›Ich-Du‹-Einstellung bedeutet, so präsent wie möglich zu sein, anderen Menschen mit Offenheit und ohne eigennützige Absichten oder Ziele zu begegnen, eine Haltung der Wertschätzung gegenüber ihrer Andersartigkeit, Ganzheitlichkeit und Einzigartigkeit einzunehmen sowie das In-Beziehungsein mit ihnen zu würdigen. Im Kontrast dazu ist die ›Ich-Es‹-Haltung durch und durch absichtsvoll. Es existiert ein Ziel, dem die andere Person untergeordnet wird« (Hycner, 1999, S. 61).

Wahrhafte Begegnung zwischen Menschen entsteht absichtslos und kann nicht absichtsvoll erzeugt werden. Die Begegnung zwischen Ich und Du lässt sich nicht einseitig aus einem Zielhorizont entwickeln. Es ist ein Phänomen, das unerwartet zwischen Menschen beidseitig hervortritt und erlebbar wird, so Buber: »Das Du begegnet mir. Aber ich trete in die unmittelbare Beziehung zu ihm. So ist die Beziehung Erwähltwerden und Erwählen, Passion und Aktion in einem« (Buber, 1922, S. 18).

Die Gefahr besteht paradoxerweise gerade dann, wenn der Berater beabsichtigt, sein Gegenüber in einer Ich-Du-Beziehung begegnen zu wollen. Gerade diese Absicht führt zur Vergegenständlichung des anderen und bereits zur »Vergegnung«. Sie artet nicht selten aus in künstlichem Getue und verhindert echtes In-Beziehung-Sein und unmittelbaren Kontakt. Das Gegenüber wird zu einem Objekt meines Vorhabens:

»Das Du begegnet mir von Gnaden – durch Suchen wird es nicht gefunden« (S. 18, Hervorhebung VK).

An dieser Stelle sei noch auf einen für Beratung bedeutsamen Aspekt hingewiesen: Durch die konstruktivistische Annahme der Subjektivität allen Erkennens und die damit verbundene Unzugänglichkeit des »Seins« bleibt dem Menschen zumindest theoretisch auch eine unmittelbare, »wahrhafte« Begegnung verwehrt, die von Buber als Ich-Du-Beziehung dargelegt und für den Menschen als »heilsam« erachtet wird. Mit anderen Worten: Aus konstruktivistischer Perspektive ist ein unmittelbares Einsehen des anderen in seinem »wahrhaften Wesen« undenkbar und unmöglich. Doch gerade die Annahme der Möglichkeit einer existenziellen Ich-Du-Beziehung ist eine wesentliche Basis von Beratungsansätzen der Humanistischen Psychologie: dem Menschen in seinem »Sein« unmittelbar begegnen und nicht in verzerrter Beziehung – vermittelt über Vorstellungen und Bedeutungen als Objekt – »vergegnen«.

Für mich scheint dieses Phänomen des unmittelbar Wirklichen und des Wahrhaften wesentlich für unsere Entwicklung zum »Menschsein« und entsprechend für unsere Beratungspraxis. In einem flüchtigen Augenblick mein Gegenüber im Wesen unmittelbar schauen und sehen sowie von meinem Gegenüber geschaut und gesehen werden, ohne das wesentlich Eingesehene sagen oder benennen (zu können). Diese existenziellen Momente der unfassbaren Unmittelbarkeit und Gegenseitigkeit zwischen Menschen leiten meine Beratungspraxis. Diese Momente bilden den Wesenskern von Beratung, der über alles Inhaltliche hinausgeht: das »Zwischen« den Menschen. Diese nicht sprachliche sinnliche Unmittelbarkeit eröffnet eine existenziell wohltuende, ja sogar heilende Dimension des Lebens. Für einen Augenblick meine Gedanken, Beschreibungen, Annahmen und Deutungen über den Klienten, ja die gut gemeinten absichtsvollen Techniken, Instrumente oder Fragen beiseitelegen und als Ich den Menschen mir gegenüber schauen. Ist das möglich?

Abgesehen von den wenigen Momenten einer unmittelbaren, gegenwärtigen und durch kognitive Konstrukte oder Begriffe unfassbaren Beziehung zum »Sein« bestimmen überwiegend subjektive Vorstellungen und Beschreibungen die Bedeutung von den wahrgenommenen »Dingen« der uns gegebenen Welt. Buber geht sogar davon aus, dass wir nur in einer »Es-Welt« unser Leben »einrichten« und leben können. In einer Welt von Dingen und Objekten, von Gebrauchen, Erfahren und Beschreiben. Jedoch wird der Mensch erst am »Du« zum Menschen: »In bloßer Gegenwart lässt sich nicht leben, sie würde einen aufzehren, wenn da nicht vorgesorgt wäre, dass sie rasch und gründlich überwunden wird. Aber in bloßer Vergangenheit lässt sich leben, ja nur in ihr lässt sich ein Leben einrichten. Man braucht nur jeden Augenblick mit Erfahren und Gebrauchen zu füllen, und er brennt nicht mehr. Und in allem Ernst der Wahrheit, du: ohne Es kann der Mensch nicht leben. Aber wer mit ihm allein lebt, ist nicht der Mensch« (S. 43).

Ja, wer sein Gegenüber als Objekt betrachtet, ihn oder sie gebraucht, verwendet, beansprucht oder gar konsumiert, erfährt und beschreibt, kategorisiert und bedeutungsvoll *versieht,* schafft sich seine eigene geordnete und Nutzen bringende Welt. Jedoch bleibt dem Menschen hinsichtlich dieser Weltschau das Du verwehrt, welches das Leben durch das Wesentliche bereichert und uns erst zum Ich werden lässt:

»Der Mensch wird am Du zum Ich« (Buber, 1922, S. 36, Hervorhebung: VK).

Dieses nicht gelebte Ich könnte in uns eine merklich spürbare, jedoch sprachlich nicht fassbare Spur von fehlender Sinnhaftigkeit, unerfüllter Sehnsucht, von Lieblosigkeit oder Freudlosigkeit hinterlassen. Eine Ahnung davon, etwas Wesentliches im Leben nicht zu verwirklichen. Das unaussprechliche Gefühl, etwas Existenzielles nicht zu leben.

3 Phasen ganzheitlicher Entwicklung zur Strukturierung von Beratungsprozessen

3.1 Allgemeines

Weiterbildungsprogramme, Kurse, Sequenzen oder Maßnahmen für die Entwicklung von Einzelnen, Teams oder Organisationen können vor dem Hintergrund der Phasen ganzheitlicher Entwicklung in Anlehnung an Pamela Levin entworfen, strukturiert und durchgeführt werden.

Pamela Levin legt auf der Grundlage der Transaktionsanalyse einen Ansatz dar, nach welchem die Entwicklung des Menschen von den ersten Lebensmonaten bis zum Erwachsenenalter in Form eines Zyklus von sieben Phasen geschieht (siehe Abbildung 6). Der chronologische Verlauf dieser Phasen ist nach Levin ein *von innen intendierter natürlicher Prozess* des Menschen (Levin, 1988).

Der menschliche Entwicklungsprozess ist hiernach nicht abgeschlossen. Auch im Erwachsenenalter finden wir uns je nach Lebenssituation in einer bestimmten Phase mit entsprechenden Bedürfnissen und Erfordernissen wieder. Für Menschen, die krank, müde, verletzlich oder verunsichert sind, geht es z. B. darum, die »Kraft des Seins« wieder zu stärken, oder für Menschen, die eine neue berufliche Funktion übernehmen, steht zunächst die »Kraft des Tuns« im Vordergrund. Für Menschen, die längere Zeit in einem bestimmten Feld aktiv gewesen sind, könnte es der »Kraft des Denkens« bedürfen, woraus sich auch Antworten zur Identität ergeben.

Während unserer kindlichen Entwicklung hin zum Erwachsenen sind unser kognitiv-emotionales und körperliches Erleben in der jeweiligen Phase und die daraus resultierenden Prägungen im Denken, Fühlen und Verhalten wesentlich bestimmt durch begleitende Botschaften der Bezugspersonen. Diese Botschaften werden implizit oder explizit, nonverbal oder verbal, bewusst oder nicht bewusst vermittelt und können sich auf die individuelle Entwicklung förderlich-stärkend oder eher hemmend-schwächend auswirken. Sie reflektieren verdichtet in ihrer Symbolik den Gehalt der Atmosphäre, in der Entwicklung geschieht.

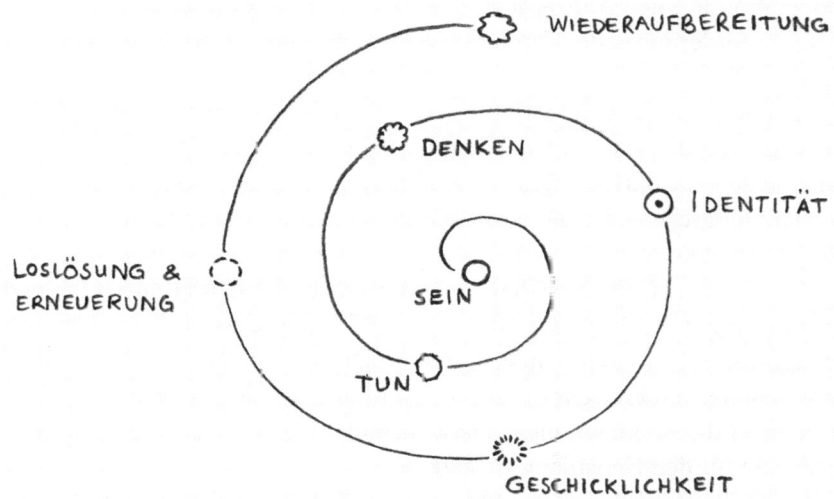

NACH PAMELA LEVIN «The cycle of power»

Abbildung 6: Phasen ganzheitlicher Entwicklung (in Anlehnung an Levin, 1988, S. 33)

Pamela Levin beschreibt und begründet Botschaften, die die Entwicklung des Menschen in den jeweiligen Phasen fördern, aber auch hemmen können. Sie stellt heraus, dass diese in der frühen Entwicklung erworbenen und verinnerlichten Botschaften auch noch im Erwachsenenalter im Umgang mit situativen Anforderungen ihre Wirkung entfalten.

Dementsprechend scheint es auch für die Entwicklung oder Stärkung von Erwachsenen unterstützend zu sein, je nach Anforderung der derzeitigen Lebenssituation entsprechend der gebrauchten »Kraft« dem Menschen *Erlaubnis* in Form von Botschaften für förderliches Fühlen, Denken und Verhalten zu geben. Natürlich erteilt der Mensch aufgrund seiner Autonomie immer nur sich selbst Erlaubnis für sein Erleben und Handeln, jedoch können Botschaften als äußere Einflüsse förderlich oder hemmend wirken.

Im Rahmen meiner gestalttherapeutischen Ausbildung habe ich im Jahr 2002 während eines zweiwöchigen Seminars in New Orleans, Louisiana, die Phasen ganzheitlicher Entwicklung kennengelernt und deren Stimmigkeit sowie Bedeutung und Wirkung für meine persönliche Entwicklung selbst erfahren. In den folgenden Jahren habe ich in Anlehnung an Klaus Lumma, Brigitte Michels und Dagmar Lumma (2009, 2013) in meiner Beratungspraxis das Phasenmodell für die Entwicklung von Teams und Organisationen übertragen und in enger

Kooperation mit den Auftraggebern je nach Anliegen und Bedarf an die konkreten Anforderungen des Kundenkontextes angepasst (Kiel, 2013; Kiel u. Lippmann, 2013).

Das Phasenmodell dient als Grundlage für die Strukturierung und Begleitung ganzheitlich orientierter Entwicklungsvorhaben. Ganzheitlich ist in dem Sinne gemeint, dass sowohl die kognitive, emotionale und körperliche Ebene als auch die Handlungsebene für die erforderliche oder erwünschte Entwicklung einbezogen werden.

Gerade bei organisationalen Veränderungen, die häufig durch fehlende Orientierung, Unsicherheit und Ängste und infolgedessen durch Lähmung geprägt sind, scheint es besonders erforderlich zu sein, einerseits die beteiligen Menschen und andererseits das neu konstituierte soziale System entlang dieser Phasen zu führen, um auf diese Weise Stabilität, Aktivität und Identität sowie Zuversicht für den Neuanfang zu stärken.

Bei der Besprechung dieses Phasenmodells und den dazugehörenden Botschaften sollten die Fragen der Nachvollziehbarkeit, Brauchbarkeit und Wirksamkeit im Vordergrund stehen. Aus konstruktivistischer Perspektive haben Modelle nicht den Anspruch, die Wahrheit oder eine reale Welt abzubilden, sondern sie erweisen sich in der praktischen Anwendung kontextbezogen als mehr oder weniger nützlich.

Das Phasenmodell dient als Orientierungshilfe, um Maßnahmen sinnvoll und begründet in einem Entwicklungsvorhaben sequenziell und dramaturgisch zu verorten. Dabei werden die einzelnen Phasen nicht linear und eindeutig voneinander abgegrenzt »durchgearbeitet«. Sie bauen wie auf natürliche Weise aufeinander auf, greifen ineinander ein und vermengen sich, je nachdem, was sinnvoll für die erwünschte Entwicklung gefordert ist. Die Brauchbarkeit von Modellen erweist sich durch ihren erkennbaren Nutzen aus der Perspektive der Beteiligten im jeweiligen Praxisfeld.

3.2 Phase 1: SEIN – die eigene Existenz im privaten und beruflichen Feld festigen

Zu Beginn jeder Entwicklungsmaßnahme, sei es im Einzelsetting oder in Gruppen, scheint es wesentlich zu sein, die beteiligten Menschen in ihrer Existenz anzusprechen und anzunehmen, um sie auf diese Weise im *Hiersein* zu stärken.

Im beruflichen Kontext fühlen sich die Menschen durch die Stärkung ihrer Existenz in ihrem Wert geschätzt, gesehen, angenommen, kompetent und entwickeln gegenseitiges Vertrauen und Zutrauen. Sie gewinnen Stabilität und

Orientierung, sind miteinander vertrauter und fühlen sich sowohl im Team als auch in der Organisation sicherer verankert.

Gerade bei erheblichen organisationalen Veränderungen ist es von besonderer Bedeutung, nach der Implementierung des Neuen das »Sein« der Beteiligten zu bekräftigen. Nachdem neue Strukturen, Prozesse oder Arbeitsabläufe entwickelt, kommuniziert und eingeführt sind, die Menschen ihren künftigen Platz und Aufgabenbereiche ein- und angenommen und mehr oder weniger akzeptiert haben, können z. B. folgende Botschaften für den Einzelnen existenzstärkend wirken:

- »Es ist gut, dass du hier bist.«
- »Du hast einen guten Platz in unserem Team/in unserer Gruppe/Organisation.«
- »Du darfst fühlen, was du fühlst und denken, was du denkst und dich frei äußern.«
- »Du darfst Bedürfnisse haben und diese ausdrücken.«
- »Du darfst das benennen, was dich beschäftigt.«
- »Du darfst dir Zeit lassen.«

Praxisbeispiel zur Stärkung des »Seins«

Zu Beginn eines entägigen Workshops im Rahmen einer Reorganisation wählen die Teilnehmenden aus verschiedenen Kalenderblättern ein Motiv aus, das am ehesten ihre aktuelle Situation im Veränderungsprozess widerspiegelt. Vor dem Hintergrund dieses Bildes beschreibt jeder seine derzeitige Befindlichkeit, seine Wünsche und Erwartungen. Das Gesagte und Gesehene wird ohne Fragen und Wertung angenommen. Es scheint besonders hilfreich zu sein, schon in dieser frühen Phase den Mitarbeitenden Zeit und Raum zu geben, sich mitzuteilen, wie sie die aktuelle Situation erleben, was sie belastet, stört und auch freut, was sie brauchen, um das Neue anzunehmen. Dabei werden implizit die Botschaften vermittelt: »Du darfst denken, was du denkst, und fühlen, was du fühlst, und dich frei äußern!« Und: »Du darfst Bedürfnisse haben und diese ausdrücken!«

In einer Maßnahme zur Teamentwicklung stellen sich die Teilnehmenden anhand ihrer beruflichen Entwicklungslinie persönlich vor, welche sie mit Malstiften auf Zeichenpapier durch Linien, Verzweigungen, Farben, Symbole oder Zeichen kreativ zum Ausdruck gebracht haben. Hierzu lautet die Leitfrage: »Durch welche Linie wird deine berufliche Entwicklung sichtbar?« Und: »Durch welche Farben, Symbole oder Zeichen werden zum einen Stimmungen, Gefühle, Atmosphären im Hintergrund zum Vorschein gebracht und zum anderen prägende Ereignisse oder Stationen kenntlich gemacht?«

Jeder präsentiert im Plenum seinen »beruflichen Werdegang« vor dem Hintergrund der gemalten Entwicklungslinie. Nach der Vorstellung melden alle anderen

Teamkollegen zurück, welche Stärken und Fähigkeiten sie wahrgenommen haben und welche Beiträge diese Person in das Team einbringen könnte. Bei den meisten Personen zeigt die berufliche Entwicklungsgeschichte nicht immer bergauf, sondern auch mal nach unten oder hat die Form eines Kreises, verdeutlicht Höhen und Tiefen oder markiert auch Krisen. Diese Offenheit wird sehr geschätzt. Einerseits erhalten die Teamkollegen einen anschaulichen und offenen Einblick in die jeweilige Geschichte des anderen: »Wer sitzt hier mit welcher Geschichte?« und andererseits bestätigen und bestärken sie sich gegenseitig in ihrem Hiersein. Die Teamkollegen vermitteln implizit oder explizit die Botschaft: »Es ist gut, dass du hier bist!«

Im Einzelsetting könnte die Beraterin zu Beginn jeder Sitzung durch ihre Aussagen und Handlungen die Existenz, das Hiersein der Klientin stärken. Zum Beispiel könnte sie folgende Botschaften implizit durch ihr Handeln oder explizit durch ihre Worte zum Ausdruck bringen, um die Eingangssituation der Beratung entwicklungsfördernd zu prägen:

- »Du bist bei mir willkommen.«
- »Gut, dass du jetzt hier bist.«
- »Du bist in Ordnung, so wie du bist.«
- »Du darfst dir einen stimmigen Platz wählen und es dir bequem machen.«
- »Du darfst fühlen, was du fühlst, und sagen, was du denkst.«
- »Du darfst deine Bedürfnisse äußern.«
- »Du darfst das benennen, was dich jetzt beschäftigt.«
- »Du darfst dir Zeit lassen.«

Der Berater sollte diese Botschaften authentisch und kongruent vermitteln. Und: Er sollte präsent sein. Er sollte sich über seine Sinneswahrnehmungen sowohl des Klienten als auch seiner Selbst bewusst sein – seiner körperlichen-emotionalen Befindlichkeit sowie seiner Bedürfnisse, Gedanken und Phantasien. Einfach gesagt geht es darum, dass der Klient sich wohl und sicher, angenommen und aufgehoben fühlt.

Aus meiner langjährigen Praxis bin ich zu der Einsicht gelangt, dass wir Berater das »Sein« der Klienten nur dann *kongruent* stärken können, wenn wir selbst in unserer Existenz sicher und kraftvoll sind und uns in unserer Haut wohlfühlen, uns selbst achten und selbst kongruent sind. *Kongruenz* ist nach der bedeutenden und wegbereitenden Familientherapeutin Virginia Satir (1916–1988) durch folgende Aspekte charakterisiert (Satir, 2011, S. 83):

- die Würdigung der Einzigartigkeit des Selbst;
- den freien Fluss persönlicher und interpersoneller Energie;
- das Inanspruchnehmen des Personenseins;

- die Bereitschaft, sich selbst und anderen zu vertrauen;
- die Bereitschaft, Risiken einzugehen und sich verletzlich zu machen;
- das Nutzen der eigenen inneren und äußeren Ressourcen;
- Offenheit gegenüber Intimität;
- die Freiheit, man selbst zu sein und andere zu akzeptieren;
- Liebe sich selbst und anderen gegenüber;
- Flexibilität und Offenheit Veränderungen gegenüber.

Dabei scheint es wichtig zu sein, darauf hinzuweisen, dass Kongruenz nicht als Technik des Beraters angewandt oder als Haltung der Überlegenheit oder gar des »Erleuchteten« oder »Geläuterten« absichtsvoll gezeigt wird, sondern als Mensch ehrlich gelebt zum Ausdruck kommt. Das könnte uns dafür frei machen, selbst als Berater Mensch sein zu dürfen: »Wenn wir uns dafür entscheiden, kongruent zu reagieren, so tun wir das nicht, weil wir ›gewinnen‹ wollen, weil wir uns die Kontrolle über einen anderen Menschen oder über seine Situation aneignen wollen, weil wir uns verteidigen oder andere Menschen ignorieren wollen. Wenn wir uns für Kongruenz entscheiden, so entscheiden wir uns dafür, wir selbst zu sein, zu anderen Menschen in Beziehung zu treten und eine direkte Verbindung zu ihnen herzustellen. Wir wollen aus der Position der Fürsorge für uns selbst und für andere Menschen agieren und reagieren und mit einem Gewahrsein für den gegenwärtigen Kontext. Dazu brauchen wir nicht unbedingt glücklich zu sein, und wir müssen auch nicht frei von jeglichen Problemen sein oder um jeden Preis und in jeder Situation höflich bleiben« (S. 84).

Kongruenz basiert auf einem Gewahrsein dessen, was in unserem Inneren vor sich geht: einem Gewahrsein unserer Gedanken, Gefühle, Körperbotschaften und der Bedeutungen, die wir unseren Erfahrungen zuschreiben (S. 93). Kongruenz ist eine Form offener Kommunikation, ein Zustand der Stärke und ein Zustand des Seins (S. 94).

Es ist zumindest geboten, dafür zu sorgen, selbst in unserem Leben einigermaßen ausbalanciert, »aufgeräumt« und gestärkt zu sein, um überhaupt im Sinne von Martin Buber »Du« zu unserem Gegenüber sagen zu können (siehe Unterkapitel 2.6).

Wie können wir kongruenter kommunizieren? Auch hierfür gibt uns Virginia Satir wertvolle Hinweise bezogen auf den Umgang mit uns selbst, mit dem anderen und mit dem Kontext, in dem wir uns in diesem Moment gemeinsam befinden (S. 94 f.):

1. Sich auf sich selbst fokussieren:
   a. auf Körpersignale achten,
   b. durch bewusstes Atmen ruhig werden,

  c. den eigenen Wert bestätigen,

  d. zentriert und bewusst werden.

2. Kontakt herstellen:

  a. sehen und hören,

  b. auf Körpersignale achten,

  c. Respekt zeigen,

  d. akzeptieren und vertrauen.

3. Sich innerhalb des Kontextes verändern:

  a. vom »Problem« zu seiner Bewältigung übergehen,

  b. sich mit Gefühlen auseinandersetzen,

  c. Erwartungen und Wahrnehmungen umdeuten (reframe),

  d. die Zahl der Optionen und Möglichkeiten vergrößern.

4. Den neuen Staus quo mit dem Selbst, den anderen und dem Kontext sowie mit den Ebenen der Erfahrung integrieren.

3.3 Phase 2: TUN – Neues experimentell erproben und entdecken

Im beruflichen oder privaten Feld können Menschen auf dem Fundament einer gestärkten Existenz sicherer, leichter und freier handeln. In der darauffolgenden Phase steht deshalb die Aktivität im Vordergrund: das »Tun«.

Bei organisationaler Entwicklung geht es in dieser Phase um das unmittelbare Miteinandererproben neuer Prozesse, Abläufe oder Strukturen in der gemeinsamen Arbeitsumgebung. Die Mitarbeitenden erleben und erfahren merklich das Interagieren, Wechselwirken und Austarieren innerhalb der neuen Rahmenbedingungen.

Menschen sind in ihrem gegenwärtigen Erleben zukünftiger Veränderungen durch eigene Vorstellungen oder innere Bilder geleitet, aus denen sich Vermutungen, Annahmen oder Überzeugungen darüber ergeben, wie das Neue sein wird. Je nachdem, wie ich mir die Zukunft ausmale und mir innerlich vor Augen führe, erlebe ich diese mir selbst ausgemalte Zukunft im Hier und Jetzt: mit Unsicherheit, Trauer, Ängsten, Wut, Ärger, Interesse, Neugierde oder Freude. Wir können uns durch diese Vorstellungen und die damit verbundenen Annahmen hemmen oder blockieren, die Veränderung tatsächlich einzugehen und aktiv zu werden. Wir können in Passivität oder in übermäßigem Denken und Gerede über die möglichen und angenommenen Veränderungen verharren.

Gerade bei Neuem und den damit verbundenen Unsicherheiten werden Erfahrungen und auch Botschaften aus der persönlichen Geschichte aktiviert und können den Handlungsfluss in der aktuellen Situation blockieren, z. B. in Form von Antreibern wie: »Sei perfekt!« oder »Sei vorsichtig!«. Diese verinnerlichten Botschaften binden Energie und wirken sich auf das Verhalten eher hemmend aus (Goulding u. Goulding, 1981).

Die Mitarbeitenden sollten möglichst früh ermutigt und befähigt werden, das Neue zu tun und auszuprobieren. Nur durch das unmittelbare Erfahren und Erleben der Veränderung erhalten sie Einsichten und Erkenntnisse darüber, welche Vor- und Nachteile, Risiken und Möglichkeiten sich sowohl für sie persönlich als auch für die Organisation in der Praxis *wirklich* zeigen. Es geht darum, das Potenzial der neuen Situation zu entdecken und zu nutzen.

Nur durch Ausprobieren erwerben die Mitarbeitenden eine »empirische Datenbasis« für die weitere konkrete und mitbestimmte Ausgestaltung im laufenden Prozess. Nur auf diese Weise ist sowohl individuelles als auch organisationales Lernen möglich. In dieser Phase sind vor allem die Führungskräfte unmittelbar im Arbeitsumfeld gefordert, durch ihre Haltung die Mitarbeitenden zu ermutigen, Neues auszuprobieren. Das gilt z. B. beim Umgang mit Fragen, Fehlern, übertriebenem Perfektionismus, übervorsichtigem Handeln oder durch das Anbieten von Unterstützung und Orientierungshilfen. Es geht darum, eine Atmosphäre zu fördern, in der sich die Mitarbeitenden mit Engagement, Leichtigkeit, Neugierde und Kreativität mit dem Neuen auseinandersetzen können.

Allgemein betrachtet, können z. B. folgende Botschaften den Handlungsfluss von Menschen fördern:

- »Du darfst ausprobieren und experimentieren.«
- »Du darfst neugierig und intuitiv sein.«
- »Du darfst forschen und mit allen Sinnen wahrnehmen.«
- »Du darfst die Initiative ergreifen.«
- »Du kannst dir Unterstützung holen.«

Praxisbeispiel zur Stärkung des »Tuns«

Die Teilnehmenden eines Workshops zum Thema »Umgang mit Veränderungen« werden angeleitet, sich vor ihrem inneren Auge eine vergangene Situation zu vergegenwärtigen, in welcher sie vor eine neue, anspruchsvolle Aufgabe gestellt waren. In dieser Imagination werden sie eingeladen, darauf zu achten, welche inneren Sätze sie dort begleiteten und wie sich diese auf ihr Tun auswirkten. Nach der Imagination tauschen sich die Teilnehmenden in Zweiergruppen darüber aus, welche inneren Sätze sie als förderlich und welche als hemmend erlebten. Anschließend definieren sie Möglichkeiten, wie sie bezogen auf die aktuelle Situation die förderlichen Sätze verstärken und die hemmenden abschwächen könnten.

Wenn Menschen in ihrer Fähigkeit, Neues auszuprobieren, gestärkt sind, dann fühlen sie sich freier, sind zuversichtlicher und kreativer. Sie sind ermutigt, sich auf das Neue einzulassen und empfinden dies als weniger bedrohlich. Dies gilt auch für die Beratung im Einzelsetting. Wenn der Klient durch Stärkung seines »Seins« sich wohl- und angenommen fühlt, könnte die Beraterin ihn ermutigen, sein Thema über das »Tun« zu erkunden, experimentell zu erfahren und zu entdecken. Zum Beispiel über das Malen eines Bildes, das Formen einer Figur aus Ton, das Skizzieren erlebter sozialer Beziehungen oder über das (Aus-)Agieren einer Beziehungsdynamik mit dem »Leeren Stuhl«.

3.4 Phase 3: DENKEN – sich emotional und rational positionieren

Im organisationalen Kontext sollten nach einer Phase des aktiven Erprobens und Erfahrens in regelmäßigen Abständen sowohl die aufgabenbezogene als auch die personenbezogene Ebene gemeinsam im Team betrachtet und bewertet werden: zum einen die Erfahrungen mit den neuen Strukturen, Prozessen oder Abläufen und zum anderen das persönliche Erleben im (neuen) Arbeitsumfeld allgemein und insbesondere das Erleben der Zusammenarbeit. Dabei scheint es wichtig zu sein, die eigenen Wahrnehmungen, Gefühle, Bewertungen, Erklärungen sowie Schlussfolgerungen ehrlich und frei äußern und austauschen zu dürfen, ohne negative Konsequenzen zu befürchten. Nur ein ehrlicher Dialog über das sinnlich Wahrgenommene, emotional Erlebte und rational Gedachte aus der jeweiligen Perspektive kann die Komplexität des Geschehens bis zu einem gewissen Grad intersubjektiv abbilden. Auf der Grundlage dieses dialogisch entworfenen Bildes werden Wechselwirkungen und Beziehungen, individuelle Bedürfnisse, gegenseitige Erwartungen, fördernde und hindernde Beiträge, vorhandene Fähigkeiten und Ressourcen sichtbar. Aus den unmittelbaren sinnlichen Erlebnissen und Erfahrungen mit den neuen oder veränderten Prozessen, Abläufen oder Strukturen gehen wesentliche Erkenntnisse über Vorteile und Möglichkeiten, aber auch über Nachteile und Hindernisse hervor. Diese Erkenntnisse sind äußerst wertvolle Informationen, die in die weitere Ausgestaltung der Organisation einfließen. Nicht die angedachten oder geplanten, sondern die tatsächlich erlebten Wirkungen der Veränderungen auf das Wohlbefinden, die Beziehungen und Leistung werden gemeinsam erfasst.

Aus diesem *iterativen Vorgehen* mit regelmäßigen Feedbackschleifen ergibt sich eine wiederholende Konkretisierung und Anpassung des Veränderungsvorhabens sowie dessen Einführungsprozesses.

Zum Beispiel können folgende Botschaften in dieser Phase anregend wirken:

- »Du darfst dich entwickeln und deine Fähigkeiten zeigen.«
- »Du darfst eigene Gefühle haben.«
- »Du darfst auch sogenannte negative Gefühle zulassen und dich abgrenzen.«
- »Du darfst gleichzeitig denken und fühlen.«
- »Du darfst dir über deine Bedürfnisse im Klaren sein.«
- »Du darfst Grenzen ausprobieren und Nein sagen.«
- »Du brauchst nicht für die anderen Menschen zu denken.«

Praxisbeispiel zur Stärkung des »Denkens«

Im zweiten Workshop einer längerfristigen Teamentwicklungsmaßnahme malt jeder Teilnehmer ein Bild zu der Frage, wie er das bisherige Zusammenarbeiten in dem neu konstituierten Team erlebt. Anschließend stellt jeder sein Bild der Gesamtgruppe vor. Seitens der anderen wird kurz zurückgemeldet, wie das Bild und das Gesagte wirken bzw. was das Bild und das Gesagte bei ihnen auslösen (z. B. Gedanken, Ideen oder Emotionen) und welche Bedürfnisse und Wünsche sowie Stärken, Fähigkeiten und Entwicklungen sie bei der entsprechenden Person erkennen. In dieser Phase scheint es besonders förderlich zu sein, dass jedem Teilnehmer die Möglichkeit eingeräumt wird, mit begleitender Würdigung sein inneres subjektives Erleben und Empfinden äußern zu dürfen. Durch die Verschränkung der jeweiligen Perspektiven entsteht ein differenziertes Bild von der Situation sowohl mit gemeinsam geteilten als auch unterschiedlichen Ansichten sowie mit individuell ergänzenden Facetten. Die derzeitige Situation wird den Teilnehmenden umfassender gewahr.

Im Einzelsetting betrachte und bespreche ich in dieser Phase gemeinsam mit der Klientin ihr gemaltes Bild, ihre gefertigte Skulptur, ihre skizzierten Beziehungen oder die über die Arbeit mit den »Leeren Stühlen« erlebte Beziehungsdynamik. Hier frage ich nach Gefühlen, Gedanken, Körperereignissen oder nach Verhalten und Wechselwirkungen, nach Bedürfnissen, Hemmnissen oder Grenzen, nach Stärken, Fähigkeiten und Entwicklungen, welche die Klientin dort im Bild, in der Skulptur oder in der Beziehungsdynamik erlebt. Ich frage nach Annahmen, Vermutungen, Erklärungen oder Schlussfolgerungen, mit denen sie das Wahrgenommene gedanklich ordnet. Wir explorieren die erlebte Wirklichkeit der Klientin im »Dort und Dann« und aktualisieren diese im »Hier und Jetzt«. Indessen fordere ich die Klientin immer wieder auf, ihre Ideen und Gedanken mit ihrem Fühlen und körperlichem Empfinden zu verbinden:

- *Was denkst du und fühlst du über dieses Hindernis?*
- *Was fühlst du über diese Idee?*
- *Wie fühlt sich dieser Gedanke an?*

- *Wie spürst du körperlich, dass du dich hemmst? Und was fühlst du darüber?*
- *Durch welche Gedanken oder Phantasien hinderst du dich, das zu tun, was dir wichtig ist? Was empfindest du dabei körperlich?*
- *Was denkst du und fühlst du über deine Stärken, Fähigkeiten und Entwicklungen?*

3.5 Phase 4: IDENTITÄT – die Besonderheiten erkennen und die Einzigartigkeit würdigen

Im organisationalen Kontext wird durch die Phase des »Denkens« – das gemeinsame Betrachten, Besprechen und Reflektieren – sich jeder Beteiligte sowohl über seine Position und Wirkung im Team als auch über die Beschaffenheit, Dynamiken und Wirkungen des Teams als Ganzes bewusster. Beispielsweise werden vorhandene Stärken, Ressourcen, Entwicklungsfelder, Potenziale und Risiken, die gelebten und erwünschten Werte, das Selbstbild und das Image des Teams sichtbarer. Diese Erkenntnisse münden in ein gemeinsames Bild über die Eigenschaften, Besonderheiten, Möglichkeiten und Grenzen des Teams. Dieses Bild kann als gemeinsam wahrgenommene Identität der derzeitigen Situation bezeichnet werden, die nicht von außen vorgezeichnet, sondern aus dem Team selbst heraus erschaffen ist. Darüber hinaus erfährt jedes Teammitglied mehr über sein Fühlen, Denken und Verhalten sowie dessen Auswirkungen auf andere Personen. Jeder erkennt sich als Bestandteil des Ganzen und sieht, welchen Platz er in diesem Gefüge einnimmt und welchen Beitrag er leistet.

Zum Beispiel können folgende Botschaften die Phase der Identität unterstützen:
- »Du darfst wissen, wie du von anderen wahrgenommen wirst und welche Rollen du einnimmst.«
- »Du darfst besondere Fähigkeiten und gleichzeitig Bedürfnisse haben.«
- »Du darfst deine eigenen Gefühle und Werte haben.«
- »Du musst nicht auffällig sein, um wahrgenommen zu werden.«
- »Du darfst dich zurücknehmen.«
- »Du darfst die Konsequenzen deines Handelns herausfinden.«
- »Du darfst deine Möglichkeiten und die Risiken erkennen.«

Um die Konturen der Identität eines Teams sichtbar herauszuarbeiten und zu stärken, werden die Teammitglieder eingelaten, mit Ölkreide gemeinsam ein Bild zum Thema: »Wir als Schiffsmannschaft« auf ein DIN-A2-Blatt Zeichenpapier zu malen. Anschließend werden die Rollen, Funktionen, Beziehungen und Wechselwirkungen innerhalb der Schiffsmannschaft, deren Stärken und Schwächen, die Eigenschaften des Schiffes und des Gewässers sowie Hindernisse, Risiken und Möglichkeiten besprochen. Gefragt wird auch, welchen Platz die einzelnen Teammitglieder auf dem Schiff einnehmen, welche Beiträge sie für das Ganze leisten. Anschließend wird besprochen, welche Parallelen sie zur derzeitigen Teamsituation erkennen.

In einem Workshop zur Teamentwicklung wird das Thema »Werte« zunächst aus der individuellen Perspektive aufgegriffen, die im weiteren Verlauf mit den Sichtweisen der anderen verschränkt und auf diese Weise zu einem kollektiven Gesamtbild »verästelt« wird. Im Vorfeld des Workshops werden die Teilnehmenden gebeten, einen Gegenstand zu wählen und mitzubringen, der für sie einen wichtigen Wert in der derzeitigen Zusammenarbeit symbolisiert. Während des Workshops stellt jeder Teilnehmer in Kleingruppen zu je vier Personen seinen Wert anhand des mitgebrachten Gegenstandes vor. Die Kleingruppen tauschen sich über die Bedeutung des Wertes in ihrem aktuellen beruflichen Kontext aus, besprechen Beispiele, in denen dieser Wert besonders sichtbar gelebt, aber auch verletzt wurde sowie die jeweils damit verbundenen Auswirkungen. Anschließend schreibt jeder seinen Wert auf eine Moderationskarte. Zurück im Plenum stellt jeder seinen Gegenstand und den damit verbundenen Wert der Gesamtgruppe vor und befestigt die Moderationskarte an einem »angemessenen« Platz im »Wertebaum«, der zuvor auf eine Moderationswand gemalt wurde. Der Wertebaum wird im Plenum gemeinsam betrachtet und kommentiert. Fragen werden geklärt und fehlende erwünschte Werte ergänzt. Anschließend werden in Kleingruppen auf der Grundlage der aufgeführten Werte Leitsätze für die künftige Zusammenarbeit formuliert. Die Leitsätze beziehen sich dabei auf die Bereiche »Ich« (Individuum), »Team« und »Ziele bzw. Aufgaben«.

Im Einzelsetting betrachte ich gemeinsam mit dem Klienten genauer seine Person in der Einbettung der zuvor explorierten Situation. Hier frage ich den Klienten, was er denkt, wie er dort in der gemeinten Situation von den anderen wahrgenommen wird, welche Werte ihn leiten, welche Fähigkeiten er zeigt oder welche Entwicklungsmöglichkeiten er für sich sieht, was er sich wünscht und befürchtet, welche Auswirkungen, Möglichkeiten oder Risiken sein Handeln haben könnte. Anschließend könnte ich fragen *Was genau hast du über dich eingesehen, erkannt oder verstanden? Was sind deine Besonderheiten und Qualitäten in diesem Kontext?*

3.6 Phase 5: GESCHICKLICHKEIT – das Vorhandene nutzen und Gelingen ermöglichen

Nachdem die Identität des Teams in ihrer Kontur sichtbarer und greifbarer ist, liegt in dieser Phase der Schwerpunkt darauf, das Vorhandene geschickt zur Erfüllung der Aufgaben und zur Erreichung der Ziele zu nutzen sowie die erkannten Entwicklungsbedarfe zu erfüllen. Folgende Frage steht hier im Vordergrund: *Wie können wir die vorhandenen Ressourcen nutzen und unsere Potenziale entwickeln, um den Anforderungen des Umfeldes zu entsprechen?* Dafür werden konkrete Maßnahmen definiert, um z. B. vorhandene Stärken einzubringen, notwendiges Wissen und erforderliche Fähigkeiten aufzubauen, aufgedeckte Möglichkeiten und Potenziale zu nutzen oder sichtbaren Risiken entgegenzuwirken.

Zum Beispiel können folgende Botschaften das Gelingen verstärken:

- »Du kannst es auf deine Art und Weise tun.«
- »Du kannst überlegen, bevor du handelst.«
- »Du darfst eine andere Meinung haben und sie vertreten.«
- »Vertraue deinem Gefühl und lass es dein Handeln leiten.«
- »Du darfst lernen und dabei deine eigenen Werte und Handlungsweisen entwickeln.«

Praxisbeispiel zur Stärkung der »Geschicklichkeit«

Im Rahmen einer Großgruppenveranstaltung werden die Mitarbeitenden über die künftigen Herausforderungen der Organisation und über die Notwenigkeit von Veränderungen informiert. Daraufhin werden sie aufgefordert, mit Buntstiften auf ein DIN-A5-Blatt Zeichenpapier ihre Vorstellung von Veränderung über eine Skizze/ein Bild zum Ausdruck zu bringen. Anschließend tauschen sich jeweils zwei Personen anhand von Leitfragen während eines gemeinsamen Spaziergangs über die Bedeutung von Veränderung aus. Anschließend formieren sich die Teilnehmenden in Dreiergruppen, in welchen zunächst eine Person beginnt und vor dem Hintergrund des zu Beginn skizzierten oder gemalten Bildes ihre Bedeutung von Veränderung erläutert. Über das Gehörte und über das im Bild zu Sehende teilen die beiden anderen Personen mit, welche Werte, Stärken und Entwicklungsmöglichkeiten im Umgang mit Veränderungen sie wahrgenommen haben. Die angesprochene Person fasst zusammen, welche Einsichten und Erkenntnisse sie gewonnen hat und wie sie künftig *geschickter* mit Veränderungen umgehen möchte. Das gleiche Verfahren wird jeweils mit den beiden anderen Personen durchgeführt.

Im Einzelsetting überlege ich gemeinsam mit der Klientin, wie sie ihre besonderen Fähigkeiten und Stärken und die vorhandenen Ressourcen für aktuelle

Herausforderungen *geschickt* nutzen kann, um ihre Bedürfnisse zu erfüllen. Wir bedenken auch, was sie hemmen oder blockieren könnte, und erarbeiten Möglichkeiten, mit diesen Hindernissen umzugehen oder sie zu umgehen.

Insgesamt geht es in der Phase der Geschicklichkeit darum, die Bedürfnisse des Klienten mit den wahrgenommenen Anforderungen oder Ansprüchen des gemeinten Kontextes in Einklang zu bringen, eine ausgewogene Balance zwischen der Innen- und Außenwelt zu finden, mit der Umgebung stimmig und harmonisch zu werden.

Auf der einen Seite bedeutet das auch, Bedürfnisse, Überzeugungen, Wertvorstellungen zu hinterfragen, wenn sich diese in der gemeinsamen Situation nicht verwirklichen lassen und als unrealistisch erscheinen. In diesem Fall schauen wir, in welchem anderen Kontext oder mit welchen anderen Menschen diese erfüllbar sind und gelebt werden könnten oder inwieweit es für den Klienten möglich ist, seine Innenwelt in Beziehung zur Außenwelt zu relativieren und anzupassen.

Auf der anderen Seite könnten wir auch die vom Klienten subjektiv wahrgenommenen Anforderungen oder Ansprüche überprüfen:

- *Was macht dich so sicher, dass in dieser Situation das gefordert oder erwartet wird?*
- *Woran merkst du das?*
- *Gab es Momente, in welchen du diese Anforderungen oder Erwartungen nicht gespürt hast? Was ist in diesen Momenten anders?*
- *Gibt es Bereiche in diesem Kontext, wo du deine Bedürfnisse und Werte lebst oder leben könntest?*

3.7 Phase 6: NEUORIENTIERUNG – sich vom Alten lösen und das Neue verankern

Im organisationalen Kontext stärkt die Phase der Neuorientierung die Selbstorganisation und Eigenverantwortung der einzelnen Teammitglieder, während das Team definierte Wege und Möglichkeiten erprobt sowie konkrete Maßnahmen realisiert, um Vorhandenes für die Erreichung der gemeinsamen Ziele geschickt einzusetzen. In dieser Phase werden Zusicherung, Zutrauen und Zuversicht vermittelt, um die Menschen zu ermutigen, innerhalb des sozialen Gefüges und vorgegebener Rahmenbedingungen ihren eigenen Weg zu finden und flexibel zu gestalten: sich persönlich neu zu orientieren, bisherige Denk- und Verhaltensmuster loszulassen, eine individuelle Methodik zu entwickeln und Neues zu verankern, um komplexe Anforderungen auf eigene Weise situativ bewältigen zu können.

Zum Beispiel könnten folgende Botschaften dabei förderlich sein:

- »Es ist in Ordnung, deinen eigenen Weg zu gehen.«
- »Unsere Wertschätzung und Anerkennung begleiten dich.«
- »Die Tür steht für dich offen.«
- »Es ist in Ordnung, Bedürfnisse zu haben und erfolgreich zu sein.«
- »Es ist in Ordnung, für deine eigenen Bedürfnisse, Gefühle und Verhaltensweisen verantwortlich zu sein.«

Praxisbeispiel zur Stärkung der »Neuorientierung«

In einem Workshop im Rahmen eines Veränderungsprozesses werden die Teilnehmenden in eine Phantasie geleitet, in welcher sie sich einen Fluss vorstellen, der die »alte Welt« und die »neue Welt« voneinander trennt – oder miteinander verbindet. In dieser Imagination sehen sie sich auf dem Ufer der »alten Welt« und blicken aus dieser Perspektive auf die andere Seite des Flusses. Dabei imaginieren sie sich als Person in die »neue Welt« und beschreiben möglichst genau, welche Gestalt sie haben, wie sie sich dort verhalten, fühlen, welche inneren Sätze sie dort begleiten, wie dort ihre Haltung, Gestik, Mimik ist, welche Fähigkeiten sie haben und wie andere dort diese Fähigkeiten erkennen. Sie werden angeleitet, sich zu entscheiden, was sie von der »alten« in die »neue Welt« mitnehmen und was sie zurücklassen wollen. Sie sollen auch den Fluss genau beschreiben, Breite, Temperatur, Strömung. Dann werden sie aufgefordert, aus der Perspektive der »alten Welt« Kontakt aufzunehmen mit der Person auf der Seite des gegenüberliegenden Ufers: Sie führen einen Dialog zwischen den beiden Personen und hören, was die Person aus der »neuen Welt« der Person auf der Seite der »alten Welt« für Hinweise für die Überquerung des Flusses gibt.

Im Einzelsetting dient die Phase der Neuorientierung zum einen dem Abschluss einer Beratungssitzung und zum anderen dem (vorläufigen) Abschluss des gesamten Beratungsprozesses und somit auch dem persönlichen Abschiednehmen.

Am Ende einer Beratungssitzung lade ich die Klientin ein, wesentliche Einsichten und Erkenntnisse und gegebenenfalls auch schon Lösungsansätze und erste Ideen für die Umsetzung zu benennen, aber auch, welche Themen noch offen sind und sie beschäftigen. Ich bitte sie, mir mitzuteilen, was sie während der Beratungssitzung als förderlich und was als hinderlich empfunden hat. Mir ist es wichtig, die Leistung der Klientin ehrlich anzuerkennen und zu würdigen, sie in ihrem Wert zu schätzen, mich für ihr Vertrauen zu bedanken und sie zuversichtlich zu verabschieden.

Zum (vorläufigen) Abschluss des gesamten Beratungsprozesses bitte ich den Klienten zusätzlich, sich zum einen bewusst zu werden, welche Herausforderungen er erfolgreich bewältigt hat, und zum anderen, welche Bedürfnisse weiterhin existent und welche Themen noch ungelöst sind. Hierbei gilt es, den Klienten in seiner Verantwortung für seine Gefühle, Bedürfnisse und Handlungen zu stärken. Schließlich gilt es, den Klienten zu verabschieden und gleichzeitig zu signalisieren, dass er bei Bedarf sich gern wieder melden darf und willkommen ist.

3.8 Phase 7: WIEDERAUFBEREITUNG – das Gelernte für die persönliche und berufliche Entwicklung einsetzen

Immer wieder erleben wir im privaten oder beruflichen Umfeld Anforderungen, denen wir uns nicht gewachsen fühlen. Wir fühlen uns überfordert, geschwächt oder überwältigt. Wir empfinden uns als passiv Teilnehmende am äußeren Geschehen, fremdgesteuert, und sind blockiert, aktiv eine erwünschte Entwicklung herbeizuführen: »Wir fühlen uns nicht richtig in unsere Zeit gehörig« (Lumma et al., 2009, S. 140).

Die Phase der Wiederaufbereitung hat zum Ziel, den eigenen Einfluss auf das Geschehen wieder zu spüren und zu erkennen, d. h. zur positiven Erkenntnis zu kommen, die es uns ermöglicht, das eigene Leben aktiv gestalten zu können: »Jetzt ist meine Zeit!«

Gegebenenfalls wird im Einzelgespräch die zur jeweiligen Herausforderung passende Entwicklungskraft aufgespürt und erneut aktiviert, um die Situation gestärkt bewältigen zu können. Dazu sollten je nach situativem Erfordernis die Kräfte aller Phasen erneut belebt werden: z. B. bewusstes Ausruhen und Kraft schöpfen, sich Zeit nehmen, Neues erproben, mit allen Sinnen erforschen, experimentieren und entdecken, Dinge durchdenken, sich der eigenen Fähigkeiten und Ressourcen bewusst werden und sie nutzen, sich seiner Bedürfnisse und Gefühle gewahr sein – im Sein, Tun, Denken, in der Identität, Geschicklichkeit oder Neuorientierung.

In der Gesamtbetrachtung haben die formulierten Botschaften in den einzelnen Phasen eher einen symbolisch-metaphorischen Charakter und sind eine verdichtete Form des Gemeinten. Sie werden dabei nur selten explizit verbal vermittelt, sondern implizit durch die Haltung und das Verhalten der Beraterin oder der Vorgesetzten situativ zum Ausdruck gebracht und vorgelebt. Sie dienen in diesem Sinn als handlungsleitendes Moment für die Verstärkung der Entwicklung sowohl auf der individuellen Ebene als auch auf der Teamebene. Ein direktes Aussprechen dieser Botschaften würde auf die Beteiligten eher befremdend oder irritierend wirken und könnte die erwünschte Wirkung verfehlen. Zugleich können die Botschaften der jeweiligen Entwicklungsphase – entsprechend dem Kontext und dem konkreten Bedarf – angepasst und (um-) formuliert werden.

Werden die Botschaften kontextbezogen übersetzt, so können sich der Gehalt und die Wirkung mit entsprechenden Worten entfalten. In der Phase des Tuns z. B.: »Probiert die neuen Prozesse auf der Basis eurer Kenntnisse und Erfahrungen einfach mal aus. Fehler werden dabei sicher passieren. Wir werden anschließend reflektieren, was wir daraus lernen können.« Oder in der Phase der Neuorientierung: »Uns ist es wichtig, dass ihr innerhalb der definierten Vereinbarungen möglichst selbstorganisiert nach euren Stärken und Bedürfnissen eigene Wege findet, damit ihr möglichst eigenverantwortlich einen Beitrag zum Ganzen leisten könnt. Falls ihr Unterstützung benötigt, geht aktiv auf eure Vorgesetzten zu. Die Tür steht für Fragen oder Anliegen offen.« Diese Formulierungen knüpfen viel mehr am organisationalen Kontext an und erzielen daher bei den Beteiligten eher die erwünschte Wirkung.

Bei Entwicklungen von Teams und Organisationen hat es sich bewährt, Maßnahmen wie Trainings oder Workshops zur Stärkung des Seins, des Denkens und der Identität sowie die Phasen der Geschicklichkeit und Stärkung der Neuorientierung extern, außerhalb des Arbeitsumfeldes, durchzuführen. Die Phase des Tuns sollte von den Führungskräften über einen Zeitraum von acht bis zwölf Wochen im Arbeitsumfeld und somit unmittelbar verknüpft mit der Arbeitswirklichkeit der Mitarbeitenden unterstützt werden. Hier geht es darum, dass die Führungskräfte die Botschaften durch ihre Haltung und ihr Verhalten vermitteln, um die Mitarbeitenden zu ermutigen, das Neue auszuprobieren und zu entdecken. Zusätzlich können je nach Bedarf für die Phase der Wiederaufbereitung Einzelcoachings mit externen Coaches angeboten werden.

Vor allem über analoge Methoden und Verfahren werden die Botschaften der jeweiligen Phase direkt erfahrbar und auf diesem Wege nachhaltig für die einzelnen beteiligten Personen und für das gesamte Team wirksam.

4 Zum Verständnis von analog-bildhaften Verfahren in der Beratung

> »Die Dinge sind nicht alle so fassbar und sagbar, als man uns
> meistens glauben machen möchte; die meisten Ereignisse sind
> unsagbar, vollziehen sich in einem Raume, den nie ein Wort betreten
> hat, und unsagbarer als alle sind die Kunst-Werke, geheimnisvolle
> Existenzen, deren Leben neben dem unseren, das vergeht, dauert.«
> (Rainer Maria Rilke: Brief an Franz Xaver Kappus,
> 17. Februar 1903: Rilke, 1929, S. 7)

4.1 Digitale und analoge Verfahren: Diskursives Erkennen versus intuitives Einsehen

Das Wort »analog« stammt von dem griechisch-lateinischen »análogos« und besteht aus dem griechischen »aná« (gemäß) und »logos« (Wort, Rede, Satz, Maß, Denken, Vernunft). Es heißt demgemäß eigentlich, »dem Logos, der Vernunft entsprechend«. Allgemein bedeutet »analog« im Deutschen: »entsprechend«, »ähnlich«, »gleichartig« (Duden, 1997, S. 34).

Demnach heißt »analog« auch, dass etwas in der Sinneswahrnehmung *gegenwärtig erkanntes Gegenständliches* – wie ein Objekt, Bild oder Zeichen – oder etwas *gegenwärtig erlebtes Sinnbildliches* – wie eine Metapher oder Märchen – einem bekannten Objekt, Ereignis oder einer Person *gemäß, ähnlich oder gleichartig* ist.

Nach den systemtheoretisch orientierten Beratern Eckard König und Gerda Vollmer (2008, S. 110) können grundsätzlich zwei kognitive Prozesse bei der Verarbeitung wahrgenommener Impulse unterschieden werden: Das digitale Denken verarbeitet Impulse sequenziell, verbal, logisch und analytisch. Das analoge Denken ist ganzheitlich, intuitiv und bildhaft. Auf der Grundlage dieser Unterscheidung ergeben sich zwei verschiedene Ansatzpunkte in der Beratung (S. 111):

1. Digitale Verfahren auf der Basis rationalen bzw. diskursiven Denkens, um ein Problem zu bearbeiten oder zu analysieren.
2. Analoge Verfahren, die das analoge bzw. intuitive Denken nutzen, um Situationen zu klären oder neue kreative Ideen zu gewinnen.

Durch digitale Verfahren erfolgt Erkennen eher verstandesmäßig *rational bzw. diskursiv* und in dieser Weise durch begriffliches und analytisches Denken, mathematische Ableitungen oder logische Schlussfolgerungen.

Durch analoge Verfahren geschieht Erkennen vielmehr in der sinnlichen Wahrnehmung *intuitiv*. Der Klient wählt für die gemeinte Situation ein Symbol oder eine Metapher, malt ein Bild oder stellt die Situation szenisch dar. Dabei erfolgen Auswahl oder Darstellung nicht rational, sondern intuitiv. Der Klient stellt während der sprachlichen Beschreibung des Analogen neue Bezüge her und gewinnt dabei eine neue Sichtweise der Problemsituation (siehe Abbildung 7):

Durch das sprachliche Erfassen des im Analogen intuitiv Erkannten verändert sich die Sichtweise auf das Gemeinte und somit dessen Bedeutung.

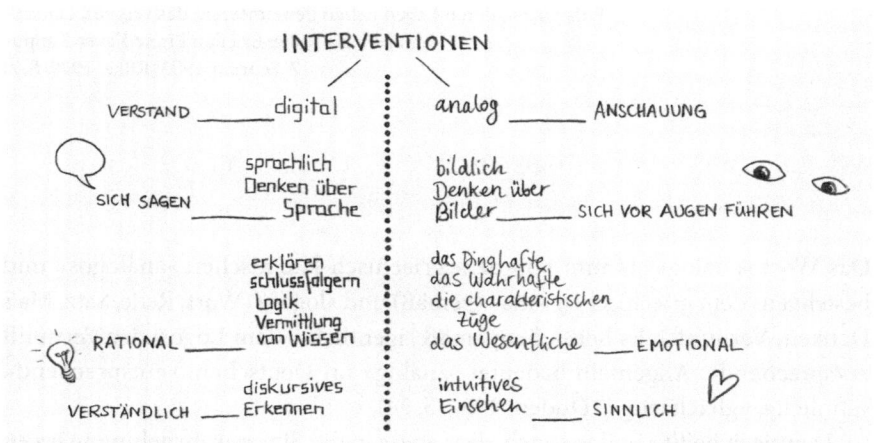

Abbildung 7: Digitale und analoge Interventionen

Was heißt nun in diesem Zusammenhang »intuitiv«? Und: Wie lassen sich intuitives und diskursives Erkennen deutlicher voneinander abgrenzen?

Das Adjektiv »intuitiv« wurde dem lateinischen »intuitus« entlehnt und heißt im Deutschen »durch unmittelbare Anschauung (nicht durch Denken) erkennbar«, »auf Eingebung beruhend« (Duden, 1997, S. 310). Das lateinische Wort »Intuition« lautet im Deutschen »Anschauung« und bezeichnet den Akt der Erfassung des unmittelbar Gegebenen. Dabei wird unter Intuition ein Erkennen verstanden, das seinen Gehalt weder aus anderen Sätzen oder Begriffen noch aus anderen Urteilen oder aus der Gültigkeit logischer Schlussfolgerungen bezieht, sondern aus einer *Anschauung* des Gegebenen, wobei dessen »Wahrheit« unmittelbar, d. h. intuitiv, eingesehen werden kann.

Voraussetzung des intuitiven Erfassens eines Gegenstandes ist, dass dieser a) als einzelner und b) als ganzer gegeben ist. In dieser Hinsicht steht der Begriff des Intuitiven dem Begriff des Diskursiven gegenüber, durch den bezeichnet wird, dass Inhalte nacheinander durchlaufen werden. Im Gegensatz zur intuitiven Erkenntnis, bei der ein einzelner Sachverhalt als Ganzes auf einmal gesehen werden kann, wird durch diskursive Erkenntnis ein Ergebnis durch eine logische Folgerung erreicht (Rehfus, 2005, S. 412 f.).

Demnach geschieht intuitives Erkennen durch *Einsehen* von Objekten oder Ereignissen und auch von Personen in der sinnlichen Anschauung des Wahrnehmenden, wobei das Gegebene als Einzelnes und gleichzeitig als Ganzes unmittelbar in den Blick genommen und geschaut wird. Im Gegensatz dazu erfolgt diskursives Erkennen in mehreren Schritten bzw. sequenziell und wird aus anderen Begriffen, Urteilen, aus mathematischen Ableitungen oder aus logischen Schlussfolgerungen hergeleitet.

Wie können wir den Unterschied zwischen digitalen und analogen Verfahren genauer erfassen? Nach Paul Watzlawick et. al (1967/1990, S. 61–68) bestehen im Bereich der menschlichen Kommunikation grundsätzlich zwei Arten, in denen Objekte oder Ereignisse dargestellt und somit zum Gegenstand von Kommunikation werden können: Entweder werden Objekte oder Ereignisse *digital*, z. B. durch Worte oder einen Namen beschrieben, oder *analog*, z. B. in Form eines Bildes oder einer Zeichnung dargestellt. Somit stehen dem Menschen grundsätzlich die digitale und analoge Modalität zur Verfügung, wobei in der zwischenmenschlichen Kommunikation gewöhnlich beide zeitgleich verwendet werden.

Digitale Kommunikation ist die Vermittlung von Information über Worte, deren Beziehung zum gemeinten Inhalt eine rein zufällige oder willkürliche ist: »Es gibt letztlich keinen zwingenden Grund, weshalb die fünf Buchstaben k, a, t, z und e in dieser Reihenfolge ein bestimmtes Tier benennen sollen – es besteht lediglich ein semantisches Übereinkommen für diese Beziehung zwischen Wort und Objekt« (S. 62).

Die abstrakte digitale Kommunikation zeichnet sich durch eine komplexe logische Syntax aus. Daher ist diese Art für die Vermittlung von Wissen, Kenntnissen oder Daten besonders geeignet und wird demnach fast ausschließlich auf der *Inhaltsebene* der Kommunikation verwendet (S. 62 f.).

Analoge Kommunikation ist eine direkte Ausdrucksform, z. B. durch Gestik, Mimik, Stimmlage oder auch über Metaphern, Zeichen oder Bilder. Sie weist eine grundsätzliche Ähnlichkeit oder *dingartige Entsprechung* zu demjenigen Objekt oder Ereignis auf, das zum Ausdruck gebracht werden soll: »In der analogen Kommunikation [...] finden wir etwas besonders Dingartiges in dem zur Kennzeichnung des Dings verwendeten Ausdruck; schließlich liegt es ja im Wesen einer Analogie, dass sie eine grundsätzliche Ähnlichkeitsbeziehung zu dem Gegenstand hat, für den sie steht« (S. 62).

Dem Analogen ist eine unmittelbare und klare *Kennzeichnung der Beziehung* zu den gemeinten Personen, Objekten oder Ereignissen innewohnend und somit, welche *Bedeutung* diese für den Kommunizierenden haben: »[E]s ist leicht, etwas mit Worten zu beteuern, aber schwer, eine Unaufrichtigkeit auch analogisch glaubhaft zu kommunizieren. Eine Geste oder eine Miene sagt uns mehr darüber, wie ein anderer über uns denkt, als hundert Worte« (S. 64).

In der zwischenmenschlichen Kommunikation vermittelt demnach die digitale Form den inhaltlichen Aspekt, wobei die analoge Form unmittelbar die Art der Beziehung offenbart. Beide Kommunikationsformen bestehen nicht nur nebeneinander, sondern können sich auch entweder gegenseitig ergänzen (Kongruenz) oder widersprechen (Inkongruenz). Dieser Zusammenhang betrifft insbesondere die sprachliche Kommunikation, wobei das Gesprochene zeitgleich durch die nonverbalen (zum Beispiel Gestik und Mimik) und paraverbalen (z. B. Stimmlage und Tonalität) Ausdrucksweisen in seiner Bedeutung qualifiziert wird.

Der subjektive Eindruck von analogen Mitteilungen oder Botschaften kann sehr unterschiedlich sein je nach »Auffassung« bzw. Sichtweise des Empfängers, aus welcher sich der Sinn und die Bedeutung des Wahrgenommenen erschließen: »Ein Geschenk z. B. ist eine analoge Mitteilung. Ob der Beschenkte jedoch in diesem Geschenk einen Ausdruck der Zuneigung, eine Bestechung oder eine Wiedergutmachung sieht, hängt von der Auffassung ab, die er von seiner Beziehung zum Geber hat« (S. 97).

Die digitale Kommunikation ist in der sprachlichen Vermittlung von Wissen, Kenntnissen oder Daten sowie in der Beschreibung von Personen, Objekten, Sachverhalten oder Ereignissen eindeutiger und insoweit für den Empfänger sachlich verständlicher. Analoge Formen bringen die subjektiv erlebten und erfahrenen Beziehungen zum Gemeinten und somit die eigentlichen Bedeutungen unmittelbar zum *Ausdruck*.

Beim *Eindruck* jedoch sind analoge Formen – wie z. B. Zeichnungen oder Bilder – mehrdeutiger, worauf der Wahrnehmende seine für ihn jeweilige Bedeutung und sein für ihn jeweiliges Verständnis in dem Analogen selbst erkundet und in der sinnlichen Anschauung intuitiv erschließt. Der Wahrnehmende *projiziert* je nach Auffassung oder Sichtweise seine Bedeutung in das von ihm Wahrnehmbare hinein. Diese Bedeutung kann erheblich von dem abweichen, was der Mitteilende oder Schaffende eigentlich mit dem Analogen meint und zum Ausdruck bringen will.

Grundsätzlich kann der Sender durch Sprache bzw. Worte Bedeutung und Verständnis von Objekten oder Sachverhalten vorformen«, wodurch der Empfänger verleitet sein könnte, in einem vorgegebenen Sinn- und Bedeutungsrahmen die Inhalte verstandesmäßig einzuordnen und diskursiv nachzuvollziehen. Zum Beispiel betrachte ich im Museum ein Gemälde, ohne die gemeinte Bedeutung des Künstlers zu kennen. Hier bin ich gefordert, aus meiner Betrachtungsweise und mit meiner Auffassung Bedeutung und Sinn in diesem Gemälde intuitiv einzusehen, und hier kommen ausschließlich meine Wissensbestände, Erfahrungen und Annahmen zum Tragen. Ist mir die Absicht des Künstlers dagegen vorher sprachlich vermittelt worden, könnte ich eher versucht oder interessiert sein, vor dem Hintergrund dieser Kenntnisse das Gemeinte im Gemälde verstandesmäßig nachzuvollziehen.

Durch die Darbietung analoger Formen wie Bilder, Zeichnungen oder (gegenständlicher wie sozialer) Skulpturen wird beim Wahrnehmenden die Suche nach Sinn und Bedeutung in erhöhtem Umfang angeregt, sodass umso mehr das Analoge intuitiv in der sinnlichen Anschauung unmittelbar selbst eingesehen und erschlossen wird: Das Analoge wird viel mehr als bei »nackten Fakten« mit dem Eigenleben verbunden und somit eher als Analogie für etwas Eigenes gesehen und gedeutet.

Zum Beispiel besteht grundsätzlich die Möglichkeit, den Begriff »Baum« als Gegenstand der Kommunikation mit Worten genau zu beschreiben und indessen sowohl die eigenen Kenntnisse, Annahmen, Vorstellungen als auch die eigene Bedeutung des Gemeinten mit den zur Verfügung stehenden Begriffen sprachlich zu vermitteln. Je genauer die Aussagen des Beschreibenden sind, desto mehr werden dem Empfänger hauptsächlich dessen Sichtweise und Bedeutungen verstandesmäßig vermittelt, während er mehr und mehr versucht ist, das Gemeinte diskursiv *nachzuvollziehen* und zu verstehen. Der Empfänger könnte sich den Baum auch innerlich bildlich so vorstellen, wie er vom Sender gemeint sein könnte. Jedoch wird es in seiner Vorstellung immer *sein* einzigartiger Baum bleiben aufgrund seiner Kenntnisse, Erfahrungen und Annahmen.

Die andere Möglichkeit ist, »Baum« analog bildlich darzustellen und ohne sprachlichen Kommentar darzubieten. Hier ist der Betrachter viel mehr gefordert, das Gegebene zunächst in der sinnlichen Anschauung zu halten und intuitiv zu erfassen, um auf diese Weise das Wahrgenommene sinn- und bedeutungsvoll *einzusehen* und mit eigener Bedeutung zu *versehen*. Hierbei wird das sinnlich Empfangene vielmehr mit dem Eigenleben des Empfängers unmittelbar in Verbindung gebracht: mit seinen Erfahrungen, Erlebnissen, hervorgegangen aus seiner Lebensgeschichte sowie mit seinen aktuellen Bedürfnissen.

Ohne Vorwissen projiziere ich viel mehr als mit einem solchen mein *Eigenes* in das Bild, wodurch ich mein Eigenleben in dem Bild sehe und erkenne.

Im Falle der sprachlichen Mitteilung gilt: Das Gesagte ist dem Empfänger nicht von selbst verständlich, sondern immer nur vermittelt über seinen Verstand: über eine gemeinsam verständliche Sprache. Im Grunde reagiert der Hörer auch hier – in der Regel unbemerkt – immer nur auf seine eigenen sinnesbezogenen Vorstellungen über das Gehörte, z. B. auf seine augenblicklich hervorgehenden inneren Bilder und in diesem Sinne auf etwas dem gehörten

Wort Analoges. Zum Beispiel geht aus dem gehörten Wort »Katze« augenblicklich ein inneres Bild von »Katze« vor dem Hintergrund der eigenen Kenntnisse und Erfahrungen hervor – bewusst oder nicht bewusst. Oder das Wort »Kindergarten« löst in uns jeweils eigene *Erinnerungen* aus, die plötzlich als Szenen oder Bilder vor unserem inneren Auge sichtbar und erlebbar werden. Wir verknüpfen die gehörten Worte mit eigenen inneren Bildern oder Vorstellungen, wodurch das Gehörte einsehbar wird: »Ja, jetzt sehe ich das ein!«

Genau genommen, werden über Sprache Botschaften vermittelt, die erst beim Empfänger auf der Grundlage seiner Erfahrungen und seines Wissens eigene sinnesbezogene Ereignisse wie innere Bilder, Dialoge oder Empfindungen auslösen. Wir verknüpfen die äußeren Impulse mit etwas Eigenem – immer und unmittelbar. Wir sollten uns dessen bewusst sein, dass selbst das Gesagte des Senders erst im Empfänger durch den Empfänger selbst gehört wird. Es scheint so zu sein, als ob der Sender ein Paket sendet, auf welchem er »Baum« geschrieben hat, der Empfänger das Wort »Baum« liest oder hört und selbst das Paket öffnet und dabei mit eigenen Inhalten füllt.

Worte sind Hülsen, die vom Empfänger mit Sinn und Bedeutung gefüllt werden. Entsprechend äußert sich auch Heinz von Foerster: »Der Hörer, nicht der Sprecher bestimmt die Bedeutung einer Aussage. Gewöhnlich glaubt man, dass der Sprecher festlegt, was ein Satz bedeutet, und der Hörer verstehen muss, was der Sprecher gesagt hat. Aber das ist ein fundamentaler Irrtum. Der Hörer ist es, der die merkwürdigen Laute, die ich oder ein anderer mithilfe der Stimmlippen hervorrufen, interpretiert und ihnen einen bzw. seinen Sinn gibt« (v. Foerster u. Pörksen, 2011 S. 100).

Natürlich werden bei jeder sprachlichen Äußerung unvermeidlich die gesprochenen Worte stets durch nonverbale und paraverbale Aspekte begleitet, wobei gerade durch diese zeitgleichen analogen Ausdrucksweisen die eigentliche Bedeutung des Gemeinten beim Kommunizierenden unmittelbar zum Vorschein kommt. Auch wenn das Gegenüber ausdrücklich nach seiner Bedeutung von »Baum« gefragt wird, so bleibt bei der verbalen Antwort die Bedeutung vordringlich über Worte vermittelt, wobei der unmittelbare bedeutungsvolle Ausdruck durch die gleichzeitigen analogen Aspekte in der Regel bloß wenig oder keine bewusste Beachtung oder Anschauung finden. Der Empfänger bleibt gewöhnlich von diesen Aspekten verstandesmäßig unbeeindruckt. Jedoch hinterlassen die merklichen nonverbalen und paraverbalen Eindrücke eine merkwürdige gefühlsmäßige Spur.

Bei alldem gehen Sinn, Bedeutung und Verständnis stets aus dem kognitiven Schema hervor und somit aus den vermeintlichen Kenntnissen, Begriffen und bildlichen Repräsentationen, welche der Wahrnehmende mit dem Wahrgenommenen verbindet. Sowohl digitale als auch analoge Impulse regen bei dem Wahrnehmenden stets kognitive Schemata an, um überhaupt das Wahrgenommene sinn- und bedeutungsvoll zu ordnen und zu verstehen.

4.2 Bildlicher Eindruck und Ausdruck: Analoge Repräsentation der erfahrenen Welt

Bilder entsprechen grundsätzlich immer etwas anderem oder sind etwas anderem gleichartig oder ähnlich und können so gesehen als analog in dem oben gemeinten Sinn bezeichnet werden. Wie lässt sich nun der Begriff »Bild« genauer erfassen?

Allgemein wird »Bild« bei Jacob und Wilhelm Grimm wie folgt bestimmt: »[I]n bild liegt die vorstellung eines unter der schaffenden, gestaltenden, knetenden, stoszenden, schnitzenden, hauenden, gieszenden hand hervorgegangenen werks. der schöpfer, meister, figulus hat es nach etwas anderem, das schon da ist, gemacht, und über dem bild schwebt dieses urbild: hier schwindet, wie Klopstock sagt, das bild vor dem urbild. bild aber geht fort auf bild, es ist abbild, ebenbild, nachbild, vorbild« (Grimm u. Grimm, 1854/1960, Bd. 2, Sp. 8).

Hier wird »Bild« als ein Werk der Hände verstanden, das durch verschiedene Weisen herausgeformt werden kann. »Bild« bezieht sich demnach auf das Ergebnis einer praktischen Handlung. Dabei ist der Schaffende geleitet durch die Vorstellung von etwas, das vor-handen ist oder vor-handen war. Somit bezieht sich »Bild« immer auf etwas von dem Schaffenden Wahrgenommenes, sei es eine Person oder ein Gegenstand, ein Ereignis oder Sachverhalt. Diese ursprüngliche Quelle eines Bildes wird als Urbild bezeichnet.

In Anlehnung an Brugger (1976, S. 49 f.) können wir zwischen *Gebilde, Bild, Urbild und Ebenbild* unterscheiden:

- Ein *Gebilde* entsteht, wenn der Mensch eine formlose Masse gestaltet und formt. Sofern dieses Gebilde auf etwas anderes hinweist, weil es mit ihm der Form und Gestalt nach eins sein und das andere für den Betrachter gegenwärtig setzen soll, ist es ein Bild von jenem anderen.
- Ein *Bild* bezieht sich im Unterschied zu Gebilde immer auf ein von dem bilderschaffenden Menschen wahrgenommenes Objekt. Insofern ist ein Bild den wahrgenommenen Objekten entsprechend, gleichartig oder ähnlich und in dem Sinne analog. Durch ein Bild werden Form und Gestalt des Wahrgenommenen in der Gegenwart für den Betrachter anschaulich.
- Das ursprünglich Wahrgenommene, dessen Form und Gestalt das Bild in Abbildung enthält, wird als *Urbild* bezeichnet.
- Soweit ein Abbild dem Urbild gleicht, heißt dies *Ebenbild*.

Dabei weist das Bild in seiner Anschaulichkeit gemeinsame »charakteristische Züge« mit dem Wahrgenommenen auf und ist von daher in seiner Entsprechung mehr als ähnlich. Durch das Bild wird das Besondere oder das Einzigartige bzw. das »Dingartige« der wahrgenommenen Personen, Objekte oder Ereignisse in der sinnlichen Anschauung sichtbar und intuitiv einsehbar.

Da menschliche Wahrnehmung durch die Struktur des Wahrnehmenden bestimmt ist und daher als Ergebnis autonomer Verarbeitung äußerer oder innerer sinnesbezogener Impulse oder Reize verstanden wird, wird genau genommen durch ein von »Menschenhand« erschaffenes Bild immer nur das Besondere der subjektiven bildlichen Vorstellung des Bildschaffenden von etwas in der Gegenwart oder in der Vergangenheit Vorhandenem offensichtlich und nicht unmittelbar von dem »Ding an sich«. Oder anders gesagt: Durch ein vom Menschen erschaffenes Bild werden die »charakteristischen Züge« bzw. das Einzigartige seiner Vorstellung des Wahrgenommenen sichtbar und für den Betrachter in der sinnlichen Anschauung *intuitiv einsehbar*.

In diesem Zusammenhang ist die Unterscheidung zwischen der *pragmatischen und erkenntnistheoretischen Bedeutung* von »Bild« wesentlich (Historisches Wörterbuch der Philosophie, Bd. 1, S. 915):

- Im pragmatischen Sinne wird »Bild« von der ursprünglichen etymologischen Bedeutung ausgehend als »Gestaltetes« verstanden. Dabei wird »Gestaltetes« entweder instrumental als gestaltete Nachahmung (Mimesis) oder generativ als schöpferische Zeugung (Kreation) verwendet. Das Bild entsteht aus dem »Werk der Hände« eines Schaffenden.
- Erkenntnistheoretisch bezieht sich »Bild« einerseits auf die unmittelbare *visuelle Wahrnehmung* des Gegenwärtigen und andererseits auf die *bildliche Vorstellung* als das innere bildliche Sich-Vergegenwärtigen von etwas Vergangenem (Erinnern) oder von etwas Gegenwärtigem bzw. zukünftig Möglichem (Phantasieren).

Zum Beispiel reise ich mit dem Zug, schaue auf den Bildschirm meines Laptops und sehe diese geschriebenen Worte durch mein Schreiben entstehen. Ich hebe meinen Kopf und sehe jetzt unmittelbar eine Frau mir gegenübersitzen. Ich nehme ihre Gestalt gegenwärtig wahr. Aus dieser Gegenwart gehe ich innerlich zurück in der Zeit und erinnere mich an die Begegnung mit einem jungen Mann während einer vergangenen Reise auf dieser Strecke. In meiner Erinnerung führe ich mir bildlich seine Gestalt vor Augen. Nun stelle ich mir vor, wie wohl gerade in diesem Moment meine Frau im Chor singt, während ich hier reise. Jetzt denke ich an die Zukunft und phantasiere, wie ich zu Hause angekommen die Eingangstür aufschließe und meinen Sohn freudig und liebevoll in die Arme nehme:

Je nachdem, welches Bild ich mir über das Wahrnehmen, Erinnern oder Phantasieren gegenwärtig vor Augen führe, erlebe ich mich in der Gegenwart.

Dabei stellt sich die Frage, inwieweit das Bild sowohl in der sinnlichen Wahrnehmung als auch in der sinnesbezogenen Vorstellung der tatsächlichen Welt entspricht. Oder anders gefragt: Inwieweit repräsentiert das vom Menschen wahrgenommene oder vorgestellte Bild die Welt in ihrem Sein oder ist dessen in der Anschauung auftretende Erscheinung bloßer Schein? Entspricht das Bild dem Sein als Abbild und somit als Kopie oder Spiegelbild? Oder gilt das Bild als Erscheinung eines Wirklichen, das nur als Erscheinung erreichbar ist? Oder gar als bloßer Schein, der sich selbst als Täuschender darbietet?

Diese Fragen werden vor dem Hintergrund verschiedener erkenntnistheoretischer Ansätze ausführlich in Kapitel 1 besprochen:

- *Einerseits* sind Menschen nach dem Ansatz autopoietischer Systeme in ihren Wahrnehmungen und Kognitionen durch die eigene derzeitige Struktur bestimmt. Menschen sind in diesem Sinne autonom bzw. »eigengesetzlich«. So gesehen werden Wahrnehmungen und Vorstellungen durch die einzigartige Weise der individuell gegebenen Struktur hervorgebracht. Kurz gesagt: Der momentane Zustand eines Menschen bestimmt seine Wahrnehmungen und Vorstellungen. In dieser Form sind sie als Ergebnis einer subjektiven Konstruktion bzw. einer »subjektiven Leistung« zu verstehen.

- *Andererseits* wird hier grundsätzlich davon ausgegangen, dass die Wahrnehmungen und Vorstellungen eines Menschen sich im Sinne von Kant immer auf ein »Ding an sich« beziehen und demnach aus wahrgenommenen Empfindungen von einer wie auch immer gearteten tatsächlichen Umgebung herausgebildet sind. Folglich sind sowohl gegenwärtig sinnlich wahrgenommene Bilder als auch vergegenwärtigt vorgestellte Bilder in ihrer subjektiven Konstruktion nicht losgelöst von der realen Welt, sondern sie beziehen sich immer auf etwas »Seiendes«.

Hier sei ein weiteres Mal auf den Gestaltpsychologen Wolfgang Metzger verwiesen, der ebenfalls davon ausgeht, dass das in der Anschauung eines Menschen Gegebene bzw. seine erlebte Welt sich auf eine physikalische bzw. auf eine allgemeine »erlebnisjenseitige Welt« bezieht. Das physikalisch Wirkliche bezeichnet er als »Wirklichkeit im ersten Sinn« im Unterschied zur Wirklichkeit der Anschauung und Vorstellung, die er als »Wirklichkeit im zweiten Sinn« beschreibt (Metzger, 1940/2001, S. 14 ff.).

Dabei betont Metzger, dass Menschen in der gegebenen Anschauung oder Vorstellung immer nur ein »Bild« und in dem Sinne ein »Abbild« der physikalischen Welt betrachten, auch wenn das Bild in der Anschauung als die eigentliche, ich-unabhängige Wirklichkeit erlebt wird. Auch in seinem Verständnis werden Bilder oder Vorstellungen eher als Repräsentation und nicht als Präsentation gesehen: »[E]s gibt für uns nur die wirklichen Leute und Sachen selbst, wie sie vor uns hintreten und in Wechselwirkung mit uns stehen. Und diese wirklichen Gegenstände, Leute und Dinge selbst, unsere eigene Person eingeschlossen, sind die Wahrnehmungskomplexe oder -bilder. [...] Obwohl die Dinge und Wesen unserer unmittelbaren Umgebung demnach tatsächlich zu den im ersten Sinn wirklichen Gegenständen in der Beziehung eines Bildes zu dem darin Abgebildeten stehen, haben sie [...] anschaulich nicht den Charakter eines Bildes, werden sie keineswegs als auf ein anderes, eigentlich Wirkliches hinweisend, es ›bedeutend‹ erlebt, wie es bei den Vorstellungen und Begriffen im strengen Sinn der Fall ist, – sondern als die letzte und eigentliche, ich-unabhängige Wirklichkeit selbst« (S. 17).

Zusammenfassend betrachtet, beinhaltet »Bild« zwei Aspekte und hat insofern zweifache Bedeutung:

- Einerseits gilt ein Bild als gegenständlicher *bildlicher Ausdruck* des Bildschaffenden entweder durch ein gestalterisches Abbild von gegenwärtig oder ehemals Wahrgenommenem oder durch schöpferische Kreation von etwas Neuem und wird in dieser Form auch als »Gebilde« bezeichnet.
- Andererseits wird das Bild als gegenwärtige Wahrnehmung oder vergegenwärtigte Vorstellung und insofern als *bildlicher Eindruck* verstanden. Hier ist die visuelle (von lateinisch videre: sehen) Wahrnehmung und Vorstellung gemeint. Dabei sind sowohl bildlicher Ausdruck als auch bildlicher Eindruck stets durch die Struktur des Schaffenden bzw. des Wahrnehmenden bestimmt und werden somit nach der Eigenlogik in diesem Moment hervorgebracht.

Bildlicher Ausdruck und Eindruck gelten als *subjektives Abbild* einer gegenwärtig wahrgenommenen, erinnerten oder phantasierten Welt und werden in diesem Sinne als Repräsentation betrachtet. Genau genommen kann der bildliche Eindruck als subjektives inneres Abbild der gegenwärtig wahrgenommenen, erinnerten oder phantasierten Welt und der bildliche Ausdruck als subjektives äußeres Abbild der inneren Vorstellung von dieser gemeinten Welt betrachtet werden. Im Grunde bildet der analoge bildliche Ausdruck die mit dem Gemeinten verbundene Vorstellung des bildschaffenden Menschen ab. Oder anders formuliert:

- Zum einen repräsentiert der bildliche Eindruck die gemeinten Personen, Objekte oder Ereignisse *nach innen sichtbar* in der unmittelbaren Wahrnehmung, Erinnerung oder in der Phantasie.

- Zum anderen repräsentiert der bildliche Ausdruck *nach außen sichtbar* die inneren subjektiven Vorstellungen des Wahrgenommenen. So gesehen ist der bildliche Ausdruck ausschließlich eine analoge Abbildung der subjektiven Vorstellungen des Gestaltenden oder Schöpfenden. Oder wie schon oben in Anlehnung an Jacob und Wilhelm Grimm gesagt: Der Schaffende ist geleitet durch die Vorstellung von etwas, das vorhanden ist oder vorhanden war.

Nun stellt sich abschließend die Frage, wie der Begriff »Resonanz« bestimmt und wie dieser mit dem bisher Gesagten über Analogie und Bild verbunden werden kann.

4.3 Resonanz: Die innere Antwort auf die unmittelbar erlebte Welt

4.3.1 Wie sind die Zusammenhänge zwischen äußeren Impulsen und inneren Resonanzen zu verstehen?

Der Begriff »Resonanz« hat für die Beratungspraxis eine herausragende Bedeutung. Wir resonieren ständig auf unsere gegenwärtige Umgebung, und zwar einzigartig. Dabei kann die innere Resonanz uns auf derzeitige Bedürfnisse oder ungelöste Lebensthemen hinweisen und uns ihrer bewusst werden lassen: *Was erscheint spontan in diesem Augenblick als Figur im Vordergrund meiner Wahrnehmung aus den unzähligen Impulsen der äußeren Umgebung? Und: Welche innere Resonanz löst das Wahrgenommene in mir aus? Was klingt in mir an?*

Das, was über die wahrgenommene Figur in mir resoniert, kann eine wertvolle Botschaft über meinen derzeitigen Zustand beinhalten. Der Organismus scheint selbstregulierend die Umwelt nach Wertvollem und Förderlichem zu erkunden und dies in den Blick zu nehmen, um Ungelöstes, Unfertiges, Unabgeschlossenes, ja, etwas mehr oder weniger Offenes im Leben und die damit verbundenen Bedürfnisse oder auch kurz- und langfristige Störungen bzw. Interessen zu befrieden. Der Organismus reguliert sich im ständigen Fluss der Wechselwirkung mit seiner Umwelt, um »offene Gestalten« zu schließen und sich auf diese Weise weiterzuentwickeln.

Das Wort »Resonanz« wurde im 15. Jahrhundert aus dem spätlateinischen Wort »resonantia« entlehnt und heißt im Deutschen »Widerhall«, »Mitschwingen«, »Mittönen«. Dies gehört zu lateinisch re-sonare »wieder ertönen«, »widerhallen«, einer Bildung aus lateinisch »re-« »zurück«, »wieder« und lateinisch »sonare« »tönen«, »hallen«. Der übertragene Gebrauch von »Resonanz« im Sinne von »Anklang«, »Verständnis«, »Wirkung« erfolgte im 17. Jahrhundert unter Einwirkung der entsprechenden französischen »résonance« (Duden, 1997, S. 590).

Im Allgemeinen beschreibt der Begriff »Resonanz« das Phänomen, dass zwei oder mehrere Objekte miteinander räumlich-zeitlich in Verbindung stehen, wobei in dieser Verbindung mindestens ein Objekt mit einem anderen »mitschwingt« oder »mittönt«. In diesem Sinne erwidert ein Objekt z. B. eine Schwingung, einen Ton, Klang oder Hall, jeweils durch etwas von etwas anderem ausgelöst. Von daher wirkt ein Objekt auf mindestens ein anderes ein, sodass dieses andere Objekt auf diesen einwirkenden Reiz resoniert.

Bei der genaueren Beschreibung der »Resonanz« führen uns die Begriffe »Schwingung«, »Ton«, »Klang« oder »Hall« zunächst auf die Felder der Physik und Physiologie und insbesondere auf das Gebiet der Akustik und der Musikästhetik, deren Zusammenhänge mit dem Begriff »Resonanz« im Folgenden kurz besprochen werden. Bemerkenswert ist, dass Resonanzen in all diesen verschiedenen Ansätzen als subjektive (Re-)Konstruktion von äußeren Impulsen im Inneren des Menschen verstanden werden.

Resonanz als physikalisch-physiologisches Phänomen

Schon im ersten Drittel des 19. Jahrhunderts legt der Physiologe Johannes Müller (1801–1858) uns nahe, dass im wahrnehmenden Menschen zwar durch äußere Reize sinnesbezogen Resonanzen angeregt werden, jedoch die erlebte Qualität durch die Struktur des Menschen bestimmt wird. Müller formulierte das *Gesetz der spezifischen Sinnesenergien*, welches u. a. besagt, dass das Sensorium sich nicht der äußeren Gegenstände bewusst ist, sondern nur der Zustände der Sinnesnerven. Das Sensorium kann die Gegenstände der Außenwelt nicht direkt wahrnehmen, weil nur die neuronale Energie in das Gehirn gelangt. Dabei gibt es fünf spezifische neuronale Energien, je eine für die fünf Sinne (Guski, 1996, S. 19 f.).

Nicht der äußere Reiz, sondern die durch ihn gereizten Sinnesrezeptoren bestimmen die Qualität der Sinnesempfindung, und jedes Sinnessystem reagiert in eigener Weise auf Reize verschiedenster Art. So reagiert z. B. das Auge auch auf Druck mit einer Lichtempfindung (»Sternchen sehen«): Die Qualität der Erlebniswelt wird im Inneren des Menschen durch seine physiologische Struktur erzeugt und lediglich durch äußere Impulse ausgelöst.

Dieser physikalisch-physiologische Zusammenhang wird insbesondere von Heinz von Foerster als eine Begründung für seinen konstruktivistischen Ansatz menschlichen Erkennens – auch mit dem Verweis auf den Ansatz von Johannes Müller – herangezogen (v. Foerster u. Pörksen, 2011, S. 15 ff.): »Sehen Sie, es ist ein unglaubliches Wunder, das hier stattfindet. Alles lebt, es spielt Musik, man sieht Farben, erfährt Wärme oder Kälte, riecht Blumen oder Abgase, erlebt eine Vielzahl von Empfindungen. Aber all dies sind konstruierte Relationen, sie kommen nicht von außen, sie entstehen im Inneren. Wenn man so will, ist die physikalische Ursache des Hörens von Musik, dass einige Moleküle ein bisschen langsamer und andere ein bisschen schneller auf das Trommelfell platzen. Das nennt man Musik. Die Farbwahrnehmung entsteht in der Retina; einzelne Zellengruppen errechnen hier, wie ich sagen würde, die Empfindung der Farbe. Was von der Außenwelt ins Innere gelangt, sind elektromagnetische Wellen, die auf die Retina einen Reiz auslösen und im Falle von bestimmten Konfigurationen zur Farbwahrnehmung führen« (S. 16).

Demnach kann die sinnesbezogene Wahrnehmung als innere Resonanz auf äußere Frequenzen oder Wellen verstanden werden, wobei diese Impulse nicht die äußere Welt in den Menschen hineintragen, sondern über quantitatives Einwirken auf die Sinnesorgane eine subjektive Erlebniswelt im Inneren anregen, die in ihrer sinnlichen Qualität ausschließlich durch die Struktur des Menschen erzeugt wird.

So wäre physikalisch-physiologisch betrachtet die sinnesbezogene Wahrnehmung und die damit verbundene Erlebniswelt ein qualitatives Abbild der quantitativen Einwirkungen aus der äußeren Umgebung. Der Mensch verarbeitet die unzähligen Sinnesempfindungen – bestimmt durch seine gegebene Struktur – zu sinnesbezogen wahrnehmbaren Gestalten oder Einheiten, woraus in der Summe als Ganzes eine subjektive Erlebniswelt hervorgeht. Oder mit Worten Heinz von Foersters: »[W]enn diese vielen verschiedenen Zellen, diese sensorischen Endorgane, angeregt werden, dann werden diese Reize im Nervensystem miteinander korreliert – und es entsteht ein Reichtum der Empfindungen und Wahrnehmungen. Zentral ist: Dieser ungeheure Reichtum der Erlebnisse ist gewissermaßen schon eingebaut; er hat nichts mit dem Reiz zu tun, der diese Zellen erregt« (S. 17).

Dabei scheint die Frage nicht beantwortet zu sein, ob die Qualität der Erlebniswelt bei allen Menschen – bezogen auf eine gemeinsam wahrgenommene Umwelt – als universell gleich oder individuell verschieden verstanden wird. Im Grunde lässt sich diese Frage nicht endgültig beantworten. Auch wenn die Qualitäten in der sinnlichen Wahrnehmung als individuell unterschiedlich gelten sollten, bleibt folgende Frage: In welcher Art und inwieweit bestehen diese Unterschiede? Jedoch werden wohl all diese erkenntnistheoretischen Fragen nicht eindeutig und endgültig beantwortbar bleiben, wie schon oben in Unterkapitel 1.5 besprochen.

Resonanz als kognitives Phänomen in der Gedächtnispsychologie

Schon Anfang des 20. Jahrhunderts wird in der Gedächtnispsychologie der Begriff »Resonanz« als Metapher für den Vorgang des Wiedererkennens oder der Verknüpfung mit Ähnlichem und Bekanntem von wahrgenommenen Inhalten auf der Grundlage einer physiologischen Resonanztheorie verwendet. Resonanz wird hier als kognitiver Vorgang des menschlichen Erkennens bzw. Wiedererkennens auf physiologischer Grundlage verstanden. Dabei gilt als Voraussetzung, dass beide Inhalte – das sinnlich Wahrgenommene und das dadurch kognitiv »Anklingende« bzw. das damit kognitiv Verbundene – zu gleicher Zeit im Bewusstsein des Wahrnehmenden gegenwärtig sind, sodass ein »Gleichklang« zwischen beiden Inhalten »eingeläutet« wird. Dabei ist der Grad bzw. das Ausmaß von »Gleichklang« bestimmt durch die wahrgenommenen Gemeinsamkeiten zwischen den im Bewusstsein gleichzeitig existierenden Inhalten (Historisches Wörterbuch der Philosophie, 1992, Bd. 8, S. 918).

Resonanz als psychisches Phänomen in der Musikästhetik

Auch in der Musikphilosophie und insbesondere in der Musikästhetik lassen sich Hinweise zum Begriff »Resonanz« finden (Historisches Wörterbuch der Philosophie, 1984, Bd. 6, S. 254). Hier wird der Hörer nicht als passiv empfangendes Objekt, sondern als ein aktiv verarbeitendes Subjekt verstanden, das aus den sinnlichen Empfindungen einen musikalischen Zusammenhang rekonstruiert und indessen sein eigenes subjektives Erlebnis (wieder)erfährt. Im Grunde ertönt oder erklingt Musik immer nur im hörenden Menschen, wobei der Hörende aus den akustischen Sinnesempfindungen wahrnehmbare Töne oder Klänge (re)konstruiert, die an seine eigenen Erfahrungen und Erlebnisse unmittelbar anklingen. So gesehen resonieren bei der Hörerin eigene Erfahrungen und Erlebnisse auf die innerlich hörbaren Töne oder Klänge, sodass in dieser konkreten Hinsicht auch im Rahmen der Musikphilosophie von *psychologischer Resonanz* gesprochen werden kann. Erst aus diesem Zusammenspiel zwischen (re)konstruiertem innerlich hörbarem musikalischem Zusammenhang und darauf resonierenden Erfahrungen und Erlebnissen geschieht ein inneres subjektives Erleben der Hörerin.

Aus akustischen Sinnesempfindungen geht ein (re)konstruierter hörbarer musikalischer Zusammenhang hervor, der bei entsprechenden Erfahrungen und Erlebnissen des Hörers »anklingt« und damit verbundene *sinnesbezogene Vorstellungen* herausbildet. Vor dem Hintergrund dieser augenblicklich hervorgebrachten akustisch untermalten Vorstellungswelt wird gegenwärtig eine kognitiv-emotionale und körperliche Wirklichkeit subjektiv erlebt. Interessant ist, dass zwar die subjektiv erlebten Gefühle an sich musikalisch nicht darstellbar sind, jedoch deren allgemeine Dynamik und Bewegungsform. Zum Beispiel lässt sich eine allgemein fühlbare Dynamik und Bewegungsform von Trauer, Furcht oder Freude akustisch wiedergeben, jedoch wird bei jedem Hörer in Qualität und Intensität ein einzigartiges Gefühl ausgelöst auf der Basis der Vorstellungen, die sich aus seinen Erfahrungen, Erlebnissen und aktuellen Bedürfnissen augenblicklich herausbilden.

Bei aller subjektiven Konstruktion wahrnehmbarer Töne und musikalischer Zusammenhänge sowie der darauf resonierenden erlebten Wirklichkeit durch den hörenden Menschen korrespondiert dieses Erleben immer mit den Reizen und deren Muster aus der äußeren Welt, auf die sie sich beziehen.

4.3.2 Zusammenfassende Betrachtung

In der Gesamtschau stellen die dargelegten Ansätze zur Erklärung des Phänomens der Resonanz die Aktivität und Subjektivität des wahrnehmenden Menschen heraus. Sowohl bei den physikalisch-physiologischen Vorgängen der Wahrnehmung von Sinnesempfindungen und den kognitiven Vorgängen des Wiedererkennens als auch bei den psychologischen Vorgängen in der Musikästhetik werden – bezogen auf die empfangenen sinnlichen Reize – Resonanzen und das damit verbundene Erleben durch die jeweilige Struktur des Menschen im Inneren selbst erzeugt. Der von außen empfangene sinnliche Reiz resoniert dort in Form von Wahrnehmungen, Vorstellungen und Erlebnissen, die sich durch die eigene Struktur des Empfangenden in ihrer einzigartigen Qualität herausbilden.

Diese theoretischen Ansätze weisen eine hohe Entsprechung mit den Annahmen der Konzeption autopoietischer Systeme auf. Wie in Unterkapitel 1.4 ausführlich beschrieben, sind nach Maturana lebende Systeme operational geschlossen, somit durch den eigenen derzeitigen Zustand bestimmt und in diesem Sinne strukturdeterminiert bzw. zustandsdeterminiert. Das bedeutet auch, dass alle Wahrnehmungen, Vorstellungen oder Erlebnisse des Menschen durch die eigene Struktur bzw. durch den eigenen Zustand bestimmt sind und somit durch die aktuellen psychischen und physischen Voraussetzungen. Die Verarbeitung sinnlicher Reize wird als autonom verstanden und ist folglich durch die »Eigengesetzlichkeit« bzw. durch die eigene Weise des Wahrnehmenden bestimmt.

In dieser Hinsicht lösen zwar die von außen empfangenen sinnlichen Reize innere Resonanzen in Form von sinnesbezogenen Wahrnehmungen, Vorstellungen und Erleben aus, jedoch werden diese in ihrer Art von der jeweiligen Struktur bzw. von dem derzeitigen Zustand des Wahrnehmenden durch die eigene Weise erzeugt. So gesehen können die von außen empfangenen sinnlichen Reize als *Perturbationen* bezeichnet werden, die im Inneren des Wahrnehmenden mit eigenen Vorstellungen und Erlebnissen resonieren. Dabei gilt das jeweils Angeklungene oder Hervorgerufene als Resonanz.

In diesem Zusammenhang lohnt sich erneut ein Blick in die Schriften des Gestaltpsychologen Wolfgang Metzger, der anschaulich beschreibt, wie der Mensch die Einwirkungen der äußeren Umgebung autonom verarbeitet und somit auf diese einzigartig resoniert, »dass das Subjekt oder der Organismus den äußeren Einwirkungen nicht rein erleidend, weder als ›Schlachtfeld‹ noch als ausgelöster Automat, ausgeliefert sei, dass er tätig, selbsttätig, ja schöpferisch sich mit ihnen auseinandersetze [...], sie beantworte, ihnen entgegenwirke, sich ihnen anpasse, Störungen ausgleiche oder beseitige, und all das auch beim scheinbar bloßen Empfangen, beim Wahrnehmen und Empfinden [...]; dass er keine ›tabula rasa‹ sei und kein Maschinensatz, sondern ein hoch entwickeltes, lebendig-tätiges Wesen mit einem höchst komplizierten System von Anlagen, Kräften und Strebungen und mit dauernden und wechselnden Innenbedingungen (der Wachheit, der Aufmerksamkeit, des Bedürfniszustandes, der Einstellung, des Interesses, der Zielgerichtetheit usw.), ohne deren Berücksichtigung der Einfluss, den ›die Reize‹ als Außenbedingung (bzw. als deren Wechsel) ausüben, nie verstanden werden kann« (Metzger, 1940/2001, S. 249).

Im Grunde wird die Wirkung von äußeren Impulsen oder Reizen immer durch die Struktur und somit durch den derzeitigen Zustand bzw. durch die »Innenbedingungen« des Wahrnehmenden bestimmt. Menschen können als offene, komplexe dynamische Systeme verstanden werden, wobei die physische, psychische und kognitive Ebene unlösbar miteinander verwoben sind: Ebenen, die sich gegenseitig beeinflussen und aus dieser Wechselwirkung die einzigartige Erlebniswelt und in dem Sinne die einzigartige Wirklichkeit eines Menschen spezifizieren (siehe Unterkapitel 1.3).

Abschließend sei noch auf einen wesentlichen erkenntnistheoretischen Aspekt hingewiesen: Bei den hier ausgeführten Ansätzen zur Resonanz resonieren die von außen empfangenen Reize stets mit Wahrnehmungen, Vorstellungen oder Erleben, die zwar zum einen dem Empfangenden eigen sind, jedoch zum anderen dem empfangenden Reiz gemäß und somit analog sind. Insofern reagiert der Mensch nicht auf irgendeine »eigene Weise«, sondern immer auf eine dem empfangenen Reiz gemäße »eigene Weise«. Mit anderen Worten: Der Mensch resoniert nicht unabhängig von der ontologischen Welt, sondern auf seine eigene Weise auf diese bezogen. In diesem Sinne können die Wahrnehmungen, Vorstellungen und das Erleben einerseits als subjektiv und andererseits als bezogen auf die empfangene ontologische Welt verstanden werden.

Entsprechend können wir sagen: In unserem subjektiven Erleben ist etwas Gespürtes oder Empfundenes dem von außen Einwirkenden analog – nicht etwas rational Gedachtes, sondern emotional-körperlich Bemerkbares.

5 Die Resonanzbildmethode

5.1 Grundlegendes

Die Resonanzbildmethode wurde von der Ärztin für Psychoanalyse und Diplom-Psychologin und in Fachkreisen sehr anerkannten Kunsttherapeutin Gisela Schmeer entwickelt. Gisela Schmeer hat zahlreiche kunsttherapeutische Lehrbücher mit verschiedenen thematischen Schwerpunkten veröffentlich (z. B. 1994, 2015). Sie konnte aus der Betrachtung zahlreicher Bilder, die ihre Klienten gemalt, gezeichnet oder anders erstellt haben, und vor dem Hintergrund ihres tiefenpsychologischen und medizinischen Fachwissens sowie anderer theoretischer Einflüsse allgemeine Ansätze zur Bildanalyse herausstellen.

Gisela Schmeer legt in ihrem Gesamtwerk eine umfangreiche theoretische Bandbreite mit ungewöhnlichen Verflechtungen offen, die ausgehend von psychoanalytischen Konzepten – wie die von Sigmund Freud, Carl Gustav Jung und Fritz Riemann – über Zeichentheorien, Symbollehren und Comictheorien bis hin zu systemtheoretischen und neurokognitiven sowie hypnotherapeutischen Ansätzen reicht.

In der Gesamtbetrachtung entsteht der Eindruck, dass sie Widersprüche, Unvereinbarkeiten und kritische Auseinandersetzungen zwischen therapeutischen Schulen und theoretischen Ansätzen bewusst übersieht und nicht thematisiert. Sie scheint vielmehr dadurch geleitet zu sein, widersprechende und unterschiedliche Ansätze auf ihre Art *schöpferisch* zum Nutzen ihrer Klienten in der Praxis zu verbinden und zu vereinbaren. Sie nimmt immer wieder andere und neue Perspektiven ein, was einerseits ihrer Haltung und ihrem Vorgehen als Therapeutin entspricht und woraus andererseits ihre einzigartige und vielschichtige »Sehweise« auf menschliche und insbesondere psychische Phänomene erwachsen sein könnte. Ohne dass sie es selbst benennt, würde diese neugierige, entdeckende und offene Haltung genau dem entsprechen, was viele Autoren im positiven Sinne als »systemisch« bezeichnen.

Nach Schmeer öffnet sich durch die Einführung und Förderung eines bildsprachlichen Ausdrucks allgemein der Blick für vorhandene Muster, Zusammenhänge oder Beziehungen, die bisher in einem Thema verborgen und unsichtbar blieben. Die Bewusstheit wird erweitert und neue Erkenntnisse über das gemeinte Thema werden gewonnen, die unmittelbar mit einer Veränderung des emotionalen Erlebens einhergehen.

Durch analoge bildhafte Methoden wandelt sich die Sichtweise des Wahrnehmenden derart, dass andere Facetten oder Aspekte in den gemeinten Themen gesehen und insofern neue Einsichten bzw. Erkenntnisse gewonnen werden. Wie in Unterkapitel 1.6 beschrieben, geht dieser Wandel stets mit einer Veränderung der subjektiven Bedeutung von gemeinten Personen, Objekten oder Ereignissen einher. Hieraus ergibt sich ein verändertes Erleben. Mit anderen Worten: Durch analoge bildhafte Methoden verändert sich das bestehende kognitive Schema über das Gemeinte, wodurch ein anderes Erleben von Wirklichkeit hervorgeht.

Insbesondere durch das Resonanzbild öffnet sich für den Klienten plötzlich eine neue Sichtweise, wodurch andere Aspekte sichtbar und bewusst sowie neue Sinn- und Bedeutungszusammenhänge erschlossen werden. Hiermit verbunden kann sich das kognitiv-emotionale und körperliche Erleben des Klienten augenblicklich und erheblich wandeln: die subjektiv erlebte Wirklichkeit.

Nach Schmeer geht insgesamt in der kunsttherapeutischen Arbeit das Freisetzen oder das Wieder-in-Fluss-Bringen von Lebensenergie oder das Lösen von Blockaden mit dem Phänomen des *plötzlichen und spontanen Wandels* der Klientin einher. Das Bild kann die Klientin von einem auf den anderen Moment völlig verwandeln. Es ist ein Moment der Überraschung, der von einer Sekunde auf die andere die eingefahrenen Strukturen »sprengt«. Im Zuge dessen ist der Augenblick größer als das Fassungsvermögen der Klientin, wobei Abgespaltenes, Blockiertes, verdrängtes Unbewusstes in die »Erschütterung des Augenblicks« einbezogen wird und zum Energieschub beiträgt. Während des Integrationsprozesses von dem im Bild Erkannten und Bewusstgewordenen sind bei der Klientin körperlich starke Turbulenzen mit einhergehender Konfusion beobachtbar. Dabei geschieht der Übergang in einen neuen Synergiezustand des psycho-physischen Systems *sprunghaft* (Schmeer, 1994, S. 272).

Die Resonanzbildmethode hat Gisela Schmeer in der Durchführung weitgehend standardisiert. Die Standardisierung bezieht sich auf ein schrittweises Vorgehen, die Anweisungen zum Initial- und Resonanzbild, auf das Format des Resonanzbildes und die Verwendung der Materialien. Die Anwendung ist gebunden an das örtliche Zusammensein von Teilnehmenden in einer Gruppe, z. B. zur Selbsterfahrung, Therapie oder Supervision, zur Team- oder

Organisationsentwicklung. Innerhalb dieser Gruppe werden anstehende Fragen, Anliegen oder Probleme geklärt, wobei die Teilnehmenden bereit sein sollten, bildsprachliche Kommunikation und Dokumentation in den Prozess miteinzubeziehen. Dabei sind die malerisch-grafischen Gestaltungsmöglichkeiten so vielfältig wie die Wesensart der Menschen, die aus dem Stegreif ihre augenblickliche Verfassung, ihre Gedanken und Gefühle in das Resonanzbild und damit in die Gruppe hineingeben. Die Resonanzbildmethode ist ein sinnlich bereicherndes Übungs-, Kommunikations-, Therapie- und Lernverfahren. Die Methode entlastet durch Erkennen unvorhergesehener Zusammenhänge. Fixierte Denk- und Verhaltensmuster werden auf visuellem Wege aufgelöst (Schmeer, 2006, S. 292).

Aus meiner Erfahrung gilt für die Wirkung von analogen Verfahren und insbesondere der Resonanzbildmethode folgende grundlegende Voraussetzung: Die Teilnehmerin oder Klientin sollte durch die Annahme oder Überzeugung geleitet sein, dass in dem bildlich Sichtbaren für sie eine hilfreiche oder förderliche Botschaft verborgen ist, ein Hinweis, der für ihre persönliche Entwicklung wertvoll sein könnte. Nur vor dem Hintergrund dieser Idee wird der Wahrnehmende bereit und offen sein, in dem bildlich Sichtbaren nach persönlich bedeutsamen Sinnzusammenhängen zu suchen. Diese Vorstellungen, Annahmen oder Überzeugungen können individuell sehr unterschiedlich sein, je nachdem, wie – und ob überhaupt – die jeweilige Teilnehmerin oder Klientin diese Art von Methoden, und insbesondere die Resonanzbildmethode, bereits erfahren hat und in welcher psychischen und körperlichen Verfassung sie sich während der Durchführung befindet. Die Bereitschaft der Teilnehmerin, sich für die Resonanzbildmethode zu öffnen, korrespondiert mit ihren Erfahrungen und ihrem Wissen über derartige Methoden sowie mit ihrer aktuellen Grundstimmung, woraus sich in diesem Moment ihre Wirklichkeit ergibt. Hierbei hat sicherlich auch die Beraterin, Seminar- bzw. Gruppenleiterin und insbesondere ihre Art der Einführung der Methode einen erheblichen Einfluss darauf, mit welcher Grundstimmung, Vorstellung und Sinnhaftigkeit die Teilnehmerin oder Klientin sich auf die Resonanzbildmethode einlässt. Jedoch bleibt die Wirkweise einer Intervention unabhängig von dem Ausmaß der Wirkung die gleiche.

5.2 Die Resonanzbildmethode als standardisiertes Verfahren

Schmeer (2006, S. 12 ff.; 2003, S. 72 ff.) hat die Anwendung der Resonanzbildmethode mit einem in Gruppen standardisiert ablaufenden Verfahren mit zunächst sechs Schritten strukturiert:

- *1. Schritt: Begrüßung und Aufforderung zum Initialbild,*
- *2. Schritt: Malen des Initialbildes,*
- *3. Schritt: Vorstellung der Initialbilder in der Einstiegsrunde,*
- *4. Schritt: Ausbreiten der Initialbilder,*
- *5. Schritt: Aufforderung zum Resonanzbild,*
- *6. Schritt: Vorstellung der Resonanzbilder.*

Durch das Skizzieren eines Resonanzbildes wird den Teilnehmenden eine veränderte Sichtweise auf bedeutsame Themen ermöglicht, aus welcher sie – in der Regel bisher nicht bewusste – Zusammenhänge, Muster oder Beziehungen einsehen und erkennen können. Wobei mit »bedeutsamen Themen« die Anliegen oder Probleme der Teilnehmenden gemeint sind, die zu diesem Zeitpunkt als nicht gelöst bzw. als »offen« betrachtet werden.

Diese Themen werden gleich zu Beginn der Gruppensitzung in den sogenannten *Initialbildern* sichtbar, die die Teilnehmenden mit Wasserfarben oder Ölkreiden auf großformatigem Papier (mindestens DIN A3) malen. In therapeutischen und Selbsterfahrungsgruppen werden zum Malen des Initialbildes Wasserfarben und im Coaching sowie in der Organisationsberatung Wachsmalkreiden empfohlen (Schmeer, 2006, S. 12 f.).

Hierfür werden im *ersten Schritt* die Teilnehmenden schon bei der Begrüßung durch folgende Anweisung aufgefordert, das Initialbild zu malen: »Herzlich willkommen […] (es folgen die notwendigsten Informationen zum Tagesablauf, den Kurszeiten, den Räumlichkeiten, der Anrede etc.) […] Sie finden hier verschiedenes Malpapier […], wählen Sie ein Format, das Ihnen angenehm ist und malen Sie […] auf Ihre Weise […] ein Bild zu Ihrem Anliegen […] oder Problem […], es kann auch ein Thema sein, das gerade ein Familienmitglied betrifft […] oder einen Menschen aus Ihrem Freundeskreis […] oder was Sie beschäftigt, weil Sie in letzter Zeit darüber gelesen haben […] oder geträumt […] Sie können auch ein Bild erfinden« (S. 13).

Im *zweiten Schritt* bringt jeder Teilnehmende auf seine Weise sein Anliegen oder Problem analog im Initialbild zum Ausdruck, wobei künstlerische Begabung oder Geübtsein im Malen oder Zeichnen keine Voraussetzungen sind.

Im *dritten Schritt* stellt in der Einstiegsrunde jeder sein entsprechendes Anliegen oder Problem vor dem Hintergrund des Initialbildes möglichst kurz, in etwa drei Sätzen, vor.

Abbildung 8 zeigt zur Veranschaulichung das Initialbild von Teilnehmerin A mit dem Kommentar: »Es klebt.«

Abbildung 8: Initialbild von Teilnehmerin A
(Quelle: Schmeer, 2003, S. 79)

Kommentar Schmeer: Die »Malerin« ist bekümmert darüber, dass in ihrem privaten Leben nichts weitergeht, dass sie es schwer schafft, aufzuräumen, dass wegen der Unordnung alles beim Alten bleibt. Sie scheint auf ihrem Initialbild am Baumstamm zu kleben (S. 78).

Ein weiteres Beispiel zur Veranschaulichung: das Initialbild von Teilnehmer B mit dem Kommentar: »Treppenpodest« (siehe Abbildung 9).

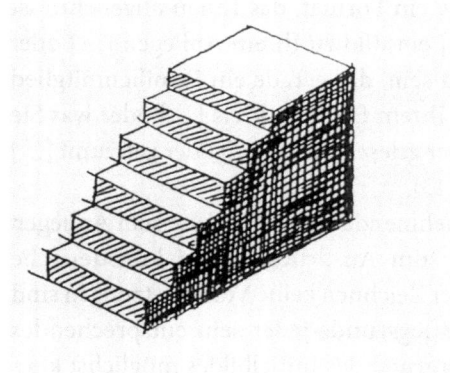

Abbildung 9: Initialbild von Teilnehmer B (Quelle: Schmeer, 2003, S. 95)

Kommentar Schmeer: Die Treppe auf dem Initialbild endet in einem nicht definierten Raum. Da die Treppe nirgends hinführt, erscheint sie skurril und fast sinnlos. Beruflich fehlt im Leben des »Malers« zu diesem Zeitpunkt eine Perspektive. Er ist gleichzeitig ehrgeizig (Aufstieg) und entmutigt (Stillstand – es geht nicht weiter) (S. 94).

Schmeer versteht die Gruppe als komplexes soziales System und zielt darauf ab, den Informationsfluss und somit die Dynamik und Wechselwirkungen zwischen den Teilnehmenden zu fördern. Daher empfiehlt sie, dass während der Vorstellung der Initialbilder der Gruppenleiter sich zurückhält und ein Teilnehmer die Funktion des ersten Ansprechpartners für einen anderen Teilnehmer übernimmt, wobei diese Rolle jeweils der dem Sprechenden Gegenübersitzende zukommt. Der Ansprechpartner hört sich das Anliegen (drei Sätze) an, betrachtet das Bild und stellt eine Frage, die jedoch verbal unbeantwortet bleibt. Am Ende der Einstiegsrunde sind alle Anliegen der Teilnehmenden vor dem Hintergrund der Initialbilder gehört, jedoch nicht im Dialog bearbeitet. Indessen lösen die »angeschnittenen« Themen und Inhalte bei den Teilnehmenden Resonanzen aus (Schmeer, 2006, S. 13 f.).

Nach Abschluss der Einstiegsrunde werden im *vierten Schritt* die Initialbilder im Gruppenkreis für alle gut sichtbar ausgebreitet und dargelegt.

Im fünften Schritt werden die Teilnehmenden aufgefordert, eines aus den in der Einstiegsrunde vorgestellten Themen oder eines der Initialbilder aufzugreifen, das besonders berührt oder interessiert, um darauf mit dem Resonanzbild zu reagieren und anschließend auf die Rückseite ein Wort oder einen Satz zu notieren (S. 12 f.).

Dabei wendet sich die Gruppenleiterin an den Kreis der Teilnehmenden und gibt folgende Anweisung: »Schauen Sie mal, ob bei der Vorstellungsrunde das *Thema oder das Initialbild einer anderen Person* besonders beeindruckt oder angerührt hat. Zeichnen Sie zu diesem *Thema oder Bild der anderen Person* eine kleine Skizze/Zeichnung, sorgfältig und ganz einfach. Und auf der Rückseite notieren Sie bitte ein Wort oder einen Satz, der Ihnen gerade dazu einfällt oder beim Zeichnen eingefallen ist« (S. 15).

Schmeer betont dabei, dass die Anweisung lautet, das Wort oder den Satz auf der Rückseite des Resonanzbildes für die Betrachter nicht sichtbar zu vermerken. Auf diese Weise wird die Mehrdeutigkeit des analogen Ausdrucks in seinem Eindruck nicht durch sprachliche Information eingeschränkt: »Sieht der Betrachter die verbale Interpretation des Malers gleichzeitig mit dem Bild, so wird er verführt, diese Interpretation kritiklos zu übernehmen. Er macht sich nicht mehr die Mühe, mögliche andere Versionen, Deutungen und Umdeutungen zu sehen. Der Text im Bild nagelt den Betrachter auf eine einzige Version fest, und zwar auf genau diejenige, auf die der Maler auch schon ›festgenagelt‹, also fixiert ist. *Die Potenz der Resonanzbilder liegt aber gerade in ihrer Mehrdeutigkeit*« (S. 106).

Im *sechsten Schritt* stellt jeder sein gezeichnetes Resonanzbild in der Gesamtgruppe wiederum kurz in drei Sätzen vor und verweist dabei auf das auslösende Initialbild.

Abbildung 10 zeigt zur Veranschaulichung das Resonanzbild der Teilnehmerin A mit den auf der Rückseite geschriebenen Worten: »Schwung und Energie«:

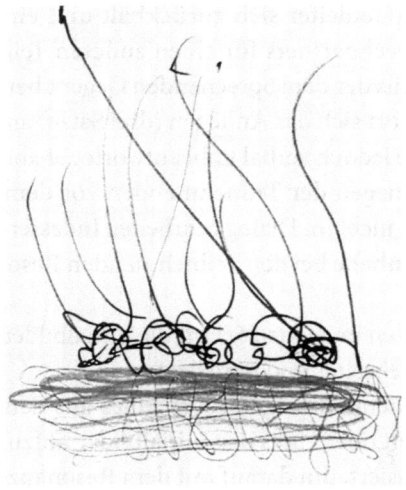

Abbildung 10: Resonanzbild von Teilnehmerin A (Quelle: Schmeer, 2003, S. 79)

Kommentar Schmeer: Das statisch Haftende im Initialbild verwandelt sich im Resonanzbild in etwas Dynamisches. Der starre, umrisshafte Baumstamm im Initialbild wird im Resonanzbild zum pulsierenden Linienspiel. Während beim Initialbild die Baumkrone am oberen Bildrand abgeschnitten ist, erscheint im Resonanzbild eine im Raum schwingende, vollkommene Gestalt (S. 78).

Abbildung 11 zeigt zur Veranschaulichung das Initialbild eines anderen Teilnehmers, welches Teilnehmerin A besonders beeindruckt oder berührt hat und worauf sich ihr Resonanzbild bezieht (»auslösendes Bild«):

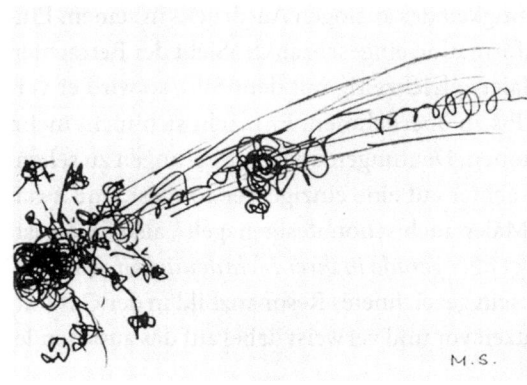

Abbildung 11: Auslösendes Bild von Teilnehmerin A (Quelle: Schmeer, 2003, S. 79)

Nach diesen ersten sechs Schritten der Resonanzbildmethode bestehen grundsätzlich zwei Möglichkeiten des weiteren Vorgehens:

- *Zum einen* können mehrere Resonanzbilder einer Gruppe einen besonderen Beitrag zur Lösung eines aktuellen Konfliktes oder einen Lösungsweg bieten, wenn zwei oder mehr Teilnehmende auf dasselbe Initialbild eines Gruppenmitglieds reagiert haben. In diesem Fall werden alle Teilnehmenden, die auf eben dieses Initialbild reagiert haben, aufgefordert, ihr Resonanzbild herzuleihen. Darauf legt der angesprochene Teilnehmer mit Unterstützung der Gruppenleiterin aus den Resonanzbildern samt dem Initialbild eine Sequenz. Aus dieser Sequenz, nach dessen chronologischer Reihenfolge eine in Sprache erfasste Geschichte hervorgebracht werden kann, ergeben sich Lösungsansätze oder neue Sichtweisen für den Teilnehmer (Schmeer, 2006, S. 109 ff.; 2016: Anhang I.5).
- *Zum anderen* besteht die Möglichkeit, zunächst mit dem Initial- und Resonanzbild derselben Teilnehmerin weiterzuarbeiten, wobei sie selbst beide Bilder zusammenführt, um diese sinn- und bedeutungsvoll miteinander zu verbinden (Schmeer, 2016: Anhang I.5).

In diesem Buch wird die zweite Möglichkeit des weiteren Vorgehens genauer betrachtet und durch Beispiele aus der Beratungspraxis näher beschrieben. Dabei sind beim Verbinden von eigenem Initialbild mit dem Resonanzbild viel mehr die individuellen Erkenntnisprozesse der Teilnehmenden unabhängig von den Einflüssen und Fähigkeiten der Beraterin oder Gruppenleiterin gefragt. Hier liegt das Hauptaugenmerk auf der selbstregulierenden Veränderung der Sichtweise bezogen auf ein im Initialbild beinhaltetes Thema durch das Zusammenführen mit dem eigenen Resonanzbild.

Entsprechend wird als *siebter Schritt* das *Verbinden von Initialbild mit dem Resonanzbild* verstanden und in Abschnitt 5.2.5 ausführlicher erläutert.

Hier drängt sich die praxisrelevante Frage auf: Was bewirkt die hier beschriebene Resonanzbildmethode anhand der sieben Schritte eigentlich?

Zur Klärung werde ich im Folgenden die wesentlichen Elemente und Aspekte der Resonanzbildmethode gesondert betrachten und weiterführend erläutern. Dabei lege ich Beispiele aus der Praxis dar, um die Wirkweise der Resonanzbildmethode als gesamtes Verfahren sowie der einzelnen Elemente wie Initialbild und Resonanzbild zu veranschaulichen. Als wesentliche Aspekte der Methode werden die Auswahl eines Initialbildes, die Beziehungen zwischen bildlicher und sprachlicher Ebene sowie das Verbinden von Initialbild mit dem Resonanzbild genauer beschrieben. Abschließend gehe ich gesondert auf die Bedeutung von Zeichen als Träger entwicklungsfördernder Botschaften ein.

Diese genauere Betrachtung der Resonanzbildmethode eröffnet uns die Möglichkeit, ein allgemeines Verständnis von der Anwendung analoger Verfahren und dessen Wirkweise zu erhalten. Dieses Verständnis dient der Orientierung, Beschreibung und Begründung unseres Handelns in der Praxis und ist aus meiner Sicht unverzichtbar. Die hier umrissenen Elemente – das Initialbild und Resonanzbild – werden in der Beratung von Einzelnen, Teams und Organisationen in verschiedenen Verfahren und Variationen umgesetzt. In Kapitel 7 werden zahlreiche Anwendungsmöglichkeiten durch Beispiele aus der Praxis veranschaulicht.

5.2.1 Das Initialbild als analoger Ausdruck erlebter Wirklichkeit

> »Ideen sind nur Ausgangspunkte.
> Um zu wissen, was man zeichnen will,
> muss man zu zeichnen anfangen.«
> (Picasso)

In Gruppen- oder Einzelgesprächen lade ich die Teilnehmenden bzw. Klienten ein, ein Ereignis, Erlebnis, eine konkrete Szene, ein bestimmtes Gefühl oder eine aktuelle Stimmung durch das Malen oder Zeichnen auf großformatigem Papier (mindestens DIN A3) in Farbe mit Wasserfarben, Ölkreiden oder Farbstiften analog zum Ausdruck zu bringen: das Initialbild.

Das Initialbild entspricht dem, was beim Teilnehmenden oder Klienten durch *die sprachliche Hinführung* zum Thema ausgelöst und vor diesem Hintergrund analog zum Ausdruck gebracht wird. Zum Beispiel durch *Fragen* – etwa die folgenden:

- »Welches Ereignis in der Zusammenarbeit mit deinen Kollegen war für dich besonders Kraft gebend?«
- »Wenn du an ein schwieriges Mitarbeitergespräch denkst, welche konkrete Szene kommt dir in den Sinn?«
- »Angenommen, du hättest das Projekt erfolgreich abgeschlossen. Welches Gefühl fühlst du?«
- »Durch welches Bild wird die Zusammenarbeit im Team sichtbar?«
- »Durch welches Bild wird die Organisation am ehesten zum Ausdruck gebracht?«

Eine andere Möglichkeit besteht darin, die Teilnehmenden oder Klienten durch eine *geleitete Imagination* sprachlich zum Thema hinzuführen und sie aufzufordern, daran anknüpfend ein Bild zu malen. Zum Beispiel durch die Imagination einer stärkenden Szene:

»Setz dich ganz bequem hin, entspann alle Teile deines Körpers …

Atme tief in deinen Bauch und schließe deine Augen …

So bist du im engeren Kontakt mit deinem Selbst …

Du gehst tiefer und entspannst dich mehr und mehr …

Lass deine Gedanken wandern und erfasse vor deinem inneren Auge eine Szene, die für dich leicht gewesen ist, eine Situation, in der du dich sehr wohlgefühlt hast, entspannt warst, in der es dir ausgesprochen gut ging …

Wo bist du dort?

Was geschieht dort?

Wo bist du in dieser Szene? Schau dich genau an …

Wer ist sonst noch anwesend? Oder bist du allein?

Was hörst du? … Gibt es noch weitere Geräusche?

Was kannst du sonst noch sehen?

Wenn du siehst, was du siehst … und hörst, was du hörst …, was fühlst du gerade jetzt?

Geh in die Situation hinein …

Schau dich um … Schau nach links … Was siehst du? … Und rechts? … Und vorne? … Und hinten? … Was siehst du oben? … Und unten? …

Und während du so schaust …, was hörst du?

Was tust du?

Und während du das tust, wie ist deine Körperhaltung?

Was spürst du in deinem Körper?

Und während du das siehst …, hörst … und spürst …, gibt es auch noch einen Geruch … oder Geschmack …, den du bemerkst?

Was denkst du jetzt in der Situation? … Gibt es etwas, was du dir selbst sagst?

Schau dir die gesamte Szene noch einmal von außen an …

Und während du die Szene betrachtest …, was fühlst du jetzt gerade in diesem Moment?

Wo in dir, in deinem Körper möchtest du diese Szene bewahren?

Lege deine Hand sanft auf diese Stelle deines Körpers … und berühre diesen Ort …

Nun verabschiede dich von dieser Szene …, öffne deine Augen und komm zurück in diesen Raum …

Nun male ein Bild zu dieser Szene, zu diesem Gefühl …«

Praxisbeispiel

Abbildung 12 zeigt das Bild von Julia, das sie in einem Coaching nach der Imagination mit Wasserfarben auf DIN-A2-Papier gemalt hat. Julia ist 32 Jahre alt und Teamleiterin in einem Unternehmen der IT-Branche.

Abbildung 12: Initialbild »Kraft gebende Szene« von Julia

Kommentar Julia: »Ein Moment, in dem ich die Leichtigkeit meines Lebens wahrnehme und die Schönheit des Lebens spüre.«

Der individuelle Ausdruck des Initialbildes ist vom Zeichenrepertoire, dem Können und der derzeitigen Verfassung der »Malerin«, aber auch von den zur Verfügung stehenden Materialien abhängig. Hier scheint es erforderlich zu sein, dass sowohl die Wasserfarben oder Malstifte als auch das Zeichenpapier qualitativ hochwertig sind. Es sollte mindestens ein Gewicht und somit eine Festigkeit von 200 g/m² haben.

Im Feld der Persönlichkeitsentwicklung gehe ich eher offen auf das aktuelle persönliche Anliegen der Teilnehmenden oder Klienten ein – etwa durch folgende Fragen:

- »Was in deinem Leben ist ungelöst?«
- »Was in deinem Leben ist noch offen?«
- »Was beschäftigt dich derzeit in deinem Leben?«

Insofern kann das Initialbild ein bedeutsames Thema aus dem gesamten Lebensspektrum sichtbar machen, um aus dieser Betrachtung und Besprechung wertvolle und entwicklungsfördernde Einsichten und Erkenntnisse zu ermöglichen.

Abbildung 13 zeigt das Initialbild von Simon zum Thema »Lebenspanorama« mit Wasserfarben auf DIN-A2-Papier. Simon ist Teilnehmer einer Coachingausbildung, 42 Jahre alt und arbeitet als Organisationsberater.

Abbildung 13: Initialbild »Lebenspanorama« von Simon

Kommentar Simon: »Ich genieße meinen Rückzugsort (Beratungsraum), meine intakte Beziehung zu meiner Frau. Ich räume der Kreativität und der Musik einen zentralen Stellenwert ein, kämpfe jedoch auch mit dem Gedanken, manchmal eine bloße Nummer zu sein. Zudem beschäftigt mich die Frage nach dem passenden Geschäftsauto.«

Im organisationalen oder betrieblichen Umfeld werden gewöhnlich die Themen zu den Initialbildern vorgegeben – wie z. B. »Führung«, »Team«, »Organisation«, »Zusammenarbeit«, »Kultur« oder »Veränderung« – und entsprechend eingeleitet. Hier werden die Teilnehmenden oder Klienten aufgefordert, ein bestimmtes Thema aus dem beruflichen Feld in den Blick zu nehmen, wobei jeder seine hiermit verbundenen Erfahrungen durch das Initialbild konkretisiert und so seine einzigartige Sichtweise und Bedeutung analog zum Vorschein bringt.

Praxisbeispiel

Abbildung 14 zeigt das Initialbild von Patrick zum Thema »Veränderungsprozess« – mit Ölkreide auf DIN-A3-Zeichenpapier. Patrick ist Teilnehmer einer Weiterbildung in Organisationsentwicklung, 43 Jahre alt und arbeitet als Leiter Human Ressources Management in einem Unternehmen der Finanzdienstleistung.

Abbildung 14: Initialbild »Veränderungsprozess« von Patrick

Kommentar Patrick: »Unsere Unternehmung befindet sich in einem größeren Veränderungsprozess. Sämtliche Bereiche und Mitarbeitenden sind betroffen. Wir haben uns selber einen Rahmen vorgegeben (Vision/Mission), innerhalb dessen wir die Entwicklung auf der grünen Wiese (Untergrund) starten. Die Spirale der Veränderung hat sich zu drehen begonnen. Es läuft nicht immer rund, wir sind da und dort mit Herausforderungen konfrontiert und geraten ins Stocken (der Blitz hemmt den Lauf der Spirale). Diese Hemmnisse gilt es zu überwinden. Ideen (Stern) wirken in den Rahmen hinein und können aufgenommen werden. Mitarbeitende haben Feuer für den Prozess und die Veränderung; aber es bestehen auch Irritationen, die vorüberziehen (Wolke). Der Schlüssel zum Erfolg liegt nicht immer in unserem Rahmen, manchmal soll man diesen gedanklich verlassen und nicht im bestehenden Muster agieren.«

Für das anschließende Betrachten und Besprechen bzw. das Erzählen der Initialbilder stellt sich folgende Frage: Was bringt der Teilnehmer bzw. Klient durch das Initialbild eigentlich zum Ausdruck?

Die Initialbilder bilden die mehr oder weniger bewussten Vorstellungen analog ab, die der Teilnehmer oder Klient mit dem gemeinten Thema gegenwärtig verbindet und somit seine entsprechenden Kenntnisse und Annahmen. Das Initialbild ist *gemäß* diesen Prämissen. Letztendlich werden durch das Initialbild die charakteristischen Züge bzw. die Besonderheiten des mit dem Thema verbundenen *kognitiven Schemas* sichtbar. In diesem Sinne reduziert der Teilnehmer oder Klient durch das Malen des Initialbildes die Unübersichtlichkeit und Vielschichtigkeit des gemeinten Themas auf *sein* Wesentliches, auf *sein* »Dinghaftes«. Der Bildschaffende verdichtet sein Thema auf das für ihn Besondere und Bedeutsame bzw. auf das für ihn Wichtige, wobei er sich dessen in der Regel nicht bewusst ist. Mit anderen Worten: Der Teilnehmer oder

Klient führt sich über das Initialbild das für ihn Wesentliche des Themas vor Augen, das erst in der Betrachtung offensichtlich, intuitiv einsehbar und durch das Besprechen oder Erzählen bewusst werden kann.

An dieser Stelle möchte ich auf den psychodynamischen Mechanismus der »*Kontrolle*« hinweisen, der aus einer »rein« systemtheoretischen Perspektive in der Regel nicht in Betracht gezogen wird:

Der Bildschaffende könnte versucht sein, gemäß seinen Bedürfnissen und Absichten den analogen Ausdruck bewusst zu gestalten und die Art und Weise der Darstellung des Initialbildes zu »kontrollieren«. Er könnte z. B. beabsichtigen, über das Initialbild ein bestimmtes Bild von sich nach außen zu geben, seine inneren Vorstellungen zu verbildlichen oder sich den anderen verständlich machen zu wollen. In Gruppen könnte dieses Kontrollierenwollen auch daher rühren, dass er von der Annahme geleitet ist, über das Initialbild etwas Persönliches zum Ausdruck zu bringen und dies vor den anderen Teilnehmenden vermeiden möchte (Schmeer, 2016: Anhang II.7):

Während des Malens hinterlässt diese Psychodynamik im Hintergrund sichtbare Spuren auf dem Initialbild.

Dementsprechend wäre ein Bild und hier insbesondere das Initialbild nicht bloß ein äußeres Abbild der inneren bildlichen Vorstellung einer Realsituation, sondern auch immer ein Spiegelbild des psychischen Erlebens der Bildschaffenden in diesem Moment unter dem Einfluss der erfahrenen Gruppen- bzw. Beratungssituation.

Die Teilnehmerin oder Klientin bringt ihr Initialbild aus ihrem aktuellen Erleben zum Ausdruck, wobei zum einen die inneren Vorstellungen der Realsituation zum Vorschein kommen und zum anderen auch Spuren aktueller Bedürfnisse, Interessen oder Absichten sichtbar werden.

Das Verhalten eines Menschen erfolgt immer aus dem gegenwärtigen kognitiv-emotionalen und körperlichen Erleben und somit aus der aktuell erlebten Wirklichkeit. Je nach Befindlichkeit oder Verfasstheit – wie ängstlich, traurig, freudig, unsicher, müde, wach oder krank – könnte das Bedürfnis und auch die Fähigkeit eines Menschen verschieden ausgeprägt sein, seinen Ausdruck bzw. sein Verhalten bewusst oder nicht bewusst zu kontrollieren (siehe Unterkapitel 1.6).

Wir können den Teilnehmer oder Klienten auch bitten, ein Initialbild zu seinem erlebten Gefühl wie Ärger, Wut, Trauer oder Freude oder zum eigenen Körper zu malen:

- »Lass das Gefühl sich malen!«
- »Lass den Körper sich malen!«

Hierdurch scheint eher unmittelbar das Gefühl oder der Körper bildlich zum Ausdruck zu kommen.

Zu diesen Themen folgen zwei Initialbilder als Beispiele aus dem Einzelcoaching:

Praxisbeispiele

Kevin ist 41 Jahre alt und Bereichsleiter mit ca. 50 Mitarbeitenden. Im Coaching wird deutlich, dass er »Angst« hat, seinen Chef um mehr Gehalt zu bitten. Ich lade ihn ein, sich diese Szene mit seinem Chef genau vorzustellen und das Gefühl, welches er im Dort und Dann fühlt, sich malen zu lassen (mit Ölkreide auf Zeichenpapier DIN A3, siehe Abbildung 15).

Abbildung 15: Initialbild »Gefühlsausdruck« von Kevin

Kommentar Kevin: »Es ist kalt, grau, feucht-nebelig und undurchdringlich. Hinter der Mauer steht: ›Intellekt, Freiheit‹.«

Marcèlle ist 50 Jahre alt, Juristin und arbeitet als Teamleiterin. Ihr Anliegen an das Coaching ist, einen Zugang zu ihrem Körper zu finden: den Körper mehr spüren, ihn unmittelbarer hören usw. Nach dieser ersten Klärung bitte ich Marcèlle, ihren Körper sich malen zu lassen (mit Ölkreide auf Zeichenpapier DIN A3, siehe Abbildung 16).

Kommentar Marcèlle: »Mein Körper hat mit diesem Bild ausgedrückt: Ich bin kraftvoll, ich bin schön, ich bin groß.«

Abbildung 16: Initialbild
»Körperausdruck«
von Marcèlle

In Gruppen dienen die Initialbilder, die in der Einstiegsrunde kurz vorgestellt werden, als Auslöser bzw. »Trigger«, die Inhalte aus den Erinnerungs- und Gedächtnisspeichern der Betrachter berühren und entsprechende Emotionen wecken. Währenddessen klingt bei jedem Teilnehmenden ein Initialbild besonders an und ruft bestimmte Vorstellungs- und Erinnerungsanteile hervor, die unmittelbar in einem *Resonanzbild* gestalterisch verarbeitet werden.

5.2.2 Das Resonanzbild als analoger Ausdruck des unmittelbaren Erlebens

Das Resonanzbild kann für das visuelle Lernen in Gruppen oder in der Beratung von Einzelnen als Instrument auf verschiedene Weise eingebracht werden und löst nicht selten bei Teilnehmenden oder Klienten erstaunliche Wirkungen aus. In Kapitel 7 lege ich durch Praxisbeispiele unterschiedliche Varianten für den Einsatz des Resonanzbildes dar.

Der Ursprung des Resonanzbildes liegt in dem standardisierten Verfahren von Gisela Schmeer für Selbsterfahrungs-, Seminar- und Trainingsgruppen, das ich in Unterkapitel 5.2 beschreibe. Hier sind Resonanzbilder spontane bildhafte Reaktionen, die bei einem Teilnehmer durch das Bild oder Wort eines anderen Teilnehmers ausgelöst werden. Das Resonanzbild geht aus einem Initialbild und dessen kurzer Beschreibung durch einen anderen Teilnehmer hervor, wobei das jeweils Resonanz auslösende Initialbild als *auslösendes Bild* bezeichnet wird. Jeder Teilnehmer reagiert mit einem Resonanzbild auf das Initialbild eines anderen, das bei ihm in der Betrachtung vor dem Hintergrund des darüber Gehörten besonders anklingt oder das ihn besonders anspricht.

Die Resonanzbildmethode basiert auf dem Phänomen, dass das Bild oder auch nur ein Wort eines Teilnehmers unvorhersehbare und überraschende, ja sogar überfallartige »Schwingungen« und somit Wirkungen bei anderen Teilnehmenden auslösen kann. Durch ein gesehenes Bild oder ein gehörtes Wort gerät unvorhergesehen »etwas Eigenes« – ein eigenes Gefühl oder Thema – in Schwingungen. Zum Beispiel macht das Bild eines anderen Menschen betroffen oder neugierig, berührt oder weckt Assoziationen oder Erinnerungen (Schmeer, 2003, S. 71).

Dieses »anklingende« Gefühl oder Thema wird unmittelbar durch eine Skizze zeichnerisch als Resonanzbild symbolisch zum Ausdruck gebracht und auf der Rückseite mit einem Wort oder Satz *versehen.*

Das Verfahren ist durch Material und Durchführung in der Weise standardisiert, dass ein reduzierter, abstrakter und spontaner analoger Ausdruck der erlebten Resonanz erleichtert wird: Resonanzbilder sind grafische Schwarz-Weiß-Skizzen, die auf einem weißen Blatt Papier mit schwarzem Stift erstellt werden. Die Farben sind auf Schwarz und Weiß reduziert, um eine schematische Abstraktion zu ermöglichen. Das weiße Zeichenpapier ist relativ klein mit dem ungewöhnlichen Maß von 18 × 21,5 cm. Das gängige DIN-A4-Format wird nicht verwendet, damit die Teilnehmenden aus ihren alltäglichen Sehgewohnheiten »hinauskatapultiert« werden. Die Qualität des weißen Papiers entspricht der Festigkeit eines herkömmlichen Malblocks, jedoch mindestens 200 g/m². Durch die Auswahl eines qualitativ hochwertigen Materials wird der Akt des Skizzierens ernst genommen und gewürdigt. Der Malstift muss frisch und darf nicht eingetrocknet sein, sodass beim Skizzieren der leichte Bewegungsfluss auf dem Papier gewährleistet ist (Schmeer, 2006, S. 35).

Abbildung 17 zeigt zur Veranschaulichung das Resonanzbild von Simon mit dem auf der Rückseite geschriebenen Satz: »Frühlings-Erwachen – tief einatmen und Duft riechen.«

Abbildung 17: Resonanzbild von Simon

Kommentar Simon: »Das Resonanzbild zeigt mir, dass mein Wunsch nach Offenheit, Freiheit und fortlaufender Veränderung sehr präsent ist. Ich soll nicht Gefahr laufen, vor lauter durchstrukturiertem Alltag die offene Sicht ins Grüne, das Frühlingserwachen und die damit verbundene Lebensfreude zu verpassen.«

Laut Schmeer haben manche Teilnehmende zunächst das Gefühl, dass es sich bei diesem Verfahren um eine Art Experiment handeln könnte. Viele sind neugierig oder durch die Vorstellung der Initialbilder angeregt, ohne zu ahnen, wie wesentlich die Aussage des Resonanzbildes für sie selbst ist. Das Entscheidende dabei ist, dass die Teilnehmenden durch ein plötzlich auftauchendes Thema überrascht werden, das sie im Voraus nicht erwartet haben. In der Regel denken die Teilnehmenden zunächst, sie würden das Resonanzbild für den Teilnehmenden zeichnen, von dem das Initialbild bzw. auslösende Bild stammt. Die Quintessenz der Methode ist das Erstaunen, dass das Thema des Resonanzbildes jedoch *immer* mit dem Teilnehmer selbst zu tun hat, der das Resonanzbild gezeichnet hat (Schmeer, 2016: Anhang II.8).

Gerade dann, wenn die Teilnehmenden vermuten, sie würden das Resonanzbild für eine andere Person zeichnen, kann die mit dem auslösenden Bild verbundene innere Vorstellung unkontrollierter und insofern spontaner und unmittelbarer skizziert werden. Auf diese Weise würde das Resonanzbild *unverdeckter* die eigentliche innere Vorstellung des resonierenden Zeichners abbilden.

Abbildung 18 zeigt zur weiteren Veranschaulichung das Resonanzbild von Patrick mit dem auf der Rückseite geschriebenen Satz: »In eine Richtung gedrängt werden. Zwang.«

Abbildung 18: Resonanzbild von Patrick

Kommentar Patrick: »Im Bild von Silvana erkenne ich einen großen Feuerball, der von spitzen Elementen in eine Richtung gedrängt wird, in welcher sich dieser Feuerball eigentlich gar nicht begeben will; es gibt dort zu wenig Platz für ihn. Trotzdem ist dieser Weg der scheinbar einzig mögliche/gangbare/erzwungene.«

Andererseits kann bei einzelnen Teilnehmenden die Resonanz auf ein Initialbild emotional so stark sein, dass diese das plötzlich auftauchende Thema wieder verdrängen und auf etwas Neutrales oder Unwichtiges ausweichen. Manche wollen sich in Gruppen nicht exponieren und gehen dann zu etwas anderem über (Schmeer, 2016: Anhang II.9). In diesen Fällen würde aufgrund psychodynamischer Mechanismen und hier insbesondere durch »Verdrängung« nicht unmittelbar die mit dem Initialbild verbundene Vorstellung zum Ausdruck gebracht, sondern vielmehr das psychische Erleben des Zeichners, die das »Ausweichen« auf ein anderes Thema zum Inhalt hat.

Ein grundlegendes Prinzip ist, dass die Teilnehmenden ihre jeweils individuell erlebten Resonanzen aus der sinnlichen Betrachtung der dargelegten Initialbilder möglichst *spontan, schnell, kurz und abstrakt* auf das Papier skizzieren.

In der Einstiegsrunde kann zwar während der kurzen Beschreibungen der Initialbilder ein Wort oder Satz oder das vorgebrachte Thema eines anderen Teilnehmers eine Resonanz und derweil besondere Aufmerksamkeit auslösen, jedoch bezieht sich dieser sprachliche Ausdruck immer auf ein in der gegenwärtigen Betrachtung vorliegendes und verbleibendes Initialbild. Nach der Einstiegsrunde werden die gehörten Worte deutlich, schwach oder gar nicht erinnert. Die Initialbilder bleiben dagegen in der gegenwärtigen Wahrnehmung und somit als unmittelbar gegeben in der sinnlichen Anschauung.

So entstehen die Resonanzbilder weitgehend aus der Betrachtung bzw. aus dem *Einsehen* des vorliegenden Initialbildes vor dem Hintergrund der erinnerten Worte oder Sätze über das zu Sehende. Hierdurch geschieht das Skizzieren/ Zeichnen des Resonanzbildes viel mehr unmittelbar aus dem intuitiven Einsehen des Anschaulichen als über diskursives analytisches Denken, vermittelt über Kenntnisse, Begriffe und Schlussfolgerungen. Und als Voraussetzung für intuitives Erkennen tritt das Initialbild bzw. auslösende Bild als Einzelnes und gleichzeitig als Ganzes unmittelbar in die Betrachtung des Wahrnehmenden ein (siehe Unterkapitel 4.1).

Folgendes Beispiel (siehe Abbildung 19) veranschaulicht die Beziehungen zwischen auslösendem Bild und Resonanzbild.

» FRÜHLINGS-
ERWACHEN «

... tief einatmen und den Duft riechen ...

Abbildung 19: Auslösendes Bild von Laura und Resonanzbild von Simon

Für Schmeer stellen die Skizzen auf den Resonanzbildern keine »groß durchdachten« Themen dar, sie werden vielmehr als »Miniandeutungen« von Themen betrachtet, als »ein Moment, der etwas antriggert«. Die ausgelösten Themen sind nicht unbedingt die Themen, die den Menschen gerade in diesem Moment besonders beschäftigen. Jedoch ist das Thema, das überraschend und unerwartet plötzlich auftaucht, in jedem Fall für den Zeichner des Resonanzbildes interessant, vor allem im Zusammenhang mit seinem eigenen Initialbild (Schmeer, 2016: Anhang I.1).

Dabei betont sie, dass durch das Resonanzbild keine Lösungen oder Antworten für die Malerin des Initialbildes angeboten werden. Stattdessen wird aus dem Initialbild ein Thema aufgegriffen oder übernommen, das bis dahin vielleicht »im Schatten lag« und »für Überraschung sorgt« und auf dem ersten Blick scheinbar keine besondere Bedeutung für den Zeichner des Resonanzbildes beinhaltet. Jedoch wird durch das Aufgreifen dieses Themas die Sichtweise erweitert: »[D]as überraschende (dunkle, bis dahin unbewusste) Thema wird im Resonanzbild aufgegriffen und angesprochen« (Anhang I.1).

Schmeer vertritt einen konstruktivistischen Ansatz menschlichen Erkennens, da sie annimmt, dass durch Bilder und somit auch durch Resonanzbilder stets die »subjektive Wahrheit« bzw. die »subjektive psychische Realität« als Repräsentation zum Ausdruck gebracht wird: »Es gehört zwar zu den Vorzügen des Bildes, dass es Realität mit großer Detailtreue wiedergeben kann. Mit gleicher Detailliertheit vermag das Bild auch Realität vorzugaukeln. Immer ist jedoch ein Bild Repräsentant einer subjektiven psychischen Realität. Und damit einer subjektiven Wahrheit. Die manchmal karikaturartigen und schematisch verkürzten reduktionistischen Darstellungen auf den Resonanzbildern spiegeln eine spezielle Realität wider, nämlich diejenige, die – wie im Traum – das Bild der äußeren Realität verfremdet und verzerrt und gerade dadurch die innerpsychischen Gesetze (Psycho-Logik) sichtbar macht« (Schmeer, 2006, S. 42).

Bilder werden als Abbild des eigenen subjektiven Wahrnehmens, Erlebens und Erkennens des Bildschaffenden verstanden, wobei anscheinend gerade durch das Resonanzbild die psychische »Eigengesetzlichkeit« oder »Eigenlogik« und somit die strukturdeterminierte bzw. autonome Verarbeitung dargebotener Inhalte nach außen sichtbar wird.

Die Teilnehmerin bringt ihre erlebte Resonanz spontan und teilweise *nicht bewusst gesteuert* mittels ihres derzeit vorhandenen Zeichenrepertoires skizzenhaft und schnell zum Ausdruck. Währenddessen kann sie das bildlich Entstehende und mehr und mehr zum Vorscheinkommende noch nicht umfänglich sprachlich erfassen und daher nicht sinn- und bedeutungsvoll einordnen. Die Resonanzbilder werden eher unmittelbar aus dem Wahrnehmen und Erleben skizziert, wobei deren Sinn und Bedeutung in diesem Augenblick verstandesmäßig noch nicht bewusst vorliegen. Wie schon gesagt: Das Skizzieren des Resonanzbildes geschieht eher *intuitiv* unmittelbar aus dem Erleben des visuell Wahrgenommenen als bewusst überlegt und durchdacht. Derart könnte die sichtbare, abstrakte Skizze auf den ersten Blick wenig sinn- und bedeutungsvoll erscheinen. Durch die Aufforderung, nach dem Skizzieren/Zeichnen des Resonanzbildes auf die Rückseite ein Wort oder einen Satz zu schreiben, ist die Teilnehmerin gefordert, das Bildliche ins Sprachliche zu übersetzen und auf diese Weise mit Bedeutung zu versehen und zu begreifen.

Häufig erschließt der Teilnehmer erst nach längerer Betrachtung des Resonanzbildes, welche Bedeutung oder welche Botschaft in diesem für ihn verborgen sein könnte. Während er das im Resonanzbild Sichtbare in Sprache übersetzt – selbst denkend oder anderen erzählend –, wird er sich *dieser* zugeschriebenen Bedeutung bewusst.

In dieser Hinsicht erfolgt Erkennen aus dem Betrachten der Skizze/Zeichnung in der sinnlichen Anschauung und so gesehen eher intuitiv über Einsehen als diskursiv vermittelt über (Vor-)Wissen, Annahmen oder gedankliche Schlussfolgerungen. Dabei werden durch die sprachliche Beschreibung des Resonanzbildes Sinn- und Bedeutungszusammenhänge hergestellt, wodurch sich plötzlich eine bestimmte Sichtweise auf diese erfassten Inhalte ergibt. Erst durch das sprachliche Erfassen des in der visuellen Wahrnehmung intuitiv Eingesehenen wird Sinn und Bedeutung gegeben und somit Erkenntnis möglich. Diesen für die Resonanzbildmethode wesentlichen Zusammenhang zwischen bildlicher und sprachlicher Ebene menschlichen Erkennens lege ich in Unterkapitel 5.5 ausführlicher dar.

Durch das Beschreiben oder Erzählen des Resonanzbildes wird Bedeutung geschaffen. Bilder sind nicht eindeutig, sondern vieldeutig. Je nachdem, wie *bedeutsam* die sprachlich erfasste und erzählte Bedeutung für mich ist, erlebe ich diese entsprechend emotional und körperlich:

- *Was löst diese Erzählung und Bedeutung emotional-körperlich in mir aus?*
- *Wie wirkt diese Erzählung und Bedeutung emotional-körperlich auf mich?*

Letztendlich erhalten wir über emotional-körperliche Empfindungen Auskunft darüber, wie wichtig welche Bedeutung für uns ist. In diesem Sinne kann das Resonanzbild als »offene Gestalt« noch längere Zeit in unserer Vorstellung als inneres Bild nachklingen und uns begleiten, geleitet durch die Suche nach der »eigentlichen« Bedeutung, die plötzlich wie durch ein »Aha-Erlebnis« mehr oder weniger intensiv fühl- und spürbar ist. Dabei ist die Idee entscheidend, dass im Resonanzbild eine wesentliche Bedeutung oder Botschaft für uns enthalten sein könnte. Diese Idee leitet uns, die *Gestalt* schließen zu wollen.

Nun ist folgende Frage noch nicht gänzlich beantwortet: Was wird denn eigentlich auf dem Resonanzbild über eine Skizze/Zeichnung zum Vorschein gebracht? Im Grunde werden durch das Resonanzbild die Vorstellungen analog zum Ausdruck gebracht, die der Wahrnehmende mit dem auslösenden Bild verbindet, und somit das, was kognitiv durch das sinnlich Wahrgenommene – unmittelbar bewusst oder nicht bewusst – ausgelöst wird. Insofern sind Resonanzbilder *Abbildungen von Vorstellungen* (Schmeer, 2006, S. 67).

Beim Betrachten der vorliegenden Initialbilder werden bei jedem Teilnehmer einzigartig eine Vielzahl von Vorstellungen ausgelöst, wobei aus diesem Vorstellungsfluss insbesondere *eine* Vorstellung erfasst und *als Abbildung* durch die Skizze/Zeichnung analog sichtbar wird. So besteht der Zusammenhang zwischen dem auslösenden Bild und dem »Eigenen« vordringlich in der Verbindung zwischen dem in der Wahrnehmung sinnlich gegebenen Inhalt des auslösenden Bildes und der damit verbundenen mehr oder weniger bewussten Vorstellung. Das in der Betrachtung visuell Wahrgenommene wird unmittelbar mit einer *eigenen* Vorstellung vor dem Hintergrund der *eigenen* Erfahrungen und Kenntnisse *autonom* verknüpft:

- *Während ich dieses Bild betrachte, welches innere Bild oder welche Vorstellung löst dieses Bild in mir aus?*
- *Welche Person, Situation, Szene oder welches Ereignis, Objekt oder welche Figur oder Gestalt kommt mir bildlich in den Sinn?*
- *Ist es etwas Konkretes oder Abstraktes?*

Abbildung 20 veranschaulicht ein weiteres Mal die Beziehungen zwischen auslösendem Bild (Initialbild von Silvana, links) und Resonanzbild (rechts).

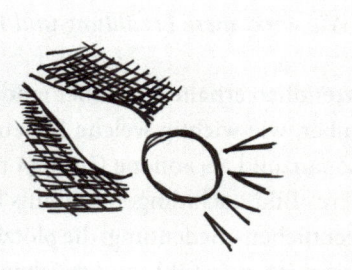

Abbildung 20: Auslösendes Bild von Silvana und Resonanzbild von Patrick

Nach Schmeer sind diese Vorstellungen bildhaft und flüchtig und manchmal schwer zu greifen. Jedoch lösen sie etwas aus, das zu einer wichtigen Thematik des Zeichners führt (Schmeer, 2016: Anhang I.1). Indessen sind die bildlichen Vorstellungen dem Menschen mehr oder weniger bewusst, je nachdem, ob er eher anschaulich oder abstrakt denkt. In dem Moment, in dem die Teilnehmenden aufgefordert werden, die Vorstellungen aufzuzeichnen, werden sie zu einem höheren Grad an Bewusstheit gezwungen. Sie werden gezwungen, sich zwischen den fluktuierenden Vorstellungen festzulegen (Anhang II.3).

Vorstellungen sind das innere, mehr oder weniger bewusste sinnesbezogene Sich-Vergegenwärtigen von Objekten, Ereignissen oder Personen. Wobei Vorstellungen kein genaues Abbild der Welt darstellen, sondern eher als eine *subjektive, sinnesbezogene Repräsentation* verstanden werden (siehe Abschnitt 1.4.2):

- Zum einen sind Resonanzbilder keine Kopie des auslösenden Initialbildes, sondern der Ausdruck eines eigenen, vorausgegangenen »schöpferischen Augenblicks« des Wahrnehmenden. Das Schöpferische geschieht durch Verknüpfungen zwischen dem sinnlich Wahrgenommenen und dem »Eigenen«, woraus im Bild eine »völlig neue und eigene Version« geschaffen wird (Schmeer, 2003, S. 162).
- Zum anderen sind Resonanzbilder keine getreue Kopie der inneren Vorstellung, die durch den wahrgenommenen Inhalt des Initialbildes ausgelöst wird. Jedoch besitzen Resonanzbilder »einige Eigenschaften«, die »die Denkarbeit sichtbar« machen (Schmeer, 2006, S. 68).

Sowohl das sinnesbezogene Wahrnehmen und Erleben der Inhalte des Initialbildes als bildlicher Eindruck als auch das Resonanzbild als bildlicher Ausdruck ist stets durch die eigene Struktur des Wahrnehmenden bzw. des Gestaltenden bestimmt. Beide – der bildliche Eindruck sowie der bildliche Ausdruck – werden mit mehr oder weniger bewussten Vorstellungen verbunden und somit durch kognitive Vorgänge verarbeitet und gesteuert.

Dieses kognitive Verarbeiten von wahrgenommenen Inhalte des auslösenden Bildes wird in dem Resonanzbild durch kleine, aber entscheidende »Variationen« deutlich (S. 126).

Diese »Variationen« können in Anlehnung an Bateson als »Unterschiede, die einen Unterschied machen« erkannt werden und sind in diesem Sinne Information: Gerade diese erkennbaren Unterschiede zwischen dem auslösenden Initialbild und dem Resonanzbild können uns Hinweise auf die kognitiven Vorgänge bei der Verknüpfung von wahrgenommenem Inhalt mit eigener Vorstellung geben und in diesem Sinne die »Denkarbeit« des »Schöpfenden« sichtbar machen.

Da menschliche Wahrnehmung durch die Struktur des Wahrnehmenden bestimmt und daher als Ergebnis autonomer Verarbeitung äußerer oder innerer sinnesbezogener Impulse zu verstehen ist, wird durch das Resonanzbild *immer nur* das Besondere der subjektiven bildlichen Vorstellung des Bildschaffenden und nicht der subjektiv gemeinte Inhalt des Initialbildes offensichtlich. So gesehen werden durch das Resonanzbild – wie auch durch das Initialbild – immer nur die »charakteristischen Züge« und Besonderheiten der mit wahrgenommenen Inhalten verbundenen bzw. resonierenden bildlichen Vorstellungen der Zeichnerin oder Malerin ersichtlich.

5.2.3 Die Auswahl als aktiver Vorgang des Wahrnehmenden

Wie schon im Unterkapitel 4.3 beschrieben, geht unsere Psyche andauernd mit Inhalten der Umgebung bewusst oder nicht bewusst in Resonanz und trifft dabei eine *Auswahl*: Eine Person, ein Objekt oder Gegenstand, ein Wort, Geruch oder Geräusch oder auch nur eine Geste, Mimik oder Farbe klingt in uns besonders an oder wirkt in uns besonders nach:

- *Mit welcher Körperempfindung, mit welchem Gefühl oder Gedanken resoniert das Wahrgenommene in mir merklich?*
- *Welche Erinnerung wird in mir ausgelöst und formt sich über welche Vorstellung sichtbar vor meinem inneren Auge heraus?*

Diese Resonanz geschieht in mir, ist mir eigen und einzigartig. Was geschieht aber, sodass insbesondere ein *Merkmal* aus der Umgebung in mir resoniert? Und: Welche Bedeutung hat diese Auswahl im Zusammenhang mit der Resonanzbildmethode?

In der Einstiegsrunde entsteht bei der Darlegung und kurzen mündlichen Beschreibung aller vorhandenen Initialbilder in dem gegenwärtigen Teilnehmerfeld eine unüberschaubare Vielzahl von Sinnesempfindungen und Informationen. Indessen erscheinen damit verknüpft bei jedem Teilnehmenden eigene bildliche Vorstellungen als mehr oder weniger bewusste kurzfristige Momentaufnahmen und beeinflussen für diesen Moment das gegenwärtige kognitiv-emotionale und körperliche Erleben.

Hiernach ist die gegenwärtig erlebte Wirklichkeit der Teilnehmenden durch das Nachklingen der gehörten Themen und durch die Spuren der ausgelösten bildlichen Vorstellungen offensichtlich und merklich eingefärbt. Aus diesem vielschichtigen Erleben betrachten sie erneut die dargebotenen Initialbilder für einen Augenblick, wobei wahrgenommene Inhalte jeweils entsprechende Vorstellungen blitzlichtartig auslösen können. Aus diesem inneren Fluss wird möglichst *schnell und spontan* etwas »Anklingendes« erfasst: Während des Betrachtens der dargelegten Initialbilder klingt bei jedem Teilnehmer aufgrund bisheriger Erfahrungen und vorhandener Kenntnisse insbesondere aus dem Bild ein Element, Objekt oder Ausschnitt als »etwas Eigenes« an, worauf er die damit verbundene Vorstellung als Skizze/Zeichnung analog zum Ausdruck bringt. Das Resonanzbild wird als analoger Ausdruck der mehr oder weniger bewussten bildlichen Vorstellung verstanden, die mit dem Wahrgenommenen aus dem Initialbild verknüpft wurde.

Abbildung 21 zeigt zur weiteren Veranschaulichung das Resonanzbild von Daniela mit dem auf der Rückseite von ihr geschriebenen Satz: »Der Schlüssel liegt außerhalb des Rahmens.« Daniela ist 28 und arbeitet als Projektleiterin Regionalentwicklung in einer Tourismusorganisation. Ihr Resonanzbild bezieht sich auf das Initialbild von Patrick (siehe Abbildung 14, S. 160).

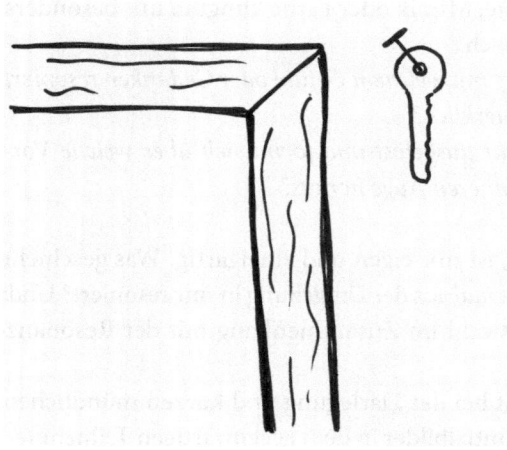

Abbildung 21: Resonanzbild von Daniela

Kommentar Daniela: »Patrick hat seine Unternehmung mit deren Herausforderungen und Akteuren als Bild in einem Rahmen gezeichnet. Neben diesem Bild – also außerhalb des Rahmens – hängt ein Schlüssel. Seine Erklärung dazu, dass die Lösung manchmal außerhalb des Rahmens liegt, obschon man sich in diesem vermeintlich vorgegebenen Kontext befindet, ist bei mir hängen geblieben. Es hat mich dazu angeregt, andere Lösungen zu suchen und dabei auch komplett neue Ansätze miteinzubeziehen, an welche ich bisher noch gar nicht gedacht habe oder von denen ich gedacht habe, dass diese unmöglich umzusetzen sind. Letzteres wiederum hat mich animiert, einmal genau darüber nachzudenken, warum denn etwas nicht möglich ist, ob das tatsächlich so ist und wer was tun müsste, um dies möglich zu machen.«

Diese Auswahl von Etwas aus dem Initialbild eines anderen ist nicht reflektiert, sondern geschieht *intuitiv*: durch plötzlich ausgelöste Gefühle, durch Neugier oder durch ein unvorhergesehenes Sich-Verstandenfühlen, aus Mitleid oder Erinnerung usw. Indessen sollten die Teilnehmenden unter dem Zeitdruck ziemlich schnell zu einer Entscheidung gelangen (Schmeer, 2016: Anhang II.9).

Durch die Auswahl wird der vielschichtige, ungeordnete Fluss von flüchtigen Wahrnehmungen, Vorstellungen und Emotionen gestoppt, wobei der gewählte Inhalt und die damit verbundene bildliche Vorstellung für einen Moment die erlebte Wirklichkeit wieder ordnet und stabilisiert. Für die Wahrnehmende bestehen unzählige Möglichkeiten der Auswahl, wobei sich »scheinbar zufällig« eine mit einem Inhalt verbundene Vorstellung herausbildet und für diesen Moment auf das kognitiv-emotionale und körperliche Erleben einwirkt.

Während der Einstiegsrunde könnte im Sinne der Musikästhetik metaphorisch der Wahrnehmende als »lebender Resonanzkörper« gesehen werden, wobei die zahlreichen Töne oder hier die visuellen und auditiven Empfindungen eine psychische Resonanz bewirken und »dunkle Erinnerungen« an »analoge Bewegungen des Lebens« hervorrufen. Der »einfühlende« Teilnehmer erlebt im Tonganzen eine »innere Geschichte«, die er als eigene Geschichte erfährt (siehe Unterkapitel 4.3).

Das könnte heißen, dass die Auswahl eines bestimmten Inhaltes aus den Initialbildern der anderen Teilnehmenden am ehesten durch die erlebte kognitiv-emotionale und körperliche Resonanz auf das Wahrgenommene geleitet wird. Diese Resonanz auf wahrgenommene Inhalte wird im Grunde über die entsprechend verknüpften bildlichen Vorstellungen und dabei genauer über deren Sinn und Bedeutung erlebt. Dabei ist auch entscheidend, in welcher allgemeinen psychischen und körperlichen Verfassung die Wahrnehmende sich in diesem Moment befindet und welche Vorerfahrungen und Kenntnisse sie aufgrund ihrer persönlichen Geschichte mit dem Inhalt verbindet.

Die Entscheidung für einen Inhalt wird vor allem auf kognitiver Ebene durch die *Bedeutung* geleitet, die die Wahrnehmende diesem aus ihrer aktuellen psychischen und körperlichen Befindlichkeit und vor dem Hintergrund ihrer Kenntnisse, Erlebnisse und Erfahrungen zuerkennt. Je nach Wichtigkeit der Bedeutung kann diese wiederum das kognitiv-emotionale und körperliche Erleben und somit die erlebte Wirklichkeit über das Wahrnehmbare wesentlich einfärben: Die dem wahrgenommenen Inhalt zuerkannte Bedeutung wirkt auf das psychische System energetisierend/anregend oder abregend. Vermutlich wird in diesem Moment die Bedeutung des wahrgenommenen Inhalts wenig sprachlich reflektiert erschlossen, sondern vielmehr intuitiv spontan in der bildlichen Vorstellung eingesehen und emotional-körperlich gespürt:

Offensichtlich wird diese innere Vorstellung im Resonanzbild skizziert oder gezeichnet und somit erfasst und verankert.

Beim erneuten Betrachten dieser Skizze/Zeichnung kann das damit verbundene Erleben hervorgerufen und davon ausgehend weiter erkundet werden. Dabei ist anzumerken, dass das Erleben beim wiederholenden Betrachten des Resonanzbildes zwar ähnlich sein kann, jedoch bedingt durch den aktuellen Zustand der Wahrnehmenden eigentlich immer neu und einzigartig ist.

Dabei erfolgt diese Auswahl *im Dienste der individuellen Entwicklung, Erkenntnis und Problemlösung.* Im Grunde kann diese Selektion als *zielgerichtetes Handeln* für die Entwicklung und Förderung des Wahrnehmenden verstanden werden. Offenbar ist dieser Vorgang nicht bewusst gesteuert, sondern geschieht vielmehr durch den Organismus *selbstreguliert.*

Hierfür lohnt es sich, einen kurzen Blick zurückzuwerfen auf die Aussagen von Vertretern des wissenschaftlichen Vitalismus zu lebenden Systemen (siehe Unterkapitel 1.2):

Jakob von Uexküll und Hans Driesch sind der Auffassung, dass in lebenden Systemen eine nichtmaterielle »innere Kraft«, die sogenannte »Entelechie«, wirkt, welche die Lebensvorgänge in systemerhaltender Weise zweckmäßig und zielgerichtet lenkt. Nach von Uexküll geschieht in allen Lebewesen *Merken und Wirken* autonom und selbstreguliert im Dienste der Erfüllung von Bedürfnissen und somit für die eigene Erhaltung und Entwicklung. Aristoteles bezeichnet Entelechie als eine dem Organismus innewohnende Kraft, die ihn zur Selbstverwirklichung bringt. Laut ihm bedeutet Entelechie die Verwirklichung des in einem Seienden angelegten Vermögens bzw. seiner Möglichkeiten. Oder wie die Gestaltpsychologen sagen: Der Organismus reguliert sich selbst über »innere Kräfte«, die eine Ordnung bzw. eine »gute Gestalt« anstreben (siehe Abschnitt 1.5.3).

So gesehen, würden *Auswählen und Merken* durch eine nichtmaterielle »innere Kraft« des Wahrnehmenden geschehen, die den wahrgenommenen

Inhalt als wertvoll und bedeutsam für die weitere Entwicklung und Selbstverwirklichung erkennt.

In ähnlicher Weise könnte auch der von Schmeer verwendete Begriff der »Individuation« (in Anlehnung an C. G. Jung) verstanden werden. Am Ende des Interviews sagt sie über ihr allgemeines Verständnis von Veränderung: »Die in der Therapie und speziell bei der Resonanzbildmethode angestrebte Veränderung steht für mich im Dienste der Ganzwerdung, Individuation (C. G. Jung). Das Dazunehmen von Bereichen, die ausgeklammert, abgespalten und nicht gelebt wurden« (Schmeer, 2016: Anhang III.6).

Natürlich sind das alles nur Vermutungen, bestimmte Weisen, uns in unserem Menschsein zu betrachten und zu beschreiben, ohne vielleicht jemals unsere tatsächliche Funktionsweise erkennen zu können. Doch gerade die daraus erwachsenen Annahmen könnten der Beratung von Menschen im Sinne von *Ressourcen- und Kompetenzorientierung* erheblich dienen. Die grundlegende Überzeugung dabei ist: Menschen streben nach Entwicklung und Verwirklichung und *merken*, was sie dafür brauchen.

Für das Lernen in Gruppen gilt allgemein als Voraussetzung, dass die Teilnehmenden an einer gegenseitigen Unterstützung und Förderung sowie an der Entwicklung des Einzelnen interessiert sind. Diese Voraussetzung kann durch den Ansatz der Autopoiese und hier insbesondere durch den Mechanismus der »strukturellen Kopplung« beschrieben werden (siehe Abschnitt 1.4.2).

Nach diesem Verständnis könnte sich durch das Arbeiten mit Initial- und Resonanzbildern ein gemeinsamer »sprachlicher Phänomenbereich« schnell ebnen, da im Zuge des standardisierten Vorgehens sich alle Teilnehmenden zum einen über die vorgegebenen Materialien bildlich ausdrücken und zum anderen auf dieselben dargebotenen analogen bildlichen Ausdrucksweisen in ihrer Wahrnehmung beziehen. Durch diese gemeinsame analoge Ausdrucks- und Betrachtungsweise in Verbindung mit begrifflichem Erfassen durch Worte wird ein »konsensueller Bereich« erheblich gefördert. Zugleich geschehen gerade durch die selbst geleitete Auswahl von entwicklungsfördernden Inhalten aus der Vielzahl der dargebotenen Initialbilder »Kopplungen« zwischen den Teilnehmenden, die als strukturell besonders anschlussfähig gelten können.

Jedoch können bei der Anwendung der Resonanzbildmethode durch neue Einsichten in das eigene Thema oder gerade durch den Vorgang der Auswahl auch »sekundäre Reaktionen« entstehen, die für den Gruppenprozess weniger förderlich sind und den Zusammenhalt der Gruppe destabilisieren: »Gruppendynamisch werden durch das kurze Vorstellen der Resonanzbilder wiederum (unter Umständen heftige) Reaktionen ausgelöst, zum Beispiel: *Freude* und andere Hochgefühle, wenn jemand feststellt, dass das Thema seines Initialbildes von mehreren anderen Teilnehmern aufgegriffen und verstanden worden ist; *Erstaunen/Entsetzen* über ganz neue Aspekte des eigenen Themas; *Depression*, weil keiner aus der Gruppe auf das eigene Initialbild oder Thema reagiert hat; *Neid* auf diejenigen, die mehr Resonanz ausgelöst haben« (Schmeer, 2003, S. 74).

Im Interview führt Schmeer aus, dass die Gruppe mehr als die Anzahl der einzelnen Individuen ist und jede Gruppe ihr eigenes »Klima« schafft. Dieses *Gruppenklima* ist sozusagen die Matrix, die alles, was geschieht, aufnimmt, »verdaut«, oder nicht aufnimmt – weil es zu emotional, zu schnell oder zu bedrohlich herauskommt. Sie versteht die Gruppe als einen Organismus, »der etwas verdauen muss und irgendwann an seine Grenzen stößt« (Schmeer, 2016: Anhang III.5).

In Gruppen können neben einer entwicklungsfördernden Atmosphäre auch Dynamiken entstehen, die für die Entwicklung Einzelner hemmend, beängstigend oder sogar schädlich sind. In diesen Fällen wäre das Gleichgewicht der Gruppe gestört. Die Gruppe würde ihre Stabilität verlieren und sich gegebenenfalls auflösen (siehe Abschnitt 1.4.2).

Abschließend möchte ich noch einmal die Bedeutung des Auswahlvorganges für die förderliche Entwicklung der Teilnehmenden hervorheben: Bereits die Auswahl eines Inhaltes und der bildhafte Ausdruck der Resonanz kann eine Problemlösung einleiten: »Das selektive Bevorzugen der einen oder anderen Wahrnehmung und das selektive bildhafte Reagieren auf eben diese eine Wahrnehmung kommen oft bereits einer Problemlösung gleich. Eine sachdienliche *Auswahl auf dem elementaren Wahrnehmungsniveau* ist ein wichtiger und charakteristischer Teil der Erkenntnismethode als ganzer. Den Bereich eines Problems richtig zu bestimmen heißt schon beinahe die Lösung haben« (Schmeer, 2006, S. 124).

Mit anderen Worten: Die aktive Auswahl eines Inhaltes aus der Vielzahl der Sinnesempfindungen – ausgelöst durch die dargebotenen Initialbilder –, dessen Erfassen in der sinnlichen Anschauung, womit sich eine bildliche Vorstellung verbindet, sowie der bildhafte Ausdruck dieser Resonanz führen dazu, dass der Wahrnehmende ein bedeutsames Thema oder Problem erkennt. Dabei gilt schon bloß dieses Erkennen als wesentliche Vorleistung für eine entsprechende Lösung.

Somit ist die *Möglichkeit der Auswahl* eine entscheidende Voraussetzung für die Wirkung der Resonanzbildmethode: Die Teilnehmenden können durch diese Auswahl aus den unzähligen und vielfältigen Eindrücken einen für sie bedeutsamen Problembereich erkennen.

Dabei ist sowohl für sprachliches als auch für bildliches Erkennen das »Erkennen-Wollen« grundlegend, »d. h. eine rezeptive Offenheit, bei der keine Wahrnehmungsinhalte ausgeklammert werden« (Schmeer, 2016: Anhang II.4).

Wie in Unterkapitel 5.2 beschrieben, werden die Teilnehmenden nach dem Zeichnen des Resonanzbildes aufgefordert, ein Wort oder einen Satz auf die Rückseite des Bildes zu schreiben. Hierdurch wird das in der sinnlichen Anschauung geschaute Objekt, Zeichen oder Symbol über die sprachliche Ebene in diesem Wort oder Satz schriftlich gefasst und mit der entsprechenden Bedeutung versehen und gesehen. Demnach bindet der Teilnehmer selbst das sinnlich visuell Wahrgenommene in eine sprachliche Form ein. Durch das Benennen mit einem Wort oder Satz gerät die bildliche Ebene in den Hintergrund und indessen das Sprachliche in den Vordergrund. Dabei sind bildliche und sprachliche bzw. analoge und digitale Ebene unmittelbar miteinander verwoben, wirken aufeinander ein und können im Grunde nicht getrennt voneinander gedacht werden:

Wir Menschen denken in Bildern, verknüpft mit Sprache, und in Sprache, verknüpft mit Bildern, wobei wir uns dessen mehr oder weniger bewusst sind.

Nach der Theorie autopoietischer Systeme wird Erkennen als aktiver Prozess des Menschen verstanden, wobei zumindest drei Ebenen der Verarbeitung von Impulsen aus der Umwelt unterschieden werden: *Nerventätigkeit, Erfahrung und Beschreibung* (siehe Abschnitt 1.4.3).

Diese drei Ebenen gelten als voneinander unabhängige, strukturell gekoppelte autonome Einheiten, die sich wechselseitig beeinflussen:

- Auf der *physischen Ebene* verarbeitet das Nervensystem unterhalb der Wahrnehmungsschwelle andauernd Unterschiede in den Relationen seiner Zustände im sensomotorischen oder interneuronalen Bereich.
- Auf der *psychischen Ebene* verarbeitet der Mensch diese Veränderungen der Nerventätigkeit zu wahrnehmbaren sinnlichen Erlebnissen und bildet daraus seine subjektiven Erfahrungen. Die bildliche Ebene der Wahrnehmung würde der so verstandenen psychischen Ebene entsprechen, auf der das Resonanzbild in seiner schwarzen Farbe und Form vor dem weißen Hintergrund des Papiers wahrgenommen und subjektiv erfahren wird.
- Auf der *sprachlichen Ebene* werden die sinnesbezogenen Erlebnisse und Erfahrungen durch Beschreibungen erfasst, die die sinn- und bedeutungsvollen Einheiten bilden, aus denen die subjektiv erlebte Welt eines Menschen besteht. So gesehen bestimmen die Beschreibungen den Sinn und die Bedeutung der wahrgenommenen Objekte, Zeichen oder Symbole.

Übertragen auf die Resonanzbildmethode würde das heißen, dass die Zeichnerin erst durch das sprachliche Erfassen der geschauten Objekte, Zeichen oder Symbole sich deren Sinn und Bedeutung subjektiv erschließt. Die Teilnehmerin erlebt und erfährt im Betrachten des Resonanzbildes das Gesehene auf der psychischen Ebene sinnlich, wobei sie diesem in der Anschauung durch Sprache Sinn und Bedeutung zuschreibt.

Indessen sind alle Beschreibungen immer Beschreibungen eines Beobachters, der durch seine sprachlichen Möglichkeiten und somit bestimmt durch seine kognitive Struktur eine subjektiv sinn- und bedeutungsvolle Wirklichkeit erzeugt. Aus dem sprachlichen Erfassen des sinnlich Wahrgenommenen gehen für den Beobachter sinn- und bedeutungsvolle Einheiten wie Worte oder Sätze hervor, die seine subjektiv erlebte Wirklichkeit beeinflussen: das gegenwärtige kognitiv-emotionale und körperliche Erleben.

Dabei wird die Bedeutung von Wahrgenommenem erheblich durch die aktuelle psychische und körperliche Befindlichkeit des Wahrnehmenden beeinflusst. So gesehen würde die sprachliche Beschreibung des Resonanzbildes auch immer einen Hinweis auf die Verfasstheit des Beschreibenden im Hier und Jetzt geben.

Schmeer unterscheidet zwischen bildlichem und sprachlichem »Wissensspeicher«, die bei den Teilnehmenden durch die Anwendung der Resonanzbildmethode aktiviert werden. Dabei greift die Zeichnerin, während sie das Resonanzbild skizziert, auf ihr bildliches »Vorstellungs- und Erinnerungswissen« zurück. In dem Moment, in dem die Zeichnerin auf der Rückseite ihres Resonanzbildes ein dem Bild entsprechendes Wort oder einen entsprechenden Satz vermerkt, schaltet sie auf den sprachlichen Wissensspeicher um (Schmeer, 2006, S. 94).

Beim Umdrehen des Resonanzbildes kann eine gewisse Ratlosigkeit entstehen, wenn der Teilnehmende das Wort oder den Satz auf die Rückseite schreiben soll. Für manche Teilnehmende ist es schwierig, aus dem Darstellen in das Reflektieren und Formulieren überzugehen, um zu benennen, was sie skizziert haben (Schmeer, 2016: Anhang II.5).

Indessen erscheint dieses »Umschalten« von der bildlichen Wahrnehmung zur sprachlichen Beschreibung des Resonanzbildes wie ein qualitativer Sprung auf eine andere kognitive Ebene, der mehr oder weniger mühelos gelingt. In Anbetracht autopoietischer Systeme könnte dieses Umschalten als Wechsel von dem Bereich der unmittelbaren sinnhaften Erlebnisse und Erfahrungen (psychische Ebene) in den Bereich der Beschreibung (sprachliche Ebene) verstanden werden, wobei beide Ebenen jeweils als autonome und in dem Sinne als strukturdeterminierte Systeme gelten, die zugleich miteinander strukturell gekoppelt sind.

Das könnte bedeuten, dass gerade in der unmittelbaren sinnlichen Anschauung und beim *intuitiven Einsehen* des Resonanzbildes ein mehr oder weniger intensiver psychischer Zustand entsteht, woraus das plötzliche »Umschalten« in die sprachliche Ebene mehr oder weniger gelingt. Oder mit den Worten von

Schmeer: »Die sind versunken in der Resonanz und sollen dann auftauchen und es benennen. Das ist nicht so einfach« (Anhang II.11).

Hier stellt sich die Frage, was durch das sprachliche Erfassen der bildlichen Resonanz – durch ein Wort oder einen Satz – eigentlich benannt oder erkannt wird. Oder anders gefragt: Inwieweit benennen die Teilnehmenden das nach außen, was sie erahnen oder erkennen?

Zunächst sollten wir in Betracht ziehen, dass die sprachliche Benennung in manchen Fällen auch »verfälscht« sein könnte, um nicht die eigentliche im Resonanzbild erkannte, sondern eine andere Bedeutung durch ein Wort oder einen Satz nach außen zu vermitteln. Das Erkannte könnte unbequem oder unangenehm für die Zeichnerin des Resonanzbildes sein und möchte nicht nach außen getragen werden, sodass es der Abwehr oder Verdrängung unterliegt. Oder die Zeichnerin möchte über den geschriebenen Kommentar originell oder klug wirken (Anhang II.11).

Auch diese bewusste oder nicht bewusste »Entscheidung« scheint wieder durch die aktuelle Grundstimmung des Wahrnehmenden und Erkennenden, wie Angst oder Scham, erheblich beeinflusst zu sein. Indessen ist bemerkenswert, dass aus konstruktivistischer Perspektive durch diese »Abwehr« in Form eines »falschen« Wortes oder Satzes nach dem Vorgang der Umdeutung eine andere Bedeutung durch den Beschreibenden (vor)gegeben wird, die auch auf die erlebte Wirklichkeit im Zusammenhang mit dem Resonanzbild einwirkt. Die vorerst eigentlich erkannte, innerlich sprachlich erfasste und in diesem Moment nicht annehmbare Bedeutung würde durch die »Darbietung« einer anderen sprachlichen Form umgeschrieben und in diesem Sinne umgedeutet (Abschnitt 1.7.3).

Nach diesem Verständnis wäre auch nicht von »falschen« oder »richtigen« Beschreibungen die Rede, sondern vielmehr von »annehmbaren« oder »nicht annehmbaren« bzw. von »passenden« oder »unpassenden« als Ergebnis der Selbstregulation des Erkennenden und Beschreibenden. Im Grunde werden nach konstruktivistischen Ansätzen Bedeutung und Wirklichkeit durch die Art der Beschreibung wahrgenommener oder sich vorgestellter Personen, Objekte oder Ereignisse erzeugt.

Hier scheint ein wesentlicher Unterschied zu psychodynamischen Ansätzen der Beratung zu liegen, die von einer für den Wahrnehmenden und Erkennenden »richtigen« Bedeutung ausgehen, die zwar durch eine »falsche« Beschreibung aus der derzeit erlebten Wirklichkeit wieder »abgespalten« wird, jedoch weiterhin »im Schatten« existent und berechtigt ist. In diesem Sinne würde die eigentliche innere Vorstellung und deren Bedeutung analog, durch die bildliche Resonanz, unmittelbar ausgedrückt und weniger sprachlich über Worte und Sätze vermittelt.

Zugleich ist die sprachliche Ebene in Beratungsprozessen unverzichtbar, da sprachliche Formulierungen die Inhalte aus der Bildebene in die Ebene »hellerer Bewusstheit« heben. Bei dem Arbeiten mit Bildern in der Beratung entsteht im Idealfall ein »permanentes Oszillieren« zwischen Bild und Sprache, wobei sich wie von selbst die Informationen des Bildes erhellen, was wiederum eine Auswirkung auf die Sprache hat. Währenddessen verschränkt sich dauernd Sprache mit Bild, Bild mit Sprache usw. (Schmeer, 2005, S. 180 f.).

Hier handelt es sich um einen wesentlichen Erkenntnisvorgang, der sich spiralförmig zwischen bildlichem Eindruck und sprachlicher Beschreibung und demnach zwischen intuitivem Einsehen und diskursivem Erkennen bewegt:

- Einerseits bringen analoge Formen der Kommunikation die subjektiv erlebten und erfahrenen Beziehungen zum Gemeinten und somit deren Bedeutungen unmittelbar zum Vorschein (siehe Unterkapitel 4.1).
- Andererseits ist die Auswahl eines Inhaltes aus den verschiedenen Initialbildern der anderen Teilnehmenden und die weitere Verbindung mit einer subjektiven Vorstellung zur Resonanz für die weitere persönliche Entwicklung des Wahrnehmenden von Bedeutung (siehe Abschnitt 5.2.3).

Demnach müsste durch das im Resonanzbild sichtbare Objekt, Zeichen oder Symbol das analog zum Ausdruck gebracht sein, was derzeit für die weitere persönliche Entwicklung der Zeichnerin bedeutsam ist. Auf dem ersten Blick ist auf dem Resonanzbild bloß ein Objekt, Zeichen oder Symbol sichtbar, das auch jeweils allgemein sprachlich erfasst und mit allgemeiner Bedeutung versehen werden kann, wie z. B. »Pfeil«, »Kreis«, »Baum« oder »Tür«. In der Folge geschieht jedoch die Erkundung nach der besonderen Bedeutung für die Zeichnerin selbst, die nun ihr Resonanzbild betrachtet und als Erscheinung in der Anschauung sinnlich wahrnimmt. Diese Sicht auf das Resonanzbild könnte aus der Perspektive der Zeichnerin durch folgende Fragen geleitet sein:

- *Welche Bedeutung hat das Resonanzbild für mich persönlich?*
- *Mit welchem Thema, Gedanken oder mit welcher Empfindung oder mit welchem Gefühl ist das Resonanzbild mit mir persönlich verbunden?*
- *Welche Botschaft für meine persönliche Entwicklung liegt in dem Resonanzbild verborgen? Was möchte die Zeichnung oder Skizze mir sagen?*

Diese Fragen leiten zu einer Betrachtungsweise, die wertvolle persönliche Einsichten aus dem Resonanzbild ermöglicht.

Im bildlichen Eindruck sind die analogen Formen der Resonanzbilder – wie Objekte, Zeichen oder Symbole – mehrdeutig, worauf der Wahrnehmende seine für ihn jeweilige Bedeutung und sein für ihn jeweiliges Verständnis im

Analogen selbst erkundet und in der sinnlichen Anschauung intuitiv erschließt. Dabei wird ein kognitives Schema aus dem unmittelbaren bildlichen Eindruck hervorgebracht, um das Wahrgenommene sinn- und bedeutungsvoll zu ordnen und sprachlich zu erfassen (siehe Unterkapitel 4.2).

Das herausgebildete kognitive Schema leitet die weiteren Erkundungen des bildlich Einsehbaren, wodurch sich neue Einsichten ergeben können und währenddessen das Schema und somit die Beschreibungen sich anpassen. Aus dieser nun mehr oder weniger veränderten Sichtweise werden die weiteren Erkundungen geleitet, wodurch das Wahrnehmbare erneut in einem anderen Licht erscheinen kann usw. Oder mit den Worten Schmeers, bezogen auf den kunsttherapeutischen Dialog: »Infolge der permanenten Einbeziehung des Auges in den kunsttherapeutischen Dialog verändert sich wie von selbst die sprachliche Ausdrucksweise« (Schmeer, 2005, S. 181).

Voraussetzung für diesen spiralförmigen erkenntniserzeugenden Vorgang ist, dass der bildliche Eindruck in der Anschauung des Betrachters zum einen als Einzelnes und zum anderen als Ganzes erhalten bleibt, sodass sich fortwährend aus dem intuitiven Einsehen das kognitive Schema herausbildet und anpasst, wodurch gleichzeitig das gegenwärtig Einsehbare tiefer führend erkundet und genauer sprachlich erfasst wird. Erst in enger Verbindung und Wechselwirkung zwischen intuitivem Einsehen und diskursivem Erschließen ergeben sich für die Zeichnerin neue wesentliche Erkenntnisse aus ihrem Resonanzbild.

Insgesamt ist die Verbindung und Wechselwirkung zwischen analogem Ausdruck und sprachlicher Beschreibung für den menschlichen Erkenntnisvorgang wesentlich, wobei die Malerin oder Zeichnerin selbst ihr Bild aus ihrer Betrachtung heraus sprachlich erfassen und mit Bedeutung versehen sollte. Bilder bedürfen der Besprechung, Erläuterung und Klärung, und zwar vorrangig aus der Perspektive der Klientin über die Art und Weise, wie sie ihr Bild erzählt (S. 189 f.).

Dabei scheint dieser Vorgang des Erkennens durch das »Zutun« der Beraterin in Form von Fragen oder Beschreibungen im Dialog mit der Klientin tiefer gehend zu führen, als wenn die Klientin ihr Bild bloß selbst betrachtet und beschreibt.

Der Berater dient dem Klienten durch Fragen, Kommentare und durch das Einbringen eigener Wahrnehmungen und Beobachtungen als Anreger und Impulsgeber einer Umdeutung des Gemeinten oder für die Umfokussierung auf andere Aspekte und Elemente der im Bild analog vorliegenden Wirklichkeit. Diese Anregungen oder Impulse dienen lediglich als *Angebote* und nicht als Gebote. Hier können die Impulse des Beraters als »Perturbationen« wirken, die relativ stabile Vorstellungen, Beschreibungen oder Bedeutungen des Klienten irritieren und eine andere Sichtweise ermöglichen.

Dabei lässt sich das für den Betrachter intuitiv Einsehbare nicht gänzlich durch Sprache zum Ausdruck bringen. Es scheint immer eine Spur von etwas nicht in Sprache Erfasstem zu bleiben, das gedanklich unbegreiflich und unvermittelt bleibt und vielmehr unmittelbar auf der psychischen Ebene erfahren und gespürt wird.

Hier wird deutlich, wie wertvoll *Schweigen* in der Beratung sein kann: Im Schweigen das Erleben unmittelbar emotional-körperlich auf sich wirken lassen, bevor dieses Erleben über Worte gedacht und gesagt wird. Schweigend das in der sinnlichen Anschauung in Erscheinung Tretende halten und auf diese Weise fühl- und spürbarer und tiefgründiger einsehbar werden lassen.

Diese Annahme würde dem Ansatz autopoietischer Systeme insofern entsprechen, als die Ebenen der Nerventätigkeit, Erfahrung und Beschreibung als voneinander unabhängige, strukturell gekoppelte autonome Einheiten gelten, die sich zwar wechselseitig durch Perturbationen beeinflussen, jedoch nicht die Zustände der jeweiligen anderen Ebenen bestimmen können.

Vor diesem Hintergrund ist theoretisch nachvollziehbar, dass das auf der psychischen Ebene in der sinnlichen Anschauung in Erscheinung tretende, sichtbar Analoge strukturdeterminiert intuitiv eingesehen und emotional-körperlich erlebt wird, wobei dieses Erleben die sprachliche Ebene der Beschreibung als Perturbation beeinflusst. Diese Perturbationen werden auf der sprachlichen Ebene wiederum strukturdeterminiert verarbeitet, und zwar in Form von Einheiten aus den derzeit zur Verfügung stehenden sprachlichen Unterscheidungen und Begriffen. Diese Einheiten gelten als in Sprache *übersetzte* Erlebnisse und Erfahrungen eines Beobachters, sind aber nicht die Erfahrungen an sich. Jedoch werden erst durch sprachliche Beschreibungen die Erlebnisse und Erfahrungen vermittelbarer und somit bewusster. Da es sich dabei um voneinander unabhängige autonome Ebenen mit unterschiedlichen Elementen handelt, wird es unmöglich bleiben, die psychische Ebene durch die sprachliche Ebene gänzlich zu erfassen. Der Beobachter bleibt in seinen sprachlichen Ausdrucksmöglichkeiten beschränkt (siehe Abschnitt 1.4.4):

Die einzigartig gespürte und gefühlte Qualität des Erlebens ist durch Sprache nicht zu fassen. Begriffe relativieren und objektivieren Erleben.

Auch lässt sich der ständige Fluss des Erlebens durch Sprache nicht aufhalten. Das gedachte oder gesprochene Wort könnte gehört bleiben, obwohl das Erleben sich längst gewandelt hat.

Mittels der Resonanzbilder werden neue Aspekte des Gemeinten überraschend sichtbar und offensichtlich, die über reines Beschreiben oder Erzählen unsichtbar und somit unfassbar geblieben wären. Über bildhaftes Denken öffnen sich andere Zugänge zum Wissen. Das bedeutet, aus dem Betrachten des

Resonanzbildes knüpfen sich durch intuitives Einsehen andersartige kognitive Verbindungen als durch rein diskursives (Nach-)Denken oder Überlegen. An dieser Stelle sei nochmals betont, dass auch Erkenntnis über intuitives Einsehen immer vermittelt über kognitive Schemata und somit über Sprache erfolgt und (v)erfasst wird (siehe Unterkapitel 4.1).

5.2.5 Das Initialbild mit dem Resonanzbild verbinden

In einem nächsten Schritt betrachtet die Teilnehmerin ihre beiden Bilder – ihr gemaltes Initialbild und ihr skizziertes Resonanzbild – in Beziehung zueinander, um diese sinn- und bedeutungsvoll miteinander zu verbinden. Die hinführenden Fragen könnten lauten:

- *Was könnte das Resonanzbild für das Initialbild bedeuten?*
- *Welche Botschaft beinhaltet das Resonanzbild für das Initialbild?*
- *Welche Zusammenhänge oder Verbindungen sind zwischen diesen beiden Bildern zu sehen?*

Auf diese Weise sind zunächst das Einsehen und Erkennen der Teilnehmenden unabhängig von den Einflüssen der Gruppenleiterin gefragt.

Folgendes Beispiel (siehe Abbildung 22) veranschaulicht die Beziehungen zwischen Initialbild und Resonanzbild der Teilnehmerin C:

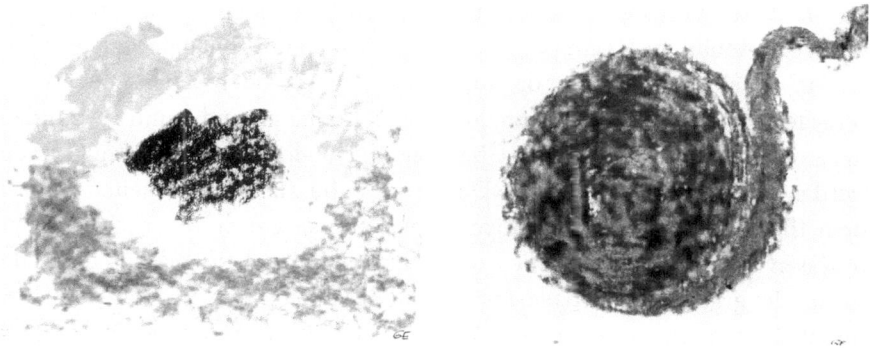

Abbildung 22: Initialbild und Resonanzbild von Teilnehmerin C (Quelle: Schmeer, 2003, S. 81)

Erläuterung: Das linke Bild ist das Initialbild mit dem Kommentar der Teilnehmerin C: »Still und gedrückt«. Das rechte Bild ist ihr Resonanzbild mit dem Kommentar: »Hinaus ins Leben«. Das Resonanzbild der Teilnehmerin C bezieht sich auf das Initialbild von Teilnehmerin A (siehe Abbildung 8 in Unterkapitel 5.2, S. 152).

Kommentar Schmeer: Das Initialbild der Teilnehmerin C zeigt ein dunkles Gebilde, von hellen Farben eingeschlossen. In ihrem Resonanzbild scheint sich etwas wie ein Knäuel aufzudröseln. Es gibt keine farbliche Polarisierung mehr zwischen innen und außen. Stattdessen taucht eine neue Farbe auf: Grün. Teilnehmerin C sagt dazu: »Das wunderschöne Grün will investiert sein« (Schmeer, 2003, S. 80).

Was geschieht, wenn der Teilnehmer sein Initialbild und Resonanzbild zusammenführt und betrachtet?

Zunächst werden die Teilnehmenden durch den Gruppenleiter zu der »Idee« hingeführt, dass zwischen den beiden Bildern Verbindungen bestehen könnten. Dabei fordert er sie ausdrücklich auf, einen möglichen Zusammenhang zwischen dem Initialbild und dem Resonanzbild selbst (ein) zu sehen und zu erkennen. Insofern wird der Suchprozess durch den Gruppenleiter eingeleitet, wodurch sich für die Teilnehmenden in der Betrachtung der beiden Bilder plötzlich ein neuartiges und erweitertes »Assoziationsfeld« vor den Augen öffnet (Schmeer, 2016: Anhang II.13).

Offenbar löst die Suche nach möglichen Zusammenhängen oder Verbindungen zwischen Initialbild und Resonanzbild bei dem Teilnehmer »Verwirrung« und einen »aufwühlenden« Prozess aus, aus dem das »Eigentliche« unerwartet auftaucht. Anscheinend sind für ihn sowohl sein Erleben als auch die Einsichten oder Erkenntnisse aus diesem neuem Assoziationsfeld nicht kontrollierbar, sodass diese Vorgänge eher wie von selbst reguliert geschehen (Anhang II.13).

Um diesen Vorgang genauer zu beschreiben, betrachten wir kurz die beiden Bilder aus Abbildung 22 ein weiteres Mal: einzeln und unabhängig voneinander:

Auf der einen Seite bildet das Initialbild die mehr oder weniger bewussten vergegenwärtigten Vorstellungen von einem Thema ab und damit verbunden die entsprechenden Kenntnisse, Überzeugungen oder Annahmen. Im Grunde werden durch das Initialbild das »Dingartige« und die Besonderheiten des mit dem Thema verbundenen kognitiven Schemas analog zum Ausdruck gebracht. Indessen fließt auch das aktuelle psychische und körperliche Erleben der Malerin aus der gegebenen Gruppensituation in das Initialbild ein. So können in dem Initialbild zum einen die inneren *Vorstellungen zur Realsituation* analog zum Vorschein kommen und zum anderen auch *Spuren von aktuellen Bedürfnissen oder Absichten* der Malerin sichtbar werden (siehe Abschnitt 5.2.1).

Das Initialbild wird insofern als *Assoziationsfeld* bezeichnet, als beim Betrachten der bildliche Eindruck sich augenblicklich mit gegenwärtig entsprechenden Vorstellungen, Kenntnissen, Überzeugungen oder Annahmen verbindet. Mit anderen Worten: Das in der bildlichen Anschauung erscheinende

Initialbild verknüpft sich mit einem entsprechenden kognitiven Schema des Wahrnehmenden. Dabei erscheint das Wahrgenommene im Initialbild durch diese hervorgebrachte kognitive Ordnung sinn- und bedeutungsvoll und beeinflusst auf diese Weise das gegenwärtige Erleben. Das kognitive Schema bildet sich in Verbindung mit dem vor Augen geführten Initialbild als relativ stabile sinn- und bedeutungsvolle Ordnung für den Wahrnehmenden heraus.

Auf der anderen Seite wird durch das Resonanzbild die bildliche Vorstellung analog zum Ausdruck gebracht, die die Zeichnerin mit einem selbst ausgewählten Inhalt, Element oder Ausschnitt aus dem Initialbild eines anderen Teilnehmers verbindet. Insofern werden Resonanzbilder als *Abbildungen von Vorstellungen* verstanden, die mit dem bildlichen Eindruck des auslösenden Inhalts gegenwärtig verknüpft sind bzw. resonieren. Dabei werden im Resonanzbild stets Vorstellungen als »subjektive psychische Realität« und als Ergebnis der psychischen »Eigengesetzlichkeit« analog nach außen sichtbar. So gesehen weist das Resonanzbild immer auf etwas dem Zeichner »Eigenes« hin. Die Auswahl eines Inhaltes aus den verschiedenen Initialbildern der anderen Teilnehmenden und die weitere Verbindung mit einer bildlichen Vorstellung zur Resonanz können als *gezielt für die Entwicklung oder Förderung des Wahrnehmenden* verstanden werden. Mit anderen Worten: Durch das Resonanzbild wird – vermittelt über die bildliche Vorstellung – analog zum Ausdruck gebracht, welche Bedeutung der ausgewählte Inhalt für die Entwicklung oder Förderung des Zeichners hat (siehe Abschnitte 5.2.2 und 5.2.3).

In enger Verbindung und Wechselwirkung zwischen intuitivem bildlichem Einsehen und diskursivem sprachlichen Erschließen ergeben sich für die Zeichnerin neue wesentliche Einsichten und Erkenntnisse aus ihrem Resonanzbild. Je nach Intensität der Erkundung können sich hieraus relativ stabile Vorstellungen, Beschreibungen und Bedeutungen über das Resonanzbild herausbilden und sich somit als relativ stabiles kognitives Schema bei der Zeichnerin festigen (siehe Abschnitt 5.2.4).

In der Gesamtbetrachtung werden durch das Verbinden von Initialbild und Resonanzbild im bildlichen Eindruck zwei jeweils relativ stabile kognitive Schemata augenblicklich zueinander in Beziehung gesehen, wobei jedes Schema seine eigene sinn- und bedeutungsvolle Wirklichkeit und das damit verbundene Erleben hervorbringt.

Indessen scheint der Teilnehmende durch sein Resonanzbild »tiefer angesprochen« zu sein als durch sein Initialbild (Schmeer, 2016: Anhang II.13).

In Anbetracht der beiden Bilder und der möglichen Verbindungen ergibt sich ein *erweitertes Assoziationsfeld*, das auf den ersten Blick ungeordnet und wenig sinn- und bedeutungsvoll erscheint und insofern *verwirrend* wirkt.

Dabei wird vor allem die Ordnung, die über das Initialbild hergestellt wurde, durch das neue »Feld« erheblich irritiert, ja sogar aufgebrochen (Anhang II.15): Die relativ stabile sinn- und bedeutungsvolle Ordnung des Themas im Initialbild wird mit dem »tieferen Angesprochensein« durch das Resonanzbild in Verbindung gebracht und irritiert. Insofern wirkt das Resonanzbild als äußerer *Anstoß oder Impuls* auf die bisherige relativ stabile kognitive Ordnung durch das Initialbild und kann in diesem Sinne als *Intervention* bezeichnet werden.

Aller Voraussicht nach entwickelt sich aus dem erweiterten Assoziationsfeld um das Initialbild eine neue kognitive Ordnung, die aus dieser veränderten Sichtweise als passend gesehen und erlebt wird. Offensichtlich handelt es sich hier um einen selbstregulierten Übergang von einer relativ stabilen Ordnung in einen anderen Ordnungszustand des psychischen Systems.

Zum Verständnis dieses Zusammenhangs lohnt es sich erneut, einen Blick auf die Ausführungen zur Synergetik zu werfen. Vertreter der Synergetik beschreiben Veränderungen in psychischen Systemen allgemein als *Ordnungsübergänge*. Dabei kann sich die Bewegung aus einer bisher relativ stabilen Ordnung bzw. aus einem sogenannten »Attraktor« durch schnelle Verhaltens- und Stimmungswechsel zeigen, sie wird häufig durch Emotionen wie Ängste und Unsicherheiten begleitet. Gerade in der Phase des Übergangs, in dem noch keine neue sinn- und bedeutungsvolle Ordnung hervorgebracht wurde, fühlen sich die Menschen verunsichert und verwirrt: Eine relativ stabile sinn- und bedeutungsvolle Sichtweise auf Personen, Objekte oder Ereignisse geht verloren, wodurch sich gleichzeitig der Raum möglicher Bedeutungen, Bewertungen und hiermit verbundener Lösungen erheblich erweitert. Währenddessen kann man eine »bedrohliche Instabilität« erleben (Strunk u. Schiepek, 2014; Schiepek et al., 2013).

Die Wirklichkeit erscheint plötzlich vielschichtiger und mehrdeutiger und nicht mehr als geordnet und eindeutig. Durch konkretes Erproben von Bedeutungen und Lösungen kann ein neuer »Sinn-Attraktor« als relativ stabile dynamische Ordnung hervorgehen, der als passend oder – mit von Glaserfelds Worten – als »viabel« erlebt wird. In Anlehnung an Piaget können Ordnungsübergänge in psychischen Systemen als Akkommodation bezeichnet werden: als Anpassung kognitiver Schemata an wahrgenommene Objekte, Ereignisse oder Beziehungen in der Erlebniswelt (siehe Abschnitt 1.5.1).

Nach diesem Verständnis können wir das Verbinden des Initialbildes mit dem Resonanzbild zu einem erweiterten Assoziationsfeld als Auslöser für einen *Ordnungsübergang* bezeichnen.

Insgesamt geschieht durch das Verbinden der beiden Bilder ein »Aufbrechen« des Initialbild-Assoziationsfeldes und somit eine plötzliche Erweiterung der bisherigen Sichtweise des Teilnehmers auf sein Thema. Aus dieser neuen Sichtweise bildet sich eine neue sinn- und bedeutungsvolle Ordnung bzw. ein angepasstes kognitives Schema heraus: Die bisher vorherrschenden Prämissen über das Thema erscheinen aus dieser neuen Sichtweise nicht mehr als gangbar bzw. »viabel« oder passend.

An dieser Stelle drängt sich die Frage auf, was genauer die Teilnehmerin durch die Veränderung der Sichtweise einsieht und erkennt.

Schmeer sagt im Interview, dass z. B. eine Teilnehmerin erkennen könnte, dass ihr eigentliches Lebensthema nicht in ihrem Initialbild, sondern im Resonanzbild ausgedrückt ist. Oder sie könnte ihr Thema im Initialbild plötzlich neu sehen und es in einen anderen Systemzusammenhang setzen, wodurch Schwerpunkt und Bedeutung sich verändern (Schmeer, 2016: Anhang II.15). An anderer Stelle sagt Schmeer, dass durch das erweiterte Assoziationsfeld die Teilnehmerin auch Zugang zu abgespaltenen Lebensthemen, Aha-Erlebnisse oder Einfälle haben könnte, etwas Vergessenes auftaucht oder unerwartete Zusammenhänge sichtbar werden (Anhang III.1) Weiter führt sie aus, dass die Teilnehmerin erkennt, was sie eigentlich braucht, was sie verloren und nie betrauert hat. Sie erkennt, was sie versäumt hat, was sie nachholen und anpacken sollte. Erinnert sich – wehmütig oder glücklich (Anhang III.2). »Alles wird aufgebrochen, wie wenn man in ein Wespennest sticht« (Anhang III.2).

Dementsprechend kann das Erleben auf psychischer Ebene inhaltlich vielfältig, umfassend und emotional tiefgreifend sein. Schmeer sagt, dass sich die Veränderungen sowohl auf der Gefühlsebene als auch auf der Erkenntnisebene ereignen (Anhang III.2).

Wie lässt sich der Vorgang dieser Veränderungen genauer beschreiben? Und: Wie werden diese Veränderungen ausgelöst?

In Anlehnung an Gregory Bateson geschehen Veränderungen allgemein durch Information: durch deutliche und bedeutsame Unterschiede, die vom wahrnehmenden Organismus sinnesbezogen gebildet und erkannt werden. Der Wahrnehmende reagiert auf die Beziehung zwischen zwei Werten oder Eigenschaften, auf den Unterschied oder auf die Entwicklung (siehe Abschnitt 1.7.1): *Entwicklung ist nur durch wahrnehmbare Unterschiede erkennbar.*

Beim Betrachten der Beziehungen und Verbindungen zwischen Initial- und Resonanzbild reagiert der Teilnehmer auf zwei Ebenen: zum einen *auf sensorischer Ebene* auf sichtbare Unterschiede zwischen dem Initial- und Resonanzbild und zum anderen *auf kognitiver Ebene* auf die *Bedeutung* dieser bildlichen Entwicklungen als *Analogie* für erwünschte oder erforderliche Entwicklungen in der gemeinten Realsituation.

Was wird mir aus dieser bildlichen Anschauung über meine Realsituation bewusster?

Die auf sensorischer Ebene eingesehenen Entwicklungen zwischen Initial- und Resonanzbild können plötzlich auf kognitiver Ebene als Analogie zu etwas Erforderlichem, Möglichem, Erwünschtem oder bisher Übersehenem im gemeinten Thema erkannt werden. Zum Beispiel könnte der Teilnehmer auf sensorischer Ebene Entwicklungen vom Initialbild zum Resonanzbild von »geschlossen« zu »offen«, von »statisch« zu »dynamisch« oder von »eckig« zu »rund« sehen und erkennen. Auf kognitiver Ebene stellt sich die Frage, welche Analogie er aus diesen Entwicklungen – wie z. B. zu »offen«, »dynamisch« oder »rund« – für sich selbst, für andere Personen oder für Ereignisse (ein)sehen und erkennen kann. Diese Entwicklungen vom Initialbild zum Resonanzbild könnten augenblicklich als Analogie für erforderliche, mögliche, erwünschte oder bisher übersehene Entwicklungen im eigentlichen Thema erkannt und bewusst werden. Oder als Frage formuliert:

Was wird mir entsprechend dieser bildlichen Entwicklungen in meinem Thema oder in meinem Leben bewusster, deutlicher oder offensichtlich?

Dabei scheint es nicht erforderlich zu sein, sich diese Fragen bewusst zu stellen. Anscheinend wird das *intuitive Suchen* nach Verbindungen und Zusammenhängen implizit durch diese oder ähnliche Fragen geleitet, ohne diese Fragen überhaupt sprachlich zu fassen oder auszusprechen.

Offenbar führt das erweiterte Assoziationsfeld zur Perspektivänderung und -erweiterung und zur Ermöglichung anderer Sichtweisen, wodurch bisher Selbstverständliches neu bewertet oder hinterfragt oder ein wesentliches Thema augenblicklich bewusst wird. Aus dieser neuen Betrachtung werden bisherige Überzeugungen, Annahmen oder Vermutungen plötzlich infrage gestellt.

So gesehen, löst das Verbinden des Initialbildes mit dem Resonanzbild einen *Ordnungsübergang* beim Teilnehmer aus, indem die bisherige stabile kognitive Ordnung durch Informationen irritiert wird. Beim Betrachten beider Bilder erscheint plötzlich die Realsituation als vielschichtiger und mehrdeutiger und die bisherige kognitive Ordnung als unpassend. Oder in Anlehnung an Piaget: Die Informationen aus der Betrachtung der Verbindungen beider Bilder lassen sich überwiegend nicht von der bisherigen kognitiven Ordnung assimilieren, sodass sich das kognitive Schema vielmehr diesem erweiterten Assoziationsfeld anpasst (siehe Abschnitt 1.5.1).

Dabei stellt sich die Frage: Welche Entwicklungen werden zwischen Initialbild und Resonanzbild üblicherweise auf sensorischer Ebene sichtbar? Oder: An welchen Merkmalen und Eigenschaften werden Entwicklungen zwischen dem Initialbild und dem Resonanzbild erkannt? Im Grunde geht es um die Frage: Welche Entwicklungen kann die Teilnehmerin in dem erweiterten Assoziationsfeld als Analogie für ihre förderliche oder erforderliche Entwicklung einsehen und erkennen?

Schmeer (2006, S. 117) listet einige Merkmale und Eigenschaften auf, an welchen die Entwicklung des Resonanzbildes im Vergleich zum Initialbild sichtbar werden kann:

- Etwas Störendes wird weggelassen.
- Etwas Neues kommt hinzu.
- Etwas Starres wird dynamisch.
- Etwas Eingefrorenes wird aufgetaut.
- Etwas Labiles wird stabil.
- Etwas Mächtiges wird verkleinert.
- Etwas Unscheinbares wird vergrößert.
- Etwas Farbloses wird farbig.
- Etwas Grelles wird blass.
- Bildelemente sind umgruppiert.
- Die eigene Position im Bildraum wird verändert.
- Wo erst keine Beziehung war, taucht Beziehung auf.
- Wo Beziehung war, tritt Distanz auf.
- Was abstrakt war, wird konkret.
- Was konkret war, wird abstrahiert, verallgemeinert.
- Was geschlossen war, wird geöffnet.
- Was offen war, wird geschlossen.
- Was abgeschritten war, wird vollkommen.
- Es findet ein Umschwung ins Symbolhafte, Überpersönliche statt.

Abbildung 23 veranschaulicht ein weiteres Mal mögliche Unterschiede und Entwicklungen des Resonanzbildes im Vergleich zum Initialbild am Beispiel der Teilnehmerin D.

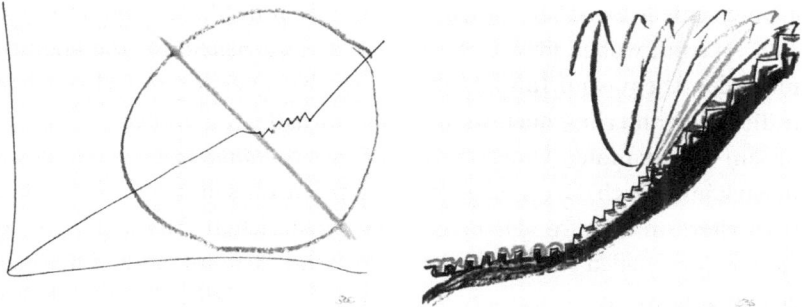

Abbildung 23: Initialbild und Resonanzbild von Teilnehmerin D (Quelle: Schmeer, 2003, S. 99)

Das linke Bild ist das Initialbild mit dem Kommentar der Teilnehmerin D: »Spannende Strecken«. Das rechte Bild ist ihr Resonanzbild mit dem Kommentar: »Neue Gipfel«. Das Resonanzbild der Teilnehmerin D bezieht sich auf das Initialbild von Teilnehmer B (siehe Abbildung 9 in Unterkapitel 5.2, S. 152).

Kommentar Schmeer: Teilnehmerin D erläutert, dass durch das Initialbild von B sich ihre Perspektive erweitert hat. D zeigt im Vergleich von Initial- und Resonanzbild eine Art Explosion von Kraft und Farbe. Sie greift in ihrem Resonanzbild die expansive Dynamik auf, die bei B in seinem Initialbild fehlt: Ein unbewusstes Angebot für sich selbst und den Teilnehmer B (Schmeer, 2003, S. 98).

Nach dem bisher Gesagten gelten diese wahrnehmbaren bildlichen Entwicklungen als Analogie für eine Realsituation der Teilnehmerin, wodurch die bisherige kognitive Ordnung über das Gemeinte im Dienste einer förderlichen oder erforderlichen Entwicklung irritiert wird.

Dabei fügt die Betrachterin selbst ihre Wirklichkeit in das Bildhafte sinn- und bedeutungsvoll ein.

Laut von Glasersfeld wirken Informationen als subjektiv erkennbare Unterschiede, die das Ergebnis eines Vergleichs zwischen dem Wahrnehmbaren in der Erlebniswelt und dem kognitiven Konstrukt bzw. Schema sind. Indessen werden diese Unterschiede durch den Wahrnehmenden nach selbst gewählten *Merkmalen und Eigenschaften* und nach eigenen *Kriterien der Bewertung* gebildet. Je nachdem, wie deutlich und bedeutsam Unterschiede von dem jeweiligen Menschen in seiner Erlebniswelt gebildet und sinnesbezogen wahrgenommen werden, können diese Unterschiede – in Anlehnung an Piaget – Anpassungen oder Akkommodationen an das hervorgebrachte kognitive Schema bewirken (siehe Abschnitt 2.4.5).

Das würde heißen, dass die Teilnehmerin beim gleichzeitigen Betrachten ihres Initialbildes und Resonanzbildes im bildlichen Eindruck für sie bedeutsame Unterschiede zwischen diesen beiden Bildern in Merkmalen und Eigenschaften erkennt, wobei diese Unterschiede je nach *Bedeutung* die kognitive Ordnung des Themas im Initialbild irritieren bzw. verstören. Dabei scheint es für die Teilnehmerin – auch wenn nicht bewusst – wesentlich zu sein, wie bedeutsam die erkannten Unterschiede für ihre *persönliche Entwicklung* sind. Demnach könnte auch davon ausgegangen werden, dass ihr insbesondere nach diesem Kriterium bzw. im »Dienste« ihrer persönlichen Entwicklung Unterschiede von Merkmalen und Eigenschaften zwischen dem Initial- und Resonanzbild augenfällig werden. Oder anders formuliert: Die Teilnehmerin erkundet, sichtet und bewertet Unterschiede in Merkmalen und Eigenschaften zwischen dem Initial- und Resonanzbild nach dem Kriterium, ob diese für ihre persönliche Entwicklung bedeutsam sind. Hier sei noch anzumerken, dass deshalb auch ein derzeit bedeutsames persönliches Thema plötzlich im Resonanzbild sichtbar werden kann.

Genau diese im bildlichen Eindruck zunächst analog und später wörtlich in Sprache übersetzten (ein)gesehenen Merkmale und Eigenschaften scheinen für die Teilnehmerin wesentlich zu sein. Offensichtlich werden diese Unterschiede und Entwicklungen und deren Bedeutung im ersten Augenblick eher intuitiv bildlich eingesehen und emotional erlebt als diskursiv sprachlich erschlossen und erfasst.

Abbildung 24 zeigt als weiteres Beispiel die Verbindungen zwischen dem Initial- und Resonanzbild von Patrick.

Abbildung 24: Initialbild und Resonanzbild von Patrick

Kommentar Patrick: »Das Resonanzbild offenbart mir den Gedanken, dass eine tatsächliche Handlungsfreiheit beim Gestalten der eigenen Projekte eventuell gar nicht besteht. Setze ich wohl eher suggerierte Vorgaben einfach in die Tat um? Habe ich echte Optionen, Gestaltungs- und Wahlfreiheiten? Mache ich das Richtige und agiere ich umsichtig genug? Erkenne ich, was notwendig und zielführend für eine positive Entwicklung der Unternehmung ist? Mein Schluss daraus: Nicht blind in eine Richtung rennen; innehalten, Grundlagen schaffen, klare Positionen beziehen und vertreten, nachvollziehbare Entscheidungen treffen und einfordern, mir selber treu bleiben und auf den ›Strudelwurm‹ achten.«

Hier sei wiederholt darauf hingewiesen, dass die Wirkung von Interventionen vor allem durch das *emotionale Erleben* der Bedeutung von erkannten Unterschieden beeinflusst wird. Das heißt: Für die Wirkung der Verbindung von Initial- und Resonanzbild ist das Ausmaß entscheidend, wie der Teilnehmer die Bedeutung der erkannten Unterschiede *emotional* erlebt. Oder anders und als Frage formuliert: Wie erlebt der Teilnehmer emotional die Bedeutung der erkannten Entwicklungen zwischen seinem Initial- und Resonanzbild als Analogie für seine Realsituation und für seine persönliche Entwicklung?

Zusammenfassend können wir nun festhalten, dass das Verbinden des Initialbildes mit dem Resonanzbild die Sichtweise auf die gemeinte Situation erweitert, wodurch wesentliche Muster, Zusammenhänge und erforderliche Entwicklungen plötzlich offensichtlich werden. Aus dieser Sichtweise sind augenblicklich bisherige Vorstellungen, Annahmen oder Überzeugungen infrage gestellt. Die Bedeutung und das Erleben dieser Wirklichkeit wandeln sich. Die Erweiterung des Assoziationsfeldes und die damit verbundene Erweiterung oder Überschreitung der Sichtweise können wir als Lösung zweiter Ordnung bezeichnen, woraus überraschende und neuartige Einsichten hervorgehen. Erst vor dem Hintergrund veränderter Prämissen der gemeinten Situation können sich neue Lösungen entwickeln, die bisher weder sichtbar noch denkbar gewesen sind (siehe Abschnitt 1.7.2).

Anschließend könnten diese Lösungen entweder kollegial mit anderen Teilnehmenden oder mit der Gruppenleiterin im Gespräch weiter erschlossen und konkret ausgeformt werden, sodass auch innere (bildliche) Vorstellungen von der Umsetzung auf der Verhaltensebene entwickelt werden.

5.3 Zeichen als Träger von entwicklungsfördernden Botschaften

Bei der standardisierten Durchführung der Resonanzbildmethode bezieht sich das Resonanzbild auf das Initialbild eines anderen Teilnehmers, dient jedoch vorrangig als Impuls für den Zeichner des Resonanzbildes selbst. In anderer Hinsicht könnte das Resonanzbild auch als Botschaft für den »Maler« des Initialbildes betrachtet und in Augenschein genommen werden: In diesem abgewandelten Verfahren werden *Resonanzbilder ausdrücklich als Feedback* zu relevanten Personen oder zu dargelegten Situationen erstellt. Hier dienen die Zeichen oder Symbole auf dem Resonanzbild vordringlich als visuelles Feedback, das vom Empfänger selbst sinn- und bedeutungsvoll (ein)gesehen wird. Dabei können z. B. folgende Fragen hilfreich sein:

- *Welche Resonanz löst diese Person bzw. dargelegte Situation in mir aus?*
- *Über welches Zeichen oder Symbol wird diese Resonanz am ehesten zum Ausdruck gebracht?*

In einem Workshop im Rahmen der Organisationsentwicklung eines Technologie-unternehmens werden die Mitglieder des Steuerungsteams gebeten, die aktuelle Organisation aus ihrer jeweiligen Perspektive als Bild auf ein DIN-A3-Blatt Zeichen-papier mit Ölkreide zum Ausdruck zu bringen. Abbildung 25 zeigt das Initialbild eines der beteiligten Bereichsleiter.

Abbildung 25: Initialbild »Unsere aktuelle Organisation« eines Bereichsleiters

Kommentar Bereichsleiter: »Das Haus zeigt die aktuelle Organisation, so wie ich sie erlebe. Es ist sehr eng geworden im Haus, nicht nur weil es unterdessen viele Mit-arbeiter gibt, sondern auch weil die Strukturen nicht mehr zeitgemäß sind. Einzelne Menschen verlassen das Haus, weil sie sich im Innern kaum bewegen und sich deshalb nicht entfalten können. Eine Veränderung der Organisation ist dringend nötig und der Kran ist aufgebaut. Aber wir sind uns noch nicht einig, was zu tun ist. Eine Person ist bereit, mit dem Bagger das Haus niederzureißen; eine andere Person möchte sich nur auf einen neuen Fassadenanstrich beschränken.«

Anschließend stellt jedes Mitglied des Steuerungsteams sein Bild den anderen vor und beschreibt seine Sichtweise auf die Organisation anhand des vorliegenden Bildes. Unmittelbar nach der Beschreibung eines Initialbildes skizzieren alle ande-ren Mitglieder ihre Resonanz auf das zu Sehende und Gehörte. Sie beschreiben nacheinander kurz ihr Resonanzbild und legen dieses zum gemeinten Initialbild. Abbildung 26 zeigt zwei der insgesamt sechs Resonanzbilder auf das Initialbild des Bereichsleiters:

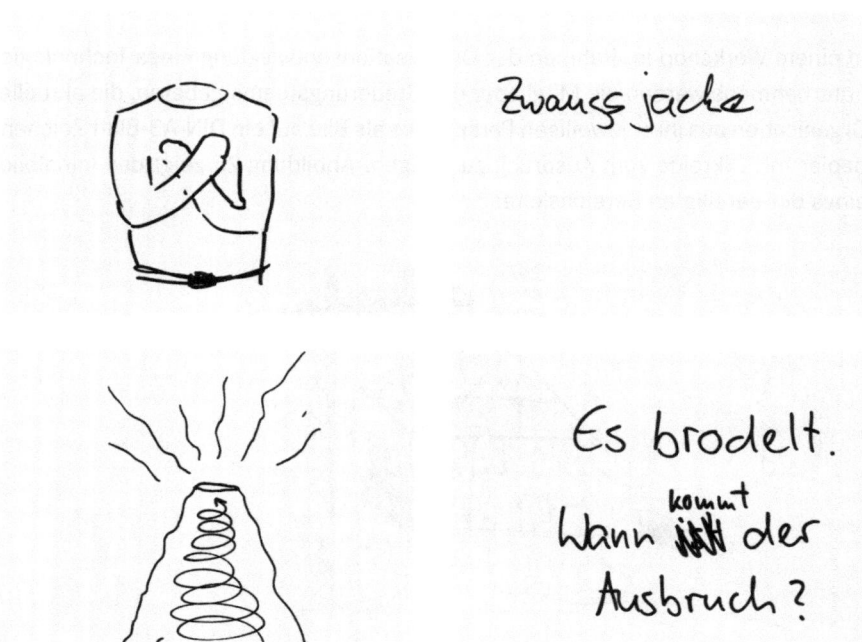

Abbildung 26: Zwei der Resonanzbilder auf das Initialbild des Bereichsleiters (Abbildung 25)

Kommentar Bereichsleiter zu den erhaltenden Resonanzbildern: »Die Bilder der Zwangs-
jacke und des Vulkans sind sehr treffend. Die eingeschränkte Bewegungsfreiheit wirkt
lähmend und auf längere Sicht entsteht das Gefühl, ruhiggestellt zu werden. Gleich-
zeitig erhöht sich der Druck und die Temperatur im Inneren. Ich erlebe in der aktuellen
Situation beide Aspekte.«

Bei diesem Verfahren werden Botschaften über Zeichen oder Symbole visuell
vermittelt. (Natürlich beinhalten diese Resonanzbilder auch immer eine Botschaft oder Bedeutung für die Zeichnerin des jeweiligen Resonanzbildes. Bei diesem Vorgehen werden diese jedoch nicht vorrangig thematisiert und erkundet.)
Hier haben Zeichen die Funktion, Nachrichten oder Botschaften zu vermitteln.
Dabei ist eine gewisse Einstellung des Empfängers erforderlich – wie Neugierde,
Offenheit oder Interesse –, sodass überhaupt ein Erkunden nach einer Nach-
richt oder Botschaft in dem gesehenen Zeichen erfolgt. Im Grunde erwächst
diese Einstellung aus der Überzeugung, dass in diesem Zeichen eine sinn- und
wertvolle Information verborgen sein könnte.

Dabei stellt sich die Frage: Welche Botschaften werden über Zeichen mit
dem Resonanzbild vermittelt?

Schmeer (2006, S. 55) geht davon aus, dass auch hier die nichtsprachlichen visuellen Zeichen auf den Resonanzbildern der *persönlichen Entwicklung* der Teilnehmenden dienen: »In einer Gruppe muss Übereinkunft darüber bestehen, dass die Botschaften, welche ausgetauscht werden, dem Weiterkommen jedes Teilnehmers dienen, den Horizont jedes Einzelnen erweitern, eingefleischte Sicht-Weisen sprengen, also in Bezug auf die Lebens- und Arbeitsplatzgestaltung kreativ und heilsam wirken können.«

Zeichen dienen als Träger visueller Nachrichten vom Sender zum Empfänger. Allein schon diese visuellen Nachrichten können eine erwünschte Veränderung bewirken: »Die visuellen Nachrichten, die in Gruppen ausgetauscht werden, wirken auf den Empfänger ein und können zu einem *Gesinnungswandel* führen. Wandel der Gesinnung kann bereits *Heilung* oder doch der *Aufbruch eingefahrener Denk- und Gefühlsmuster* und eine *Umorientierung* in Richtung Heilung/Innovation sein« (S. 57).

Dabei sind Zeichen nicht eindeutig, sondern vieldeutig. Im Grunde kann aus konstruktivistischer Sichtweise gesagt werden, dass ein »Zeichen an sich« keine Bedeutung beinhaltet, sondern dass eine Bedeutung immer von einem Beobachter – bedingt durch seine kognitive Struktur – dem Zeichen in diesem Moment zugeschrieben wird. Die Bedeutung wird von dem Wahrnehmenden aufgrund seiner Kenntnisse, Begriffe, Annahmen und Vorstellungen und somit durch sein kognitives Schema in das sichtbare Zeichen hineingelegt. Das Zeichenrepertoire eines jeden Menschen ist einzigartig und kann als dynamische kognitive Struktur verstanden werden, die sich fortwährend verändert und mit der Zeit aus Lernen und Erfahrungen im gesellschaftlichen und sozialen Umfeld herausbildet.

Zudem ist die subjektive Bedeutung von Zeichen durch den gegenwärtigen Kontext geprägt, in welchem das Zeichen in diesem Moment wahrgenommen wird. Ein Zeichen wird stets eingebettet in einem Kontext wahrgenommen, dessen Bedeutung sich aus diesem Moment innerhalb der gegebenen Rahmenbedingungen vor dem Hintergrund der kontextbezogenen Erfahrungen und Kenntnisse erschließt. So ist die Bedeutung von Zeichen zwar geschichtlich gewachsen, *dient* jedoch immer den aktuellen Anforderungen der Situation und im Grunde den derzeitigen *Bedürfnissen* des Wahrnehmenden.

Die Bedeutung des Wahrgenommenen und somit auch die Bedeutung von Zeichen wird durch die Bedürfnisse des Wahrnehmenden bestimmt, die sich aus seiner aktuellen psychischen und körperlichen Befindlichkeit oder Grundstimmung heraus ergeben. Zum Beispiel hat das Zeichen/Logo eines Restaurants für mich eine andere Bedeutung, wenn ich hungrig bin, als wenn ich gesättigt bin. Das Zeichen/Hinweisschild für ein Parkhaus hat plötzlich hohe

Bedeutung, wenn ich dringend einen Parkplatz suche. Das scheint uns so natürlich und selbstverständlich zu sein, dass wir uns dieser Vorgänge gewöhnlich nicht bewusst sind. Es scheint sogar so zu sein, dass wir das Zeichen überhaupt nicht wahrnehmen ohne ein dahinterliegendes Bedürfnis oder Interesse. Die Fragen, die sich hier stellen, lauten daher:

- *Welche Bedeutung hat ein Zeichen für den Wahrnehmenden in diesem Moment aufgrund seiner aktuellen Befindlichkeit?*
- *Welche innerliche Erregung und körperlichen Impulse löst das Zeichen aus?*
- *Welches Bedürfnis könnte hinter diesem wahrgenommenen Zeichen liegen? Gerade dann, wenn mir dieses Zeichen als Gestalt so deutlich und prägnant vor Augen erscheint.*

Die Bedeutung von Zeichen verändert sich auch je nach den Erfordernissen der gegenwärtigen Situation. Zum Beispiel hat in einem Gebäude das Zeichen für »Notausgang« für die Anwesenden im Alltag eine andere Bedeutung als bei einem Feueralarm. Oder das Zeichen für Schwimmwesten könnte während der Turbulenzen im Flugzeug über dem Atlantik plötzlich im Vordergrund meiner Wahrnehmung auftauchen. Als ich eines Morgens meine Geldbörse mit meinem Fahrausweis zu Hause liegen gelassen hatte, sah ich plötzlich in der S-Bahn die vielen Geldbußhinweise für das Fahren ohne Ticket. Diese Hinweise sind mir in den vergangenen Jahren nicht in Erscheinung getreten, obwohl ich oft mit der S-Bahn fahre.

Insgesamt kann gesagt werden, dass keine universelle und beständige Bedeutung von Zeichen besteht, sondern dass diese immer wieder *neu* von dem jeweiligen Betrachter kontext- und situationsbezogen hergestellt wird:

Die Bedeutung von Zeichen ist nicht universell, sondern individuell und kontextbezogen.

Darüber hinaus erwächst in diesen jeweiligen Kontexten neben der subjektiven Bedeutung von Zeichen auch eine gemeinsam geteilte, *intersubjektive Bedeutung* zwischen den Beteiligten. Die Entwicklung gemeinsamer Bedeutungen bestimmter Zeichen kann vor dem Hintergrund der »strukturellen Kopplung« als Mechanismus lebender Systeme beschrieben werden, der von Maturana im Rahmen seiner Konzeption der Autopoiese aufgeführt wird (siehe Abschnitt 1.4.1).

Die verwendeten Zeichen erhalten mit der Zeit durch wiederholtes und wechselseitiges Angleichen und Anpassen bisheriger individueller Bedeutungen eine gemeinsam geteilte Bedeutung, die nur für diesen herausgebildeten »konsensuellen Bereich« gültig ist.

Dabei ist ein wesentlicher Aspekt, dass durch Interaktion zwischen den Individuen zwar eine Angleichung zwischen den subjektiven Bedeutungen geschieht, jedoch jede Bedeutung immer eine einzigartige bleibt, die durch die Eigengesetzlichkeit der jeweiligen individuellen Struktur gebildet und kommuniziert wird. Nach diesem Verständnis ist *eine* Bedeutung, die für die Beteiligten des konsensuellen Bereiches identisch ist, unmöglich.

Bei der Analyse von Bildern und deren Zeichen ist die *Bildung von Unterschieden* nach bestimmten Merkmalen und Eigenschaften sehr bedeutsam. Die *Möglichkeiten zur Unterschiedsbildung* in den sichtbaren Bildern und Zeichen ergeben sich für die jeweilige Betrachterin aus ihren bisherigen Erfahrungen und den daraus erworbenen Kenntnissen und Annahmen. Hier sei betont, dass die Art der Bildanalyse stets von der Betrachterin des Bildes und demnach durch ihre kognitive Struktur bestimmt wird, die sich im Laufe der Zeit aus ihren Erfahrungen herausbildet und fortwährend verändert. Das Betrachten, Erkunden und Analysieren von Bildern wird von dem kognitiven Schema der Betrachterin geleitet und ist in diesem Sinne subjektiv und situativ.

In der Bildanalyse unterscheidet Schmeer (2006, S. 67 ff.) zwischen ästhetischen und psychologischen Kategorien:

- Die *ästhetischen Kategorien* beinhalten die Formbehandlung der Zeichen, wie etwa: groß oder klein, rund oder eckig, aufgelockert oder geschlossen, Fülle oder Magerkeit, Unausgewogenheit oder harmonische Durchformung; ebenso allgemeine grafische Merkmale, wie etwa: zarte, feste, zügige oder abgesetzte Strichführung, Schraffierungen oder Schattierungen.
- Die *psychologischen Kategorien* betreffen eine Inhaltsanalyse, wie z. B. nach Distanzierung (durch abstrakte Formen) oder Gefühlsebene (durch ästhetische Formen), nach gegenständlichen, szenischen oder symbolischen Darstellungen, Dynamiken oder nach dem persönlichen Ausdrucksstil der Malerin. Der persönliche Ausdrucksstil wird durch grafische Merkmale oder Formen sichtbar, die in ähnlicher Art in allen von der Malerin erstellten Bildern erkennbar sind.

Durch eine »intuitive Begabung« der Gruppenleiterin kann die Bildanalyse zu wertvollen und stimmigen Erkenntnissen für die Teilnehmenden führen. Jedoch kommt diese intuitive Begabung erst durch vielseitige künstlerische Bildung und durch ein ausgeprägtes Bildwissen und Zeichenrepertoire zum Tragen (Schmeer, 2006, S. 33).

Im Interview sagt Schmeer, dass das »Lesen« von Resonanzbildern durch Üben ausgebildet wird. Sowohl das bildliche als auch das sprachliche Erkennen ist von dem Symbolverständnis des Erkennenden abhängig. Dieses Verständnis ist durch das jeweilige gesellschaftliche Umfeld geprägt (Schmeer, 2016: Anhang II.5).

6 Bilder im Dialog besprechen: Das Beratungsgespräch aus systemisch-kunsttherapeutischer Perspektive

> »Die Hauptvoraussetzung zur Entstehung eines echten Gespräches ist, dass jeder seinen Partner als diesen, als eben diesen Menschen meint. Ich werde seiner inne, werde dessen inne, dass er anders, wesenhaft anders ist als ich, in dieser bestimmten ihm eigentümlichen einmaligen Weise wesenhaft anders als ich, und ich nehme den Menschen an, den ich wahrgenommen habe, so dass ich mein Wort in allem Ernst an ihn, eben als ihn, richten kann.«
> (Buber, 1962, S. 283)

6.1 Grundlegendes

Das Wort »Dialog« bedeutet »Zwiegespräch«, »Wechselrede« und wurde aus dem gleichbedeutenden französischen »dialogue« entlehnt, der über lateinisch »dialogus« auf griechisch »diálogos« (»Unterredung«, »Gespräch«) zurückgeht (Duden, 1997, S. 125).

Im philosophischen Sprachgebrauch wird Dialog als eine wechselseitige Mitteilung zwischen Personen verstanden, die zu einem interpersonalen »Zwischen« führt. Dabei ist dieses »Zwischen« ein den Partnern streng gemeinsamer Sinnbestand, der nicht auf den Einzelnen allein rückführbar ist (Brugger, 1976, S. 68).

Vertreter systemischer Beratung gehen heute überwiegend davon aus, dass Veränderungen subjektiver Sichtweisen und Bedeutungen im Dialog zwischen Klientin und Beraterin durch gegenseitige Anregungen oder »Irritationen« wechselseitig geschehen und dass im Verlauf dieser Interaktion sich die jeweiligen subjektiven Wirklichkeiten annähern. Grundlegend ist die Annahme, dass aus der Interaktion zwischen Menschen sich gemeinsame Bedeutungen, Sichtweisen und Wirklichkeiten »koevolutionär« herausbilden (v. Schlippe u. Schweitzer, 2013).

Menschen schaffen durch aufeinander bezogene Kommunikation einen zeitlich und räumlich begrenzten sprachlichen Bereich mit einer gemeinsam geteilten sinn- und bedeutungsvollen Wirklichkeit. Diese ist nicht feststehend, sondern wird durch die wechselseitige Interaktion laufend hervorgebracht und verändert.

Die im Dialog gezeigte Kommunikation erhält durch wiederholtes und wechselseitiges Angleichen und Anpassen bisheriger individueller Bedeutungen mit der Zeit eine gemeinsam geteilte Bedeutung. Durch Klärungen relevanter Begriffe, durch Nachfragen nach konkreten Erfahrungen oder Erlebnissen (»individuelle Geschichte«) entsteht mit der »gemeinsamen Geschichte« der sprachliche Bereich eines gemeinsamen Sinn- und Bedeutungshintergrunds. Die nachfolgenden Äußerungen beziehen sich auf diesen gemeinsam erschaffenen Bedeutungsraum und erhalten vor diesem Hintergrund ihren Stellenwert.

Somit geht aus der Interaktion der am Dialog beteiligten Personen fortlaufend ein »Zwischen« mit einem gemeinsamen »Sinnbestand« hervor, der wiederum die weiteren Kommunikationen genau in diesem Sinne bedeutungsvoll bestimmt. Insofern kann Dialog als ein autopoietisches System betrachtet werden, in dem die Einzelelemente (Kommunikationen) in einem fortlaufenden Prozess von Wechselwirkungen eine Struktur (einen gemeinsamen Sinnbestand bzw. sprachlichen Bereich) hervorbringen, die wiederum die Einzelelemente (Kommunikationen) bestimmt. Dieser Mechanismus ist dynamisch und rekursiv. Produzent und Produkt sind untrennbar miteinander verknüpft (siehe Unterkapitel 1.4).

Aus dieser wechselseitigen Beeinflussung entwickelt sich *koevolutionär* eine *intersubjektive Sichtweise* mit gemeinsamen Bedeutungen. Diese gemeinsame Wirklichkeit kann als *Konsens* verstanden werden, der durch die am Dialog beteiligten Personen erschaffen wird und zeitlich und räumlich auf diesen sprachlichen Bereich begrenzt ist.

Diese dialogisch entfaltete Wirklichkeit als Konsens bildet nicht die Welt in ihrem Sein ab, sondern gilt als Einigung darüber, wie die Welt gemeinsam zu betrachten ist. Diese gemeinsame Sichtweise auf die Welt ist nicht objektiv begründbar, sondern wird intersubjektiv und somit *dialogisch* hervorgebracht: »Wichtig ist, diesen Prozess nicht als individuellen, sondern als gemeinschaftlichen zu verstehen – unsere Wirklichkeit also nicht als Ergebnis eines persönlichen, einsamen Prozesses, sondern als ein Phänomen der Erzeugung von Konsens zu sehen. Was wir als ›Wirklichkeit‹ bezeichnen entsteht im Dialog, im gemeinsamen Sprechen [...]. Systeme konstruieren gemeinsame Wirklichkeiten als Konsens darüber, wie die Dinge zu sehen sind« (v. Schlippe u. Schweitzer, 2013, S. 148): Eine intersubjektiv geteilte Wirklichkeit, die mit den Worten von Glasersfelds (1997, S. 97 f.) als »Viabilität zweiter Ordnung« bezeichnet werden kann.

Hier liegt ein wesentlicher Schlüssel für die Veränderung subjektiver Sichtweisen und Bedeutungen, wenn diese sich als unterschiedlich zu den im Dialog intersubjektiv hervorgebrachten Wirklichkeiten erweisen. Diese Unterschiede zwischen subjektiver und sich gegenwärtig entfaltender intersubjektiver Wirklichkeit könnten als Information wirken und somit als Intervention in dem in Abschnitt 1.6.1 aufgeführten Verständnis

Die eigene Sichtweise wird durch erkannte Unterschiede zur sich entfaltenden gemeinsamen Sichtweise irritiert und infrage gestellt.

6.2 Wie können wir das gemalte Bild der Klientin in den Dialog miteinbeziehen?

Zunächst erläutert die Klientin ihre Bedeutungen von Zeichen, Symbolen oder Farben auf dem vorliegenden Bild, nennt erkannte Muster, Zusammenhänge, Beziehungen und Wechselwirkungen zwischen einzelnen Elementen und die daraus gewonnenen Einsichten und Erkenntnisse für die gemeinte Realsituation. Sie verbindet selbst das Bildhafte als Analogie mit ihrer Realsituation. Derweil erzählt sie ihre Sichtweise auf das Gemeinte und das damit verbundene Erleben. Dieses Erleben im Dort und Dann der Realsituation wird durch die Erzählung mehr und mehr im Hier und Jetzt der Beratungssituation spürbar und erlebbar.

Im weiteren Verlauf entwickeln Klientin und Beraterin im Gespräch bezogen auf das Bild eine gemeinsame Sichtweise mit gemeinsamen Bedeutungen. Das Gespräch entwickelt sich aus dem im Bild Sichtbaren heraus, sodass das Bildhafte als prägnante Gestalt sinn- und bedeutungsvoll erlebbar und spürbar und auf diese Weise als Analogie für die Realsituation für beide fassbarer wird.

Aus dieser Analogie ergeben sich intuitiv Einsichten über das real Gemeinte, die entweder von der Klientin als *Gewissheit*, z. B. durch ein »Aha-Erlebnis«, oder von der Beraterin als *Angebot*, z. B. in Form einer hypothetischen Frage, in den Dialog eingebracht werden: Dialogisch entsteht eine intersubjektive Wirklichkeit, die die Klientin oder die Beraterin isoliert voneinander jeweils einzeln nicht hätte erzeugen und erleben können. Hieraus können neue Lösungen erschlossen und konkret ausgeformt werden, die vorher subjektiv nicht einsehbar oder denkbar gewesen sind.

Nach Schmeer fließen in den Dialog die Informationen der Klientin und das Erfahrungswissen der Therapeutin sowie die Informationen aus dem vorliegenden Bild ein. Indessen scheinen Klientin und Therapeutin zunächst in ihren Strukturen sehr unterschiedlich zu sein – wie »Öl« und »Wasser«, die sich erst im Laufe der Zeit mischen. Durch das Mischen beider »Essenzen« wird ein gemeinsamer Bereich, ein »Feld«, erschaffen, indem sich die jeweiligen Strukturen angleichen. Dieses Feld erscheint wie ein »Schwebezustand«, aus welchem neue Ideen, Einsichten oder Fragen entstehen können (Schmeer, 2016: Anhang II.1).

Aus dem Dialog entfaltet sich ein Feld, in dem drei Ebenen unmittelbar miteinander verwoben sind: Bild, Sprache und Realsituation. Aus diesem Feld geht ein tranceähnlicher Zustand zwischen Beraterin und Klientin hervor, der von jeweils eigenen inneren Vorstellungen begleitet wird, die durch das Zusehende und Gehörte ausgelöst werden.

Dieses aus dem Angleichen der Strukturen herausgebildete gemeinsame »Feld« könnte auch als »konsensueller Bereich« in dem oben gemeinten Sinn bezeichnet werden. In ihrem Buch »Ein Leben – eine Lehre« verdeutlicht Schmeer, wie sich das Feld zwischen dem Therapeuten und Klienten über wechselseitige verbale und nonverbale Annäherung langsam aufbaut: »Meist bedarf es erst mal einiger Sekunden oder Minuten des stillen Betrachtens, Zuhören und Lauschens, um ein Bild zu erfassen. Das ›Feld‹ baut sich auf: Worte, die gesprochen werden, Worte die begonnen und nicht zu Ende gesprochen wurden, Bildelemente, die ins Auge stechen, blasse Gebilde am Bildrand, ein Zucken im Gesicht, eine kurze Verlegenheit, eine Bewegung, wie eine Faust, eine Träne« (Schmeer, 2015, S. 239).

Dabei bezieht sich der Vorgang des Erkennens nicht auf die Formen der sprachlichen und bildlichen Kommunikation jeweils einzeln separiert voneinander wahrgenommen, sondern unmittelbar auf die Verflechtungen bzw. Verquickungen dieser Formen miteinander: »Das sprachliche Erkennen ist *immer* auch verquickt mit bildlichen Elementen: Mimik, Körperbewegungen beim Sprechen und akustischen Elementen: die Stimme. Verquickt mit Gesprächsatmosphäre. Abhängig von einer mehr begrifflich formulierten Sprache oder einer mehr erzählenden, bildhaften Sprache. Es ist für mich eine Verquickung von Sprache und Bild« (Schmeer, 2016: Anhang II.4).

Insbesondere die nonverbalen und paraverbalen Ausdrücke – wie Gestik, Mimik und Stimme sowie das vorliegende Bild – ermöglichen den Zugang zu den subjektiven Ansichten und Bedeutungen. Diese *analogen Ausdrucksweisen* bringen unmittelbar die eigentliche Bedeutung zum Vorschein (siehe Unterkapitel 4.1).

An dieser Stelle sei noch auf einen anderen wesentlichen Aspekt des Dialogs hingewiesen: Zwar geschieht durch wechselseitige Interaktion Angleichung zwischen den subjektiven Bedeutungen, jedoch bleibt nach dem Prinzip der Autonomie jede Bedeutung immer eine einzigartige, die durch die Eigengesetzlichkeit der jeweiligen Struktur der beteiligten Personen erzeugt und über Äußerungen dem anderen vermittelt wird. Der Einzelne bleibt auch bei struktureller Kopplung in seiner Autonomie erhalten und somit in seinem Erkennen durch seine eigene Struktur determiniert (siehe Abschnitt 1.4.2). Oder anders gesagt: »Öl« und »Wasser« mischen sich zwar in einem räumlich und zeitlich begrenzten gemeinsamen Bereich, beide »Essenzen« bleiben jedoch immer strukturell einzigartig und voneinander lösbar.

Demnach wirken in der Beratung die ausgetauschten Worte und die dargebotenen Bilder als Information immer nur bestimmt durch die »Eigengesetzlichkeit« der gegenwärtigen Struktur des jeweiligen Zuhörers und Betrachters. Entsprechend werden in einem Dialog die sprachlichen Aussagen sowie die nonverbalen und bildlichen Eindrücke nicht unmittelbar in ihrer gemeinten Bedeutung übertragen, sondern jeder Beteiligte erkennt aufgrund des von ihm Gehörten und des von ihm Gesehenen *seine eigene Bedeutung*. Im Grunde verbleibt jeder Mensch in seiner einzigartigen Sinn- und Bedeutungswelt. Der Empfänger reagiert immer nur auf seine selbst erzeugten sinnesbezogenen Vorstellungen über das Gehörte oder Gesehene und in diesem Sinne z. B. auf die von ihm hervorgebrachten inneren Bilder oder auf seine inneren Dialoge.

Das heißt auch, dass keine gemeinsame Bedeutung oder intersubjektive Sichtweise über Wirklichkeit unabhängig von den am Dialog beteiligten Personen objektiv existiert. Jede Person erzeugt immer nur eine *ihr eigene* Vorstellung von einer gemeinsamen Bedeutung oder Sichtweise. Auch Vorstellungen über das Gemeinsame sind »eigengesetzlich« bzw. autonom und bleiben in dem Sinne dem Menschen eigen und subjektiv.

Durch das Besprechen des Bildes werden plötzlich neue Aspekte über Personen, Objekte oder Ereignisse (ein)gesehen und bewusst, die als Unterschiede bisher stabile kognitive Schemata über das Gemeinte in »Bewegung« oder »Schwingung« versetzen, woraus sich spontan und sprunghaft eine neue kognitive Ordnung selbstorganisiert ergeben kann. Dieser plötzliche Wandel ermöglicht eine neue Sichtweise auf die gemeinte Situation, wodurch bisher nicht in Betracht gezogene Lösungen augenblicklich sichtbar werden können. Entsprechend kann dieser Wandel als Lösung zweiter Ordnung bezeichnet werden (siehe Abschnitt 1.7.2).

Dabei ist die gesamte Existenz des Klienten betroffen, wenn in Verbindung mit kunsttherapeutischen Interventionen »Lebensenergien« bewegt und »verschoben« werden. Die verschiedenen ineinandergreifenden und in Wechselwirkung miteinander verbundenen Bereiche und Subsysteme des Menschen werden gleichsam »angeschubst« bzw. »aufgeweckt«, wodurch sie sich neu regulieren. Dabei befinden sich Unbewusstes, Vorbewusstes, Bewusstes, die körperliche, seelische und geistige Ebene als Komponenten des menschlichen Systems in einem unmittelbaren Zusammenhang (Schmeer, 1994, S. 42).

Im Dialog sollte der Berater offen und neugierig sein für die subjektiven Bedeutungen von geäußerten Worten, gezeigter Gestik und Mimik oder von Zeichen und Symbolen in den Bildern der Klientin, sich fragend und zuhörend an ihre Sichtweise annähern, eigene Vorstellungen und Bedeutungen – und dabei auch Vorstellungen über gemeinsame Bedeutungen und Sichtweisen – sowie das eigene Erleben reflektieren und dem Gegenüber mitteilen. Der Zugang zum Bild der Klientin wird wesentlich durch die Person des Beraters beeinflusst: »Die Lebensgeschichte des Kunsttherapeuten, seine eigenen künstlerischen Erfahrungen, seine Interessen für bildnerischen Ausdruck, die unbewusste

Auswahl dessen, was er sehen will, weil er damit Erfahrungen gemacht hat und sich sicher fühlt; und was er ›übersieht‹, weil er nicht weiß, wie er damit umgehen könnte; seine mehr oder weniger ausgeprägte Vorliebe für diagnostische Erwägungen; seine Vorlieben für gewisse Farben, Formen und Inhalte; seine ›blinden Flecke‹; seine helle oder düstere eigene Stimmung in diesem Moment – das alles mischt sich in die erste Begegnung mit dem Bild« (Schmeer, 2015, S. 239).

Die Klientin stellt durch die sprachliche Beschreibung der vorliegenden Bilder neue Bezüge her, wodurch sich ihre Sichtweise auf das gemeinte Thema weiter verändert. Hierbei sollte sich der sprachliche Dialog in einem kreisförmigen Verlauf wiederholt auf die bildlichen Ausdrücke im Initial- und Resonanzbild sowie auf die Verbindungen zwischen beiden Bildern beziehen. Durch ein »permanentes Oszillieren« zwischen Bild und Sprache erhellen sich die Informationen aus den Bildern, was wiederum eine Auswirkung auf die Sprache hat. Dabei handelt es sich um einen wesentlichen Erkenntnisvorgang, der sich aus der spiralförmigen Bewegung zwischen analogem, bildlichem Eindruck und sprachlicher Beschreibung ergibt. Diesen wesentlichen Zusammenhang zwischen bildlicher und sprachlicher Ebene menschlichen Erkennens habe ich in Abschnitt 5.2.4 besprochen.

Vor dem Hintergrund dieser Einsichten und Erkenntnisse nähern sich im weiteren Verlauf des Beratungsprozesses Klientin und Therapeutin in ihren subjektiven Sichtweisen und Bedeutungen dialogisch an: »Wenn man den Patienten dann gehört hat, kann man kleine Deutungsversuche machen, als Angebote. Voraussetzung ist, dass der Klient sein Bild erst beschreibt und man sehr genau zuhört. […]. Der Therapeut macht sich seine Vorstellungen über den Klienten, aber das ist nur ein Teil. Dann kommen die Eindrücke des Patienten. Und dann kommt mein Erfahrungsspeicher, der sich auch hineinmischt« (Schmeer, 2016: Anhang II.1).

Indessen sind alle Beschreibungen immer Beschreibungen eines Beobachters, der durch seine derzeit vorhandenen sprachlichen Möglichkeiten und Unterscheidungen eine subjektiv sinn- und bedeutungsvolle Wirklichkeit hervorbringt (siehe oben Kapitel 1.4.4).

Je nachdem, mit welchen Worten und auf welche Weise die Klientin ihre Bilder und das darin beinhaltete Thema bespricht, beeinflusst sie ihr Erleben über diese Wirklichkeit. Hier ist die Beraterin gefragt, je nach gegenwärtigem Erleben der Klientin andere Beschreibungen in den Dialog einfließen zu lassen, die eher Bedeutungen im Sinne einer positiven und entwicklungsfördernden Wirklichkeit ermöglichen und in diesem Sinne als *Umdeutung* wirken können (siehe Abschnitt 1.7.3).

Am Ende dieses Kapitels möchte ich ein weiteres Mal auf den Verfasser des Eingangszitates verweisen: Martin Buber. In allem Dialogischen sollten wir Berater und Therapeuten uns um den Raum kümmern, in welchem der Mensch zwischen den Worten und Bildern, zwischen dem Erzählen, Hören und Sehen für einen Moment in seinem Wesen als Du geschaut werden kann. Wahrhafte Begegnung zwischen dem Ich und dem Du. Lasst es uns bei aller Theorie nicht vergessen: das ist das Wesentliche und Heilsame im Gespräch – das Heilsame zwischen Menschen.

7 Die Anwendung analoger Verfahren in der Beratungspraxis

7.1 Praxisfeld: Einzelcoaching

> »Trotz aller Ähnlichkeiten hat jede Lebenssituation wie ein neu-
> geborenes Kind ein neues Gesicht das nie zuvor dagewesen ist und
> nie wieder kommen wird. Sie verlangt von dir eine Reaktion, die nicht
> im voraus geplant werden kann. Sie verlangt nichts von dem, was ver-
> gangen ist. Sie verlangt Gegenwart, Verantwortung; sie verlangt dich.«
> (Buber, 1953, S. 14)

7.1.1 Das Feld und das Anliegen im Bild erkunden

> »Wer bin ich und wer bist du?
> Was haben wir mit unserer individuellen
> Erkenntnis jetzt und hier
> in der Gegenseitigkeit auszurichten?«
> (Trüb, 2015, S. 109)

Der erste Blick auf das Bild: Das Sichtbare beschreiben und mit Bedeutungen versehen

Nachdem die Klientin ihr Initialbild zu einem bestimmten Thema mit Ölkreiden, Farbstiften oder Wasserfarben auf DIN-A3- oder DIN-A2-Papier gemalt hat, nähern wir uns gemeinsam diesem Werk. Zunächst betrachte ich das Bild *hinsichtlich* der Farben, Formen, Figuren oder Fülle, achte auf meine ersten Eindrücke, auf meine emotionalen und körperlichen Empfindungen, schaue zur Klientin und frage:

- *»Was ist auf deinem Bild zu sehen?«*
- *»Was geschieht dort?«*
- *»Erzähl doch mal, was dort zu sehen ist.«*

Hierdurch lade ich die Klientin ein, *ihr Bild zu erzählen,* das Sichtbare zu benennen und zu beschreiben bzw. das Sichtbare mit ihren Worten in Sprache zu übersetzen und zu fassen. Die Klientin gibt dem Sichtbaren mehr und mehr *Sinn und Bedeutung*. Das gemeinsam betrachtete Initialbild beinhaltet ihre Sichtweise und Bedeutung zu einem relevanten Thema und ist über diese Weise unmittelbar mit ihrer Person verbunden. Ein achtsames und sorgsames Betrachten und Würdigen der bildlichen Ausdrucksweise der Klientin ist grundlegend für die Beratung und sollte eigentlich selbstverständlich sein.

Nicht selten fühlen sich Klienten beschämt über ihre bildliche Ausdrucksweise und werten sie (und damit sich selbst) bei erster Betrachtung des Bildes ab, indem sie sie z. B. als »Kinderzeichnung« herabsetzen. Hier scheint es hilfreich zu sein, den Klienten zu bestärken, dass es nicht darum geht, »Kunstwerke« zu vollbringen, sondern dass ich ausschließlich an seiner *eigenen Art* interessiert bin, sich bildlich zu äußern – dass also *jeder* bildliche Ausdruck seinen eigenen Wert hat, ja, das selbst große Künstler das »kindlich« Direkte des Ausdrucks schätzten und zu erreichen suchten. Um Pablo Picasso zu zitieren: »Ich habe ein Leben gebraucht, um so malen zu können wie ein Kind.«

Das erstellte Bild ist der Gegenstand unserer Betrachtung und die Grundlage einer gemeinsamen Entdeckungsreise und Erzählung. *Der Klient liest und erzählt seine Geschichte aus dem Bild.* Ich höre sorgfältig zu, stelle klärende und weiterführende Fragen und biete meine Wahrnehmungen, Eindrücke, Beschreibungen, inneren Bilder und Annahmen an. Ich wiederhole und betone Begriffe, Sätze und Aussagen des Klienten, die mir besonders *prägnant* erscheinen und in mir resonieren. Ich bin schauend, fühlend und denkend beteiligt. Ich bin mit allen Sinnen Anteil nehmend. Ich mute dem Klienten mein Sein, mein Dabeisein und Beteiligtsein zu in einer Haltung, die sich etwa so ausdrückt: »Jedes Menschenleben ist einen Roman wert« (Polster, 1987).

Praxisbeispiele

Franziska ist 38 Jahre alt und arbeitet in der Finanzbranche als Marktgebietsleiterin. In ihrem bisherigen Werdegang hat sie sich stark auf Beruf und Leistung fokussiert. Im Coaching bringt sie das Anliegen ein, ihrem Leben eine neue Richtung zu geben. Nachdem ihre Lebensgeschichte in unserem Gespräch sichtbar und spürbar wurde, bitte ich sie, ein Bild zum Thema »Meine Richtung im Leben« mit Wasserfarben auf ein DIN-A2-Papier zu malen (siehe Abbildung 27).

Abbildung 27: Initialbild von Franziska zum Thema: »Meinem Leben eine Richtung geben«

Bedeutung des Bildes aus der Sicht von Franziska: »Das Herz gilt als Symbol für den Entscheid, zukünftig auf mein Herz zu hören und im Vertrauen meinem ›Herzensweg‹ zu folgen. Dabei eine Balance (Yin und Yang) zwischen ›Weiblichkeit und Männlichkeit‹ in mein Leben zu integrieren – ich darf stark sein und auch schwach, ich darf fokussiert sein und auch wieder loslassen. Die Berge, das Meer und die Vögel als Symbol, die Energie und Kraft der Natur zu spüren und diese Elemente immer wieder bewusst zu erleben. Ich möchte etwas Eigenes ›kreieren‹ (Farbstrudel), Menschen auf ihrem Weg begleiten und auch durch Begegnungen mit Menschen selber weiter wachsen. Eine erfüllte Partnerschaft (zwei Herzen) leben, von innen heraus strahlen wie eine Sonne und mit meiner Energie leuchten wie die Sterne am Himmel!«

Über Fragen rege ich die Erzählung und Erzählweise der Klientin weiter an. Hier achte ich auf einen sorgfältigen Umgang mit Fragen, sodass das Gespräch nicht in ein »Interview« oder »Ausfragen« ausartet. Die Fragen gehen aus der Beziehung zwischen mir und der Klientin in Anbetracht des Bildes hervor: aus diesem *Feld.* Fragen dienen der Klientin als *Angebot,* über bestimmte Elemente oder Bereiche des Bildes zu erzählen und dabei auch verschiedene Perspektiven einzunehmen. Nicht unser Fragen, sondern die Erzählung der Klienten füllt den Vordergrund der Beratung. Durch Fragen kann sich die Erzählung weiter entfalten, vertiefen oder fokussieren, wodurch der Klientin bisher nicht oder weniger bewusste Aspekte ihrer Geschichte bewusster werden.

Zum Beispiel durch die allgemeine Frage: *Wie wirkt das Bild auf dich?*

Und anschließend konkreter werdend, z. B. durch folgende Fragen:

- *Wo findet das statt?*
- *Wer ist dort anwesend?*
- *Wo bist du auf dem Bild? Was nimmst du auf dem Bild wahr?*

- *Auf welche Personen, Figuren, Elemente oder Symbole geht deine Aufmerksamkeit?*
- *Was ist im Vordergrund deiner Wahrnehmung?*
- *Was befindet sich eher im Hintergrund?*
- *Wie ist die Atmosphäre dort jeweils?*

Über diese Fragen wird die Klientin geleitet, ihre Situation von außen aus ihrer Perspektive hier mit mir zu betrachten und zu erzählen. Auf diese Weise ist die Klientin eher mit der im Bild gemeinten Situation *dissoziiert*. Diese »Entkopplung« von sich dort könnte noch verstärkt werden, indem ich mich mit der Klientin *über* die Person (der Klientin) in der Situation im Dort und Dann unterhalte:

- *Wie fühlt sich die Person dort?*
- *Was ist ihr wichtig?*
- *Was würde ihr guttun?*
- *Welche Bedürfnisse hat sie?*
- *Was würdest du als gute Freundin ihr empfehlen?*
- *Was möchtest du dir oder anderen Personen dort sagen?*

Im Wechsel mit der Bildbetrachtung schaue ich die Klientin an und fokussiere durch Fragen auf ihr Erleben im Hier und Jetzt in der Beratung und in Anbetracht des Bildes:

- *Was fühlst du, wenn du dein Bild betrachtest?*
- *Was fühlst du, wenn du dich dort siehst?*
- *Welche Gedanken gehen dir durch den Kopf?*
- *Was bedeutet diese Szene, dieses Element oder dieser Ausschnitt für dich?*
- *Was sagst du zu dieser Situation bzw. Szene?*
- *Was fühlst du jetzt?*
- *Was ist dir jetzt wichtig?*

Abbildung 28 zeigt zur Veranschaulichung das Initialbild von Thomas aus einem Führungscoaching. Thomas ist 47 Jahre alt und leitet seit drei Monaten einen Forschungsbereich mit über zweihundert Mitarbeitenden. In dem Bild bringt Thomas sich als Führungsperson mit Ölkreide und Farbstiften auf einem DIN-A3-Zeichenpapier zum Ausdruck gemäß der Frage: »*Durch welches Bild wird deine Führungsperson am ehesten sichtbar?*«

Abbildung 28: Initialbild von Thomas zum Thema: »Meine Führungsperson«

Wesentliche Elemente im Bild aus der Sicht von Thomas: »Ein Garten mit Umzäunung und Zugängen. Er ist bepflanzt mit verschiedenen Pflanzen (Blumen, Büsche, Bäume usw.). Er hat verschiedene Plätze, an denen man verweilen (arbeiten) kann, aber auch Plätze außerhalb, alles blüht und gedeiht, auch außerhalb, der Garten bietet Raum für eine Fauna (Vögel) und ist durchzogen von Wegen. Er enthält als zentrales Element einen großen (starken) Baum, es scheint die Sonne.«

Die Bedeutung des Bildes aus der Sicht von Thomas: ›Die Pflanzen in den verschiedenen Stadien ihrer Entwicklung (Mitarbeiter), die sich im Garten entfalten können (wachsen), haben viel Freiheit, dort zu wachsen, wo sie wollen (Raum zur Entfaltung: verschiedene Sitzplätze), etwas Chaos erhöht die Diversität. Es gibt Grenzen (Zaun), die jedoch manchmal auch verschoben werden können (Platz außerhalb des Gartens) bzw. verschoben werden müssen. Verschiedene Bäume geben den anderen Pflanzen Halt, Schatten, Nährstoffe (und auch Plätze für Vögel). Die Vögel sind jedoch im Bild außerhalb des Gartens – sie sind frei zu fliegen (Diskrepanz zwischen gewünschter Freiheit und gegebenen Rahmenbedingungen). Der zentrale große Baum hat mehrere Bedeutungen: Einerseits steht er für meine persönliche Erfahrung, bisher immer einen Mentor gehabt zu haben (eine starke Persönlichkeit, die mich unterstützt und gefördert hat, auf die ich mich verlassen konnte); andererseits wurde ich nun selber zum Baum (Mentor für andere usw.) bzw. werde ich zumindest vermutlich von den Mitarbeitern so gesehen. Diese Rolle muss ich zumindest im Rahmen meiner Position erfüllen. Obwohl ich mich tatsächlich als Mentor für viele der Mitarbeiter sehe und fühle (und ich diese Rolle auch erfüllen möchte), ›beängstigt‹ mich ein bisschen die Tatsache, dass der große Baum anderen das Licht nehmen kann und zu dominant wird (das möchte ich verhindern).«

Im weiteren Verlauf besteht die Möglichkeit, durch Papierrahmen bestimmte Personen, Figuren, Elemente oder Ausschnitte des Bildes zu rahmen und somit zu fokussieren. Oder mit Holzfiguren schon in der Szene anwesende oder auch noch nicht anwesende relevante Personen in das Bild zu stellen.

Ich bat Thomas, sein Bild noch mal zu betrachten, es anschließend umzudrehen, d. h. zu verdecken, und darauf zu achten, was aus der Betrachtung des Bildes in ihm nachklingt oder nachwirkt und seine Resonanz als Skizze oder Zeichnung wie üblich auf einem andersformatigen Blatt zum Ausdruck zu bringen (siehe Abbildung 29).

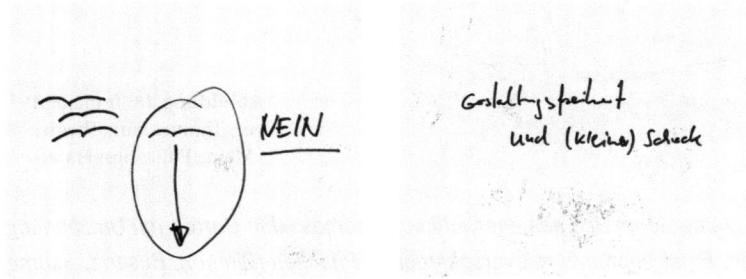

Abbildung 29: Vorder- (links) und Rückseite (rechts) des Resonanzbildes von Thomas zu seinem Initialbild (Abbildung 28)

Bedeutung des Bildes aus der Sicht von Thomas: »Meine Rolle erlaubt mir viel Gestaltungsspielraum und -freiheit, was mir sehr wichtig ist (›die Freiheit der Vögel‹). Gleichzeitig habe ich großen Respekt einerseits vor der möglichen Einengung durch außen und vor der Möglichkeit, dass ich die an die Rolle gebundenen hohen Anforderungen nicht erfüllen kann, was wiederum meinen Gestaltungsfreiraum einengt (›der Vogel, der auf den Boden der Tatsachen gebracht wird‹). Letzteren Punkt möchte ich auf jeden Fall vermeiden.«

Der Klient kann auch – geleitet etwa durch folgende Fragen – in die Situation im Dort und Dann eintauchen und aus dieser Perspektive im Bild sein Erleben konkret beschreiben:

- *Wie erlebst du dich dort in dieser Situation bzw. in dieser Szene?*
- *Was fühlst du dort?*
- *Wie ist deine Grundstimmung?*
- *Worauf richtest du deine Aufmerksamkeit?*
- *Welche Gedanken bzw. inneren Sätze begleiten dich dort?*
- *Wie verhältst du dich?*
- *Wie ist deine Gestik/Mimik?*
- *Wie ist dein Körpererleben dort?*
- *Was empfindest du im Körper?*
- *Was gibt dir Kraft?*
- *Was stärkt dich?*

- *Was kostet dich Kraft?*
- *Was schwächt dich?*
- *Was befürchtest du?*
- *Wo im Bild fühlst du dich am wohlsten?*
- *Was wünschst du dir?*
- *Was ist dir wichtig?*
- *Was brauchst du?*

Ich stelle sicher, dass der Klient sein Erleben im Präsens beschreibt, um die Szene in der Beratung zu vergegenwärtigen und somit im Hier und Jetzt erfahrbar werden zu lassen. Über dieses Vorgehen *assoziiert* bzw. verknüpft sich der Klient mehr und mehr im Hier und Jetzt mit seinem Erleben in dieser Szene im Dort und Dann.

Während der Besprechung des Bildes achte ich auf mein inneres emotionales und körperliches Erleben, auf meine inneren Bilder und Gedanken, meine Wahrnehmungen, Blickrichtung und Aufmerksamkeit, auf Stimmigkeit und Unstimmigkeiten, die sich in mir hervortun und teile meine Eindrücke in für mich passenden Momenten sinnesspezifisch mit:

- »Ich habe den *Eindruck,* dass …«
- »Für mich *scheint* es so zu sein, dass …«
- »Für mich *klingt* das so, als ob …«
- »Ich *höre* heraus, dass …«
- »Für mich *fühlt* sich das an, als ob …«
- »Ich *sehe* das Bild von …«
- »Ich *stelle mir vor,* dass …«
- »Meine *Aufmerksamkeit/mein Blick* geht auf …«
- »Mir *fällt auf,* dass …«

Blickrichtung wechseln: Vorhandene Ressourcen und Lösungsansätze hervorheben

Beim Betrachten und Besprechen der Bilder bietet es sich an, bestimmte Personen, Elemente, Objekte oder Ausschnitte der gemeinten Situation genauer in den Blick zu nehmen, um auf diese Weise die Aufmerksamkeit des Klienten auf *vorhandene Kraftquellen, Ressourcen oder Kompetenzen* zu lenken.

In Abschnitt 1.7.3 gehe ich ausführlich auf das Umdeuten als Intervention aus systemischer Perspektive ein. In der englischsprachigen Literatur wird Umdeuten als *Reframing* bezeichnet, was wir mit »Neurahmung« oder »einen neuen Rahmen legen« übersetzen können. *Analog* bitte ich die Klientin, um bestimmte Personen, Elemente, Objekte oder Ausschnitte einen Rahmen aus Papier zu legen. Mögliche Fragen sind dabei:

- *Wo auf dem Bild erlebst du dich als besonders kraftvoll?*
- *Wo auf dem Bild fühlst du dich kompetent?*
- *Wo fühlst du am ehesten Freude?*
- *Wo fühlst du dich am wohlsten?*
- *Welche Beziehungen oder Personen tun dir gut?*
- *Wo findest du Unterstützung?*
- *Welche Hilfsmittel oder Ressourcen siehst du auf dem Bild?*
- *Angenommen, die Situation hat etwas Gutes, wo könnte es liegen?*

Durch diese »Rahmung« werden Kraftquellen, Ressourcen oder Kompetenzen in den Vordergrund der Gesamtsituation gelegt, wodurch sich die Sichtweise und somit die Bedeutung augenblicklich und erheblich verändern kann. Die Situation erscheint plötzlich in einem anderen Licht. Dazu passende Fragen:
- *Was hat sich für dich verändert?*
- *Wie erlebst du diese Art der Betrachtung?*
- *Wie erlebst du nun die Situation?*

Auch lösungs- und zukunftsorientierte Aspekte der Situation können durch »Rahmung« in den Vordergrund der Aufmerksamkeit geraten – mögliche Fragen dazu sind:
- *Wo auf dem Bild siehst du die erwünschte Zukunft jetzt schon im Entstehen?*
- *Wo auf dem Bild siehst du jetzt schon Ansätze von Lösungen?*
- *Wo sind erwünschte Entwicklungen zu erkennen?*

Praxisbeispiel

Abbildung 30 zeigt links das Initialbild Patricks zum Thema »Aktuelle Veränderungssituation«, gemalt mit Ölkreide auf DIN-A3-Zeichenpapier, vier Monate nach seinem ersten Initialbild (siehe Abbildung 14, S. 160). Rechts ist das neue Initialbild mit einem Rahmen abgebildet, den Patrick um eine mögliche Lösung gelegt hat.

Abbildung 30: Initialbild »Aktuelle Veränderungssituation« von Patrick mit Rahmen um eine mögliche Lösung

Kommentar Patrick zu seinem Initialbild: »Die Projekte (orange Kugel) sind gestartet und haben Fahrt aufgenommen. Wir begegnen unterwegs einigen Stolpersteinen, die es zu überwinden gibt. Auch mit kleineren Irritationen (Blitz) müssen wir umgehen lernen. Die kinetische Energie, welche durch den Abstoß aus der bisherigen Komfortzone mit der Talfahrt aufgenommen werden konnte, reicht jedoch nicht aus, um das Ziel am gegenüberliegenden, höheren Punkt zu erreichen. Wir müssen einen zusätzlichen Effort leisten, um Erfolg zu haben. Unsere neuen Werte geben uns Orientierung (das ›Steuerrad‹). Einige Mitarbeitende bleiben beim Ausgangspunkt stehen und kommen nicht mit. Andere säumen den Weg als Zuschauer, sind kritisch, unentschlossen und beobachten das Geschehen. Die große Menge der Mitarbeitenden aber hat die Zeichen der Zeit erkannt und setzt sich mit dem Ziel und den Veränderungen (positiv) auseinander (das sind jene Menschen, die man im Ziel erkennt). Wer aber das Projekt nur anschiebt, verliert den Weitblick. Ist jedoch der Weg der richtige? Wäre es eventuell einfacher, auf einem kleinen Umweg ins Ziel zu gelangen?«

Diese Lösungsansätze oder erwünschten Entwicklungen können anschließend auf ein DIN-A5-Zeichenpapier mit Farbstiften vergrößert werden (siehe Abbildung 31).

Abbildung 31: Der Fokus auf dem Lösungsansatz

Kommentar Patrick: »Eine Lösung erkenne ich darin, sich noch klarer auf das definierte bzw. noch genauer zu umreißende Ziel zu fokussieren. Wir müssen für noch mehr Klarheit sorgen, uns nicht irritieren lassen und mit vereinten Kräften die Projekte ins Ziel ›ziehen‹. Das unterstützt auch jene, die das Ziel hinter dem Projekt noch nicht erkennen können, die Bestrebungen aber trotzdem unterstützen wollen und müssen. Mit einem konsequenten und stetigen Umsetzen und Erreichen der Meilensteine ohne Rückschritte sorgen wir für eine klare Positionierung und schaffen zudem Sicherheit für ›Zögerer‹.«

Kräfte und Wechselwirkungen im Feld:
Elemente und Personen neu positionieren

In dieser Phase der Beratung können wir gemeinsam mit der Klientin die Kräfte im Feld erkunden – etwa mit folgenden Fragen:

- *Zu welchen Personen oder Elementen fühlst du dich eher hingezogen?*
- *Welche Personen oder Elemente vermeidest du?*
- *Welche Personen oder Elemente in diesem Feld sind hinderlich für eine erwünschte Entwicklung oder Veränderung?*
- *Und welche sind förderlich?*

Wir können auch nach Beziehungen und Wechselwirkungen zwischen den einzelnen Personen oder Elementen fragen (siehe Abbildung 32):

- *Was denkt diese Person über den Baum?*
- *Was fühlt diese Person in Anbetracht des Zaunes?*
- *Was würde die Person am liebsten dem Zaun sagen wollen?*
- *Angenommen, Baum und Zaun könnten etwas sagen: Was würde der Baum dem Zaun sagen? Was würde der Zaun antworten?*

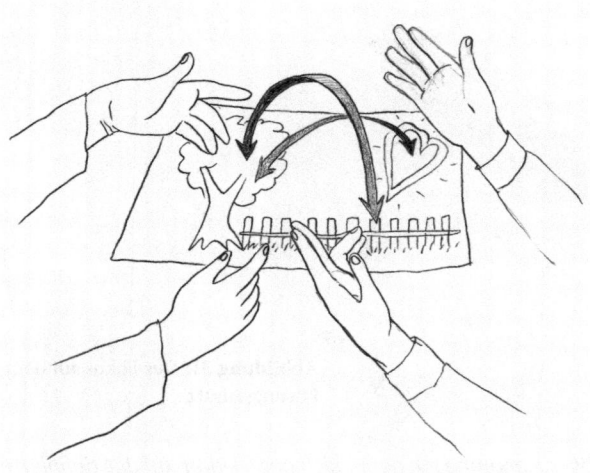

Abbildung 32: Dialog und Vernetzung zwischen den Elementen eines Bildes

Es kann auch sehr erhellend wirken, wenn wir ein Objekt oder Element des Bildes in das Beratungsgespräch direkt miteinbeziehen und einen Dialog zwischen Klienten und diesem Objekt oder Element einleiten, etwa folgendermaßen:

- *Angenommen, das Herz auf deinem Bild hätte uns beobachtet und zugehört – was würde es uns sagen wollen?*
- *Was würdest du antworten?*

Auch Fragen nach möglichen anderen Positionen im Feld könnten *gestellt* werden:

- *Angenommen, der Baum würde an einem Ort stehen, wo dieser stärker verwurzelt wäre: Wo würde er dann stehen?*
- *Angenommen, du würdest eine Position finden, aus welcher du mehr Distanz
  zu deinem Problem hättest: Wo würdest du dich platzieren?*
- *Angenommen, du könntest die Zusammenarbeit mit deinem Kollegen ver-
  bessern: Wohin könntest du dich zu diesem Zweck stellen?*
- *Angenommen, das Ziel sollte erreichbarer werden: Wohin sollte es sich dann
  bewegen?*
- *Wohin könntest du dich in Position stellen, um dich kraftvoll und kompetent
  zu fühlen?*

Nachdem die Klientin auf dem Bild durch Figuren oder Symbole Personen oder
Elemente verschoben und umgestellt hat, bitte ich sie, diese Veränderung zu
betrachten und die Auswirkungen zu beschreiben. Mögliche Fragen:

- *Was hat sich durch diese Verschiebungen und Umstellungen verändert?*
- *Wie wirken sich diese Veränderungen aus?*

Ich frage nach Auswirkungen auf das Erleben des Klienten sowohl im Dort und
Dann in der Situation als auch im Hier und Jetzt in der Betrachtung des Bildes,
nach Auswirkungen auf andere Personen, auf Beziehungen, auf die Lösungs-
findung usw.

Interpersonelle Wahrnehmung: Die inneren Bilder im Bild (ein)sehen

> »Jemanden da zu treffen, wo er einmal *war*, heißt ihn da zu verpassen,
> wo er jetzt ist. Entweder begegne ich den Menschen jetzt, oder ich
> begegne ihnen nirgendwo. Wenn ich ihnen in meiner Erinnerung
> begegne, dann begegne ich nicht *ihnen*, und ich begegne ihnen nicht.
> Erinnerung ist Begegnung und Erinnerung bin nicht *ich, jetzt*.«
> (Stevens, 1970/2000, S. 220)

Hier betrachten wir genauer die Personen und insbesondere deren Beziehungen
zueinander, die für das Anliegen und die Fragestellung des Klienten relevant
sind. Zum einen die auf dem Bild sichtbaren Personen und zum anderen können wir weitere bedeutsame Personen, z. B. durch Holzfiguren, innerhalb oder
außerhalb des Bildes in Beziehung zu den anderen hinzustellen oder auf Transparentpapier skizzieren und dem Bild an einem stimmigen Platz hinzufügen.

Zur Klärung der interpersonellen Wahrnehmung, Beziehungsgestaltung
und Dynamik frage ich zunächst die Klientin, welche »inneren Bilder« *aus*

ihrer Sicht die relevanten Personen – einschließlich ihrer selbst – voneinander in sich tragen. Diese inneren Bilder leiten unsere Wahrnehmung, unser Erleben und Handeln, unsere Einstellung und Haltung in Beziehung zum Gegenüber:

- *Welches Bild habe ich von meinem Gegenüber?*
- *Wie wirkt sich dieses Bild auf mein Erleben und Verhalten aus?*
- *Was denke ich, welches Bild mein Gegenüber von mir hat?*
- *Wie ist mein Selbstbild?*

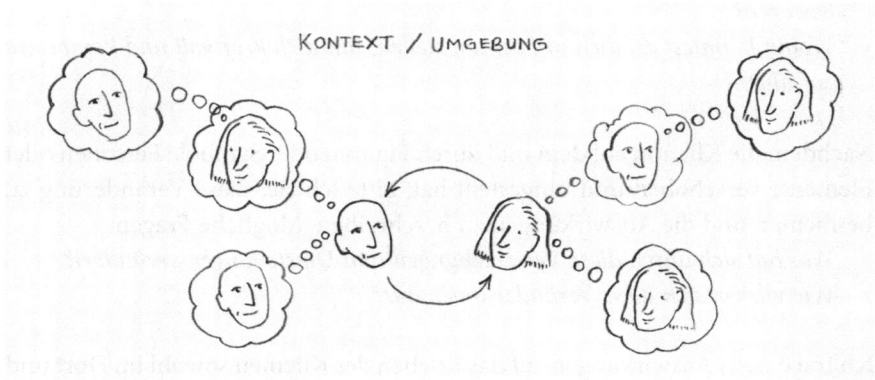

Abbildung 33: Interpersonelle Wahrnehmung
(Quelle: in Anlehnung an Laing, Phillipson u. Lee, 1971)

Interpersonelle Wahrnehmung (siehe Abbildung 33) ist immer geprägt durch die Umgebung, die wiederum in einen Kontext eingebettet ist. Zum Beispiel das Besprechungszimmer als unmittelbare Umgebung im Kontext der Organisation. Unser Denken, Fühlen und Verhalten und somit auch unsere Wahrnehmung werden durch diese Umgebung innerhalb des Kontextes unmittelbar beeinflusst. Wir passen unsere Wahrnehmung und unser Verhalten der gegebenen Situation an, wodurch wir situationsbezogen zum einen unser Gegenüber auf bestimmte Weise wahrnehmen und zum anderen für unser Gegenüber nur in einer bestimmten Verhaltensweise sichtbar und wahrnehmbar sind. Entsprechend sind auch die Wahrnehmungen von uns selbst und somit unser Selbstbild immer situations- und kontextbezogen.

Diese inneren Bilder beruhen auf unseren Erfahrungen, Prägungen und Kenntnissen, reduzieren das Gegenüber auf eine *überschaubare und handhabbare Ordnung* und können insofern als kognitives Schema verstanden werden.

Wir verändern uns, je nachdem, zu welchem Menschen wir *gedanklich oder gegenwärtig* in Beziehung sind. Urplötzlich kann sich unser Erleben wandeln, sichtbar über unsere Gestik, Mimik, und Körperhaltung, ja, sogar hörbar über unsere Sprache, Wortwahl und Stimmlage, z. B. wenn wir einen bestimmten Menschen (unerwartet oder erwartungsvoll) treffen. Erfragen könnte man das etwa so:

- *Zu wem werde ich in Beziehung zu diesem anderen Menschen?*
- *Welche Eigenschaften, Anteile oder Seiten von mir kommen in Beziehung zu diesem Menschen zum Vorschein?*
- *Kommen sie auch dann zum Vorschein, wenn ich mir diesen Menschen nur gedanklich vor Augen führe? Oder sind es dann andere?*

Unser Erleben wird wesentlich durch das innere Bild bestimmt, das sich über den anderen in diesem Moment und eingebettet in dieser Situation heraushebt. Hier sei betont, dass sich unsere inneren Bilder immer im Hier und Jetzt vor dem Hintergrund unserer Erfahrungen und der gemeinsamen Geschichte mit dem Gegenüber aus unserer aktuellen Grundstimmung herausbilden. Über dieses »Sich-Wandeln« oder »Werden« in Beziehung zu diesem anderen Menschen laden wir anderseits unser Gegenüber ein, gewisse Eigenschaften, Anteile oder Seiten uns gegenüber zu zeigen. Mit anderen Worten: Mein Bild vom anderen hat Auswirkungen darauf, wie er mich erlebt und insofern wie er in Beziehung zu mir wird bzw. wie er sich in Beziehung zu mir wandelt. In diesem Sinne lauten die Fragen:

- *Zu wem wird mein Gegenüber in Beziehung zu mir?*
- *Von welcher Seite zeigt sich der andere mir gegenüber?*
- *Welche Eigenschaften, Anteile oder Verhaltensweisen werden in Beziehung zu mir sichtbar?*
- *Welche bleiben unsichtbar?*
- *Welchen Beitrag leiste ich, dass der andere in Beziehung zu mir so wird?*
- *Wie beeinflusst mein Bild vom Gegenüber dessen Entwicklung?*

Auf diese Weise bestätigen sich die inneren Bilder wechselseitig und verfestigen oder stabilisieren sich dauerhaft durch aufeinander bezogene Verhaltensmuster:
Produkt und Produzent sind eins.

Praxisbeispiel

Vor einigen Jahren habe ich über einen längeren Zeitraum Mitarbeitende einer Abteilung in einem Sozialamt mit Supervision begleitet. In einer Sitzung wurde die »schwierige Zusammenarbeit« mit dem Chef thematisiert. Hier ein Auszug aus dieser Sitzung:

»Wie würdet ihr euren Chef *heute* beschreiben?«
Mitarbeiterin: »Er kontrolliert ständig, er ist humorlos und viel zu ernst.«

»Woran *merkt* ihr das konkret?«

Mitarbeiterin: »Er läuft ständig auf dem Gang hektisch hin und her, schaut in unsere Büros, fragt immer wieder nach, ob wir auch unsere Arbeit erledigt haben. Er hat uns auch schon direkt am Arbeitsplatz über die Schulter geschaut.«

»Wie verhaltet ihr euch ihm gegenüber?«

Mitarbeiterin: »Unter uns Kollegen haben wir es ja wirklich gut miteinander und auch viel Spaß. Jedoch, wenn wir unserm Chef begegnen oder ihn schon von Weitem sehen, dann geht jeder recht schnell wieder zu seinem Arbeitsplatz und ist ruhig. Unsere gute Laune ist dann verschwunden. Oder, wenn wir uns im Büro unterhalten und unser Chef taucht plötzlich auf, dann sind wir sofort still und arbeiten weiter.«

»Was glaubt ihr, *welches Bild euer Chef von euch* hat? Was denkt er über euch? Wer seid ihr für ihn?«

Mitarbeiterin: »Er glaubt, wir würden nicht arbeiten oder hätten keine Lust zum Arbeiten. Er denkt, wir würden uns ständig mit privaten Dingen beschäftigen. Er vertraut uns einfach nicht!«

»Wie *wirkt* dieses Bild auf euch?«

Mitarbeiterin: »Wir fühlen uns nicht verstanden und sind verärgert. Dadurch vertrauen wir ihm eigentlich auch nicht.«

»Woran könnte euer Chef das *merken,* dass ihr ihm nicht vertraut?«

Mitarbeiterin: »Dass wir den Kontakt meiden und uns zurückziehen!«

»Und wie könnte euer ›Meiden‹ und ›Zurückziehen‹ auf euren Chef *wirken?*«

Mitarbeiterin: »Er kann uns nicht einschätzen. Wir sind für ihn irgendwie nicht greifbar oder fassbar. Er *wird* misstrauisch uns gegenüber.«

»Welches Bild habt ihr eigentlich von euch selbst?«

Mitarbeiterin: »Wie sind sehr motiviert und unsere Arbeit macht uns wirklich Freude, wir sind verantwortungsbewusst und verlässlich. Unsere Arbeit ist nicht immer leicht. Wir haben viele Klienten mit schwerwiegenden Problemen und existenziellen Sorgen.«

»Wie vertrauenswürdig seid ihr?«

Mitarbeiterin: »Sehr sogar!«

»Auf einer Skala von null bis zehn?«

Mitarbeiterin: »Acht!«

»Woran könnte euer Chef das auch *merken?*« Oder: »Angenommen, ihr würdet eurem Chef mehr vertrauen, woran könnte er das *merken?*«

Mitarbeiterin: »Wir würden ihn viel mehr in unsere Gespräche und beruflichen Austausch einbeziehen. Wir würden auf ihn zugehen und auch fachliche Fragen stellen.«

»Wie würde das auf euren Chef *wirken?*«

Mitarbeiterin: »Er wäre völlig überrascht!«

In dieser Sitzung hätte ich auch nach *Ausnahmen* fragen können:

- »Gab es schon Momente, wo sich euer Chef so verhalten hat, wie ihr es euch wünscht?«

Oder nach *positiven Eigenschaften und Verhaltensweisen,* die sie an ihrem Chef besonders schätzen:

- »Was schätzt ihr an eurem Chef?
- Was sind seine besonderen Qualitäten?«
- »Angenommen euer Chef hätte auch positive Seiten. Welche könnten das wohl sein?«

Durch diese Fragen werden die Klienten eingeladen, den Blick auf schätzenswerte Merkmale und Eigenschaften des anderen zu lenken, um auf diese Weise ihr inneres Bild zu verändern oder zu erweitern. Häufig verändern sich durch dieses Bewusstwerden der inneren Bilder und dessen Auswirkungen und Wechselwirkungen auch festgefahrene Verhaltensmuster überraschend wie von selbst.

Gerade in der interpersonellen Beziehung scheint jeder Mensch in seiner eigenen *Merk- und Wirkwelt* zu leben, die sich im Laufe der gemeinsamen Geschichte wechselseitig angleicht und bestätigt. Danach kann etwa folgendermaßen gefragt werden:

- *Welche Eigenschaften oder welches Verhalten merke ich von meinem Gegenüber und wie wirke ich auf den anderen ein?*
- *Was löst mein Wirken bei meinem Gegenüber aus?*
- *Welche Eigenschaften oder welches Verhalten merkt mein Gegenüber von mir und wie wirkt er auf mich ein?*
- *Was löst sein Wirken bei mir aus?*

Wenn ich *einseitig und ausschließlich* auf die Eigenschaft oder das Verhalten antworte, das *ich* vordergründig beim anderen bemerke, dann wird über mein Wirken dieses Merkbare für beide zum sichtbaren und spürbaren Merkmal. Aus unserer Wechselwirkung entwickelt sich dieses Merkmal zum Vordergrund unserer interpersonellen Wahrnehmung. Mögliche Fragen zur Klärung der interpersonellen Wahrnehmung könnten so lauten:

- *Was denkst du über diese Person?*
- *Wie würdest du die Person am ehesten beschreiben?*
- *Wie fühlst du dich in Beziehung zu ihr?*
- *Was empfindest oder spürst du körperlich?*
- *Wie verhältst du dich? Wie ist deine Gestik, Mimik, Atmung, Körperhaltung?*

- *Welcher innere Satz begleitet dich?*
- *Welche Seite/Eigenschaft von dir wird besonders (heraus)gefordert?*
- *Zu wem wirst du in Beziehung zu dieser Person sinnbildlich-metaphorisch?*
- *Inwieweit kannst du dich mit dieser Seite/Figur identifizieren?*
- *Welches Verhalten oder welche Eigenschaften und Merkmale der anderen Person nimmst du vordergründig wahr? Welche bleiben im Hintergrund oder sind verdeckt?*
- *Welches innere Bild hast du von dieser Person?*
- *Wie wirkt sich das Bild auf dein Verhalten aus?*
- *Welche Auswirkungen hat dein Verhalten auf diese Person, auf andere und auf dich?*
- *Was glaubst du, welches Bild die Person von dir hat?*
- *Welchen Einfluss hat dieses angenommene Bild auf dich?*
- *Was glaubst du, was der andere denkt, welches Bild du von ihm hast?*
- *Wie wird eure Beziehung von anderen beteiligten Personen wahrgenommen?*
- *Welche positiven Seiten oder Eigenschaften von dieser Person könntest du in den Blick nehmen? Welche positiven Merkmale könntest du bei ihr entdecken?*
- *Welches andere Bild über diese Person könnte die Beziehung positiv verändern? Mit welchen Auswirkungen?*
- *Wie würde sich dieses Bild auf dein Verhalten konkret auswirken?*

Das Soziogramm: Die sozialen Beziehungen sichtbar machen

In vielen Fällen haben Klienten das Anliegen, im beruflichen oder privaten Umfeld ihre zwischenmenschlichen Beziehungen zu klären. Sie fühlen sich z. B. unwohl, ausgegrenzt, hintergangen oder enttäuscht; durch bestimmte Personen ungerecht oder unfair behandelt; sind in Konflikte verstrickt; fühlen deutlich oder unterschwellig Misstrauen, Missgunst oder Spannungen im sozialen Gefüge. In diesen Fällen fühlen sich die Klienten häufig in ihren Werten bzw. in ihrem Wert verletzt oder sehen ihre Bedürfnisse nicht beachtet. Oder dem Klienten ist es wichtig, die Personen, die für ein Thema oder Projekt, für eine Aufgabe oder Fragestellung relevant sind, in ihren wechselseitigen Beziehungen darzulegen und zu überblicken.

In dieser Phase des Coachings lade ich die Klientin ein, *aus ihrer Perspektive* die Qualität der Beziehungen zwischen den Personen einzuschätzen und zu beschreiben, die für ihr Anliegen relevant sind. Dabei können die relevanten Personen innerhalb des gemeinten oder in einem anderen sozialen System verortet sein. Zum Beispiel meint die Klientin einen Konflikt zwischen Personen in ihrem Projektteam ausmachen zu können, wobei aber auch Personen aus dem Marketing involviert sind.

Ich bitte die Klientin, einen Bogen Transparentpapier auf ihr Initialbild zu legen und darauf mit einem schwarzen wasserfesten Filzschreiber die Beziehungen zwischen diesen Personen zu markieren. Falls Personen auf dem Initialbild fehlen, skizziert die Klientin diese mit dem Filzschreiber auf das Transparentpapier an den entsprechenden Orten in Beziehung zu den anderen.

Für die grafische Darstellung der Beziehungen können wir z. B. die Zeichen oder Symbole in Abbildung 34 verwenden.

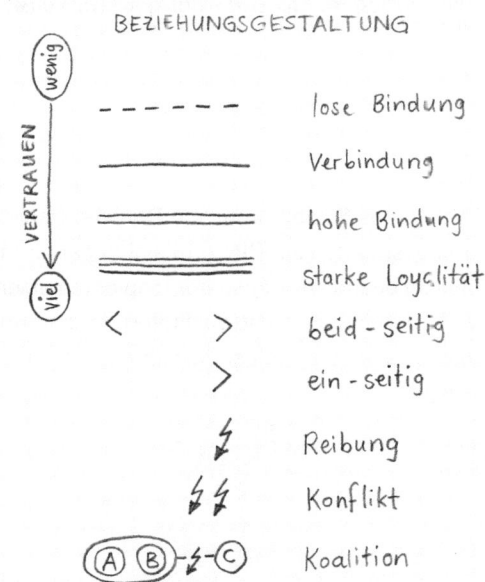

Abbildung 34: Zeichen und Symbole für die Darstellung von Beziehungen

Die Beziehungen zwischen den Personen werden durch die grafische Darstellung insofern sichtbar, als die Klientin diese einschätzt. Oder anders gesagt: Die Annahmen der Klientin über die Ausgestaltung der Beziehungen zwischen den gemeinten Personen kommen analog zum Vorschein und auf diese Weise ihr kognitives Konstrukt oder Schema über diese zwischenmenschlichen Beziehungen. Diese auf dem Transparentpapier sichtbare Beziehungsstruktur ist eine von der Klientin herausgebildete sinn- und bedeutungsvolle Ordnung vor dem Hintergrund ihrer Erfahrungen und Kenntnisse. Das von ihr erlebte »Zwischen« den Menschen wird sichtbar. In Anbetracht der Beziehungsstruktur können wir folgende Fragen stellen:

- *Was fällt dir auf?*
- *Wohin geht deine Aufmerksamkeit?*

- *Wie wohl fühlst du dich in diesem sozialen Gefüge?*
- *Was denkst du über diese Beziehungsstruktur?*
- *Was fühlst du?*
- *Was empfindest du körperlich?*
- *Welche Beziehungen sind für dich belastend?*
- *Welche Beziehungen sind stärkend?*
- *Zu wem suchst du Nähe?*
- *Zu wem brauchst du Abstand?*
- *An welchem Platz in diesem Gefüge würdest du dich am wohlsten/kraftvollsten fühlen?*
- *Welche Bedürfnisse hast du?*
- *Was möchtest du verändern?*
- *Was möchtest du festigen?*

Abbildung 35 zeigt zur Veranschaulichung das Soziogramm von Daniela. Daniela hat zunächst ihre derzeit erlebte Führungssituation auf DIN-A3-Zeichenpapier mit Ölkreide und Farbstiften gemalt und anschließend auf Transparentpapier mit einem schwarzen Filzschreiber weitere derzeit erlebte Beziehungsqualitäten skizziert und auf diese Weise sichtbar gemacht. Daniela sieht sich selbst dort im »Hamsterrad«.

Abbildung 35: Soziogramm von Daniela

Erläuterung: Links ist das Initialbild »Meine Führungssituation« zu sehen, rechts das Initialbild mit dem Soziogramm auf Transparentpapier.

Diese grafische Darstellung der zwischenmenschlichen Beziehungen hilft aufzudecken, wo sich Koalitionen oder Allianzen bilden, Konflikte entstehen, loyale oder lose Bindungen vorhanden sind. Interpersonelle Wechselwirkungen, soziale Dynamiken, emotionale Verflechtungen, Informations- oder Kommunikationswege können sichtbar werden.

Das sogenannte Soziogramm hat der Psychiater und Soziologe sowie Mit-begründer des Psychodramas und der Gruppenpsychotherapie Jakob Moreno (1889–1974) entwickelt. Es findet im Coaching oder in der Beratung seine Anwendung, um Beziehungsdynamiken zu verdeutlichen sowie Abweichungen zwischen dem Erlebten und Erwünschten zu beschreiben.

7.1.2 Die Biografie einbeziehen und betrachten

> »Alle Gefühle der Verletztheit, Angst und Wut, die wir gespeichert haben, können durch aktuelle Begegnungen aktiviert werden. Frühe Lebenserfahrungen, lebensgeschichtliche Ereignisse, Gefühle und alte Bewältigungsmuster sind allesamt in unserer Neurophysiologie kodiert, sortiert und gespeichert. Wenn wir aufgrund eines Kommen-tars, einer Empfindung, eines Klangs, eines Bildes, eines Geschmacks oder eines Geruchs ein Gefühl empfinden, als ob uns ein Schlag in die Magengrube getroffen hätte, dann bedienen wir uns bei unserer Reaktion darauf gewöhnlich unserer alten Bewältigungsmuster.«
> (Satir, 2011, S. 93)

Unser Denken, Fühlen und Handeln sind durch unsere Geschichte und Erfah-rungen geprägt. Unsere Geschichte tragen wir sinnesbezogen in uns, z. B. in Form von *inneren* Bildern oder *inneren* Dialogen als Ergebnis der *autonomen* Verarbeitung von wahrgenommenen Ereignissen der Umgebung. In diesem Sinne sind Erinnerungen kein genaues Abbild des tatsächlichen Geschehens in der Vergangenheit, sondern *eine mir gegenwärtig sinnesbezogene Repräsen-tation* der damals erfahrenen und somit vergangenen Personen, Objekte und Ereignisse:

Erinnerungen sind nur im Hier und Jetzt denkbar.

Unsere Erinnerungen und die daraus erzählten Geschichten schaffen unsere Identität – wie wir unser Selbst als einzigartige Einheit sehen und erleben. Dabei können wir uns immer nur aus der Gegenwart an die Vergangenheit erinnern und gleichzeitig wirken sich diese Erinnerungen auf unser gegenwärtiges Erleben aus. Die Vergangenheit lässt sich immer nur in der Gegenwart erleben. Oder: Erinnerungen sind eine Vergegenwärtigung der Vergangenheit.

Die Vergangenheit, das *Dort und Damals,* wird über Sprache durch Erzäh-lungen immer in der Gegenwart und aus der Perspektive der Gegenwart zu einer Geschichte formuliert. Die Erzählungen oder Geschichten bringen die aktuellen Bedürfnisse, Befindlichkeiten, Werte und Erwartungen des Erzählenden zum Ausdruck. Die Art der Erzählungen und die Erzählweise haben Auswirkungen auf das Erleben und der damit verbundenen Physiologie des Erzählenden *und* der Zuhörenden im *Hier und Jetzt.* Zum Beispiel könnte die Geschichte sehr unterschiedlich wirken, je nachdem ob ich ausschließlich die problematischen, schwierigen oder hinderlichen Aspekte erinnere oder mir auch Kraftquellen, Ressourcen, Fähigkeiten und erfreuliche Momente vor Augen führe und erzähle. Folgende Fragen können das klären helfen:

- *Ist meine Erzählweise eher problem- oder ressourcen- und lösungsorientiert?*
- *Erzähle ich das Gute im Schlechten oder das Schlechte im Guten?*
- *Hebe ich hervor, was ich erlitten habe, oder das, was ich daraus gelernt habe?*

Es gilt also: *Je nachdem, wie ich meine Vergangenheit erzähle, erlebe ich diese in der Gegenwart.*

Erinnern geschieht immer nur in der Gegenwart aus unserem derzeitigen psychischen und körperlichen Zustand und in dem Sinne auch geleitet durch unsere aktuellen Bedürfnisse: Erinnern ist strukturdeterminiert. Folglich könnte das Erinnerte eher Bedeutsames über unseren Zustand und unsere Bedürfnisse in der Gegenwart erzählen als über das tatsächlich Geschehene in der Vergangenheit. Demnach könnten zentrale Fragen lauten:

- *An was erinnere ich mich gerade in diesem Moment und in dieser Umgebung?*
- *Welche Szene aus meiner Geschichte entsteht jetzt hier spontan vor meinem inneren Auge?*
- *Auf welche Weise erzähle ich diese erinnerte Szene zu welcher Geschichte?*
- *Welcher Titel oder welche Überschrift wäre für diese Geschichte passend?*
- *Welche Bedeutung hat diese Geschichte für mich heute?*
- *Welche Bedürfnisse in meinem gegenwärtigen Leben werden aus dieser Szene und Erzählweise deutlich?*
- *Was erzählt diese Geschichte über mein Leben heute?*

Oder wie Barry Stevens es treffend sagt: »Was mir jetzt in meiner Erinnerung auffällt, ist mir früher nicht aufgefallen. Stimmt meine Erinnerung? Ich weiß es nicht. Es spielt keine Rolle. Ich habe etwas erkannt« (Stevens, 1970/2000, S. 62).

Im Coaching sollten wir nicht das Ziel verfolgen, in die Erde tief hineinzugraben, um zu entdecken, wie die Dinosaurier tatsächlich gelebt haben, sondern gemeinsam mit der Klientin explorieren, welche Vorstellungen sie von Dinosauriern in sich trägt und welche Bedeutung diese für sie heute in ihrem Leben haben. Selbst in dem Fall, dass wir nach jahrelanger Forschung, nach unermüdlichem Graben, die Tatsachen oder Fossilien gefunden hätten, sie sehen und betasten, ja fühlen und riechen, würden wir auch daraus immer nur eigene Erinnerungen und in dem Sinne Vorstellungen über die Tatsachen verinnerlichen. Alles tatsächlich Gesehene, alles sinnlich Erlebte werden wir immer nur als Erinnerung *in uns* und nicht gegenständlich *mit uns* tragen können. Es ist uns nicht möglich, ständig mit allem Gegenständlichen in sinnlicher Berührung zu bleiben.

Je nach Anliegen und Fragestellung betrachte ich mit der Klientin spontan aus dem Hier und Jetzt Erinnerungen aus ihrer Lebensgeschichte. In Anbetracht erinnerter Szenen decken wir gemeinsam auf, welche *Botschaften, Ressourcen und Fähigkeiten* aus ihrer Lebensgeschichte für die Gegenwart gegeben und heute bedeutsam sind.

Klaus Lumma, Brigitte Michels und Dagmar Lumma (2009, 2013) haben sich mit dem Phänomen der *Spontan- oder Früherinnerung* umfänglich beschäftigt und hierfür verschiedene Anwendungsverfahren und Methoden für das Coaching nachvollziehbar beschrieben.

Zur Einführung in die Praxis zitiere ich einen weiteren Auszug aus den »Briefen an einen jungen Dichter« von Rainer Maria Rilke (1929, S. 9), geschrieben am 17. Februar 1903:

»Wenn Ihr Alltag Ihnen arm scheint, klagen Sie ihn nicht an; klagen Sie sich an, sagen Sie sich, dass Sie nicht Dichter genug sind, seine Reichtümer zu rufen; denn für den Schaffenden gibt es keine Armut und keinen armen, gleichgültigen Ort. Und wenn Sie selbst in einem Gefängnis wären, dessen Wände keines von den Geräuschen der Welt zu Ihren Sinnen kommen ließen – hätten Sie dann nicht immer noch Ihre Kindheit, diesen köstlichen, königlichen Reichtum, dieses Schatzhaus der Erinnerungen? Wenden Sie dorthin Ihre Aufmerksamkeit. Versuchen Sie die versunkenen Sensationen dieser weiten Vergangenheit zu heben; Ihre Persönlichkeit wird sich festigen, Ihre Einsamkeit wird sich erweitern und wird eine dämmernde Wohnung werden, daran der Lärm der anderen fern vorüber geht. Und wenn aus dieser Wendung nach innen, aus dieser Versenkung in die eigene Welt Verse kommen, dann werden Sie nicht daran denken, jemanden zu fragen, ob es gute Verse sind […] Was soll ich Ihnen noch sagen? Mir scheint alles betont nach seinem Recht; und schließlich wollte ich Ihnen auch nur raten; still und ernst durch Ihre Entwicklung durchzuwachsen; Sie können sie gar nicht heftiger stören, als wenn Sie nach außen sehen und von außen Antwort erwarten auf Fragen, die nur Ihr innerstes Gefühl in Ihrer leisesten Stunde vielleicht beantworten kann.«

Biografieorientiertes Coaching meint hier, sich spontan aus der eigenen Geschichte Szenen vor Augen führen, aus welchen ich Hinweise, Fähigkeiten und Ressourcen für mein Leben *heute* (ein)sehen und erkennen kann:
Die Schätze der Erinnerung betrachten und für das heutige Leben hervorheben.

Vor etwa neun Jahren betrachtete ich im Coaching mit Mike eine Szene aus seiner Biografie, die damals schon seit längerer Zeit immer wieder in seinem Leben gedanklich auftauchte. Mike malte diese Szene mit Ölkreide auf ein DIN-A3-Blatt Zeichenpapier (siehe Abbildung 36).

Abbildung 36:
Biografische Szene
von Mike

Während ich das hier schrieb, kamen mir Mike und sein Bild plötzlich in den Sinn. Ich war neugierig zu erfahren, ob und wie unser Coaching nachwirkte und habe ihn per E-Mail gebeten, zu berichten, wie er aus der heutigen Perspektive das Coaching damals erlebt hat und was in der Zwischenzeit geschehen ist. Seine Antwort, die ich hier freundlicherweise veröffentlichen darf:

»Hallo Volker,
gerne schildere ich, was ich in den einzelnen Phasen mit dem Bild verbunden habe:

Meine biografische Szene:
Du hattest mich während des Coachings gebeten, Situationen aus meiner Lebensphase von 4 bis 12 Jahren zu schildern, an die ich mich immer mal wieder mehr oder weniger intensiv erinnere und die mir fast bildlich vor Augen sind. Dieses Bild zeigt mich auf dem Gang eines Kinderkrankenhauses im Jahr 1977, d. h., ich war knapp 10 Jahre alt. Nach einem für ein Kind recht langen Krankenhausaufenthalt von 7 Wochen zeigt mich das Bild am Tag der Entlassung aus dem Krankenhaus. Meine Eltern haben mich während des Aufenthalts jeden Tag ohne Ausnahme besucht, und sie waren immer pünktlich. Am Tag der Entlassung war ich sehr aufgeregt und erfreut. Und dann kamen meine Eltern, das erste Mal, nicht pünktlich

und es hat recht lange gedauert, bis sie kamen. Es hatte einfach Komplikationen gegeben. Ich war erschüttert: Sie kommen nicht und holen mich nicht aus dieser für mich furchtbaren Situation und Zeit im Krankenhaus heraus.

Reflexion zum Zeitpunkt des Coachings:
Der letzte Satz schildert ganz gut, wie ich mich zum Zeitpunkt des Coachings gefühlt habe. Ich fühlte mich schwach und wertlos in Bezug auf mein Arbeitsleben. Anfang bis Mitte dreißig war ich beruflich ziemlich erfolgreich. Dann, von 38 bis 43/44, also zum Zeitpunkt des Coachings, schien es nur noch bergab zu gehen. Am Tiefpunkt anscheinend angekommen, habe ich dieses Bild gemalt, und es drückt meine Situation und mein eigentliches Problem aus. Es geht mir schlecht und niemand holt mich aus dieser Situation raus und weist mir den Weg nach draußen – die Treppe runter, wo die Sonne scheint. Wo ich bin, ist es düster und kalt. Aber ich kann mich nicht selber bewegen. Ich warte auf jemand, auf andere, die mich rausholen. Das ist mir in dem Augenblick wirklich klar geworden und auch, wenn es das Problem nicht gleich löst, hilft die Erkenntnis. Ich habe etwas über mich erfahren, was mir vorher so nicht bewusst war. Ich warte manchmal auf andere, die mir aus einer Situation helfen, und ich scheine mir nicht selbst helfen zu können.

Die Zeit danach:
Neben dem Bild hat es noch eine Reihe anderer Methoden gegeben, die mir haften geblieben sind. Wir haben einmal eine Imagination gemacht mit dem Mike, so wie ich ihn damals gesehen habe, und mit dem Mike, den ich mir wünschen würde. Das war sehr stark. Ich habe auch einmal eine Art Zwiegespräch mit mir aus zwei Perspektiven geführt. Das war auch stark. Aber das gemalte Bild habe ich nie vergessen. Die Schwäche, in verfahrenen Situationen aus mir nicht genug herauszugehen und die Welt nicht ohne Angst und als Chance zu sehen, habe ich nicht vollständig auflösen können. Aber ich bin darin besser geworden. Ich mache andere nicht mehr für meine Situation verantwortlich. Ich bin jetzt ehrlich zu mir selbst und lebe nicht mehr in einer verklärten Vergangenheit. Ich kann mich mit dieser Schwäche akzeptieren und ich habe es auch geschafft, in Situationen auf andere zuzugehen, was ich früher so nicht gemacht habe. Mir ist das alles nun gut bewusst, ich kann es akzeptieren und manchmal – halt nicht immer – überwinden.

Ich bin Dir für das, was Du damals mit mir und für mich getan hast, sehr dankbar. Ich werde das niemals vergessen.

Herzliche Grüße
Mike
PS: Schmeiß die Bilder nicht weg – es kommt der Tag, da hole ich sie!«

a) Einstieg: Eine frühe biografische Szene sich spontan vor Augen führen

Bevor ich mit der Klientin biografisch arbeite, bitte ich sie dafür um Erlaubnis. Ich frage, ob sie mit damit einverstanden ist, mit mir nach Prägungen, Hinweisen oder Ressourcen aus ihrer persönliche Geschichte für ihr aktuelles Thema bzw. ihr Leben *heute* zu schauen – etwa so:

- *Würdest du damit einverstanden sein, mit mir zu schauen, wie dein Thema, das dich heute beschäftigt, durch deine Geschichte geprägt ist?*
- *Möchtest du mit mir betrachten, wie deine Biografie auf dein Thema heute wirkt?*
- *Möchtest du mit mir schauen, wie deine Geschichte auf dein Heute wirkt?*
- *Wärst du damit einverstanden, mit mir zu schauen, welche Hinweise, Botschaften oder Ressourcen wir aus deiner Geschichte für dein Thema heute erkennen können?*

Falls die Klientin einverstanden ist, lade ich sie über eine kurze Imagination ein, spontan eine Szene aus ihrer Biografie zu erinnern:

»Schließe bitte für einen Moment deine Augen … Gehe auf deiner Zeitlinie in der Zeit zurück … Schaue weit, weit zurück in deine eigene Vergangenheit … Vergegenwärtige dir jetzt eine ganz konkrete Szene aus deiner frühen Geschichte … Möglichst früh … Welche Szene aus deiner Geschichte erscheint dir wie von selbst, ganz spontan vor deinem inneren Auge? – Jetzt in diesem Moment.«

Diese erinnerte Szene ist kein *Zufall*, sondern ein *Einfall*.

b) Ein Bild zur erinnerten Szene malen

Anschließend bitte ich den Klienten, ein Bild zu dieser spontan erinnerten Szene mit Ölkreide oder Wasserfarben auf Zeichenpapier im Format DIN A3 oder A2 zu malen (zu einem Beispiel siehe Abbildung 37).

Praxisbeispiel

Kommentar Simon: »Als Junge durfte ich täglich in einem eigenen, riesigen Garten spielen. Am liebsten hütete ich das Tor und hatte ältere Vorbilder, denen ich sportlich nacheiferte. Wenn jeweils Besuch kam, mussten alle mitspielen - auch Senioren. Ich durfte enorm viel Freiheit genießen, eingebettet in ein harmonisches und naturnahes Umfeld. Dem jungen Goalie von damals will ich heute sagen: ›Du wirst gesehen, auch ohne aufzufallen‹.«

Abbildung 37:
Biografische Szene
von Simon

c) Die biografische Szene gemeinsam betrachten und erkunden

Mögliche Fragen zu dieser Reflexion wären z. B.:

- *Wo findet das statt? An welchem Ort?*
- *Wie alt bist du in der Szene?*
- *Wer ist dort noch anwesend?*
- *Was ist der inhaltliche Hauptaspekt?*
- *Welche Schlagzeile/Überschrift hat diese Szene?*
- *Wie ist die Atmosphäre/Grundstimmung dort?*
- *Was ist dein begleitendes Gefühl in dieser Szene?*
- *Welche inneren Sätze begleiten dich? Was ist dein Bedürfnis dort?*
- *Was wünschst du dir?*
- *Was fühlst du jetzt über diese Szene, während du diese betrachtest?*
- *Welche Gedanken löst sie bei dir aus?*
- *Was möchtest du den einzelnen Personen heute am liebsten sagen?*
- *Was möchtest du heute als erwachsene Frau/erwachsener Mann dem kleinen Mädchen/kleinen Jungen dort in der Szene sagen?*
- *Angenommen, das Mädchen/der Junge dort in der Szene würde dein Leben heute betrachten. Was würde das Mädchen/der Junge dazu sagen? Was würde sie/er dich fragen?*
- *Welche Botschaft möchte dir das Mädchen/der Junge dort in der Szene mit auf den Weg heute geben?*

Mögliche Fragen:

- *Welche Botschaft könnte die Erinnerung für dein Leben heute enthalten?*
- *Was hat die Erinnerung mit deiner heutigen Lebenssituation zu tun?*
- *Wie wirkt sich die Szene heute auf dich aus?*
- *Welchen Einfluss hat die Szene noch heute auf dich?*
- *Welche Parallelen mit deiner heutigen Situation siehst du in der Erinnerung?*
- *Wie ist die Szene mit deinem heutigen Leben verbunden?*
- *Wo ist das Kind heute in deinem Leben?*

e) Fähigkeiten und Ressourcen aufgreifen

Mögliche Fragen:

- *Wo ist das Zentrum der Kraft in dieser Szene?*
- *Welche Fähigkeiten hast du damals entwickelt und gezeigt?*
- *Welche Ressourcen sind dort in der Szene vorhanden?*
- *Was hast du aus dieser Szene gelernt?*
- *Wie hilft dir diese Erinnerung heute?*
- *Welche von diesen Fähigkeiten oder Ressourcen könntest du heute gebrauchen? Wofür?*

Simons Fazit aus der Bildbetrachtung und -reflexion: »Beim Betrachten stelle ich aus heutiger Perspektive fest, dass mir Werte wie Freiraum, Gemeinschaft, gute Beziehungen und die Natur sehr wichtig sind. Ich bin enorm dankbar, dass ich so aufwachsen durfte und trage viele positive Erinnerungen an meine Kindheit in mir. Der Platz, an dem ich aufwachsen durfte, war einmalig. In der Parallele zu heute verspüre ich auch einen starken Wunsch, Originalität und Freiraum zu erleben (ich bin sehr freiheitsliebend). Als Vater von drei eigenen Kindern versuche ich heute ein Umfeld zu bieten, wo sie sich frei entfalten können, Bewegung und Spaß in wertvollen Beziehungen erleben können.«

Weiteres mögliches Vorgehen im biografieorientierten Coaching

f) Damalige Antreiber, Botschaften und Entscheidungen erspüren

- *Welche Antreiber hast du damals empfangen?*

Zum Beispiel: »Sei stark!« »Streng dich an!« »Sei perfekt!« »Beeil dich!« »Sei liebenswürdig!« »Mach es mir recht!« »Sei vorsichtig!«

- *Welche* Entscheidung *hast du damals als kleines Mädchen/kleiner Junge getroffen (innerer Satz oder Glaubenssatz)?*

Beispiele: »Ich halte mich zurück, sonst werde ich ausgelacht!« »Ich muss alles geben, um Anerkennung zu erhalten!« »Ich bin vorsichtig, sonst passiert etwas Schlimmes!« »Ich muss kämpfen und mich durchsetzen, um zu bekommen, was ich will!« »Ich muss mich der Norm fügen, sonst hat mein Papa mich nicht lieb!« »Ich muss mich um meine Mama kümmern, damit sie nicht traurig ist!«

- *Welche* entwicklungsfördernden Botschaften *hast du damals als kleines Mädchen/kleiner Junge empfangen und was hast du für dich entschieden?*

Beispiele: »Ich darf glücklich sein!« »Ich darf durchatmen und mich entspannen!« »Ich darf verspielt sein!« »Ich darf für mich allein spielen « »Ich darf dazugehören und einen guten Platz in der Gemeinschaft haben!« »Ich darf den Moment genießen!«

- *Wie wirkt diese Entscheidung von damals auf dich heute? Was möchtest du heute als Erwachsener dem Kind von damals auf dem Bild sagen?*
- *Was würde das Kind dort antworten? Welche Botschaft oder welchen Hinweis würde dir das kleine Mädchen/der kleine Junge dort in der Szene für dein heutiges Leben geben?*

g) Neuentscheidung durch Erlaubnis für heute:
Die Zukunft gestaltet sich aus der Gegenwart

Mögliche Fragen:
- *Von welcher Person in dieser Szene braucht das Kind dort eine Erlaubnis? Welche Erlaubnis wäre das? (»Du darfst …!«) Wofür wäre diese Erlaubnis für dich heute wichtig? Wie würde dir das heute helfen? Was wäre dann anders?*
- *Welche Erlaubnis möchtest du heute als erwachsene Frau/erwachsener Mann dem Kind dort in der Szene geben? (»Du darfst …!«)*
- *Welche Erlaubnis möchtest du vor dem Hintergrund dieser Szene dir heute geben? (»Ich darf …!«) Welche Auswirkungen hätte diese Erlaubnis?*
- *Was möchtest du für dein Leben heute neu entscheiden? Was möchtest du bewahren? Wovon möchtest du dich verabschieden oder lösen? (»Ich darf …!«)*
- *Mit welchen Wirkungen auf dich? Mit welchen Auswirkungen in deinem Umfeld?*

Zusammengefasst könnte ein mögliches Vorgehen im biografieorientierten Coaching wie in Abbildung 38 strukturiert sein.

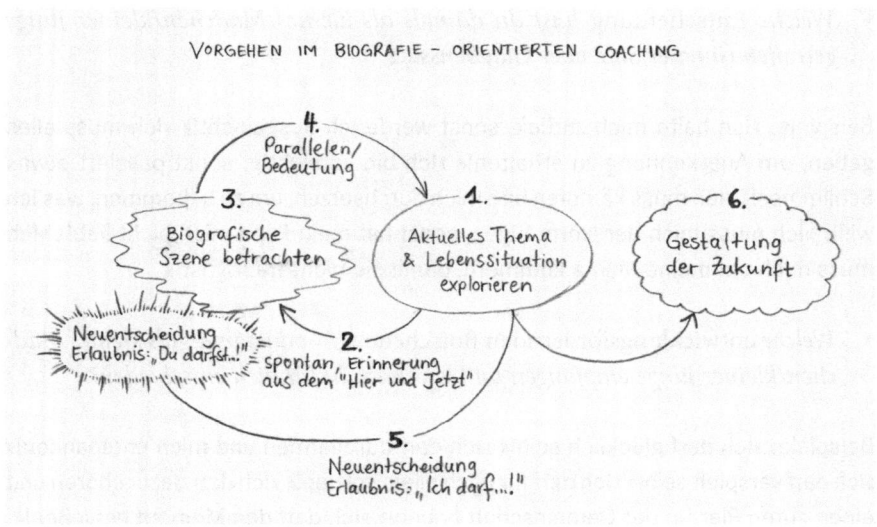

Abbildung 38: Biografieorientiertes Coaching

7.1.3 Praxisfeldstudie 1: Hinweise, Fähigkeiten und Ressourcen aus der persönlichen Lebensgeschichte für die gegenwärtige Lebenssituation einbeziehen

Daniel ist 49 Jahre alt, ledig, hat keine Kinder und lebt seit sieben Jahren mit seiner Partnerin zusammen. Er ist Geschäftsführer einer Kommunikationsagentur und seit zehn Jahren in diesem Bereich tätig. Das Coaching verlief insgesamt über einein- halb Jahre mit zwölf Sitzungen in Abständen von vier bis zehn Wochen. Aufgrund meiner Bitte schrieb Daniel mir einen Tag vor der jeweiligen Sitzung in einer E-Mail, was in ihm von der vergangenen Sitzung nachgeklungen ist, welche Einsichten er gewonnen hat und welche Themen ihn derzeit beschäftigen. Und: Was ihm sonst noch aufgefallen ist bzw. was er mir zum Vorgehen mitteilen möchte (Feedback an mich). Ich biete Daniel an, die Sitzungen mit seinem Smartphone aufzuzeichnen, wovon er auch Gebrauch macht. Im Folgenden werden Auszüge aus fünf Coaching- sitzungen nachgezeichnet.

1. Sitzung: Erste Orientierung und Auftrag klären

a) In Kontakt gehen, Anliegen und Themen für das Coaching klären

* *»Welche Themen haben dich veranlasst, hierherzukommen?«*

Erste wörtliche Äußerungen von Daniel: »Druck. Viel Druck. Nicht, was mich zieht! Ich empfinde dauernd Stress und Druck im Beruf! Ich brauche einen Kompass! Ich brauche viel Anerkennung und Energie von außen.«

* *»Angenommen, das, was wir hier zusammen machen, wäre für dich hilfreich und förderlich, woran würdest du das am Ende des Coachings merken?«*

Daniel: »Ich würde mich selbst mehr nähren. Ich würde mehr ›Mensch-Themen‹ im beruflichen Feld integrieren. Ich würde wieder mehr Sinn und Lebensfreude haben.«
Im weiteren Verlauf der Sitzung hat Daniel seine Äußerungen durch folgende Fragen noch weiter konkretisiert:

* *»Was würdest du denken?« »Wie würdest du dich dabei fühlen?« »Wo genau im Körper würdest du das spüren?« »Wie würdest du dich verhalten?« »Welche Auswirkungen hätte das auf dein Umfeld?« »Welche Auswirkungen auf deine Lebensgefährtin?«*

b) Erwartungen und Vorstellungen klären

* *»Was verstehst du unter ›Coaching‹?« »Wie stellst du dir das vor?« »Was erwartest du von mir?« »Wie oft und in welchen zeitlichen Abständen sollten wir uns sehen?« »Was sollte nicht passieren?« »Was wäre für dich hilfreich, förderlich oder unterstützend?«*

2. Sitzung: Thema »Energie und Freude«

a) In Kontakt gehen

b) Aktuelles Thema klären

* *»Welches Thema möchtest du heute hier mit mir anschauen?« »Was beschäftigt dich derzeit?«*

Daniel: »Überblick und Kompass im Leben.«

- *»Was beschäftigt dich zum Thema ›Überblick und Kompass‹ im Leben?«*

Daniel: »Mir fehlen die Energie und der Sinn im Leben. Sowohl beruflich als auch privat.«

- *»Wie erlebst du dich in den Momenten, wenn du das Gefühl hast ›Mir fehlen die Energie und der Sinn im Leben‹?« (Wichtige Intervention, da diese Frage die Generalisierung auflöst und impliziert, dass es auch andere Momente geben könnte.)*

Daniel: »Ich fühle mich müde und unter Druck.« (Daniel hat Tränen in den Augen.)

Das Problemerleben genauer betrachten
- *»Wann genau fühlst du dich müde und unter Druck?« »In welchen Momenten weniger?« »Wie häufig?« »Was passiert vorher/nachher?« »Wie ist dein Verhalten, deine Körperhaltung?« »Welche Gedanken und Gefühle begleiten dich?« »Mit welchen Auswirkungen auf dein Umfeld?« »Was denkst du in diesen Momenten über dich?« »Was fühlst du über dich?«*

d) Das erwünschte Erleben verdeutlichen
- *»Was wünschst du dir stattdessen?«*

Daniel: »Mehr Energie und Freude im Leben!« (Klar und kongruent.)

- *»Angenommen du hättest mehr Energie und Freude, woran würdest du das merken?« »Wie verhältst du dich?« »Wie ist deine Körperhaltung?« »Welche Gedanken und Gefühle begleiten dich?« »Wie wirkt sich deine Energie und Freude auf dein Umfeld aus?« »Was denkst du über dich?« »Was fühlst du über deine Energie und Freude?« (Indessen wiederhole ich seine Äußerungen und bleibe in der Gegenwart: »Du fühlst dich …« »Du denkst …«, um dieses erwünschte Erleben im Hier und Jetzt erlebbar werden zu lassen.)*
- *Skalierungsfragen zum erwünschten Erleben: »Wie ist deine Energie und Freude (deine Grundstimmung) auf einer Skala von 0 bis 10 gerade in diesem Moment?« (Den Begriff »Grundstimmung« haben wir vorher gemeinsam geklärt. Daniel geht es darum, die Grundstimmung von Energie und Freude in seiner jetzigen Lebensphase zu erhöhen. Wobei er momentane Schwankungen als natürlich empfindet.)*

Daniel: »Sechs.«

- *»Wie hoch sollte der Skalenwert mindestens sein, damit du zufrieden bist?«*

Daniel: »Sieben.«

- *Diesen Wert haben wir im weiteren Verlauf der Sitzung konkretisiert: Verhalten? Körperhaltung? Gedanken? Gefühle? Auswirkungen?*
- *Nach Ausnahmen fragen: »Gab es in deinem Leben schon Phasen, in welchen du diese erwünschte Grundstimmung erlebt hast?« (Diese Phasen haben wir gemeinsam erkundet. Insofern ist diese Ressource in der Lebensgeschichte von Daniel vorhanden.)*

Die Zuversicht für eine erwünschte Entwicklung skalieren:

- *»Wie zuversichtlich auf einer Skala 0 bis 10 bist du, dass du dich in die erwünschte Grundstimmung von ›Energie und Freude‹ entwickeln wirst?«*

Daniel: »Acht.«

- *Hier verspürte ich vor allem eine hohe Erwartungshaltung an mich: Die angenommene Erwartungshaltung von Daniel, möglichst schnell eine Lösung »zu geben«, hatte sich im weiteren Verlauf der Beratung bestätigt. Ich habe diese auch später thematisiert.*

e) Sitzung beenden

»Wie geht es dir jetzt?« »Wie hast du die Sitzung erlebt?« »Welche Einsichten hast du gewonnen?« »Was war besonders wertvoll? Was weniger?« »Was war förderlich? Was eher hinderlich?« »Gibt es etwas, das wir hätten ansprechen sollen, was wir bisher nicht besprochen haben?« »Hätte ich dich etwas fragen sollen, das ich versäumt habe zu fragen?«

3. Sitzung: Thema »Lebenspanorama«

a) In Kontakt gehen

b) Rückblick

- *»Was ist von der vergangenen Sitzung nachgeklungen?« »Wie hat sich das Thema ›Energie und Freude‹ zwischenzeitlich entwickelt?« »Inwieweit auf einer Skala von 0 bis 10 hast du Energie und Freude als alltägliche Grundstimmung schon erlebt?«*

Daniel: »Drei«

Schlüsselfrage: »Möchtest du an diesem Thema weiterarbeiten?«

Daniel: »Ja.«

c) Die aktuelle Lebenssituation über ein Bild zum Ausdruck bringen
(Lebenspanorama)

- *Hinführen zum Malen des Bildes: »Ich möchte dich einladen, dein derzeit erlebtes*
  Leben durch ein Bild sichtbar zu machen.« (Ölkreiden, Farbstifte und DIN-A3-
  Zeichenpapier liegen bereit.)

Daniel malt ein Bild (siehe Abbildung 39), während ich den Raum für ca. 20 Minuten verlasse.

Abbildung 39: Lebenspanorama von Daniel

d) Die Lebenssituation über das Bild erkunden

- *»Was ist auf dem Bild zu sehen?«*

Daniel: »Ich sehe meine wichtigsten Lebensbereiche. Ich schaue in die Zukunft mit diffusen Wünschen. Der Rahmen hält alles besser zusammen, als wenn alles herumflattert. Die Zukunft startet heute!«

- *»Wo auf dem Bild findest du Energie und Freude?«*

Daniel: »Bei meiner Lebensgefährtin. Auch zeitweise im beruflichen Bereich und hier in der Freizeit!« (Er beschreibt diese Bereiche auf dem Bild.)

- »Welche Frage beschäftigt dich zu dem Bild?«

Daniel: »Wo finde ich Sinn und Erfüllung, was macht mich lebendig?«

- »Wo auf dem Bild würdest du Sinn und Erfüllung am ehesten finden?«

Daniel: »Hier!« (Er zeigt auf den abstrakt gemalten, grün umrandeten Bereich oben in der linken Hälfte des Bildes.)

- »Könntest du diesen Bereich näher beschreiben?«

Daniel: »Bunt, organisch, kraftvoll und voller Leben, vernetzt. Attraktiv, anziehend, untrennbar.« (Er beschreibt phänomenologisch, was er auf dem Bild in diesem abstrakt gemalten Bereich sieht und was er darüber fühlt.)

- »Könntest du dich als Figur in diesen Bereich hineinstellen?«

Daniel nimmt eine Holzfigur und stellt diese in diesen Bereich.

- »Was fühlst du dort in diesem Bereich?«

Daniel: »Glück!« (Er ist sichtlich gerührt.)
Daniel wirkt ungeduldig und fragt: »Und wie komme ich dahin?«

- »Und wo siehst du auf dem Bild deinen gegenwärtigen Fokus im Leben?«

Daniel nimmt eine zweite Holzfigur und stellt diese auf eine andere Position in einen anderen – sehr konkret gemalten – Bereich des Bildes, welches auch das Symbol von »Yin und Yang« beinhaltet (siehe Abbildung 40). (Dieser *konkret* gemalte Bereich scheint den gegenwärtigen Fokus in seinem Leben zu symbolisieren. Dagegen der *abstrakt* gemalte Bereich die erwünschte Zukunft mit der Frage: »Wie komme ich dahin?«)

Abbildung 40: Holzfiguren auf Daniels Lebenspanorama

Erläuterung: Die obere Figur steht für »Glück« und die untere Figur für den »gegenwärtigen Fokus im Leben«.

e) Abschlussintervention

- *»Welche Frage könnte die Person (Position ›Gegenwärtiger Fokus im Leben‹) an die Person (Position ›Glück‹) haben?«*

Daniel: »Wie kann ich zu dir kommen? Wie kann ich zu dir werden? Wo kann ich dich finden?«

- *»Was antwortet die Person (Position ›Glück‹) der anderen Person (Position ›Gegenwärtiger Fokus im Leben‹)?«*

Daniel: »Lebe spontan! Genieße den Augenblick und die kleinen Geschenke im Leben! Schätze deine Beziehungen! Suche nicht im Abstrakten, sondern im Konkreten!« (Daniel bezieht sich auf das Bild und somit auf seine aktuelle Lebenssituation. Das scheint eine Schlüsselerkenntnis zu sein: Sein Glück in Momenten seines gegenwärtigen Lebens zu finden.)

- *Frage nach Ausnahmen: »Wo machst du das schon heute – sowohl beruflich als auch privat?«*

Daniel beschreibt solche Bereiche im Bild.

- *»Welche Bereiche in deinem Leben sind für dich besonders nährend?«*

Daniel scheint überrascht zu sein, dass ich sein Bedürfnis aus der ersten Sitzung plötzlich erwähne und hier einbringe, und er zeigt auf seine Lebensgefährtin.

* *»Wo nährst du dich selbst?«*

Daniel zeigt auf einen Bereich in der rechten Hälfte des Bildes, wo er allein unter einem Baum im Liegestuhl ein Buch liest

f) Sitzung beenden

4. Sitzung: Das aktuelle Thema mit der Biografie verbinden

a) In Kontakt gehen

b) Rückblick
* *»Was ist von der vergangenen Sitzung nachgeklungen?« »Wie hat sich das Thema ›Energie und Freude‹ zwischenzeitlich entwickelt?« »Was ist dir aufgefallen?« »Was hat sich verändert?« »Inwieweit auf einer Skala von 0 bis 10 konntest du Energie und Freude als alltägliche Grundstimmung schon erleben?«*

Daniel: »Zwischen vier und fünf«

c) Thema definieren
* *»Was ist dir heute wichtig?« »An welchem Thema möchtest du heute arbeiten?«*

Daniel: »Das Thema ›Sinn und Erfüllung‹ ist noch ziemlich nachgeklungen!«

* *»Wie ist das Thema in dir nachgeklungen?« »Woran konntest du das merken?« (Im weiteren Verlauf folgen Fragen nach Gedanken, Gefühlen, Körperereignissen, inneren Bildern oder Vorstellungen.)*
* *»Gibt es Ereignisse in deinem Leben, in welchen du Sinn und Erfüllung finden konntest?« (Frage nach Ressourcen aus der persönlichen Lebensgeschichte.)*

Daniel: »Ja!«

* *»Möchtest du diese mit mir anschauen?«*

Daniel: »Ja!«

- *»Wo auf deinem Bild findest du am ehesten Sinn und Erfüllung?« (Das Lebens-panorama aus der dritten Sitzung liegt ausgebreitet vor Daniel.)*

Daniel: »Hier!« (Daniel zeigt wie in der dritten Sitzung auf den abstrakt gemalten, grün umrandeten Bereich oben in der linken Hälfte des Lebenspanoramas).

- *»Könntest du diesen Bereich beschreiben?« (Gleiche Frage wie in der dritten Sitzung, um das Erleben zu verankern.)*

Daniel beschreibt phänomenologisch, was er dort sieht.

- *»Könntest du dich als Figur in diesen Bereich hineinstellen?«*

Daniel nimmt eine Holzfigur und stellt sie in diesen Bereich.

- *»Was fühlst du in diesem Bereich?« (Gleiche Frage wie in der dritten Sitzung, um das Erleben zu verankern.)*

Daniel: »Glück!« (Daniel scheint ungeduldig zu werden, da wir ja schon in der dritten Sitzung an diesem Punkt waren.)

- *Schlüsselfrage zur Konkretisierung: »Wie fühlst du dort Glück in dir?«*

Daniel: »Ich bin zentriert, ich habe meinen eigenen Rhythmus, fühle mich nicht getrieben, ich habe ein angemessenes Tempo. Ich bin mein authentisches Selbst!«

- *Schlüsselfrage: »Was fühlst du über dieses Gefühl?«*

Daniel: »Ich fühle Selbstliebe. Ich kann mich annehmen.« (Auf den Begriff »Selbst-liebe« bin ich nicht eingegangen. Die Frage hätte sein können: »Wie liebst du dich dann mehr selbst?« Oder: »Woran würdest du merken, dass du dich selbst mehr liebst?«)

- *»Hättest du Interesse zu schauen, welche Hinweise aus deiner Biografie wir zu diesem Thema erhalten?«*

Daniel: »Ja.«

Intervention: »Bleibe bei diesem Gefühl (Ich weise auf die Figur auf dem Bild) und gehe zurück in der Geschichte deines Lebens ... Welche Szene oder welches Ereignis taucht wie von selbst vor deinem inneren Auge ganz spontan auf, wo du das erlebst und fühlst:)Ich bin zentriert, ich habe meinen eigenen Rhythmus, ich habe ein angemessenes Tempo. Ich bin mein authentisches Selbst, ich nehme mich an, ich fühle Selbstliebe(? – Bitte male ein Bild zu diesem Ereignis!« (Ölkreiden, Farbstifte und DIN-A3-Zeichenpapier liegen bereit.)

Daniel malt ein Bild (siehe Abbildung 41), während ich den Raum für ca. 20 Minuten verlasse.

Abbildung 41: Biografische Szenen von Daniel

Erläuterung: Daniel malt zwei Szenen: Links eine Szene als Jugendlicher mit Freunden – entspannt, ruhig, achtsam, behutsam, zwanglos sitzend um ein Lagerfeuer, mitten in der Natur. Rechts eine Szene als Jugendlicher mit seiner Freundin – beieinanderliegend auf einer Wiese, schweigend in den Himmel schauend, mitten in der Natur. Das schwarze Moped in der Bildmitte hat für beide Szenen eine Bedeutung (»Freiheit«).

- *Im weiteren Verlauf arbeiten wir gemeinsam heraus, was dort geschieht und wie er diese Ressourcen in seinem Leben heute verwirklichen kann.*

Dabei ist Daniel sichtlich berührt. Ihm fallen viele Möglichkeiten ein: z. B. beruflich enger mit seinen Kollegen zu arbeiten und dies zu genießen, die menschlichen

Aspekte auch beim Kunden und Mandanten stärker einzubringen oder mit einer sehr guten Bekannten nach Jahren wieder Kontakt aufnehmen und mit ihr sprechen. Wichtige Erkenntnis ist auch, dass er das Glück mit der damaligen Freundin wie auf dem Bild derzeit mit seiner Lebensgefährtin nicht findet. Ihm ist jetzt bewusst, was ihm in der Beziehung heute fehlt.

- *Schlüsselfrage: »Wie hängen die Themen ›Energie und Freude‹, ›Sinn und Erfüllung‹ sowie ›Selbstliebe‹ für dich zusammen?«*

Daniel: »Ich erhalte Energie und Freude in meinem Leben durch Sinn und Erfüllung und fühle dann Selbstliebe!«

e) Sitzung beenden

5. Sitzung: Reflexion und Abschluss

a) In Kontakt gehen

b) Rückblick
- *»Was ist von der vergangenen Sitzung nachgeklungen?« »Wie hat sich das Thema ›Energie und Freude durch Sinn und Erfüllung‹ entwickelt?« »Was ist dir aufgefallen?« »Was hat sich verändert?« »Inwieweit auf einer Skala von 0 bis 10 konntest du ›Energie und Freude‹ als alltägliche Grundstimmung schon erleben?«*

Daniel: »Eher schwankend: Zeitweise drei und zeitweise acht!« (Im Verlauf haben wir herausgearbeitet, bei welchen konkreten beruflichen und privaten Ereignissen er mehr und bei welchen er weniger ›Energie und Freude‹ erlebt, bei welchen Ereignissen sein Leben sinnvoll und erfüllt ist.)

- *»Wie zufrieden bist du insgesamt auch mit diesen Schwankungen auf einer Skala von 0 bis 10?«*

Daniel: »Sieben.« Er äußert, dass er die Einsicht gewonnen hat, worauf es ihm in seinem Leben ankommt, was ihm wichtig ist und wo er Energie und Freude durch Sinn und Erfüllung findet und was das für ihn konkret bedeutet: z. B. gute und ehrliche zwischenmenschliche Kontakte – beruflich und privat, allein in der Natur sein und andere Ereignisse und Erlebnisse. Er möchte mehr sortieren und bewusster entscheiden und gestalten.

c) Offene Themen klären

- *»Was würdest du noch mit mir anschauen wollen?«*

Daniel: »Für mich ist es erst mal gut.«

- *»Wie sieht es mit dem Thema ›Sich selbst nähren‹ aus?«*

Daniel: »Erst mal gut. Mir ist bewusst geworden, was ich dafür tun kann.«

- *»Was könnte dich daran hindern, das zu tun?« (Im weiteren Verlauf der Sitzung arbeiten wir mögliche Hindernisse und mögliche Umgangsweisen damit heraus.)*

d) Den Coachingprozess reflektieren und Erkenntnisse integrieren

- *»Wie hast du das Coaching erlebt?« »Welche Einsichten und Erkenntnisse hast du gewonnen?« »Was hast du über dich gelernt?« »Was war besonders wertvoll?« »Was weniger?« »Was möchtest du noch mitteilen?«*

e) Abschluss

Nachklang und Reflexion

Ich spürte zu Beginn des Coachings eine eher prüfende Haltung Daniels in der Frage, inwieweit das Coaching für ihn nützlich sein könnte, begleitet von Ungeduld. Gleichzeitig ließ er sich intensiv auf unser Vorgehen ein mit dem Wissen, dass nur durch diesen Weg etwas Wertvolles für ihn entwickelt werden könnte. So waren aus meiner Sicht in den ersten Sitzungen vor allem zwei Seiten Daniels beteiligt: Zum einen eine ungeduldige, prüfende und beobachtende Seite sowie zum anderen eine bedürftige, suchende und sich einlassende Seite.

Ich verspürte einen »Erfolgsdruck« in mir, den ich aber wohl wieder zur Seite legen und beruhigen konnte. Diesen spürbaren Erfolgsdruck habe ich in einem für mich stimmigen Moment im Coaching angesprochen und thematisiert. Daniel konnte diese Seite an sich bestätigen und fühlte sich durch mein Feedback deutlicher gesehen. Gemeinsam haben wir besprochen, was die Seite wohl braucht, damit diese sich beruhigen kann. Diese Seite löst anscheinend beruflich auch bei ihm einen immensen Druck aus. Ich fühlte mich erleichtert und gelöst, dass wir gemeinsam diese Seite besprochen und auch für ihn einen Umgang mit dieser erarbeiten konnten.

Daniel schien zunächst sehr ambivalent den analogen Methoden gegenüber zu sein. Er zeigte zunächst »Widerwillen«, sich auf das Malen einzulassen. Andererseits spürte ich auch, dass eine Seite in ihm bereit war, sich damit zu befassen. Dadurch fühlte ich mich eingeladen, ihn stärker zum Malen zu ermutigen, worüber ich im Nachhinein froh bin: Er war sehr überrascht, welche Erkenntnisse er aus dem Analogen für sich gewinnen konnte. Vor allem die biografischen Szenen haben bei ihm einen bleibenden Eindruck bewirkt. Zwei Monate nach unserem Coaching hat er mir Folgendes geschrieben: »Weiterhin Kraftquellen sind die beiden Bilder aus meiner Jugend: Feuerstelle mit Freunden im ›Blumental‹ und in der Waldlichtung mit meiner damaligen Freundin […].«

Ich bin dankbar, dass wir mit bildhaft-analogen Methoden gearbeitet sowie seine Biografie als wesentliche Ressource betrachtet haben, wodurch weitreichende Einsichten und ganz konkrete Lösungen möglich wurden.

7.1.4 Praxisfeldstudie 2: Biografische Prägungen erkennen und Neuentscheidungen auf den Weg bringen

Kevin ist 41 Jahre alt, verheiratet und hatte zur Zeit des Coachings noch keine Kinder. Er war sechs Jahre regionaler Verkaufsleiter in einem international tätigen Unternehmen. Zu Beginn des Coachings ist er seit einem halben Jahr als Bereichsleiter mit ungefähr fünfzig Mitarbeitenden in der IT-Branche tätig. Das Coaching verlief insgesamt über sieben Monate mit fünf Sitzungen in Abständen von vier bis acht Wochen. Im Folgenden sind Auszüge mit den wesentlichen Momenten aus den fünf Coachingsitzungen wiedergegeben:

1. Sitzung: Orientierung und Auftrag klären

a) In Kontakt gehen, Anliegen und Themen für das Coaching klären

* *»Welche Themen haben Sie veranlasst, hierher zu kommen?« »Welche Themen möchten Sie mit mir betrachten und besprechen?«*

Kevin: »Ich habe die Befürchtung, dass mir die neue Position über den Kopf wächst. Ich möchte die Bodenhaftung wiedergewinnen. Loslassen, Luft wieder rauslassen. Ich suche die Wertschätzung meines Chefs.«

* *»Angenommen, das Coaching wäre für Sie hilfreich und förderlich, woran würden Sie das am Ende unserer Zusammenarbeit merken?«*

Kevin: »Ich würde mehr Wertschätzung *in mir* fühlen. Ich würde mehr Bodenhaftung spüren. Ich hätte einen Überblick in meinem beruflichen und privaten Feld.« Im weiteren Verlauf der Sitzung wurden diese Äußerungen durch Fragen noch weiter konkretisiert:

- *»Wo genau im Körper würden Sie mehr Wertschätzung fühlen?« »Was würden Sie dann denken?« »Wie würden Sie sich verhalten mit dem Gefühl von mehr Wertschätzung?« »Wo genau würden Sie mehr Bodenhaftung spüren?« »Wie würden Sie sich dabei fühlen, wenn Sie mehr Bodenhaftung spüren?« »Welche Auswirkungen hätte das auf Ihre Wahrnehmung?« »Welche Auswirkungen hätte das auf Ihr berufliches und privates Umfeld?« »Was würden Sie erkennen, wenn Sie Ihr berufliches und privates Feld überblicken würden?«*
- *»Welche Auswirkungen hätten diese Veränderungen auf Ihre Frau?«* (Das schien noch ein weiterer Schlüssel zu sein: Kevin äußert, dass eigentlich seine Frau ihn bewogen hat, das Coaching bei mir anzufragen!)

b) Erwartungen und Vorstellungen klären

- *»Was verstehen Sie unter ›Coaching‹?« »Wie stellen Sie sich das methodisch vor?« »Was erwarten Sie von mir?« »Wie oft und in welchen zeitlichen Abständen?« »Was sollte nicht passieren?« »Was wäre für Sie hilfreich, förderlich oder unterstützend?«*

2. Sitzung: Thema »Chef und Wertschätzung«

a) Das aktuelle Thema benennen

- *»Was von der vergangenen Sitzung ist nachgeklungen?« »Welches Thema möchten Sie heute hier mit mir anschauen?« »Was beschäftigt Sie derzeit?«*

Kevin: »Mein Thema ist ›Chef und Wertschätzung‹.«

- *»Was beschäftigt Sie zum Thema ›Chef und Wertschätzung‹?«*

Kevin: »Wenn ich von meinem Chef nicht wahrgenommen werde, suche ich die Bestätigung bei meinen Kollegen, dass mein Weg richtig ist. Ich rede dann viel rum, sobald ein Hindernis kommt.«

- *»Wie erleben Sie sich dann?«*

Kevin: »Ich verliere dann die Gelassenheit, die Ruhe, meine Souveränität. Ich weiß nicht mehr weiter, mir kommt dann der Blutdruck in den Nacken.«

- *Pause: Ich schaue Kevin ruhig an und lade ihn ohne Worte ein, sein Erleben in dieser Situation im Dort und Dann weiter zu beschreiben.*

Kevin: »Ich werde aggressiv! Ich werde verbissen in meinem Ausdruck! Ich verliere die Bodenhaftung!« (Hier wird deutlich, dass die Ziele des Coachings eng mit dem Thema »nicht wahrgenommen werden« bzw. »fehlende Wertschätzung« verbunden sind.)

- *»Wenn Sie sich nicht von ihrem Chef wahrgenommen fühlen und seine Wertschätzung nicht empfinden, was fühlen und empfinden Sie dann?«*

Kevin: »Ich fühle mich abgewiesen!«

b) Das erwünschte Erleben und Verhalten verdeutlichen

- *»Angenommen, Sie hätten Ihr Problem gelöst und würden sich auf erwünschte Weise erleben und verhalten, woran würden Sie das merken? Wie würden Sie sich erleben und verhalten?«*

Kevin: »Ich würde mich gelassener, entspannter fühlen. Souveräner!«

- *»Sie fühlen sich gelassen, entspannt, souverän!« (Durch die Wiederholung der Antworten des Klienten in der Gegenwartsform wird der Klient eingeladen, das Erwünschte im Hier und Jetzt spürbarer zu erleben. In der Hypnotherapie wird dieses Verfahren als »Einstreutechnik« bezeichnet.)*
- *Zusätzliche Fragen, um das erwünschte Muster genauer zu erkunden: »Was würden Sie denken, wenn Sie sich gelassen, entspannt, souverän fühlen?« »Wie würden Sie sich verhalten?« »Wie wäre Ihre Körperhaltung und Ihr Körpererleben?« (Auch hier teils Wiederholung der Antworten des Klienten in der Gegenwartsform, um das erwünschte Erleben im Hier und Jetzt erlebbar werden zu lassen.)*

c) Nach Ausnahmen fragen

- *»Gab es schon Momente, in welchen Sie sich gelassen, entspannt, souverän erlebt haben, obwohl Sie sich von Ihrem Chef nicht wahrgenommen fühlten bzw. seine Wertschätzung nicht empfinden konnten?« (Durch diese Formulierung der Frage vermeide ich Kevins Zuschreibung, dass er generell von seinem Chef nicht* wertgeschätzt wird. Aus dem bisherigen Verlauf des Gespräches konnte ich entnehmen, dass Kevin die Wertschätzung des Chefs in bestimmten Situationen sehr wohl erkennt und empfindet.)

Kevin: »Das ist für mich echt schwierig!«

- »Gab es denn schon Momente in ihrem Leben, in welchen Sie sich gelassen, entspannt, souverän erlebt haben, obwohl Sie sich von einem anderen Menschen nicht wahrgenommen fühlten und seine Wertschätzung nicht empfinden konnten?« (Anschließend habe ich die Unterschiede zwischen den anderen Menschen und dem Chef erfragt, wodurch für Kevin das Besondere des Chefs und seiner Beziehung zu ihm deutlich wurde.)

d) Die Zuversicht für das Erwünschte einschätzen

- »Wie zuversichtlich auf einer Skala von 0 bis 10 sind Sie, dass Sie das erwünschte Muster ›Sich gelassen, entspannt, souverän fühlen‹, obwohl Sie sich von ihrem Chef abgewiesen fühlen‹ beherzigen werden?« (Kevin war damit einverstanden, dass wir für »nicht wahrgenommen fühlen und Wertschätzung nicht empfinden« auch »abgewiesen fühlen« verwenden können. Der Begriff »beherzigen« kam mir intuitiv in den Sinn und sprach Kevin anscheinend sehr an.)

Kevin: »Sechs.«

3. Sitzung: Thema »Einen erwünschten Umgang mit dem Chef finden«

a) Rückblick

- »Was ist von der vergangenen Sitzung nachgeklungen?« »Wie hat sich das Thema ›Chef und Wertschätzung‹ zwischenzeitlich entwickelt?« »Inwieweit auf einer Skala von 0 bis 10 haben Sie Ihr erwünschtes Muster ›Sich gelassen, entspannt, souverän fühlen, obwohl Sie sich von ihm abgewiesen fühlen‹ schon beherzigt?«

Kevin: »Vier.«

- Schlüsselfrage. »Wie viel Wertschätzung haben Sie Ihrem Chef gegenüber?« (Kevin schaut mich erstaunt an und schweigt. Hier wird anscheinend bei ihm ein biografisches Thema berührt. Ich entscheide mich, hier noch nicht darauf einzugehen.)

b) Thema benennen

- *»Welches Thema möchten Sie heute mit mir anschauen?« »Was beschäftigt Sie?«*

Kevin: »Ich möchte noch weiter am Thema ›Umgang mit dem Chef‹ arbeiten.«

- *»Welche Frage haben Sie zu diesem Thema?«*

Kevin: »Wie kann ich *in konkreten Situationen* das erwünschte Muster noch mehr beherzigen? Wie kann ich konstruktiv mit meinem Chef umgehen?«

c) Konkrete Szene über ein Bild zum Ausdruck bringen

- *Hinführen zu einer konkreten Szene: »Schließen Sie bitte für einen kurzen Moment Ihre Augen. Welche konkrete Szene mit Ihrem Chef schwebt Ihnen gerade vor?/ Welche konkrete Szene mit Ihrem Chef taucht vor Ihrem inneren Auge plötzlich auf?«*
- *Nach einer kurzen Pause: »Durch welches Bild wird diese konkrete Szene am ehesten zum Ausdruck gebracht?« (Ölkreiden, Farbstifte und DIN-A3-Zeichenpapier liegen bereit, Kevin malt ein Bild – siehe Abbildung 42 –, während ich den Raum für ca. 20 Minuten verlasse.)*

Abbildung 42: Eine von Kevin gemalte, als problematisch empfundene Situation mit seinem Chef

d) Konkrete Szene über das Bild besprechen

- *Frage zum Bild: »Was geschieht dort?« (Durch die Formulierung der Frage mit »dort« lade ich Kevin ein, sich von der im Bild sichtbaren Szene zu dissoziieren und eine Beobachterperspektive einzunehmen. Kevin steigt jedoch direkt emotional in die Szene ein.)*

Kevin: »Ich fühle mich unsicher, weil ich definitiv Angst habe vor diesem Nein! Ich habe Angst, nicht ernst genommen zu werden! Angst vor dem Versagen und nicht die Erwartungen zu erfüllen! Ich möchte, dass *er* mich gut findet!«

- *An dieser Stelle schaue ich Kevin an und wiederhole. »Dass er Sie gut findet!« (Hier scheint sich die Biografie von Kevin zu öffnen, die ich später einbeziehen werde.)*

Kevin: »Ich möchte eine *Frontalkollision* vermeiden!« (Der Begriff »Frontalkollision« scheint auch biografisch begründet zu sein.)

- *Zirkuläre Frage und Perspektivenwechsel: »Wie nimmt der Chef sein Gegenüber dort in der Szene wahr?«*

Kevin: »Klein, *wie einen kleinen Jungen,* den man nicht ernst nehmen kann. Nicht einzuordnen, wirsch und bedeutungslos. Wie ein leises Rauschen. Die Frage: ›Was will der von mir?‹«

- *»Wie alt wirkt die Person dort?« (Ich deute auf Kevin im Bild hin.)*

Kevin antwortet, ohne zu zögern: »Acht oder neun Jahre alt!«

e) Abschlussintervention

- *»Was könnte die Person auf dem Bild in dieser Situation wohl gebrauchen?« (Ich deute wieder auf Kevin im Bild hin.)*

Pause: Kevin betrachtet sich dort in der Situation auf dem Bild und wirkt nachdenklich.

- *»Angenommen, Sie würden diese Person auf dem Bild dort beraten, was würden Sie ihr sagen?«*

Kevin bezieht sich auf das Bild und somit auf die konkrete Situation: »Gehe von der Heizung weg und setze dich auf einen Stuhl. Gewinne *Bodenhaftung* mit den Füßen. Achte auf deine Körperhaltung und mach dich nicht klein. Spreche deutlich und klar. Sage, was du willst. Bereite das Gespräch gut vor und mache vorher einen Termin. Gehe offen in das Gespräch, und ein ›Nein‹ bedeutet keine persönliche Ablehnung!«

4. Sitzung: Das aktuelle Thema mit der Biografie verbinden

a) Rückblick

- *»Was ist von der vergangenen Sitzung nachgeklungen?« »Wie hat sich das Thema ›Konstruktiver Umgang mit dem Chef‹ zwischenzeitlich entwickelt?« »Was ist Ihnen aufgefallen?« »Was hat sich verändert?«*
- *Skalierungsfrage: »Wie zufrieden sind Sie mit dem Umgang mit Ihrem Chef auf einer Skala von 0 bis 10?«*

Kevin: »Sechs.«

b) Thema benennen

- *»Was ist Ihnen heute wichtig? An welchem Thema möchten Sie mit mir arbeiten?«*

Kevin: »Das Thema ›Wertschätzung‹ lässt mich einfach nicht los!«

- *Schlüsselfrage: »Seit wann lässt Sie das Thema ›Wertschätzung‹ nicht los?« (Hinführung zur Biografie.)*

Kevin: »Eigentlich habe ich das schon immer!«

- *»Schon immer? Seit wann genau?«*

Kevin: »Seit meiner Kindheit?«

- *»Möchten Sie mit mir das Thema anschauen?«*

Kevin: »Ja, was bleibt mir anderes übrig?«

- *»Zum Beispiel, dass wir weiter an aktuellen Situationen arbeiten, ohne Ihre dahinterliegende Geschichte zu betrachten.«*

Kevin: »Nein, nein. Ich möchte schon dahinschauen!«

c) Gemeinsam die Biografie betrachten (Arbeit mit dem Leeren Stuhl)

- *»Schließen Sie bitte für einen kurzen Moment Ihre Augen. Gehen Sie zurück in Ihrer eigenen Geschichte. Mit wem verbinden Sie das Thema ›Wertschätzung‹? Von wem haben Sie sich Wertschätzung gewünscht? Von wem wünschten Sie sich, wahrgenommen zu werden?«*

Kevin öffnet seine Augen und äußert sehr spontan und direkt: »Von meinem Vater!«

- »Möchten Sie, dass wir uns Ihre Beziehung zu Ihrem Vater genauer anschauen?«

Kevin: »Ja.«

- Im weiteren Verlauf arbeiten wir mit dem Leeren Stuhl.

Kevin stellt gesondert zwei Stühle (einen für sich und einen für seinen Vater) im Raum in Beziehung zueinander und in Beziehung zu dem Stuhl, auf dem er während des Coachings als Klient sitzt (Metaposition) (siehe Abbildung 43). Auffällig ist, dass Kevin den Stuhl für die Position seines Vaters an den Schreibtisch im Raum positioniert, abgewandt von seinem Sohn.

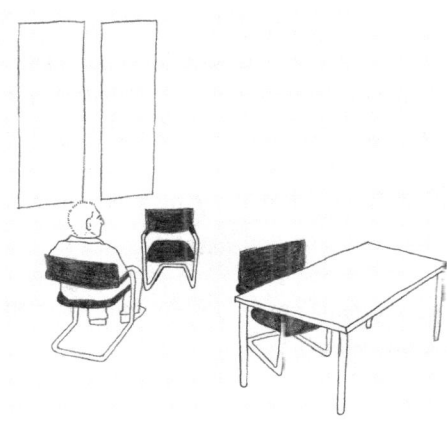

Abbildung 43: Kevins Anordnung der Stühle analog der erlebten Beziehung zwischen ihm und seinem Vater

Bemerkenswert ist, dass Kevin schon in der dritten Sitzung diese Position – sicher nicht bewusst – auf seinem Bild rechts unten im grünen Bereich aufgeführt hat (siehe Abbildung 42, S. 248). Auf dem Bild sitzt ebenfalls eine Person an einem Tisch, die Kevin abgewandt ist. Diese Person ist durch eine gestrichelte Linie abgegrenzt und scheint somit nicht unmittelbar physisch in der Szene mit seinem Chef anwesend zu sein, sondern im Hintergrund. Gleichzeitig hebt sich farblich dieser Bereich (grün) von der Szene mit dem Chef (lila) deutlich ab. Auf dem Bild scheint Kevin auch in Richtung Person am Tisch zum grünen Bereich zu schauen und nicht Richtung Chef zum lila Bereich. Aus diesem offensichtlichen Zusammenhang bietet sich folgende Frage an: Wirkt die Beziehungsdynamik zwischen Kevin und seinem Vater im Hintergrund der Beziehung zu seinem Chef?

- *Ich bitte Kevin, sich auf den Stuhl zu setzen, der ihn in Beziehung zu seinem Vater symbolisiert, und frage: »Wie fühlen Sie sich? Was denken Sie? Was empfinden Sie körperlich? Wie ist Ihre Körperhaltung? Was möchten Sie Ihrem Vater sagen?«*

Kevin: »Ich fühle mich nicht gesehen, abgewiesen. Mein Vater interessiert sich nicht für mich, sondern nur für seine Dinge. Ich bin ihm nur wichtig, wenn ich etwas Besonderes leiste, der Beste bin. Ich kann ihm nichts sagen, weil er mir eh nicht zuhört!«

Kevin nimmt die Perspektive des Vaters auf dem entsprechenden Stuhl ein. Spricht aus dieser Perspektive zu dem Stuhl, welcher Kevin in Beziehung zu seinem Vater symbolisiert. Kevin wechselt häufiger die Perspektiven, sodass im weiteren Verlauf ein Dialog entsteht, wobei der »Vater« wenig zugänglich, desinteressiert und abweisend wirkt. Es scheint, als ob er in seiner eigenen Welt leben würde. Kevin ist währenddessen emotional sehr beteiligt. Dem »Vater« fällt es sichtlich schwer, seinen Sohn (Kevin) direkt anzusprechen. Hier bin ich in der Rolle als »Kevins Coach« ins Gespräch mit dem »Vater« gegangen. Ich habe ihn nach seinem Leben und seiner Geschichte gefragt. Der »Vater« wurde mit der Zeit ungeduldig, sodass ich ihn wieder am Schreibtisch arbeiten gelassen habe. Abschließend nimmt Kevin wieder seine ursprüngliche Position auf seinem Stuhl (Metaposition) ein, betrachtet schweigend die Beziehung zwischen sich und seinem Vater angesichts der beiden in Beziehung gesetzten Stühle.

- *Jetzt bringe ich den Chef ins Spiel: »Wo im Raum in Beziehung zu Ihnen und Ihrem Vater würde Ihr Chef am ehesten sein?«*

Kevin zeigt spontan oben links in die Ecke vor dem Fenster des Raumes. Dort platziert Kevin also den Chefstuhl hin (Abbildung 44).

Abbildung 44: Kevins innere Vorstellung der Beziehungen zwischen Kevin–Vater–Chef

Erläuterung: Vorne links auf dem Stuhl sitzt Kevin und positioniert in seiner Vorstellung die anderen Personen in den Raum: Sich in Beziehung zu seinem Vater auf den Stuhl in der Mitte, rechts seinen Vater sitzend am Schreibtisch und oben links seinen Chef hinter einem Schreibtisch vor dem Fenster.

- *Zirkuläre Schlüsselfrage: »Was würde Ihr Vater zu Ihrer Beziehung mit Ihrem Chef sagen?« (Kevin scheint über diese Frage überrascht zu sein.)*

Kevin setzt sich auf den Stuhl des Vaters und schaut zu seinem Stuhl (Position Kevins in Beziehung zu seinem Vater) und anschließend auf die Position des Chefs und antwortet: »Du musst seinen Job haben. Setze dich durch. Du musst immer der Erste sein!« Anschließend setzt sich Kevin wieder auf seinen Stuhl als Klient im Coaching (Metapostion).

- *»Was fühlen Sie jetzt gegenüber Ihrem Chef?«*

Kevin: »Ich habe irgendwie ein schlechtes Gewissen. Der ist nicht wie mein Vater. Ganz im Gegenteil. Mir ist gerade so viel klar geworden!« (Er ist sichtlich sehr berührt.)

5. Sitzung: Reflexion und Abschluss

a) Rückblick

- *»Was ist von der vergangenen Sitzung nachgeklungen? Wie hat sich das Thema mit Ihrem Chef entwickelt? Was ist Ihnen aufgefallen? Was hat sich verändert?«*
- *Skalierungsfrage: »Wie zufrieden sind Sie mit der Beziehung zu Ihrem Chef auf einer Skala von 0 bis 10?«*

Kevin: »Acht.«

- *»Wie zufrieden sind Sie mit dem Wert ›Acht‹?«*

Kevin: »Sehr!«

Er äußert, dass er sehr erstaunt darüber ist, was während und nach der vergangenen Sitzung geschehen ist. Es hat »klick« gemacht und die Beziehung zu seinem Chef hat sich »ohne Wollen« und wie von selbst verändert. Die Beziehung ist leichter, entspannter und »mehr auf Augenhöhe«. Auch die Beziehung zu seinem Vater habe sich merklich verändert. Kevin und seine Frau erwarten ein Kind – die Angst vor einem »Nein« ist verschwunden. Ich hatte den Eindruck, dass er seinem Vater erwachsener begegnet, wohlwollender und somit auch seinem Chef.

b) Offene Themen klären

* »Was würden Sie noch besprechen wollen?«

Kevin: »Für mich ist es erst mal gut.«

* »Wie sieht es mit dem Thema Überblick im beruflichen und privaten Feld aus?«

Kevin: »Erst mal gut.«

Nachklang und Reflexion

Kevin konnte von Beginn eine vertrauensvolle Beziehung zu mir aufbauen. Diese tragfähige Beziehung war sicher das Fundament dafür, dass wir gemeinsam seine Biografie in dieser Intensität betrachten und methodisch auf diese Weise mit dem »Leeren Stuhl« arbeiten konnten. Kevin hat während des »Dialoges« mit seinem Vater erkannt, wie sehr er seit seiner Kindheit die Wertschätzung seines Vaters gebraucht und vergebens gesucht hat, wodurch er sich häufig gekränkt und verzweifelt fühlte. Gleichzeitig erlebte er seinen Vater als sehr streng und leistungsorientiert. Er wurde von ihm auch körperlich bestraft. Trost erhielt er bei seiner Mutter. Im beruflichen Feld übertrug er diese Suche nach Wertschätzung bzw. diese »offene Gestalt« auf die Beziehung zu seinem Chef mit dem hiermit verbundenen Erleben aus der Zeit seiner Kindheit.

Gleichzeitig wirkten verinnerlichte Botschaften seines Vaters wie »Sei stark!« oder »Setze dich durch!«. Diese Botschaften galten auch seinem Chef gegenüber. Kevin fühlte sich innerlich getrieben – und zwar nicht bewusst –, seinen Chef von seiner Funktion zu verdrängen, begleitet durch die Tendenz, ihn massiv abzuwerten.

Kevin ist sich dieses Spannungsfeldes augenblicklich bewusst geworden:
* Einerseits die empfindliche Suche nach Wertschätzung durch seinen Chef – mit der Tendenz zur Regression, wenn er sich abgewiesen fühlte.
* Andererseits die Tendenz, den Chef abzuwerten und ihn von seinem »Stuhl« verdrängen zu wollen.

Für mich war es besonders aufschlussreich, dass durch das Betrachten seiner persönlichen Geschichte mit seinem Vater Kevins Haltung zu seinem Chef sich merklich und für ihn selbst überraschend gewandelt hat. Hier fühle ich mich in meiner Überzeugung bestärkt, wie sehr wir durch unsere (erinnerte) Biografie geprägt sind und dass diese ein wesentlicher Ansatzpunkt für einen umfassenden Wandel (kognitiv, emotional und körperlich) darstellt.

Überrascht hat mich die Äußerung, dass seine Frau ihn bewogen hat, ein Coaching in Anspruch zu nehmen. An dieser Stelle hätte ich durch Nachfragen vertiefter auf diese Äußerung eingehen können. Gegebenenfalls hätte sich noch ein weiteres Thema, »Beziehung zu seiner Frau«, herausgestellt. Jedoch hätten wir hierfür den Auftrag neu klären müssen.

Insgesamt fühlte ich mich in der Beziehung zu Kevin wohl. Kevin war sehr dankbar und mir gegenüber »wertschätzend«. Bei der Anwendung von analogen Methoden hatte ich keine Hemmungen seitens Kevins verspürt. Dies ist sicher auch ein Ergebnis der vertrauensvollen und tragfähigen Beziehung zueinander.

7.2 Praxisfeld: Beratung in Gruppen

> »Richte dein Augenmerk auf dich selbst, und wo du dich findest,
> da lass ab von dir; das ist das Allerbeste.«
> (Meister Eckhart, 1963, S. 196)

7.2.1 Praxisfeldstudie 3: Das persönliche Erleben in Gruppen biografisch betrachten und neue Verhaltensmuster bestärken – Persönlichkeitsentwicklung

> »Es ist rundherum besser, wenn ich nach meinen Gegebenheiten handele als nach dem, was ich von anderen – von mir – vermute. ›Ich bin ein geduldiger Mensch.‹ – ›Ich bin ein intoleranter Mensch.‹ – ›Ich bin ein moralischer Mensch (ohne unziemliche Gedanken oder Neigungen).‹ Wenn ich mich dazu entschließe, dass ›ich irgendetwas bin‹, schließt mich das von dem aus, was jetzt in mir passiert, was die einzige Realität dessen ist, was ›ich bin‹. Wenn ich mir dessen bewusst bin, bin ich mir anderer Realitäten um mich herum bewusst.«
> (Stevens u. Rogers, 1967/2001, S. 119)

a) Biografische Szene zum Erleben in einer Gruppe erinnern und malen

Die Teilnehmenden einer mehrmonatigen Weiterbildung im Bereich Coaching sitzen zu Beginn des ersten Kurses als Gruppe im Stuhlkreis und werden eingeladen, sich spontan an eine Szene zu erinnern, möglichst früh aus ihrer eigenen Geschichte, in der sie sich in einer Gruppe erleben. Die Teilnehmenden werden aufgefordert, die erinnerte Szene auf ein DIN-A3-Blatt Zeichenpapier mit Ölkreide zu malen (Initialbild »Mein Gruppenerleben«).

Abbildung 45 zeigt als Beispiel das Initialbild von Isabelle. Sie ist 42 Jahre alt und arbeitet als Dozentin und Beraterin an einer Pädagogischen Hochschule.

Abbildung 45: Initialbild »Mein Gruppenerleben« von Isabelle

b) Einen Ausschnitt oder ein Element des Bildes der Sitznachbarin links auf Transparentpapier skizzieren oder vergrößern

Nach dem Malen des Bildes werden die Teilnehmenden eingeladen, wieder ihren Platz im Stuhlkreis einzunehmen, ihr Bild vor sich auf dem Boden auszubreiten und das Bild der Sitznachbarin/des Sitznachbarn zur Linken (als Beispiel siehe Abbildung 46) zu betrachten. Dazu frage ich:

• *»Welcher Ausschnitt oder welches Element auf dem Bild deiner linken Nachbarin fällt oder springt dir ins Auge?« »Welcher Ausschnitt oder welches Element spricht dich besonders an?« »Auf welchen Ausschnitt oder auf welches Element des Bildes deiner Nachbarin richtet sich deine Aufmerksamkeit?«*

Kommentar Isabelle: »Meine Aufmerksamkeit geht zu dem Kind mit den Zöpfen in der Mitte des Kreises. Der große offene Mund springt mir ins Auge. Das Kind scheint laut zu sprechen oder zu singen. Es erregt Aufmerksamkeit und wird gehört und gesehen.«

Die Teilnehmenden skizzieren oder vergrößern diesen Ausschnitt oder das Element auf Transparentpapier (10 × 10 cm) mit einem schwarzen wasserfesten Filzschreiber (Dicke: Medium) (siehe Abbildung 47).

Abbildung 46: Initialbild
»Mein Gruppenerleben« von
Judith – linke Nachbarin
von Isabelle

Abbildung 47: Der von Isabelle skizzierte Ausschnitt auf
Transparentpapier

c) Die biografische Szene gemeinsam betrachten und erkunden

Die Teilnehmenden werden gebeten, sich einen Partner aus der Gruppe zu wählen, mit welchem sie sich über ihre biografische Szene vor dem Hintergrund des jeweiligen Initialbildes »Mein Gruppenerleben« austauschen möchten. Fragen, die ich zur Anregung des Austausches gestellt habe, waren:

- *»Wo findet das statt?« »Was geschieht dort?« »Wer ist beteiligt?« »Wie alt bist du in dieser Szene?« »Was tust du dort?« »Welche Fähigkeiten zeigst du?« »Was denkst du?« »Was fühlst du?« »Wie ist deine Körperhaltung?« »Gestik, Mimik?« »Was denkst du über die anderen Personen?« »Was denken die anderen über dich?« »Was brauchst du, was wünschst du dir?« »Welche Bedürfnisse begleiten dich?« »Was möchtest du am liebsten tun?«*
- *»Welche Botschaft möchtest du heute als erwachsene Frau/als erwachsener Mann dem Mädchen/Jungen dort geben?« »Was möchtest du ihr/ihm sagen?«*

Kommentar Isabelle zu ihrem Initialbild »Mein Gruppenerleben« (siehe Abbildung 45):
»Das Bild zeigt kein konkretes Gruppenerlebnis, sondern steht sinnbildlich für viele ver-

schiedene Gruppensituationen, die ich in meiner frühesten Kindheit bis ins Jugendalter immer wieder erlebt habe: Ich bin das kleine Kind im grünen Kleid links neben dem Podest. Ich strecke meine Arme nach dem Kind auf dem Podest aus. Das Kind auf dem Podest ist meine drei Jahre ältere Schwester Caroline. Alle Kinder im Bild schauen zu meiner Schwester. Alle kennen und bewundern sie. Alle wollen zu ihr hingehen. Mich kennt man auch, jedoch einfach als die Schwester von Caroline. Meinen Namen kennen die Kinder oft nicht. Ich bin sehr stolz, die Schwester von Caroline zu sein. Ich bin scheu und traue mich ohne sie nicht in neue Gruppen. Caroline beschützt mich und ermöglicht mir immer wieder, an Gruppen teilzuhaben und in sie integriert zu werden. Ich bin beliebt und die anderen Kinder respektieren mich. Die Schwester von Caroline zu sein, verschafft mir einen gewissen Status.«

d) *Verbindungen zum Heute aufspüren und verdeutlichen*

Die Teilnehmenden werden gebeten, zu schauen, welche Verbindungen, Parallelen oder Botschaften sie aus der biografischen Szene zu ihrem Erleben *heute* in Gruppen erkennen oder einsehen können:

- *»Wie prägt dich die Situation noch heute?« »Wo erkennst du Gemeinsamkeiten zu ähnlichen Situationen heute?« »Welche Parallelen siehst du und spürst du zu deinem Erleben in Gruppen heute?« »Was konntest du aus der Situation von damals lernen?« »Welche Fähigkeiten von damals könntest du heute gebrauchen?«*

Isabelle: »Das Auftreten in neuen Gruppen erlebe ich bis heute als Herausforderung. Ich befürchte, dass die anderen mich nicht bemerken könnten, mich uninteressant finden, dass ich keinen Anschluss an die Gruppe finden könnte. Ob meine Beiträge wohl genügend interessant und bedeutsam sind? Auch heute noch bemerke ich eine Neigung in mir, in neuen Gruppen sofort Freunde als Verbündete zu suchen. Es gibt mir die Sicherheit von damals zurück, als ich unter dem Schutz, aber auch im Schatten meiner Schwester gestanden habe.«

e) *Den Ausschnitt oder das Element der biografischen Szene hinzufügen*

Die Teilnehmenden platzieren, angeregt durch folgende Fragen, ihr Transparentpapier mit dem skizzierten oder vergrößerten Ausschnitt oder Element des Initialbildes der linken Sitznachbarin auf ihr eigenes Initialbild »Mein Gruppenerleben« (zu einem Beispiel siehe Abbildung 48).

- *»Wo in deiner biografischen Szene könntest du diesen Ausschnitt oder dieses Element platzieren?« »Wo möchtest du diesen Ausschnitt oder dieses Element hinzufügen?«*

Abbildung 48: Das Initialbild von Isabelle mit ihrem Transparentpapier von Judiths Initialbild

- »Was löst das in dir aus?« »Wie verändert sich durch diesen Aspekt die Szene?« »Welche Bedeutung könnte das haben?«

Isabelle: »Ich kann laut und deutlich sprechen und werde gehört. Ich bin eigenständig und brauche keinen Schutz. Mein Beitrag zur Gruppe ist bedeutsam und ich fühle mich sicher.«

f) Sich die Erlaubnis geben

Vor dem Hintergrund des Initialbildes »Mein Gruppenerleben« mit dem hinzugefügten Ausschnitt oder Element und angeregt durch die folgende Frage formulieren die Teilnehmenden mit ihrem Partner eine Erlaubnis, an einer Gruppe teilzuhaben.

- »Welche Erlaubnis, in einer Gruppe sein zu dürfen, möchtest du dir heute geben?«

Die Teilnehmenden schreiben die Erlaubnis mit einem schwarzen Filzschreiber auf ein DIN-A5-Zeichenpapier (siehe Beispiel in Abbildung 49).

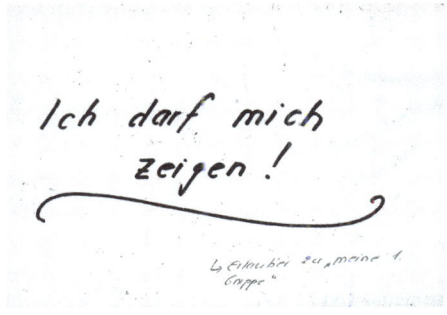

Abbildung 49: Erlaubnis von Isabelle zur Gruppenteilnahme

7.2.2 Praxisfeldstudie 4: Das aktuelle Lebensthema erkunden und mit der persönlichen Geschichte verbinden – Persönlichkeitsentwicklung

a) Initialbild zum aktuellen Lebensthema malen

Die Teilnehmenden einer mehrmonatigen Weiterbildung im Bereich Coaching werden durch eine Imagination zu dem wesentlichen Thema hingeleitet, das sie heute beschäftigt. Dazu stelle ich zunächst folgende Fragen:

* *»Was beschäftigt oder bewegt dich derzeit in deinem Leben?« »Was in deinem Leben ist ungelöst?« »Welches Thema in deinem Leben ist offen?« »Was bindet deine Energie oder Aufmerksamkeit?«*

Daran anknüpfend malen die Teilnehmenden ein Bild zum aktuellen Lebensthema auf ein DIN-A2-Blatt Zeichenpapier mit Wasserfarben (Initialbild »Mein aktuelles Lebensthema«). Anregen sollen dabei folgende, alternative Fragen:

* *»Durch welches Bild wird dein Lebensthema sichtbar?« »Durch welches Bild wird dein Lebensthema am ehesten zum Ausdruck gebracht?« »Wie könntest du dein Lebensthema malen?«*

Abbildung 50 zeigt als Beispiel das Initialbild von Laura. Sie ist 31 Jahre alt, als Coach und Beraterin in einem Institut angestellt und befindet sich im Übergang zur Freiberuflichkeit.

Abbildung 50: Initialbild »Mein aktuelles Lebensthema« von Laura

Späterer Kommentar Lauras dazu: »Der Zeitpunkt, zu dem ich das Bild gemalt habe,
war für mich – und ist wohl immer noch – eine Phase der Veränderung: Ich habe
nach beinahe sechs Jahren meine Stelle in der Beratungsfirma, bei der ich direkt im
Anschluss an mein Studium begonnen habe, gekündigt, um gemeinsam mit meinem
Mann für ein halbes Jahr nach Italien zu gehen. Entsprechend waren diese Wochen
und Monate sehr aufregend, mein Kopf gefüllt mit wilden, positiven Farben, vielen
Erwartungen, Hoffnungen, aber auch Ungewissem und einer gewissen Rastlosigkeit.
Ich kann mich noch gut erinnern an das Gefühl: Vor lauter Aktion und Bewegung im
Außenleben kann ich mein Inneres, mich selber, mein Gesicht nicht mehr sehen und
spüren. Diese Zeit war durchaus positiv und ich habe das Bild auch in einer sehr positi-
ven und aufgeregten Stimmung gemalt. Die einzelnen Farbfelder konnte ich jedoch im
Moment, in dem das Bild entstanden ist, nicht benennen – sie sind alle sehr fließend
dazugekommen. Wichtig scheint mir noch, dass ich die Kontur meines Körpers zuerst
grau skizziert habe, dann aber die Farben aus den bunten Feldern auf meinem Körper
reflektieren lassen wollte.«

- *»Welche Einsichten kannst du aus dem Bild gewinnen? Was kannst du in deinem*
  Bild (ein)sehen oder erkennen?«

Laura: »Ich habe – bereits schon während des Malens – erkannt, wie viel momentan
in meinem Leben los ist und wie viel Freude ich empfinde. Dennoch konnte ich
anhand des Bildes auch ganz klar fühlen, dass all diese freudigen und lebendigen
Farben auch etwas Erstickendes haben. Zu viel auf einmal kann auch zu schwer,
zu viel, zu dicht werden. Ich habe die Sehnsucht verspürt, Zeit für mich selbst zu
haben. Insofern war mir die bevorstehende Auszeit in Italien sehr willkommen. Weg
vom beruflichen Hamsterrad, den sozialen Verpflichtungen, den großen Fragen –
wie: Was machst du denn in Italien ... ah, du gehst ›nur‹ mit? Was tust du denn mit
deiner Zeit? Wie lange bleiben wir? Und, und, und ... Ich war irgendwie ziemlich
froh, einfach gehen zu können, ohne großen Plan – mein Mann ist ja dabei und
mein Pferd auch –, das Wichtigste kommt mit, und ich hatte auch noch nie Mühe,
Zeit mit mir alleine zu verbringen.«

b) Resonanz zu dem Bild einer anderen Teilnehmerin /
   eines anderen Teilnehmers skizzieren

Die Teilnehmender werden eingeladen, im Stuhlkreis vor ihrem Platz ihr Initialbild »Mein aktuelles Lebensthema« für alle sichtbar auszubreiten. Nach der Reihe
erläutert jeder kurz mit drei Sätzen sein Bild. Dazu stellt die gegenübersitzende
Person eine Frage, die der Angesprochene aber nicht beantwortet. Anschließend
betrachten alle Teilnehmenden die Initialbilder der anderen, achten darauf und

spüren nach, welcher Ausschnitt oder welches Element im Bild eines anderen oder welches angesprochene Thema oder gehörte Wort besonders wirkt, anklingt oder sie anspricht (siehe Unterkapitel 5.2). Fragen zur Anregung:

- *»Welcher Ausschnitt oder welches Element aus dem Bild eines anderen Teilnehmenden klingt besonders in dir an?« »Welches Thema oder Wort eines anderen Teilnehmenden spricht dich an?« »Von wem stammt es?« »Was wirkt in dir besonders nach?«*

Die Teilnehmenden werden dann aufgefordert, diese Resonanz zu skizzieren (als Beispiel siehe Abbildungen 51 und 52).

Abbildung 51: Initialbild »Leben als Original oder als Kopie« von Simon – das auslösende Bild von Lauras Resonanzbild (Abbildung 52)

Laura: »In der Runde mit den anderen Teilnehmenden hat mich das Bild von Simon angesprochen. Er hat einerseits einen Drucker gemalt und andererseits eine farbig-abstrakte Figur. Es war diese Figur, die in mir auf Anhieb die Bilder des Urner Künstlers Heinrich Danioth aufsteigen ließen. Heinrich Danioth wiederum erinnerte mich an den Kanton Uri, von wo meine Familie herkommt. Meine Mutter ist in Altdorf aufgewachsen und mein Vater in Wassen. Uri war für mich immer schon Kindheit, Geborgenheit, Identität – auch wenn ich selbst nie dort gelebt habe. Mein Bruder und ich haben jedoch viel Zeit bei meinen Großeltern verbracht und auch heute noch sind wir oft zu Besuch, verbringen die Wochenenden in unserem kleinen Ferienhaus auf den Eggbergen oder auf dem Boot im Urnerbecken.«

Abbildung 52: Resonanzbild von Laura: Vorder- und Rückseite

Die Teilnehmenden werden gebeten, ihr Initialbild »Mein aktuelles Lebensthema« im Zusammenhang mit dem von ihnen selbst erstellten Resonanzbild zu betrachten, um mögliche Verbindungen (ein-) zu sehen und zu erkennen (als Beispiel siehe Abbildung 53). Dabei können sie ihr Resonanzbild auch räumlich in Beziehung zu ihrem Initialbild legen (Wie weit entfernt zum Initialbild? Links, rechts, oben oder unten oder sonst wo auf dem Initialbild? Normallage oder gedreht?). Zur Interpretationsanregung dienen folgende Fragen

- *»Welche Botschaft kannst du aus dem Resonanzbild erkennen?« »Was sagt dir das Resonanzbild?« »Welche Einsicht oder Erkenntnis hast du dabei?« »Welchen Zusammenhang siehst du zwischen deinem Initialbild und dem Resonanzbild?« »Welchen Zusammenhang siehst du zwischen dem Resonanzbild und deinem derzeitigen Leben?«*

Abbildung 53: Initialbild »Mein aktuelles Lebensthema« und Resonanzbild, beide erstellt von Laura

Laura: »Die Figur von Simon, die mich so stark an die Bilder von Heinrich Danioth erinnert hat, hat mich den Uri-Stier malen lassen, das Wappenzeichen der Urnerinnen und Urner. Über dem Uri-Stier habe ich einen Ring gemalt – in Anlehnung an das großartige Werk von Eduard Renner ›Goldener Ring über Uri‹ (Eduard Renner widmet sich in diesem umfassenden Werk der Magie und dem Animismus des Urner Bergvolkes und arbeitet darin auch verschiedene Bilder seines guten Freundes Heinrich Danioth auf). Auf der Rückseite meines Resonanzbildes habe ich das Wort ›Heimat‹ festgehalten. Uri, seine Sagen und Geschichten, seine ursprüngliche Natur und meine lieben Großeltern und Verwandten, sind für mich so ein wichtiger Bestandteil meiner Seele, dass ich Uri als meine Heimat – meinen Seelenort – sehe. Dass gerade in Zeiten des großen, persönlichen Wandels, der farbigen Turbulenzen und der Ungewissheit, der Wunsch nach Heimat in mir resoniert, fühlte sich für mich sehr stimmig an und ich habe mich auch wirklich sehr über mein Resonanzbild – meinen Uri-Stier – gefreut.«

d) Biografische Szene erinnern und malen

Nach einer Pause werden die Teilnehmenden gebeten, einen weiteren Blick auf ihr Initialbild »Mein aktuelles Lebensthema« zu werfen, dieses Bild zu betrachten, die Augen zu schließen und es vor ihrem inneren Auge wieder erscheinen zu lassen. Sie schauen das innere Bild an und werden angeleitet, von diesem Bild ausgehend zurück in ihre eigene Geschichte zu gehen, möglichst weit zurück in die eigene Biografie zu schauen und darauf zu achten, wie von selbst und ganz spontan eine Szene aus der frühen Zeit des eigenen Lebens vor dem inneren Auge auftaucht oder *einfällt*. Diese Szene ist kein Zufall, sondern ein *Einfall* (als Beispiel siehe Abbildung 54). Die Teilnehmenden malen sie mit Ölkreide auf ein DIN-A3-Blatt Zeichenpapier.

Abbildung 54: Biografische Szene von Laura

Kommentar Laura:

»Eine sehr präsente Erinnerung für mich ist die Szene, als mein Bruder und ich – so meine ich mich auf jeden Fall zu erinnern – das erste Mal gemeinsam alleine zu Hause geblieben sind. Meine Eltern waren für ein Abendessen bei den Nachbarn gegenüber eingeladen und wir durften ›Asterix & Obelix‹ schauen mit dem Auftrag, sobald der Film zu Ende sei, den Fernseher abzuschalten und ins Bett zu gehen. Und wir durften dann im Elternschlafzimmer einschlafen. Ich war dort wohl noch ziemlich jung, vielleicht vier Jahre alt und mein Bruder ungefähr sechs Jahre alt. Ich mag mich erinnern, dass mein Bruder das ›Alleine-zu-Hause-Sein‹ mehr besorgte als mich. Ich fühlte mich in seiner Anwesenheit sicher und konnte – so glaube ich – auch ihm Sicherheit und Geborgenheit geben.

Dieses Gefühl, auf meinen großen Bruder aufzupassen und für ihn da zu sein, hat mich mein Leben lang begleitet und wurde wohl noch stärker, als meine Eltern sich scheiden ließen – wir waren sieben und neun Jahre alt. In der Zeit der Trennung wurde die Beziehung zu meinem Bruder noch wichtiger.

Als meine Eltern zwei Jahre später wieder zusammenkamen und wieder heirateten, waren wir überglücklich – und das Wichtigste, was ich aus der Zeit der Trennung mitgenommen habe, ist dieses tiefe Band zwischen meinem Bruder und mir.«

e) Verbindungen zwischen der biografischen Szene zu heute verdeutlichen

Die Teilnehmenden wählen einen Partner, mit dem sie zunächst die biografische Szene auf dem Bild betrachten und besprechen und anschließend vor diesem Hintergrund Verbindungen zum Heute erspüren, (ein)sehen oder erkennen.

Beispiel Laura: »Mir wurde während der Besprechung des Bildes bewusst, wie stark ich mich für meinen Bruder verantwortlich fühlte, und als er Jahre später an Krebs erkrankte und sehr knapp mit dem Leben davonkam, habe ich mich unnütz gefühlt und hilflos. Und ich wurde mir – in Verbindung zu meinem Resonanzbild – bewusst, dass ich plötzlich traurig war, dass ich Angst hatte, damals als meine Großeltern noch lebten, zu wenig Zeit mit ihnen verbracht zu haben. Mein Bruder war immer so gut darin, den Kontakt zu pflegen, spontan auf Besuch zu gehen und dieses Heimatgefühl offen zu leben. Für mich war die enge Verbindung zu Uri immer etwas, das sehr tief in mir schlummerte – es war und ist da –, das weiß ich, doch habe ich es im Außen nie so gezeigt oder eben gepflegt, wie mein Bruder das kann und auch tut.«

f) Einsichten und Erkenntnisse aus der biografischen Szene
   für das Leben heute

Beispiel Laura: »Ich glaube, ich habe für mein Leben heute erkannt, dass ich wieder stärker auf mich selber hören darf – wie damals als kleines Mädchen, das das Urvertrauen hatte, dass der Abend alleine zu Hause schon gut geht – der Bruder ist ja da und gemeinsam schaffen wir das. Heute kann ich die Botschaft aus meinen Bildern so verstehen: Ich darf mich selber sehen, mir selbst Raum lassen und muss mich nicht immer rechtfertigen für Entscheidungen, und ich muss nicht immer sofort den Aufgaben und Befehlen (vor allem in der Arbeit) anderer nachspringen. Meine Seele ist und bleibt jene eines Bergvolkes und braucht deshalb Zeit, Raum, Stille und Natur. Und ich glaube jetzt zu sehen, dass diese Verbindung zur Heimat, die mein Bruder so gut im Außen leben kann, in meinem Innern genauso stark ist und dass ich mich wirklich darauf verlassen kann.«

g) Erwünschte Veränderungen und Entwicklungen sichtbar machen

Die Teilnehmenden legen einen DIN-A3-Bogen Transparentpapier auf das Initial-bild »Mein aktuelles Lebensthema« und skizzieren bzw. markieren mit schwarzem wasserfestem Filzschreiber erwünschte Veränderungen und Entwicklungen (als Beispiel siehe Abbildung 55). Zur Anregung dienen folgende Fragen:

- *»Welche Entwicklungen möchtest du auf den Weg bringen?« »Was möchtest du festigen/verstärken/untermalen/unterstreichen?« »Was möchtest du fokussieren (mehr/weniger)?« »Was möchtest du verändern/hinzufügen/verbinden/vervollständigen?« »Was möchtest du streichen/übermalen?«*

Abbildung 55: Initialbild von Laura mit ihren erwünschten Veränderungen und Entwicklungen auf Transparentpapier

Kommentar Laura: »Für mich ist es ganz wichtig, meine Verbindung zu meinem Innern weiter zu vertiefen, den Zugang zu meiner Heimat, meinem Seelenort weiter zu ent-

decken und meinen Uri-Stier im Herzen zu tragen. Mir wird bewusst, dass wenn mir dies gelingt, ich auch in turbulenten Zeiten, in denen vor allem auch im Außen ganz viel los ist und ich das Gefühl verspüre, vor lauter Farbenpracht zu ersticken, dass ich in diesen Momenten mit dem Uri-Stier im Herzen ich selber bleiben kann, mich selber sehen und spüren kann.«

7.2.3 Praxisfeldstudie 5: Organisationsentwicklung I – Ausgangslage klären und Handlungsfelder markieren

Im Folgenden lege ich für Beratungen in Gruppen ein vielschichtiges Verfahren in neun Schritten mit verschiedenen analogen Methoden dar. Die einzelnen Schritte werden fortlaufend durch ein Praxisbeispiel begleitet und dadurch veranschaulicht und nachvollziehbar. Das Beispiel dokumentiert den Beratungsverlauf eines Teilnehmers einer achtmonatigen Weiterbildung in »Organisationsberatung und -entwicklung für Führungskräfte, Projektleitende und Beratende«: Aldo ist 49 Jahre alt, Vorsitzender der Bankleitung eines Finanzinstituts und Projektleiter eines Veränderungsprozesses in seiner Organisation.

Die hier dokumentierten kollegialen Beratungsschritte verlaufen über zwei Phasen, wobei zwischen den beiden Phasen ein zeitlicher Abstand von vier Monaten liegt:

- Am Ende der ersten Phase (Schritte a bis e) wird der Transfer von Erkenntnissen und Einsichten in das Praxisfeld vorbereitet.
- In der zweiten Phase (Schritte f bis j) wird die Transferzeit reflektiert und ein Fortführen des Beratungsprozesses ermöglicht.

Die einzelnen Schritte werden in Dreier- oder Vierergruppen und in unterschiedlichen Zusammensetzungen von Teilnehmenden der Weiterbildungsgruppe durchgeführt.

Aldo erkennt über verschiedene analoge Zugänge neue Aspekte, Herausforderungen und Handlungsfelder sowie Lösungsansätze in seiner aktuellen Situation, die ausschließlich über Sprache nicht sichtbar und einsehbar wären. Er gewinnt im wahrsten Sinne des Wortes neue Einsichten und verändert auf diese Weise seine Sichtweise über die gemeinte Situation. Sie erscheint plötzlich in einem anderen Licht und erhält aus dieser Betrachtung eine andere Bedeutung. Hieraus kann sich das emotionale Erleben erheblich wandeln.

Die hier beschriebenen Verfahren, Methoden und Instrumente sind aus der Praxis der Team- und Organisationsentwicklung entsprungen und schon in zahlreichen Kundenmandaten in unterschiedlichen Branchen wirksam zur Anwendung gekommen.

a) Initialbild zur aktuellen organisationalen Veränderungssituation malen

Zu Beginn der Weiterbildung werden die Teilnehmenden aufgefordert, zu ihrer aktuell erlebten organisationalen Veränderungssituation ein Bild mit Ölkreide und Farbstiften auf ein DIN-A3-Blatt Zeichenpapier zu malen (Initialbild »Meine aktuelle Veränderungssituation«, siehe als Beispiel Abbildung 56), angeregt durch folgende, alternative Fragen:

- *»Durch welches Bild wird deine derzeit erlebte organisationale Veränderungssituation am ehesten zum Ausdruck gebracht?« »Durch welches Bild wird deine aktuell erlebte organisationale Veränderungssituation sichtbar?«*

Abbildung 56: Erstes Initialbild »Meine aktuelle Veränderungssituation« von Aldo

Kommentar Aldo:
»Die dargestellte Situation bildet den Geschäftskreis der Raiffeisenbank ab (gelbe Gesamtfläche). Die abgebildeten (sehr vielen) Menschen sind zu einer gemeinsamen Reise aufgebrochen. Die Reise führt in die Zukunft. Eine Zukunft, in der die Bedürfnisse der Bankkunden (rot) nicht mehr dieselben sind wie heute (die Trends Digitalisierung, Globalisierung und Wissensgesellschaft führen zu starken Veränderungen). Transaktionale, repetitive Aufgaben (Zahlungsverkehr, Schaltergeschäft) werden immer stärker automatisiert. Dafür nehmen komplexe Beratungsaufgaben deutlich zu.

Davon betroffen sind auch die Mitarbeiter der Bank (blau). Sie müssen sich den Bedürfnissen ihrer Kunden anpassen. Dies verlangt viel Arbeit und Engagement von ihnen. Weitere Personen nehmen diese Reise, diese Veränderung ebenfalls wahr (grüne Gruppe). Es handelt sich um Gemeindebehörden, Meinungsträger, die lokalen Medien, andere Banken, Raiffeisen Schweiz (eine Tochtergesellschaft der Raiffeisenbanken, die für diese Dienstleistungen erbringt). Mit den Veränderungen gehen auch Anpassungen in der Infrastruktur der Bank einher. Insbesondere bei den vier (braunen) Geschäftsstellen der Bank. Der klassische Bankschalter wird kaum mehr benötigt. Dafür braucht es mehr Platz für Beratungszimmer und mehr Geräte für die Selbstbedienung. Ein Umbau sämtlicher Geschäftsstellen in den kommenden Jahren ist unausweichlich. Diese Anpassungen werden sehr viel Geld kosten.

Der ganze Veränderungsprozess bedingt sehr viel zeitliches und emotionales Engagement durch alle, insbesondere den Projektleiter, mich. Ich bin der Dirigent des ganzen Veränderungsprozesses (Notenschlüssel). Es ist sehr viel Kommunikation notwendig (Sprechblasen). Trotz sorgfältiger, aufwendiger Gestaltung des ganzen Prozesses werden nicht alle diese Reise antreten (schwarz, außerhalb). Es sind Mitarbeiter darunter, die den veränderten Anforderungen nicht gewachsen sind. Kunden, die die Veränderungen nicht möchten, die über die Anpassungen verärgert sind und ihre Beziehung auflösen. Mir ist es ein großes Anliegen, dass möglichst viele das Ziel der Reise erreichen, bin mir aber bewusst, dass auch einige auf dem Weg verloren gehen. Trotz optimaler Vorbereitung wird es auch negative Stimmen und Erlebnisse geben. Das bereitet mir Sorgen, obwohl ich weiß, dass es unausweichlich ist.

Ich werde mir während der Betrachtung des Bildes sehr deutlich bewusst, dass das Gesamtprojekt eine hohe technische und finanziell bedeutende Herausforderung sein wird. Die große Arbeit liegt aber darin, Menschen auf die Reise mitzunehmen. Sie zu Beteiligten einer gemeinsamen Vision zu machen. Dabei ist mir schon etwas mulmig, ich spüre das im Bauch. Ich frage mich, welches die kommenden Schritte sein werden, mache mir Sorgen, ob es die richtigen sein werden. Die Atmosphäre ist gut, denn bisher ist alles rund gelaufen. Die Bank hat eine sehr gute Reputation, wird von den Menschen vor Ort gemocht. Es ist mir ein großes Anliegen, alles richtig zu machen. Bin mir aber nicht im Klaren, was denn jetzt wirklich als Nächstes zu tun ist. Läuft vielleicht alles etwas zu schnell? Was, wenn ich etwas falsch mache? Ich weiß, dass ich die Änderung meistern kann. Ich bin sowohl für die Bank, die Mitarbeitenden als auch die Kunden verantwortlich. Ob es mir gelingt, dass sich das alles so positiv entwickelt, wie ich es mir wünsche?«

b) Resonanzen auslösen und Resonanzbild skizzieren

Unmittelbar nach dem Malen stellt jeder Teilnehmer nach der Reihe sein Anliegen oder Problem – vor dem Hintergrund des Initialbildes – möglichst kurz in drei Sätzen der Gesamtgruppe vor, wobei der jeweils dem Sprechenden gegenübersitzende Teilnehmer der erste Ansprechpartner für ihn ist. Der Ansprechpartner hört sich das Anliegen an, betrachtet das Bild und stellt *eine Frage*, die jedoch verbal unbeantwortet bleibt. Diese Frage bleibt aber nicht ungehört und löst bei dem befragten Teilnehmer eine innere Resonanz aus, die unmittelbar durch seine nonverbalen und körperlichen Reaktionen und auf diese Weise analog sichtbar wird. Am Ende dieser Runde sind alle Anliegen der Teilnehmenden vor dem Hintergrund der Initialbilder für einen kurzen Moment erblickt und gehört. Die kurz hervorgekommenen Themen und Inhalte resonieren jeweils mehr oder weniger bei den einzelnen Teilnehmern.

Nun breitet jeder sein Initialbild im Gruppenkreis für alle gut sichtbar aus. Anschließend werden die Teilnehmenden aufgefordert, etwas aus den vorgestellten Themen oder Initialbildern aufzugreifen, was besonders berührt oder interessiert, um darauf mit dem Resonanzbild (als Beispiel siehe Abbildung 57) zu reagieren und auf die Rückseite ein Wort oder einen Satz zu notieren (zur Methode siehe Unterkapitel 5.2), angeregt durch folgende Fragen:

- *»Welcher Ausschnitt oder welches Element oder Bild klingt besonders in dir an?«* *»Welches Thema oder Wort eines anderen Teilnehmers spricht dich an?« »Von wem stammt es?«*

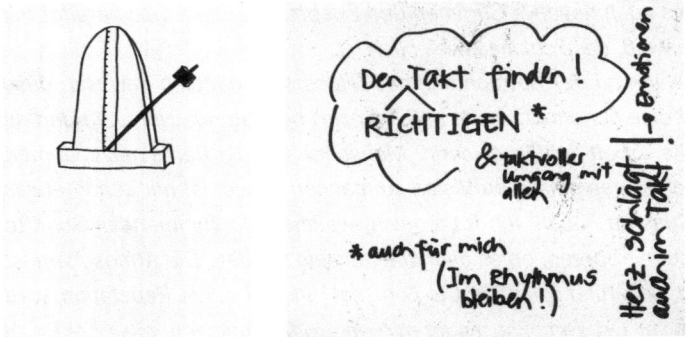

Abbildung 57: Resonanzbild von Aldo: Vorder- und Rückseite

Nach der gemeinsamen Erfahrung mit der Resonanzbildmethode ist der Zugang zur analogen bildhaften Ebene in der Gruppe geöffnet. Durch die vielen und vielfältigen bildlichen Ausdrücke und Eindrücke, durch das Ansprechen, Sichtbarwerden und Anklingen persönlicher Themen wandelt sich die Atmosphäre in der Gruppe spürbar: Sie wird bedächtiger, dichter, betroffener und emotionaler, ja auch berührender. Den Teilnehmenden ist ersichtlicher und bewusster, wie sehr sie selbst und auch die anderen mit ihrer bildhaft zum Ausdruck gebrachten Situation persönlich verbunden und eingebunden sind. Das »Wesentliche«, das »Dinghafte« ihrer Situation ist plötzlich zum Vorschein gekommen. Parallelen zwischen den Themen einzelner Teilnehmer werden sichtbar und deutlich, wodurch die persönliche Verbundenheit in der Gruppe gestärkt wird. Häufig entwickeln die Teilnehmenden aus diesem sich entfalteten Feld eine hohe Bereitschaft, sich ihrer Situationen und den damit verbundenen Themen zu widmen.

c) Kollegiale Fallberatung und das »Reflektierende Team«

Anschließend bitte ich die Teilnehmenden, Dreiergruppen zu bilden und sich gegenseitig zu ihrer derzeit erlebten Veränderungssituation vor dem Hintergrund des Bildes und aus dem Bild heraus zu beraten. Durch diese *kollegiale Beratung* erhalten die Teilnehmenden Impulse, Hinweise und Rückmeldungen zu ihrer dargelegten Situation. Ein wesentlicher Bestandteil dieses Vorgehens stellt die Methode des *Reflektierenden Teams* dar, die von Tom Andersen im Kontext der Familientherapie in den 1990er Jahren entwickelt wurde (Andersen, 1990).

Die Methode des Reflektierenden Teams geht von der Überlegung aus, dass Veränderungen subjektiver Sichtweisen und Ansichten am ehesten da entstehen, wo ein Freiraum für den Gedankenaustausch zwischen zwei oder mehreren Menschen ermöglicht wird und dabei die Integrität der Beteiligten gesichert ist. Verstehen hat in diesem Sinn nicht das Ziel, herauszufinden, wie die äußere Welt »wirklich« ist. Vielmehr wird Verstehen im Sinne eines aktiven Spiels mit Bedeutungen beschrieben. Es geht um das Herstellen von Kooperation, indem assoziatives Denken und das Äußern von Wahrnehmungen und das Bewerten von Beziehungen und Ereignissen erleichtert werden (v. Schlippe u. Schweitzer, 1996, S. 199 ff.).

Die Absicht des Reflektierenden Teams ist es, zum jeweiligen Anliegen möglichst viele Resonanzen, Ideen, Hypothesen und Lösungsansätze zu generieren und diese auch in ihrer teilweisen Widersprüchlichkeit im Raum zur Wirkung kommen zu lassen, sodass eine Veränderung der subjektiven Sichtweise nicht nur bei der Fallgeberin, sondern auch bei den Beratenden angeregt wird.

In dem hier angewandten Verfahren erhält jeder durch Rotation in einer Dreiergruppe die Gelegenheit, als Fallgeber von zwei anderen Teilnehmenden beraten zu werden. Jede Beratung dauert vierzig Minuten.

In der ersten Phase erläutert der Fallgeber vor dem Hintergrund seines Bildes, wie er seine organisationale Veränderungssituation derzeit wahrnimmt, bewertet und erlebt, was er sich wünscht oder braucht, welche Herausforderungen oder Anforderungen er in dem Bild sieht. Er beschreibt auch, welche Werte sein Handeln prägen, welche Werte in seinem Umfeld derzeit gelebt werden und welche von der Organisation erwünscht sind. Währenddessen hören die zwei Beratenden aufmerksam und achtsam zu. Dabei achten sie nicht nur auf die gesprochenen Worte, sondern auch auf Körpersignale, Mimik, Schweigen oder Stimmlage.

Anschließend teilen die Beratenden Eindrücke und Hypothesen mit und tauschen Impulse, Anregungen und Lösungsansätze aus (siehe Abbildung 58).

Das Besondere am Reflektierenden Team ist, dass in dieser Phase die Beratenden sich über den Fallgeber und seine Situation untereinander austauschen und ihn derweil nicht direkt ansprechen. Sie unterhalten sich über ihn und seine Situation, wobei sie so tun, als ob er nicht anwesend wäre. In der Konsequenz tauschen die

Beteiligten freier und offener ihre Perspektiven und Ansichten aus und können vermehrt aus der sich entfaltenden Dynamik die Situation intuitiv erfassen.

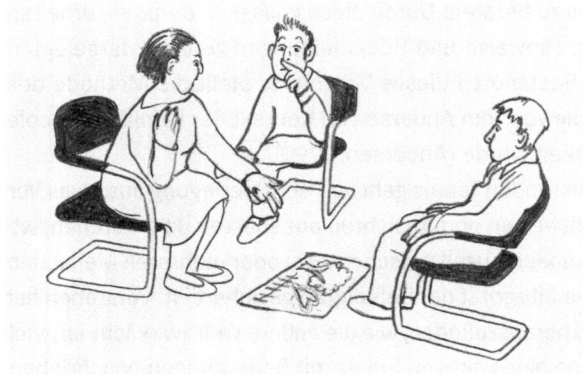

Abbildung 58: Reflektierendes Team vor dem Hintergrund des Initialbildes

Die Fallgeberin erhält eine Vielzahl von Informationen, die ihre bisherige Sichtweise und Einstellung zur Situation infrage stellen und erheblich irritieren können. Durch die Verschränkung der jeweiligen Perspektiven entsteht im Laufe des Prozesses ein differenziertes Bild von der Situation, sowohl mit gemeinsam geteilten als auch mit unterschiedlichen Ansichten. Die Fallgeberin wird sich ihrer derzeit erlebten Situation umfassender gewahr. Am Ende der jeweiligen Beratung meldet sie zurück, welche Eindrücke, Ideen oder Impulse nachklingen und welche Auswirkungen diese auf ihr Denken, Erleben und Handeln in ihrer derzeitigen Situation haben.

Einsichten/Erkenntnisse Aldos aus der kollegialen Beratung und dem Reflektierenden Team: »Eigentlich ist das Projekt trotz der für mich großen Dimension ziemlich übersichtlich und gut erklärbar. Dass nicht jeder erfolgreich am Ziel einer Reise ankommen kann, wenn die Reise so lang und anspruchsvoll ist, liegt ja eigentlich auch auf der Hand. Irgendwie beruhigend.«

d) Das Initialbild mit dem Resonanzbild verbinden

Anschließend bitte ich die Teilnehmenden, ihr selbst erstelltes Resonanzbild intuitiv passend zu ihrem Initialbild zu legen: links, rechts, oben oder unten oder auch direkt auf das Initialbild (als Beispiel siehe Abbildung 59). Ich fordere sie mit folgenden Fragen auf, beide Bilder in Beziehung zueinander zu betrachten und diese sinn- und bedeutungsvoll miteinander zu verbinden.

- *»Welche Zusammenhänge sehe ich zwischen meinem Initialbild und meinem Resonanzbild?« »Welche Botschaft kann ich aus dem Resonanzbild erkennen?« »Was sagt mir das Resonanzbild?« »Was sehe ich ein?« »Was erkenne ich?«*

Abbildung 59: Initialbild »Meine aktuelle Veränderungssituation« und Resonanzbild von Aldo

Kommentar Aldo:

*»Das Metronom gibt den Takt vor. Einen gewissen Grundrhythmus. Es kann aber ange-
passt werden. Langsam oder schnell. Das Metronom (der Taktgeber) läuft nur im Hintergrund. Unbemerkt. Ein Hilfsmittel. Letzten Endes bin ich jederzeit in der Lage, das Tempo
des Metronoms anzupassen. Ich muss nur aufpassen, nicht aus dem (Veränderungs-)
Rhythmus herauszukommen. Denn der Change ist unausweichlich. Das Tempo ist aber
nicht relevant. Wichtig ist, dass alle Anspruchsgruppen mitkommen. Auch für mich selber
ist es wichtig, den richtigen Rhythmus zu finden. Meine Organisation befindet sich bereits
seit einigen Jahren in einer steten Veränderung. Das Metronom läuft auch während einer
Pause unbeirrt weiter, das ist völlig normal, und erinnert lediglich daran, dass es nach
der Pause weitergehen wird. Auch das Herz (das eigene, das der Mitarbeiter und der
Kunden, auch das der Organisation) schlägt in einem bestimmten Takt. Mal schneller.
Kommt dann aber auch wieder zur Ruhe. Mit dem richtigen Tempo im Changeprozess
vorzugehen, ist gleichzeitig unverzichtbare Basis für einen taktvollen Umgang miteinander.
Wertschätzung und Rücksichtnahme ist nur möglich, wenn das Tempo angepasst ist.*

*Bedeutendste Erkenntnis für mich ist, dass ich letztlich das Tempo definiere und
dieses am Metronom einstelle. Die Veränderung der Kundenbedürfnisse und die damit
notwendigen Anpassungen der Berufsbilder ist unaufhaltsam. Aber auch ›rollend‹, d. h.
nicht von heute auf morgen. Sich situativ für eine einzelne Baustelle im gesamten Projekt
etwas oder auch deutlich mehr Zeit zu lassen, wird sich auf den Gesamterfolg positiv
auswirken. Diese bedeutende Erkenntnis bestärkt mich darin, alle Schritte gezielt und
strukturiert anzugehen, die Vielzahl von Aufgaben sauber zu planen und auch nichts
zu übereilen. Der Erfolg des Projekts wird mir letztlich Recht geben. Im Resonanzbild
finde ich mich wieder als der Dirigent aus dem Initialbild, der sich mit dem Metronom
zwar einen Takt vorgeben lässt, die Geschwindigkeit des Takts aber selber definiert.
Dies ist eine äußerst beruhigende Erkenntnis.«*

e) Erwünschte Veränderungen und Entwicklungen sichtbar machen

Zum Abschluss der ersten Phase des Beratungsprozesses legt jeder Teilnehmer einen DIN-A3-Bogen Transparentpapier auf sein Initialbild und zeichnet – angeregt durch die folgenden Fragen – darauf (neu) wahrgenommene Aspekte, erwünschte Entwicklungen und Fokussierungen mit einem schwarzen, wasserfesten Filzstift ein. Dadurch wird die veränderte ressourcen- und lösungsorientierte Sichtweise auf die gemeinte Situation mit den (neu) erkannten relevanten Aspekten, den wesentlichen schon vorhandenen oder erwünschten Zusammenhängen und Wechselwirkungen und den wichtigsten Handlungsfeldern auf einen Blick einsehbar, erfassbar und begreifbar und für alle offensichtlich (als Beispiel siehe Abbildung 60).

Die erwünschte Zukunft wird vor dem Hintergrund der Gegenwart sichtbar und ist auf diese Weise gleichzeitig mit der Gegenwart verknüpft: Die Zukunft ist unmittelbar mit der Gegenwart verbunden. Hieraus lassen sich eine Vielzahl konkreter Maßnahmen bzw. Veränderungsziele oder Entwicklungsziele ableiten und formulieren. Mit anderen Worten: Die erwünschte Zukunft geht aus dem Hintergrund der Gegenwart hervor. Oder: Die Zukunft gestaltet sich immer auf der Grundlage und aus dem Vorhandenen der Gegenwart.

- *»Welche Entwicklungen möchte ich auf den Weg bringen?« »Was möchte ich festigen/verstärken/untermalen/unterstreichen?« »Was möchte ich fokussieren (mehr/weniger)?« »Was möchte ich verändern/hinzufügen/verbinden/vervollständigen?« »Was möchte ich streichen/übermalen?«*

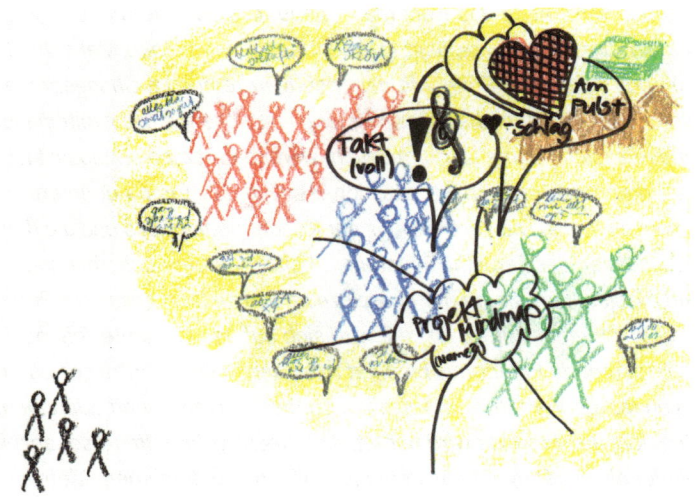

Abbildung 60: Initialbild von Aldo mit erwünschten Veränderungen und Entwicklungen auf Transparentpapier

Kommentar Aldo:

»Die Dimension des Projekts macht es notwendig, einen übersichtlichen Projektplan zu gestalten. Dazu werde ich in den kommenden Wochen eine Mindmap anfertigen, die alle To-dos berücksichtigt und laufend, rollend angepasst werden kann. Damit wird die Struktur auch für andere Beteiligte sicht- und greifbar; das Projekt wird sich ein erstes Mal wirklich »berühren« lassen. Damit wird auch der Wille bestärkt, es nun zu tun. Um näher am Puls meiner Mitarbeitenden zu sein, werde ich demnächst mit Gesprächen und Workshops starten. Dies, um Sorgen und Ängste abzuholen, aber auch, um Ideen für die gemeinsame Reise aufzusammeln. Überhaupt ist mir sehr bewusst geworden, dass die technisch-architektonische Komponente des Projekts zwar eine anspruchsvolle Seite darstellen wird, dass die Begleitung der betroffenen Menschen auf dem Weg jedoch die komplexere Herausforderung darstellen wird. Ich werde dort deshalb in den kommenden Monaten bewusste Schwerpunkte setzen.

Es ist auch notwendig, außerhalb der Unternehmung mit der Kommunikation von Veränderungsschritten zu starten.

Durch die Fokussierung mit dem Transparentpapier sehe ich klarer, was als Nächstes unbedingt getan werden muss: Die unendlich große Anzahl von vielen bevorstehenden Einzelschritten fokussiert sich auf einige wenige konkrete Maßnahmen.«

7.2.4 Praxisfeldstudie 5: Organisationsentwicklung II – Derzeitiges Erleben und bisherige Entwicklungen reflektieren

f) Zweites Initialbild zur aktuellen Veränderungssituation malen

Der Beratungsprozess wird nach vier Monaten mit den gleichen Teilnehmenden der Weiterbildungsgruppe fortgeführt. Ich lade sie mit folgenden Fragen erneut ein, zu ihrer aktuell erlebten organisationalen Veränderungssituation ein Bild zu malen (Initialbild mit Ölkreide und Farbstiften auf ein DIN-A3-Blatt Zeichenpapier) (als Beispiel siehe Abbildung 61):

- *»Durch welches Bild wird deine aktuell erlebte organisationale Veränderungssituation am ehesten zum Ausdruck gebracht?« »Durch welches Bild wird deine aktuell erlebte organisationale Veränderungssituation sichtbar?«*

Abbildung 61: Zweites Initialbild »Meine aktuelle Veränderungssituation« von Aldo

Kommentar Aldo:

»Das Bild gliedert sich in zwei ganz unterschiedliche Dimensionen. Eine auf der linken Seite: die technische, architektonische, projektorganisatorische. Welche gleichzeitig aufgrund der geplanten Umbauten an den Geschäftsstellen sehr kostenintensiv sein wird. Auf der anderen Seite die emotionale, menschliche Komponente. Die Trennlinie ist die Timeline des Gesamtprojekts. Sie zeigt auf, dass der Veränderungsprozess bereits vor bald sieben Jahren begonnen hat – mit meiner Funktionsübernahme bei der Bank. Dieser Rückblick ist äußerst bedeutsam. Denn unser Team hat in den vergangenen Jahren bereits sehr viel erreicht und sich sehr stark auf die Zukunft ausgerichtet. Dies ist sehr beruhigend. Denn ich weiß, dass mein Team in der Lage ist, Veränderungen aktiv mitzugestalten und mitzutragen.

Auf der rechten Seite gestalten meine Mitarbeiter (blau) gerade zusammen mit mir ein positives Zukunftsbild. Eine Vision, die den Einklang zwischen Bedürfnissen der Kunden (braun) der Bank (rotes R) und ihnen sicherstellt. Denn Veränderungen, die sich nicht an diesen Bedürfnissen orientieren, werden längerfristig ohne Chance sein. Die Berufsbilder (rote Dreiecke) haben sich bereits stark verändert (Abnahme wiederkehrender, transaktionaler Aufgaben unter gleichzeitiger Zunahme komplexer Tätigkeiten und Beratungsfunktionen). Die Übergänge sind fließend. Der bisherige Prozess ist in Minne verlaufen. Alle Mitarbeiter sind über die Veränderung auf dem Laufenden. Die aufgrund ihres Berufsbildes und der beabsichtigten Projekttimeline am stärksten betroffene Population wurde bereits stark in Workshops einbezogen. Kundenseitig haben wir mit ersten Informationen begonnen. Wir sind somit gut unterwegs. Natürlich immer mal wieder gestört von vom Projekt total unabhängigen ›Nitty-gritty‹-Themen, was zeitraubend und manchmal nervtötend ist Eigentlich alles im grünen Bereich, denn selbst die Vision ist voller Sonne und Wärme.

Als Projektleiter scheine ich alles im Griff zu haben. Denn ich investiere viel Zeit und Emotionen in die Aufgabe. Und trotzdem habe ich ein mulmiges Gefühl: Was, wenn mir Fehler unterlaufen? Eigentlich bin ich in meiner Mehrfachfunktion als Projektleiter, Change-Manager, CEO der Bank, Personalchef und Leiter Vertrieb auch etwas einsam. Würde mir jemand den Spiegel vorhalten, wenn ich nicht richtig entscheide? Habe ich vielleicht einen zu großen Perfektionsanspruch? Es ist mir auch ein Anliegen, mit allen ›OK‹ zu sein, möglichst niemanden vor den Kopf zu stoßen. Eine unlösbare Aufgabe?«

g) Bildmotiv zum aktuellen Erleben in der Veränderungssituation wählen

Ich bitte die Teilnehmenden, ihr Initialbild vor sich auszubreiten, das Bild zu betrachten und darauf zu achten, wie das Bild auf sie wirkt.

- »Wie wirkt die Situation auf dich?« »Was fühlst du über die Situation?« »Was denkst du über die Situation?« ›Wo bist du dort in dem Bild?« »Wie erlebst du dich dort?« »Was empfindest du dort?«

Anschließend wählt jeder ein Motiv aus einer ausgebreiteten Sammlung von Bildkarten, auf welchen entweder mehrere oder einzelnen Personen abgebildet sind (als Beispiel siehe Abbildung 62).

- »In welchem Motiv findest du dein Erleben in der Situation am ehesten wieder?«

Darauf tauschen sich die Teilnehmenden in Vierergruppen über das gewählte Motiv aus.

h) Reflexion und Austausch über das Bildmotiv

Zunächst erzählt die Fallgeberin ihr derzeitiges Erleben in der Situation vor dem Hintergrund des Motivs. Anregungsfragen dazu wären:

- »Was hat mich bewogen, dieses Motiv zu wählen?« »Was spricht mich an diesem Motiv besonders an?«

Die Fallgeberin identifiziert sich mit der Person auf dem Motiv. Das kann sie durch folgende Fragen näher erklären:

- »Wie fühle ich mich?« »Was denke ich?« »Wie verhalte ich mich?« »Was beschäftigt mich?« »Was ist mein innerer Satz?« »Was sind meine Bedürfnisse?« »Was wünsche *ich mir?« »Welche Parallelen kann ich zwischen dem Motiv und meinem Erleben erkennen?« »Was sagt das Motiv über mein derzeitiges Erleben in der Situation?« »Was erkenne ich in dem Motiv über mich wieder?«*

Jeder der drei Beratenden teilt der Fallgeberin mit, wie das Gehörte und das Gesehene vor dem Hintergrund des Motivs bei ihm wirkt. Dabei spricht der jeweilige Berater die Fallgeberin direkt an, z. B. folgendermaßen:

- *»Ich habe gehört, dass du …« »Ich habe gesehen, dass du …« »Ich habe den Eindruck, dass du …« »Besonders berührt hat mich …« »Bei mir klingt besonders nach, dass …«*

In dieser Phase ist es wichtig, dass die Beratenden nicht das Erleben, Verhalten oder die Bedürfnisse der Fallgeberin bewerten oder schon Lösungen entwickeln für Fragen oder Anliegen, die noch gar nicht formuliert worden sind. Die Beratenden dienen als »Resonanzkörper« und teilen nur ihre Eindrücke, Gedanken, Emotionen und körperlichen Reaktionen mit. Auf diese Weise stärken sie das »Sein« und das »Hiersein« der Fallgeberin.

Anschließend meldet sie zurück, was von der Resonanz sie anspricht und was sie klären möchte:

- *»Was klingt bei mir an?« »Welche Einsichten/Erkenntnisse habe ich gewonnen?« »Welche Frage beschäftigt mich?«*

Im weiteren Verlauf wird der Reflexionsprozess rotierend mit den anderen Personen der Vierergruppe durchgeführt.

Abbildung 62: Das von Aldo gewählte Bildmotiv

Kommentar Aldo:

»Das Bild des Taktgebers und Dirigenten aus dem Initialbild steht erneut im Vordergrund. Die ›Einsamkeit‹ des Dirigenten ist offensichtlich. Er hat zwar den Überblick, dennoch weiß er nicht so genau, was sich hinter seinem Rücken abspielt. Perfektion ist nicht möglich. Der Dirigent kann vor dem großen Auftritt nur hoffen, dass Dank des vielen Übens alles gut kommt. Es gibt dafür keine Garantie.

Ich bin derzeit unsicher. Ist der von mir beschrittene Weg wirklich der richtige? Habe ich an alles gedacht? Ich spüre nach wie vor, dass die Mitarbeitenden die Veränderungen mittragen. Die durchgeführten Workshops mit analogen Methoden haben zu beeindruckenden und emotionalen Erkenntnissen geführt. Aber ob es gut kommt? Das Maß der Verantwortung ist groß. Die Last ist drückend. Die ›Einsamkeit‹ hinterlässt ein ungutes Gefühl.«

i) Den emotionalen Verlauf in der Zeit zwischen den Initialbildern als Linie skizzieren

Ich bitte die Teilnehmenden den Verlauf ihres emotionalen Erlebens in der Zeit zwischen der Situation vor vier Monaten (erstes Initialbild) und heute (zweites Initialbild) als Linie zu skizzieren (mit Farbstiften und Ölkreide auf ein DIN-A3-Blatt Zeichenpapier). Dabei stellt die vertikale Achse das subjektiv empfundene Erleben dar: Je höher, desto positiver das Erleben. Die horizontale Achse bildet die Zeitlinie. Hier empfehle ich den Teilnehmenden, dass sie zunächst die Linie mit den vertikalen Höhen und Tiefen entlang der horizontalen Achse zeichnen und erst dann die jeweiligen Zeitabschnitte markieren durch Zeichen, Symbole usw. (als Beispiel siehe Abbildung 63). Es könnte ja sein, dass z. B. zwei Wochen intensiver und schwankender erlebt wurden als drei Monate, die eher gleichbleibend, stabil oder ruhig waren.

- *»Durch welche Linie wird dein emotionaler Verlauf der vergangenen vier Monate sichtbar?« »Durch welche Zeichen oder Symbole sind bestimmte Phasen gekennzeichnet?« »Welche Färbungen oder Schattierungen prägen den Hintergrund?«*

Die Teilnehmenden sind beim Zeichnen des emotionalen Verlaufs mit den vergangenen vier Monaten beschäftigt. Mit dem Zeichnen der Linie führen sie sich rückblickend prägende Szenen oder Ereignisse durch innere Bilder gegenwärtig vor Augen, um die vergangenen Höhen und Tiefen des Erlebens überhaupt nachzeichnen und nachfühlen zu können. Das Zeichnen der Linie wirkt wie das sich Vorführen eines inneren Films von einem bestimmten Beginn bis heute, wobei beim Betrachten des Vergangenen entsprechendes emotional-körperliches Erleben gegenwärtig ausgelöst werden kann.

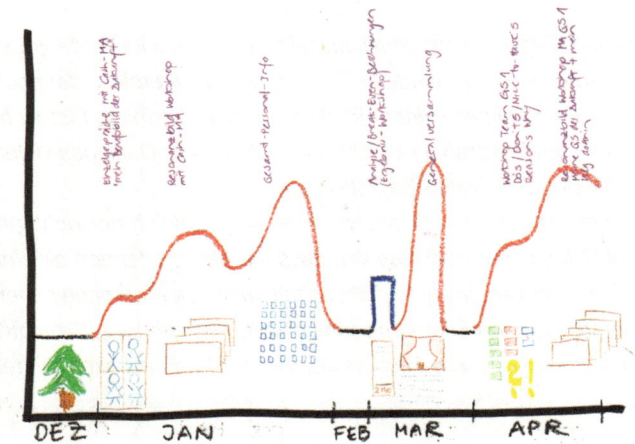

Abbildung 63: Der emotionale Verlauf von Aldo

Kommentar Aldo: »Nach einer ›Ruhephase‹ im Dezember wurden im Januar die Mitarbei-tenden mit der höchsten Changebetroffenheit in das Projekt involviert. Dies in Form von Einzelgesprächen, dann mit der Resonanzbildmethode. Fast gleichzeitig wurden alle 36 Mitarbeitenden über die Pläne und nächsten Schritte informiert. Eine Zwischen-etappe dann Anfang März: Es herrscht nun Klarheit über die finanzielle Dimension des Projekts. Auf der Generalversammlung vom 16. März erfolgte vor 2.200 Gästen kundenseitig eine erste wichtige Sensibilisierung für Veränderungen im Kundenver-halten und damit einhergehende neue Berufsbilder und notwendige Anpassungen der Geschäftsstellen. Mit Mitarbeitenden der voraussichtlich prioritär betroffenen Geschäftsstelle erfolgten dann im April zwei Workshops. Die Gespräche/Workshops mit den Mitarbeitenden erhöhten den Puls im Projekt spürbar. Emotionale Voten wer-den geäußert, die Gesamtbetrachtung hinterlässt aber ein sehr positives Gefühl des ›alle Beteiligten sind an Bord‹. Kundenseitig ist noch wenig spürbar. Die Informationen waren bisher aber auch eher allgemeiner Art.«

j) Formation und Gesamtbetrachtung

Zum Abschluss des Beratungsprozesses bitte ich die Teilnehmenden, eine Formation aus ihrem ersten und zweiten Initialbild mit dem emotionalen Verlauf dazwischen zu legen (als Beispiel siehe Abbildung 64) und diese zu betrachten. Ich frage:

- *»Wie war die Ausgangssituation vor vier Monaten (erstes Initialbild)?« »Wie ist es heute (zweites Initialbild)?« »Welche Entwicklung und Unterschiede kann ich zwischen der Situation vor vier Monaten (erstes Initialbild) und heute (zweites Initialbild) erkennen?« »Wie habe ich die Entwicklung erlebt (emotionaler Verlauf)?«*

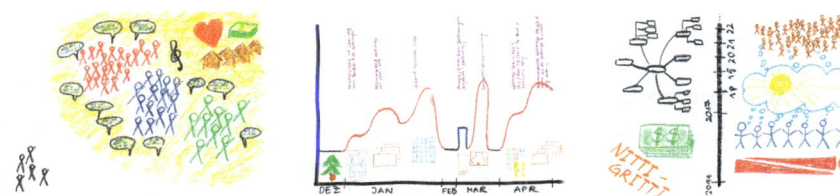

Abbildung 64: Formation erstes Initialbild/emotionaler Verlauf/zweites Initialbild von Aldo

Kommentar Aldo: »Durch die Aktivitäten der vergangenen vier Monate ist die Situation übersichtlicher geworden. Es ist eine bessere Struktur ersichtlich. Zudem hat sich eine klare Trennung zwischen »technisch-finanziell« und »menschlich-emotional« ergeben, wobei Letzteres in der Bedeutung klar überwiegt. Im zweiten Initialbild ist eine schöne, wärmende Vision sichtbar, die im Idealzustand allen Beteiligten (Bank/Institution, Mitarbeitende und Kunden) genügt und sie mit Freude erfüllt. Zusätzlich bedeutsam ist der Gesamtblick, der das bisher Erreichte (2011 bis 2017) ebenfalls umfasst und dank der positiven Ergebnisse und Ereignisse, dank des Erfolgs in der Vergangenheit mit Zuversicht und Stärke in die Zukunft blicken lässt.«

- *»Wie habe ich die Entwicklung erlebt (Bild zum emotionalen Verlauf)?«*

Aldo: »Positive Gefühle ergeben sich aufgrund der guten bisherigen Reaktionen. Es ist spür- und erlebbar, dass die Mitarbeiter sich auch für das Thema engagieren und die Reise zusammen mit mir nun angetreten haben. Umgekehrt hat der offizielle Start (Mitarbeiterinformation, Kundeninformation) auch einen gewissen Druck und Ängste ausgelöst: Ab jetzt gibt es kein Zurück mehr!«

7.2.5 Praxisfeldstudie 7: Organisationsentwicklung III – Resonanzen zur aktuellen Situation darlegen und lösungsorientierte Geschichte entwickeln

Im Folgenden beschreibe ich ein kollegiales Beratungsverfahren für vier bis sechs Personen, in dem analoge Methoden – wie das Resonanzbild und das gemeinsame Schreiben einer Geschichte – Verwendung finden. Die Beratung verläuft in fünf Schritten (a bis e) und dauert ca. 75 Minuten. Für dieses Verfahren sollte eine Moderatorin benannt werden, die auf die Einhaltung der Struktur, Methoden und Zeitvorgaben achtet. Die Moderatorin ist gleichzeitig auch Beraterin. Hier dient wiederum das Praxisbeispiel Aldo, um das Vorgehen auch in diesem Verfahren zu veranschaulichen. Neben Aldo als Fallgeber sind drei Personen (A, B, C) als Beratende beteiligt.

Im ersten Schritt beschreibt der Fallgeber seine aktuelle Situation vor dem Hintergrund des Initialbildes. Währenddessen hören die Beratenden aufmerksam und achtsam zu. Der Fallgeber kann sich bei der Beschreibung seiner Situation anhand folgender Fragen orientieren:

- *»Wo findet das statt?« »Wer ist dort beteiligt?« »Was geschieht in der Situation?«*
  »Was läuft gut?« »Was ist stärkend?« »Was gibt mir Energie?« »Was kostet mich
  Kraft?« »Worauf fokussiere ich mich?« »Was sind meine derzeitigen Herausfor-
  derungen?«
- *»Was beschäftigt mich jetzt?« »Was ist meine Frage?« (Der Fallgeber schreibt sein*
  Anliegen oder seine Frage für die kollegiale Beratung auf eine Moderationskarte.)

Kommentar von Aldo zur Beschreibung seiner aktuellen Situation: »In der Vorstellung meines Initialbildes [siehe Abbildung 61] bin ich detailliert auf das ›Erledigte‹ und ›Offene‹ in meinem Change Projekt eingegangen. Und damit habe ich aufgezeigt, dass ich aufgrund meiner unterschiedlichen Funktionen eine große Verantwortung trage, die manchmal sehr belastend ist. Ich habe es aber vermieden, meine Frage gegenüber den Kollegen im Beratungsprozess überhaupt konkret zu formulieren.«
Abbildung 65 zeigt die Frage Aldos.

Abbildung 65: Fragestellung von Aldo

Kommentar von Aldo zu seiner Fragestellung: »Dabei geht es mir um die Frage, ob
meine Mitarbeitenden, meine Organisation, unsere Kunden, aber auch ich selber
bereits ausreichend in der Gegenwart angekommen sind. Wurde die ›Kraft des Seins‹
(nach Pamela Levin) ausreichend gestärkt? Laufe ich nicht unter Umständen Gefahr,
einen wichtigen Teil meiner Mitarbeitenden auf halbem Weg zurückzulassen, wenn
das Tempo zu groß ist. Würde ich es überhaupt rechtzeitig bemerken? Und bin auch
ich mit mir selber genug im Reinen, um die richtigen, wegweisenden Entscheide zu
fällen?«

Unmittelbar nach der Formulierung des Anliegens oder der Fragestellung werden die Beratenden aufgefordert, ein Resonanzbild zu skizzieren zu dem, was bei ihnen über das vom Fallgeber Gesagte und Gesehene angeklungen ist. Nach dem Skizzieren schreiben sie ein Wort oder einen Satz auf die Rückseite ihres Resonanzbildes (siehe Abbildung 66). Anschließend erläutern sie der Reihe nach kurz ihre Resonanzen. Auf diese Weise geben die Beratenden zunächst vornehmlich visuelles Feedback.

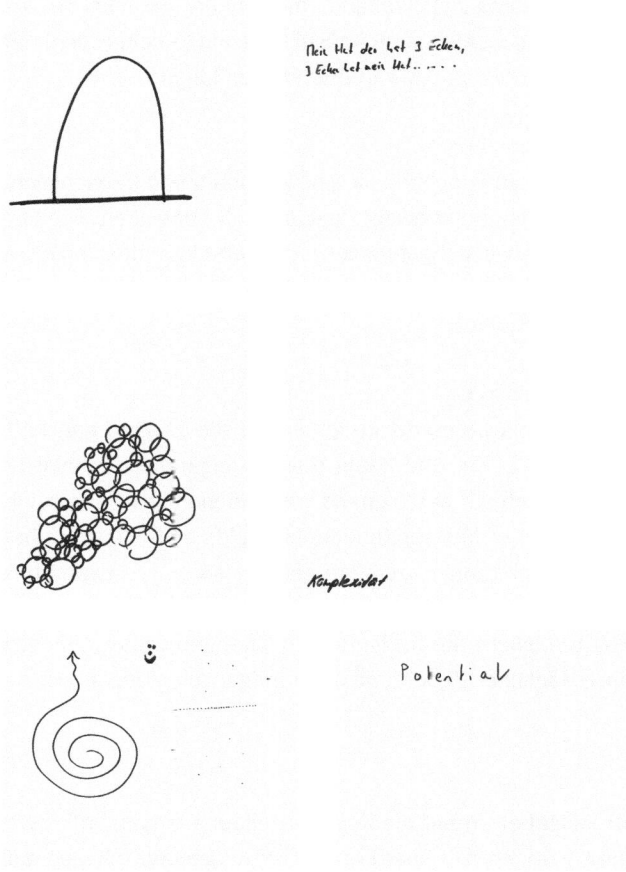

Abbildung 66: Resonanzbilder der Beratenden A, B und C (von oben nach unten): Vorder- und Rückseite

Der Fallgeber betrachtet die vor ihm ausgebreiteten Resonanzbilder der Beratenden und achtet darauf, was bei ihm wiederum durch die jeweiligen Bilder, Worte und Sätze anklingt und ausgelöst wird.

Resonanz von Aldo auf Resonanzbild A:
»Mir ist klar, dass ich in meiner Rolle eine Vielzahl von Hüten tragen muss und dies auch kann. Dass meiner sogar mehr als drei Ecken hat, belastet mich nicht. Sofort klingt in mir aber die Resonanz eines gleichseitigen ›magischen Dreiecks‹ an: die Vision meines Arbeitsgebers, Entscheide immer im Einklang und Gleichgewicht mit den Interessen der Bank, der Kunden und Mitarbeitenden zu fällen.«

Resonanz von Aldo auf Resonanzbild B:
»Der ›eigentlich‹ gezeichnete Schaum löst bei mir eine Resonanz von ›Froschlaich‹ aus. Ein lebender Organismus, der sich bewegt, agil ist, sich entwickelt. Die Entwicklung ist nicht planbar, der Entwicklungsprozess ist äußerst komplex. Ich sehe darin meine Organisation, Mitarbeitende und Kunden. Voller Leben. Voller Veränderung. Nie am Ende der Entwicklung.«

Resonanz von Aldo auf Resonanzbild C:
»In der gezeichneten Aufwärtsspirale entdecke ich sofort die Phasen ganzheitlicher Entwicklung nach Pamela Levin. Und damit meine – eigentlich – gar nicht in der Gruppe gestellte Frage nach der ausreichend vorhandenen Kraft des Seins. Die positiven Eigenschaften meiner Mitarbeitenden verbinden sich – trotz hoher Diversität in Herkunft, Zielen, Ambitionen – zu einer gemeinsamen positiven Stoßrichtung. Vorausgesetzt, sie erhalten dafür ausreichende Wertschätzung, werden sie ihr Potenzial voll entfalten. Nicht nur im laufenden Changeprozess, sondern auch in allen Belangen ihrer täglichen Arbeit und in ihrem ganzen Menschsein.«

d) *Der Fallgeber deckt mögliche enthaltende Lösungen*
aus den Resonanzbildern auf

Daraufhin betrachtet der Fallgeber erneut die Resonanzbilder – diesmal mit dem Fokus, schon vorhandene Lösungen zu seiner Frage oder zu seinem Anliegen aufzudecken.

An dieser Stelle scheint es wichtig zu sein, darauf hinzuweisen, dass sich zu diesem Zeitpunkt Fragestellung oder Anliegen des Fallgebers auf andere Aspekte der Situation verschoben haben kann als zu Beginn der kollegialen Beratung. Diese Verschiebung ist sogar üblich, da über die vor Augen geführten Resonanzbilder vorher übersehene oder überdeckte Aspekte der Situation augenblicklich in den Vordergrund geraten können und sich hierdurch die Sichtweise und das Bewusstsein über die gemeinte Situation verändern. Vorher nicht bewusste oder nicht gewusste Anforderungen können sich plötzlich in den Fokus der Aufmerksamkeit drängen. Dieses Einsehen und sich Gewahrwerden wesentlicher Aspekte und Anforderungen der Situation ist häufig mit starkem emotionalem Erleben verbunden.

- *»Angenommen, in den Resonanzbildern wären Lösungen schon enthalten: Welche Lösungen werden sichtbar?« »Welche Lösungen siehst du ein?« »Welche Lösungen kannst du aus den Bildern erkennen und aufdecken?«*

Nachdem der Fallgeber aus der Betrachtung der Resonanzbilder mögliche Lösungen mit Worten beschrieben und somit sprachlich erfasst hat, wird er aufgefordert, eine anklingende Lösungsidee durch ein Resonanzbild (Lösungsbild) visuell zum Ausdruck zu bringen.

- *»Welche Lösungsidee klingt in dir an?« »Durch welche Skizze, Symbol oder Bild wird eine Lösung am ehesten zum Ausdruck gebracht?«*

Der Fallgeber verdichtet und reduziert die erkannten und sprachlich erfassten Lösungen durch die analoge bildliche Form in eine Lösungsidee (als Beispiel siehe Abbildung 67).

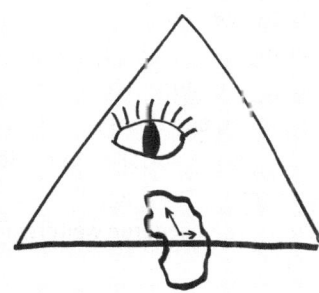

Abbildung 67: Lösungsbild von Aldo

Kommentar Aldo:
»Die drei Resonanzen wirken unglaublich stark in mir. Obwohl ich eigentlich gar keine Frage/Problemstellung formuliert habe, offenbart sich mir Folgendes: Die Zeit ist fließend, mehrdimensional, letztlich wenig relevant. Entscheidend wird die Umsetzung der Vision sein, was dann gelingen wird, wenn sowohl die Bedürfnisse der Bank, diejenigen

der Kunden und auch diejenigen der Mitarbeitenden in ausreichendem Maß berück-
sichtigt werden können (gleichseitiges Dreieck).

Als Verantwortlicher in diesem Prozess darf und kann ich mich darauf verlassen,
dass es ›schon gut kommt‹. Eine Art ›Master's Eye‹/höhere Macht wird dafür sorgen,
dass ich die kommenden Schritte mit Bedacht und dem richtigen Tempo angehen
werde. Dafür sorgen meine Erfahrung, meine Intuition, Empathie und meine Stärken
in der Kommunikation. Ich bin sehr zuversichtlich, dass es gut kommt. Und darf ange-
sichts der Komplexität auch zulassen, dass nicht alles hundertprozentig perfekt sein
wird. Ich werde sehr darauf achten, dass die ›Kräfte des Seins‹ meiner Mitarbeitenden
und auch von mir selber in ausreichendem Maße gestärkt sind, damit die kommenden
Schritte angegangen werden können.

e) Die Beratenden schreiben eine Geschichte zum Fall und entwickeln eine Lösung

Im letzten Schritt schreiben die Beratenden gemeinsam eine fallbezogene *res-sourcen- und lösungsorientierte Geschichte* für den Fallgeber (siehe als Beispiel Abbildung 68). Hierfür sitzen sie ohne den Fallgeber gesondert im Kreis und ver-wenden ein DIN-A3-Blatt Zeichenpapier. Jeder Beratende wählt einen Buntstift mit einer eigenen Farbe, sodass kenntlich wird, von welcher Person, welche Sätze geschrieben wurden. Die erste Person beginnt mit: »Es war einmal ...« Die links danebensitzende Person knüpft an und schreibt einen weiteren Satz. Nach der Reihe knüpft die jeweilige links danebensitzende Person an dem schon Geschriebenen an und setzt mit einem Satz die Geschichte fort. Die Beratenden sollten darauf achten, erkannte Ressourcen und Fähigkeiten des Fallgebers in die Erzählungen einzuflechten und die Geschichte mit einer Lösung zu beenden.

Je nachdem, wie weit die schreibende Person mit ihrem Satz inhaltlich von dem bisherigen Verlauf abweicht, erhält die Erzählung dramaturgische Wendungen, Höhen und Tiefen oder Überraschungen. Plötzlich können aus »heiterem Himmel« neue Figuren auftauchen oder völlig unvermutet Ereignisse vorfallen und wieder verschwinden, wenn diese von den anderen Schreibenden nicht aufgegriffen werden. Entweder werden die neu aufgeführten Erzählstränge von den anderen weitergeführt oder wieder auf den bisherigen Verlauf zurückgeführt.

Die Reihe des Schreibens wird solange fortgeführt, bis sich eine stimmige Lösung für die Situation des Fallgebers herausgebildet hat. Während des Schrei-bens der Geschichte wird nicht gesprochen.

Es war einmal

eine Möwe die flog übers Meer.
Sie flog gemeinsam mit ihren Artgenossen
und anderen Vögeln. Sie wusste genau,
wohin sie will. Der Eine hatte Hunger,
der Andere Durst. Deshalb erholten sie sich
für eine kurze Zeit, die einen tranken,
die anderen aßen. Die eingelegte Pause
war für alle Beteiligten sehr wichtig,
um gestärkt weiterfliegen zu können.
Dann rief ihnen eine Stimme:
»Wohin wollen wir uns hingeben?«
Die Führungs-Möwe sagte: »Folgt mir!«
Und es kam gut

Abbildung 68: Fallbezogene Geschichte der Beratenden

Kommentar Aldo: »Die Geschichte der Möwe ist für mich sehr bewegend und emotional. Ein ›Magic Moment‹. Sie trifft mein eigenes Resonanzbild, obwohl beides getrennt voneinander entstanden ist. Auch die Geschichte meiner Kollegen zeigt mir deutlich, dass ich Vertrauen in meine eigenen Fähigkeiten haben darf und ›es gut kommen‹ wird.«

Durch das Schreiben der Geschichte werden die vielfältigen und auch verschiedenen sinnlichen Eindrücke über den Fallgeber eingebettet in seinem Kontext verarbeitet und verdichtet. Entsprechend kann die Geschichte als *Metapher* und in diesem Sinne als *Analogie* für das Erleben des Fallgebers gesehen werden. Die Beratenden führen sich während des Schreibens die Momente vor Augen, die in ihnen am stärksten angeklungen sind und jetzt noch nachklingen. Je enger die Beratenden die Geschichte aus der gedanklichen Verbindung mit dem Fallgeber – in seinem Kontext eingebettet gesehen – schreiben, desto mehr entspricht sie seiner Existenz und ist in dem Sinne seiner *analog*. Durch das innere Sich-Vorführen und -Vergegenwärtigen der bildlichen Eindrücke über den Fallgeber geschieht aus dieser sinnlichen Anschauung das Schreiben der Geschichte eher (ein)sehend und somit intuitiv. Durch das innere Schauen wird ein Einsehen möglich, das dementsprechend in eine sinnbildliche Sprache und in diesem Sinne in eine Metapher übertragen wird.

Nach dem Schreiben liest eine Beraterin bzw. ein Berater die Geschichte dem Fallgeber vor und händigt diese ihm aus. Je mehr der Fallgeber sich in der Geschichte wiedererkennt, die Geschichte seinem Erleben analog ist, desto eher fühlt er sich gesehen und ist dann häufig sichtlich berührt. Die Geschichte bildet ein Medium, über das eine Ich-Du-Begegnung im Sinne von Martin Buber zwischen den Beratenden und dem Fallgeber möglich wird:

Über die Sinnbilder der Geschichte ist der gemeinte Mensch seiner Wesensart analog schaubar und einsehbar – intuitiv.

Abbildungsverzeichnis

Literatur

Andersen, T. (1990). Das reflektierende Team. Dialoge und Dialoge über Dialoge. Dortmund: Modernes Lernen.

Bandler, R. (1987). Veränderung des subjektiven Erlebens. Fortgeschrittene Methoden des NLP. Paderborn: Junfermann.

Bandler, R., Grinder, J. (1975/1992). Metasprache und Psychotherapie. Die Struktur der Magie I (7. Aufl.). Paderborn: Junfermann.

Bandler, R., Grinder, J. (1976/1994). Kommunikation und Veränderung. Die Struktur der Magie II (6. Aufl.). Paderborn: Junfermann.

Bandler, R., Grinder, J. (1984). Therapie in Trance. Hypnose: Kommunikation mit dem Unbewussten. Stuttgart: Klett-Cotta.

Bandler, R., Grinder, J. (1985). Reframing. Ein ökologischer Ansatz in der Psychotherapie (5. Aufl.). Paderborn: Junfermann.

Bartlett, F. C. (1932). Remembering. Cambridge: Cambridge University Press.

Bateson, G. (1972/1992). Ökologie des Geistes (4. Aufl.). Frankfurt a. M.: Suhrkamp.

Bateson, G. (1979/1993). Geist und Natur. Eine notwendige Einheit (3. Aufl.). Frankfurt a. M.: Suhrkamp.

Beisser, A. (1989/1997). Wozu brauche ich Flügel? Ein Gestalttherapeut betrachtet sein Leben als Gelähmter. Wuppertal: Hammer.

Bertalanffy, L. v. (1956). General Systems Theory. General Systems (Yearbook), 1, 1–10.

Bertalanffy, L. v. (1962). General System Theorie. A Critical Review. General Systems (Yearbook), 7, 1–20.

Böse, R., Schiepek, G. (1989). Systemische Theorie und Therapie. Ein Handwörterbuch. Heidelberg: Asanger.

Brugger, W. (1976). Philosophisches Wörterbuch. Freiburg: Herder.

Buber, M. (1922). Ich und Du. Leipzig: Insel.

Buber, M. (1953a). Hinweise – Gesammelte Werke. Zürich: Manesse.

Buber, M. (1953b). Between Man. New York: Beacon Press.

Buber, M. (1962). Das dialogische Prinzip. Heidelberg: Lambert Schneider.

Bühler, C., Allen, M. (1974). Einführung in die humanistische Psychologie. Stuttgart: Klett.

Ciompi, L. (1997/2005). Die emotionalen Grundlagen des Denkens. Entwurf einer fraktalen Affektlogik (3. Aufl.). Göttingen: Vandenhoeck & Ruprecht.

De Shazer, S. (1992). Der Dreh. Überraschende Wendungen und Lösungen in der Kurzzeittherapie (2. Aufl.). Heidelberg: Carl-Auer-Systeme.

Dettmann, U. (1999). Der radikale Konstruktivismus. Tübingen: Mohr Siebeck.

Doubrawa, E. (2002). Die Seele berühren. Erzählte Gestalttherapie. Wuppertal: Hammer.

Driesch, H. (1922). Geschichte des Vitalismus. Leipzig: Johann Ambrosius Barth.

Duden (1997). Herkunftswörterbuch – Etymologie der deutschen Sprache. Mannheim: Dudenverlag.

Foerster, H. v., Pörksen, B. (2011). Wahrheit ist die Erfindung eines Lügners. Gespräche für Skeptiker (9. Aufl.). Heidelberg: Carl-Auer.

Glasersfeld, E. v. (1981/1991). Einführung in den radikalen Konstruktivismus. In P. Watzlawick (Hrsg.), Die Erfundene Wirklichkeit. Wie wissen wir, was wir zu wissen glauben? (7. Aufl., S. 16–38). München: Piper.

Glasersfeld, E. v. (1985). Konstruktion der Wirklichkeit und des Begriffs der Objektivität. In Einführung in den Konstruktivismus. Beiträge von H. v. Foerster, E. v. Glasersfeld, P. M. Heijl, S. J. Schmidt u. P. Watzlawick (S. 9–39). Eine Veröffentlichung der Carl Friedrich von Siemens Stiftung. München: Piper.

Glasersfeld, E. v. (1997). Radikaler Konstruktivismus. Ideen, Ergebnisse, Probleme. Frankfurt a. M.: Suhrkamp.

Goulding, M., Goulding, R.-L. (1981). Neuentscheidung. Ein Modell der Psychotherapie. Stuttgart: Klett-Cotta.

Gremmler-Fuhr, M. (1999). Grundkonzepte und Modelle der Gestalttherapie. In R. Fuhr, M. Sreckovic, M. Gremmler-Fuhr (Hrsg.), Handbuch der Gestalttherapie (S. 345–392). Göttingen: Hogrefe.

Grimm, J., Grimm, W. (1854/1960). Deutsches Wörterbuch. Leipzig: Hirzel.

Guski, R. (1996). Wahrnehmen – ein Lehrbuch. Stuttgart: Kohlhammer.

Haken, H. (1981). Erfolgsgeheimnisse der Natur. Synergetik: Die Lehre vom Zusammenwirken (2. Aufl.). Stuttgart: Deutsche-Verlags-Anstalt.

Haken, H. (2004). Ist der Mensch ein dynamisches System. In A. v. Schlippe, W. C. Kriz (Hrsg.), Personzentrierung und Systemtheorie. Perspektiven für psychotherapeutisches Handeln (S. 68–77). Göttingen: Vandenhoeck & Ruprecht.

Hall, A. D., Fagen, R. E. (1956). Definition of System. General Systems (Yearbook), 1, 18–28.

Hartmann-Kottek, L. (2008). Gestalttherapie (2., aktual. u. erw. Aufl.). Berlin u. Heidelberg: Springer.

Historisches Wörterbuch der Philosophie (HWPh) (1971–2007). 13 Bände. Haupthrsg.: J. Ritter, K. Gründer, G. Gabriel. Basel: Schwabe.

Hülshoff, T. (2010). Über den Zusammenhang von Lernen, Persönlichkeitsentwicklung und Führungskultur im betriebs- und führungspädagogischen Kontext. In C. Negri (Hrsg.), Angewandte Psychologie für Personalentwicklung. Konzepte und Methoden für Bildungsmanagement, betriebliche Aus- und Weiterbildung (S. 70–80). Heidelberg: Springer.

Hüther, G. (2010). Die Macht der inneren Bilder. Wie Visionen das Gehirn, den Menschen und die Welt verändern. Göttingen: Vandenhoeck & Ruprecht.

Hycner, R. (1999). Für eine dialogische Gestalttherapie. In E. Doubrawa, F.-M. Staemmler (Hrsg.), Heilende Beziehung. Dialogische Gestalttherapie (S. 53–75). Wuppertal: Hammer.

Kant, I. (1787/1998). Kritik der reinen Vernunft. Hamburg: Felix Meiner.

Kepner, J. (1989). Körperprozesse. Ein gestalttherapeutischer Ansatz. Bergisch Gladbach: Edition Humanistische Psychologie.

Kiel, V. (2013). Gestalttherapeutische Prinzipien im Coaching. In E. Lippmann (Hrsg.), Coaching. Angewandte Psychologie für die Beratungspraxis (3., überarb. Aufl., S. 63–74). Berlin u. a.: Springer.

Kiel, V. (2013). Vom Sein über die Identität zur Neuorientierung: Phasen ganzheitlicher Teamentwicklung am Beispiel der Neukonstituierung Bayer Vital Marketing Consumer Care. In D. Eberhardt (Hrsg.), Together is better. Die Magie der Teamarbeit entschlüsseln (S. 99–111). Heidelberg: Springer.

Kiel, V. (2016). Systemische Beratung und die Resonanzbildmethode. Dissertation. Universität Koblenz-Landau.

Kiel, V., Lippmann, E. (2013). Imaginationen: Der Einsatz imaginativer Verfahren in Coaching und Teamentwicklung. Werkzeugkiste Nr. 36. OrganisationsEntwicklung, 3, 86–90.

König, E., Vollmer, G. (2008). Handbuch systemische Organisationsberatung. Weinheim: Beltz.

Königswieser, R., Hillebrand, M. (2007). Einführung in die systemische Organisationsberatung (3., überarb. Aufl.). Heidelberg: Carl-Auer.

Kriz, J. (1992). Chaos und Struktur. Grundkonzepte der Systemtheorie. München: Quintessenz.

Kriz, J. (1995a). Naturwissenschaftliche Konzepte in der gegenwärtigen Diskussion zum Problem der Ordnung. Gestalt Theory, 17 (2), 153–163.

Kriz, J. (1995b). Probleme bei der Beschreibung von Strukturbildung im psychosozialen Bereich mittels naturwissenschaftlicher Konzepte. Gestalt Theory, 17 (3), 205–216.

Kriz, J. (2013). Die Personzentrierte Systemtheorie in der Beratung. In S. B. Gahleitner, I. Maurer, E. Oja Ploil, U. Straumann (Hrsg.), Personzentriert beraten: alles Rogers? Theoretische und praktische Weiterentwicklungen (S. 99–130). Weinheim u. Basel: Beltz Juventa.

Kriz, J. (2014). Systemtheorie ist mehr als Autopoiese. Familiendynamik, 39 (3), 267–270.

Kriz, J. (2017). Subjekt und Lebenswelt. Personzentrierte Systemtheorie für Psychotherapie, Beratung und Coaching. Göttingen: Vandenhoeck & Ruprecht.

Laotse Tao te King (1921). Das Buch des Alten vom Sinn und Leben. Jena: E. Diederichs.

Laing, R. D., Phillipson, H., Lee, A. R. (1971). Interpersonelle Wahrnehmung. Frankfurt a. M.: Suhrkamp.

Levin, P. (1988). Cycles of power. A user's guide to the seven seasons of life. Deerfield Beach, FL: Health Communication.

Lewin, K. (1963/2012). Feldtheorie in den Sozialwissenschaften. Ausgewählte theoretische Schriften. Bern: Huber.

Ludewig, K. (1992). Systemische Therapie. Grundlagen klinischer Theorie und Praxis. Stuttgart: Klett-Cotta.

Ludewig, K. (2009). Einführung in die theoretischen Grundlagen der systemischen Therapie (2., aktual. Aufl.). Heidelberg: Carl-Auer.

Ludewig, K. (2011). Psychische Systeme – ein nützliches Konzept für die systemische Praxis? Familiendynamik, 36, 222–238.

Ludewig, K. (2013). Entwicklungen systemischer Therapie: Einblicke, Entzerrungen, Ausblicke. Heidelberg: Carl-Auer.

Ludewig, K. (2015). Systemische Therapie. Grundlagen, klinische Theorie und Praxis. Stuttgart: Klett-Cotta.

Lumma, K., Michels, B., Lumma, D. (2009). Quellen der Gestaltungskraft. Ein Lehrbuch zum lebendigen Lernen mit Tafeln, Minilektionen, Merksätzen und bebilderten Praxisbeispielen. Hamburg: Windmühle.

Lumma, K., Michels, B., Lumma, D. (2013). Resilienz-Coaching – Führungskräfte-Handbuch. Das A und O der orientierungsanalytischen Gestaltung von Beratungsprozessen. Hamburg: Windmühle.

Maslow, A. (1973). Die Psychologie des Seins. Ein Entwurf. München: Kindler.

Maturana, H. R. (1985). Erkennen: Die Organisation und Verkörperung von Wirklichkeit (2. Aufl.). Braunschweig: Vieweg.

Maturana, H. R. (1994). Was ist Erkennen? München: Piper.

Maturana, H. R., Pörksen, B. (2002). Vom Sein zum Tun. Die Ursprünge der Biologie des Erkennens. Heidelberg: Carl-Auer.

Maturana, H. R., Varela, F. (1987). Der Baum der Erkenntnis. Die biologischen Wurzeln des menschlichen Erkennens. München u. a.: Scherz.

Meister Eckhart (1963). Die deutschen und lateinischen Werke. Bd. 5: Meister Eckharts Traktate. Stuttgart: Kohlhammer.

Metzger, W. (1940/2001). Psychologie – Entwicklung ihrer Grundannahmen seit der Einführung des Experiments (6. Aufl.). Wien: Krammer.

Neisser, U. (1979). Kognition und Wirklichkeit. Prinzipien und Implikationen der kognitiven Psychologie. Stuttgart: Klett-Cotta.

Parlett, M. (1999). Feldtheoretische Grundlagen gestalttherapeutischer Praxis. In R. Fuhr, M. Sreckovic, M. Gremmler-Fuhr (Hrsg.), Handbuch der Gestalttherapie (S. 279–293). Göttingen: Hogrefe.

Perls, F. (1969/1981). Gestaltwahrnehmung. Verworfenes und Wiedergefundenes aus meiner Mülltonne. Fulda: Verlag für Humanistische Psychologie.

Perls, F. (1974). Gestalt-Therapie in Aktion. Stuttgart: Klett-Cotta.

Perls, F. (1976). Grundlagen der Gestalttherapie. Einführung und Sitzungsprotokolle. München: Pfeiffer.

Perls, F., Hefferline, R., Goodmann, P. (1951/1991). Gestalttherapie. München: dtv.

Piaget, J. (2014). Meine Theorie der geistigen Entwicklung. Hrsg. v. Reinhard Fatke (3. Aufl.). Weinheim u. Basel: Beltz.

Polster, E. (1987). Jedes Menschenleben ist einen Roman wert. Köln: Edition Humanistische Psychologie.

Polster, E., Polster, M. (1983). Gestalttherapie. Theorie und Praxis der integrativen Gestalttherapie. Frankfurt a. M.: Fischer.

Portele, H. (1999). Gestaltpsychologische Wurzeln der Gestalttherapie. In R. Fuhr, M. Sreckovic, M. Gremmler-Fuhr (Hrsg.), Handbuch der Gestalttherapie (S. 263–278). Göttingen: Hogrefe.

Quitmann, H. (1996). Humanistische Psychologie. Philosophie. Psychologie. Organisationsentwicklung (3. Aufl.). Göttingen: Hogrefe.

Rehfus, W. D. (Hrsg.) (2005). Handwörterbuch der Philosophie. Göttingen: Vandenhoeck & Ruprecht.

Resnick, S. (1975). Gestalt-Therapie. Psychologie heute, 2, 68.

Rilke, R. M. (1929). Briefe an einen jungen Dichter. Leipzig: Insel Verlag.

Satir, V. (2011). Das Satir-Modell. Familientherapie und ihre Erweiterung (4. Aufl.). Paderborn: Junfermann.

Schiepek, G., Eckert, H., Kravanja, B. (2013). Grundlagen systemischer Therapie und Beratung. Psychotherapie als Förderung von Selbstorganisationsprozessen. Göttingen u. Bern: Hogrefe.

Schlippe, A. v., Schweitzer, J. (1996). Lehrbuch der systemischen Therapie und Beratung I. Das Grundlagenwissen. Göttingen: Vandenhoeck & Ruprecht.

Schlippe, A. v., Schweitzer, J. (2010). Systemische Interventionen (2. Aufl.). Göttingen: Vandenhoeck & Ruprecht.

Schlippe, A. v., Schweitzer, J. (2013). Lehrbuch der systemischen Therapie und Beratung I. Das Grundlagenwissen (2. Aufl.). Göttingen: Vandenhoeck & Ruprecht.

Schmeer, G. (1994). Krisen auf dem Lebensweg. Psychoanalytisch-systemische Kunsttherapie. Stuttgart: Klett-Cotta.

Schmeer, G. (2003). Kunsttherapie in der Gruppe. Vernetzung – Resonanzen – Strategeme. Stuttgart: Klett-Cotta.

Schmeer, G. (2006). Die Resonanzbildmethode. Visuelles Lernen in der Gruppe. Stuttgart: Klett-Cotta.

Schmeer, G. (2015). Ein Leben – eine Lehre. Wege zur Kunsttherapie und ein didaktisches Konzept 1926–2015. Graz: Erato

Schmeer, G. (2016). Interview mit Gisela Schmeer von Volker Kiel. Abgedruckt im Anhang dieses Bandes.

Schmidt, G. (2008). Einführung in die hypnosystemische Therapie und Beratung (2. Aufl.). Heidelberg: Carl-Auer-Systeme.

Schoen, S. (1990). Geistesgegenwart. Philosophie und literarische Grundlagen einer weisen Psychotherapie. Köln: Edition Humanistische Psychologie.

Schoen, S. (1996). Wenn Sonne und Mond Zweifel hätten. Gestalttherapie als spirituelle Suche. Wuppertal: Peter Hammer.

Schwing, R., Fryszer, A. (2007). Systemisches Handwerk. Werkzeug für die Praxis (2. Aufl.). Göttingen: Vandenhoeck & Ruprecht.

Simon, F. B., Clement, U., Stierlin, H. (1999). Die Sprache der Familientherapie. Kritischer Überblick und Integration systemtherapeutischer Begriffe, Konzepte und Methoden (5., völlig überarbeitete und erweiterte Aufl.). Stuttgart: Klett-Cotta.

Sparrer, I. (2017). Einführung in Lösungsfokussierung und Systemische Strukturaufstellungen (4. Aufl.). Heidelberg: Carl-Auer-Systeme.

Stevens, B. (1970/2000). Don't push the river. Gestalttherapie an ihren Wurzeln. Wuppertal: Peter Hammer.

Stevens, B., Rogers, C. (1967/2001). Von Mensch zu Mensch. Möglichkeiten, sich und anderen zu begegnen. Wuppertal: Peter Hammer.

Stevens, J. O. (1971/1996). Die Kunst der Wahrnehmung. Übungen der Gestalttherapie (14. Aufl.). Gütersloh: Kaiser.

Storch, M., Cantieni, B., Hüther, G., Tschacher, W. (2010). Embodiment. Die Wechselwirkung von Körper und Psyche verstehen und nutzen (2., erw. Aufl.). Bern: Huber.

Strunk, G., Schiepek, G. (2006). Systemische Psychologie. Einführung in die komplexen Grundlagen menschlichen Verhaltens. Heidelberg: Spektrum Akademischer Verlag.

Strunk, G., Schiepek, G., (2014). Therapeutisches Chaos. Eine Einführung in die Welt der Chaostheorie und Komplexitätsforschung. Göttingen u. Bern: Hogrefe.

Stützle-Hebel, M., Antons, K. (2017). Einführung in die Praxis der Feldtheorie. Heidelberg: Carl-Auer-Systeme.

Trüb, H. (2015). Heilung aus der Begegnung. Überlegung zu einer dialogischen Psychotherapie. Bergisch Gladbach: EHP.

Uexküll, J. v. (1920). Theoretische Biologie. Berlin: Paetel.

Walter, H. J. (1977). Gestalttheorie und Psychotherapie. Darmstadt: Steinkopff.

Watzlawick, P. (1976/1992). Wie wirklich ist die Wirklichkeit? Wahn-Täuschung-Verstehen (20. Aufl.). München: Piper.

Watzlawick, P. (1977/1991). Die Möglichkeit des Andersseins. Zur Technik der therapeutischen Kommunikation (4. Aufl.). Bern: Huber.

Watzlawick, P. (1981/1991a). Selbsterfüllende Prophezeiungen. In P. Watzlawick (Hrsg.), Die Erfundene Wirklichkeit. Wie wissen wir, was wir zu wissen glauben? (7. Aufl., S. 90–110). München: Piper.

Watzlawick, P. (Hrsg.) (1981/1991b). Die erfundene Wirklichkeit. Wie wissen wir, was wir zu wissen glauben? (7. Aufl.). München: Piper.

Watzlawick, P. (1985/1998). Wirklichkeitsanpassung oder angepasste »Wirklichkeit«? – Konstruktivismus und Psychotherapie. In Einführung in den Konstruktivismus. Beiträge von H. v. Foerster, E. v. Glasersfeld, P. M. Heijl, S. J. Schmidt u. P. Watzlawick. Eine Veröffentlichung der Carl Friedrich von Siemens Stiftung (4. Aufl., S. 89–107). München: Piper.

Watzlawick, P., Beavin, J. H., Jackson, D. D. (1967/1990). Menschliche Kommunikation. Formen, Störungen, Paradoxien (8. Aufl.). Bern: Huber.

Watzlawick, P., Weakland, J. H., Fisch, R. (1974/1992). Lösungen. Zur Theorie und Praxis menschlichen Wandels (5. Aufl.). Bern: Huber.

Yontef, G.-M. (1999). Gestalttherapie als dialogische Methode. In E. Doubrawa, F.-M. Staemmler (Hrsg.), Heilende Beziehung. Dialogische Gestalttherapie (S. 24–52). Wuppertal: Peter Hammer.

Zimbardo, P. G. (1992). Psychologie (5., neu übers. und bearb. Aufl.). Berlin: Springer.

Anhang: Interview mit Gisela Schmeer

Das folgende, transkribierte Interview mit Prof. Dr. Gisela Schmeer habe ich am 8. Januar 2016 in ihrem Haus in München geführt – meine Fragen und Anregungen sind kursiv gesetzt.[10]

I Allgemeines Verständnis der Resonanzbildmethode

I.1 Wie ist die Resonanzbildmethode entstanden?

Mitte der 1980er Jahre hatte ich in einem Seminar – ich glaube von Frau Prof. Schottenloher – mal miterlebt, dass jemand sagte: »Meine Nachbarin hat in ihrem Bild einen Lösungsansatz für mein Problem.«

Da ich damals vorwiegend mit Therapiegruppen arbeitete, wurde ich hellhörig: Das Bild einer anderen Gruppenteilnehmerin wird irgendwie als Antwort auf eine im eigenen Bild dargestellte Frage erlebt.

Es war auch die Zeit, wo ich bei Bert Hellinger und Matthias Varga von Kibéd den systemischen Ansatz in der Psychotherapie kennenlernte.

Ich erlebte damals immer bewusster und in vielen Variationen das Wirken innerhalb meiner Gruppen und war fasziniert, bezaubert, verzaubert. Ich musste anfangen, zu analysieren – und zu dokumentieren.

Trotzdem ist es gar nicht leicht, heute, nach 10–15 Jahren rückblickend die vielen Faktoren zu benennen, die schließlich zu der zusammenfassenden Darstellung in dem Buch »Die Resonanzbildmethode« geführt haben. Es ist, wie wenn man zehn Jahre nach einer Geburt noch mal alle Gefühle wiedererwecken und beschreiben soll, die man in der Schwangerschaft hatte. Besonders schwierig, wenn danach noch andere Schwangerschaften (Bücher) entstanden sind.

---

10 Hervorhebungen, Aufzählungen und Absätze in ihren Antworten hat Gisela Schmeer bei Durchsicht der Transkription des Interviews selbst angebracht.

Bei der Entwicklung der Resonanzbildmethode habe ich das oben beschriebene flüchtige, kurze, aber wichtige Erlebnis wohl aufgegriffen. Allerdings habe ich nie gezielt mögliche Bildelemente einer Nachbarin zum Ausgangspunkt einer Antwort für die Nachbarin gemacht.

Sondern ganz anders: Nach der Vorstellung der Initialbilder in der Gruppe habe ich alle aufgefordert, die ausgebreiteten Bilder noch mal Revue passieren zu lassen und zu schauen, ob es da ein Bild gibt, das besonders berührt, interessiert, neugierig gemacht hat. Es ging also von Anfang an *nicht* darum, ob da ein anderes Gruppenmitglied einen Lösungsvorschlag macht, der aufgegriffen wird. *Sondern* es ging darum, dass ein *Thema* aufgegriffen wurde – das bis dahin vielleicht im Schatten lag –, übernommen wird und für Überraschung (!) sorgt. Durch das Aufgreifen dieses Themas, das erst mal scheinbar nichts mit dem Resonanzbildzeichner zu tun hat, kommt es zu einer erweiterten Sicht, d. h., das überraschende (dunkle, bis dahin unbewusste) Thema wird im Resonanzbild aufgegriffen und angesprochen – im Sinne von Erweiterung, einer *ganzheitlichen* therapeutischen Sicht (Individuation). Ich habe nie gewollt, dass Antworten gefunden werden, sondern Themen und Ausgeklammertes und Unerwartetes. Das Thema taucht plötzlich auf, und es geht darum, es zu integrieren in das, was der Maler schon weiß oder meint zu wissen.

Und was wären das für Themen, die auftauchen?

Das ist millionenfach. Miniandeutungen von Themen. Die Resonanzbilder sind keine groß durchdachten Bilder, sondern ganz flüchtig. Keine großen Themen, sondern ein Moment, der etwas antriggert. Das mache ich dann in der Einzelsitzung zum vertieften Thema. Erst sekundär kommt oft ein Denkprozess und die Teilnehmer fragen sich »Was könnte das sein?« Dies wird dann hinten draufgeschrieben.

Du beschreibst Vorstellungen, die ausgelöst werden bei den anderen.

Es sind bildhafte flüchtige Vorstellungen, die manchmal schwer einzufangen sind für die Leute. Sie machen dann irgendwas, was etwas damit zu tun hat, und genau dieses »Irgendwas« führt oft zu einer wichtigen Thematik.

Von den Vorstellungen, die beim Betrachten der Bilder entstehen, wird unter einem gewissen Zeitdruck eine Auswahl getroffen, indem man sich auf genau ein Bild bezieht. Die Teilnehmer betrachten die Bilder und stellen fest, was komisch, irritierend oder interessant in einem bestimmten Bild war. Dieser Auswahlprozess ist das Besondere. Er ist nicht reflektiert, sondern scheinbar zufällig.

Hängt diese Auswahl der Vorstellungen mit der persönlichen Geschichte zusammen?

Ja, aber es sind oft unbewusste Anteile und oft sind es auch nicht unbedingt bedeutende Themen, aber im Kontext mit dem Initialbild immer sehr interessant. Es ist nicht unbedingt das Thema, das den Menschen besonders beschäftigt, nur etwa bei 50 % ist das der Fall. Vielleicht ist es auch das Thema des Vaters, das plötzlich auftaucht. Auf jeden Fall ein interessantes Thema, das überraschend und unerwartet ist. Daher ist eine große Gruppe von 12–16 Leuten durch die vielen Initialbilder besonders sinnvoll.

Ich stelle mir vor, der ganze Raum ist voller Informationen und dann kommt der Moment, in dem die Teilnehmer sich für etwas entscheiden. Das ist sehr wenig kognitiv und nicht reflektiert.

I.2 Wie würdest du die »Resonanzbildmethode« allgemein beschreiben?

Nach der Vorstellung der Initialbilder, auf denen jeder Teilnehmer ein aktuelles Thema, Problem oder einen Traum (aus den letzten zwei Tagen) mit Wasserfarben gemalt hat, werden alle Initialbilder im Gruppenkreis ausgebreitet. Jeder besinnt sich noch mal auf die Vorstellungsrunde und versucht, sich zu erinnern, welches der Bilder ihn besonders berührt, neugierig gemacht hat. Und zu diesem Bild zeichnet er mit schwarzem Filzstift ein Resonanzbild (18 × 21,5 cm). Wie er will. Dann notiert er auf der Rückseite ein Wort oder einen Satz dazu.

I.3 Welche theoretischen Ansätze haben dich – bezogen auf die Resonanzbildmethode – beeinflusst?

- Der *Wartegg-Zeichentest,* den ich zwischen 1951 und 1955 in der Psychosomatischen Beratungsstelle bei jedem Kinderpatienten in der Universitätskinderpoliklinik ausführen, beschreiben, d. h. protokollieren, musste.
- Literatur von *Rudolf Arnheim:* »Anschauliches Denken«.
- Dass ich ein kleines Format auswählte und den Filzstift – das war ein intuitiver Moment, ungeheuer wichtig, es hatte damit zu tun, dass ich eine *Vorliebe für die Reduktion von Bildinhalten und Bilddynamiken* habe und mir schon immer Seminar-Erinnerungsnotizen und Handouts für die Teilnehmer in zeichenhafter Form gemacht habe.
- Die *Psychodynamik-Skizze* ist ein mir seit Jahrzehnten vertrautes Medium, um mich an therapeutische Situationen – Erkenntnisse aus Einzelsitzungen etc. – zu erinnern. Die Reduktion von Bildinhalten in einer Skizze.

- Das Experiment von *Marianne Simmel* und *Fritz Heider* aus den 1940er Jahren: Die menschliche Psyche erzeugt beim Betrachten von Zeichen Zusammenhänge, Bedeutungen und Geschichten, wo primär gar keine sind. Zum Beispiel eine Eifersuchtsszene wird aus Dreiecken gedichtet.
- *Erik Kandel:* »Auf der Suche nach dem Gedächtnis« (Schaltkreise, »Systeme« im Gehirn), 2006.
- *Alexander Kluge:* »Geschichten vom Kino«, 2007. Der Film besteht aus Sequenzen mit Lücken, die das Gehirn aber nicht erkennt. Der Sinnzusammenhang entsteht durch das Schneiden, ähnlich der Sequenzen der einzelnen Resonanzbilder, die sich in eine Reihenfolge legen lassen. Durch verschiedene Arten des Legens kann ich etwas Unsinniges, etwas Regressives und etwas Progressives legen. Man sieht mit der Zeit die Macht dieser Sequenzen. Dabei helfe ich und bin auch etwas direktiver, wenn jemand keinen Einfall hat. Es kommt dabei darauf an, ein Modell von Entwicklung abzubilden.
- Ich erkannte die Bedeutung der *Lücken* (!) bei den Bildsequenzen (Angebot für Projektionen). Ich mache das, wenn mehrere Personen aus der Gruppe auf ein Initialbild reagieren, so habe ich zum Beispiel acht Resonanzen, mit denen ich mit einem Teilnehmer eine große Sequenz legen kann. Der Teilnehmer, der das Initialbild gemalt hat, legt mit meiner Hilfe eine progressive Sequenz. Sein eigenes Resonanzbild wird dabei außer Acht gelassen, es geht dabei um einen anderen Prozess. Nur manchmal passt es vielleicht an den Schluss, wenn die Sequenz zu keiner Lösung führt. Das ist die Potenz einer Gruppe, indem etwas völlig Neues, Kreatives angeliefert wird.
- Studium der *Comic-Theorien:* Auch Comics haben immer eine kleine Lücke und der Leser muss den Sprung mit seiner Phantasie schaffen. Lücken werden gefüllt durch die Aktivität des Gehirns des Betrachters. Dadurch werden Sinnzusammenhänge und Bedeutungen gefunden. Im Beratungskontext hat der Sinn, der gefunden wird, mit der persönlichen Entwicklung zu tun. Irgendein Thema oder Entwicklungsschritt taucht neu auf und wird noch einmal angeschaut.
- *Die systemischen Aufstellungen von Matthias Varga von Kibéd.* An eine eigene Grenze gelangte ich, als ich bei Matthias an einer *Sprachlichen Oberflächenstrukturaufstellung (SOA)* teilnahm. Es war mein höchster Wunsch, gewisse Schlüsselsätze aufzustellen, z. B. negative Glaubenssätze wie den in der Kunsttherapie häufig zu hörenden Satz: »Ich kann nicht malen.« Matthias bezog in diesem Seminar philosophisch-mathematische Formeln ein, die er an der Tafel entwarf und die ich irgendwann nicht mehr verstand und kapitulierte. Mein großes Anliegen, den Satz »Ich kann nicht malen« aufzustellen, blieb unerfüllt.

- Bei *Bert Hellinger* war es teilweise sehr emotional, aber sehr gut, vor allem in den 1980er Jahren. Das hat sich dann ins Prophetische verändert. Aber ich lasse nichts auf ihn kommen. Damals war es ein Geheimtipp, es war eine ganz andere Sicht, Systeme zu betrachten.
- Der *Regelkreis* – eine mir aus dem Medizinstudium her bekannte und vertraute kreiskausale Dynamik (z. B. in der Physiologie). Speziell zum Thema Bildsequenzen:
- Reisen nach *Ägypten*, bei denen ich die Bildsequenzen in den Gräbern studieren konnte.

I.4 Welche weiteren Einflüsse kamen aus der Praxis und von den Teilnehmern?

- Ein Assistent erinnerte mich und die Gruppe mehrmals daran, dass es einen mathematischen Schlüssel, die Fakultät gibt: Eine Möglichkeit auszurechnen, wie viele Variationen von Sequenzen aus z. B. fünf Resonanzbildern möglich sind ($5! = 5 \times 4 \times 3 \times 2 \times 1 = 120$). Man sieht dann, dass man eigentlich immer irgendeinen Sinn findet. Der Klient hat die Möglichkeit, eine passende Geschichte zu bilden. Es geht aber auch darum, etwas für die Gruppe exemplarisch zu legen, da die Demonstrationen zur Ausbildung der Teilnehmer dienen. Meist werden allgemeingültige Geschichten gelegt, z. B. vom Allgemeinen zum Speziellen oder vom Konflikthaften zum gelassenen Zentrierten. Das Legen ist Übungssache und da bin ich direktiv.
- Natürlich sind auch von sehr intelligenten Teilnehmern Einfälle aufgetaucht, die ich im Laufe der Jahre miteinbezogen habe.

I.5 Was könntest du noch zum allgemeinen Verständnis der Resonanzbildmethode sagen?

Die Bedeutung der Bildsequenzen und der Lücken: Einen besonderen Beitrag zur Lösung eines aktuellen Konfliktes oder einen Lösungsweg bietet die Resonanzbildmethode, wenn mehrere Teilnehmer auf das gleiche Initialbild eines Gruppenmitglieds reagiert haben. Ich setze mich mit der Malerin des Initialbildes auf einen Schemel, lasse sie ihr Initialbild hinlegen und fordere all diejenigen auf, die ein Resonanzbild auf eben dieses Initialbild gemacht haben, ihr Resonanzbild herzuleihen. Dann beginnen wir eine *Sequenz* zu legen. Und es ergibt sich tatsächlich ein Lösungsansatz, es ergeben sich *Schritte,* neue Sichtweisen, eine unglaubliche therapeutische Potenz in der Gruppe.

Eine ganz andere Methode ist – und dazu setze ich mich auch anders hin, damit es nicht zur Verwirrung kommt – die Arbeit mit einem Initialbild und einem Resonanzbild desselben Teilnehmers. Manchmal kommt es zu Verwirrungen dieser beiden Methoden. Beim einen geht es um eine allgemeingültige Sequenz, bei der anderen Methode geht es allein um den, der das Initialbild und das Resonanzbild gemalt hat.

II Systemtheoretisches und erkenntnistheoretisches Verständnis

II.1 *Was sind für dich die wesentlichen Merkmale eines »Systems«?*

Meine langjährigen praktischen Erfahrungen mit Systemen beschränken sich auf bildliche Vorstellungen folgender Systeme:
- den menschlichen Organismus,
- das synaptisch-neuronale System,
- das innerpsychische System (Psychodynamik), das Unbewusste, die Ich-Strukturen, die Traumdynamik, Verdrängung, Verschiebung etc.,
- Familiensysteme,
- Gruppensysteme,
- wenig: Organisationssysteme.

Mit übergreifenden Systemen und Systemtheorien habe ich mich kaum beschäftigt.

Psychodynamik etc. kann ich mir gut bildlich vorstellen. Allerdings, wenn ich es dann zeichnen lasse, kann es manchmal ganz anders sein, als ich es mir vorgestellt habe. Das war ein ganz wichtiger Moment für mich. Ich kann gar keinen Therapeuten verstehen, der nicht malen lässt und sich diese Dokumentation entgehen lässt.

Die klassische Psychoanalyse geht davon aus, dass der Therapeut die Vorstellungen des Klienten nachvollziehen kann.

Das Malen ist ja die Realitätskontrolle, die man braucht, finde ich. Die Bildebene von Vorstellungen lässt sich nur begrenzt sprachlich dem Therapeuten vermitteln, deshalb ist er meines Erachtens arm dran, wenn er keine Bilder miteinbezieht. Aber dieses Vorurteil, das es in der Psychoanalyse gegenüber Bildern gibt, ist, dass es Ausagieren ist. Für mich ist es eher die Korrektur der einseitigen

Sicht des Zuhörers. Daher habe ich auch mein Buch als Bilderbuch geschrieben und nicht wie viele andere Bücher »aus der Szene« mit kleiner Schrift und ohne Bilder. Mit dieser Art setze ich mich einer gewissen Kritik aus. Ich wollte zeigen, dass der Therapeut nicht aus seiner Biografie heraustreten kann.

Jeder Mensch macht sich seine eigenen Vorstellungen und Bilder und sorgt dafür, dass diese bildlichen Vorstellungen auch durch Bilder zum Ausdruck gebracht werden können. Aber diese Bilder sind nicht die bildlichen Vorstellungen, die wir im Kopf haben. Es ist lediglich das Abbild einer bildlichen Vorstellung.

Ja, und ohne sprachlichen Kommentar sind sie gefährlich, Deutungen ohne den sprachlichen Kommentar des Malers. Natürlich hat man im Laufe der Jahrzehnte Deutungskriterien, dass man auf den ersten Blick das ein oder andere sieht. Künstler schauen Bilder auf eine ganz andere Weise an als ich. Sie stellen die ästhetische Komponente mehr in den Mittelpunkt, was ich nie ganz verstanden habe. Ich bin geformt durch meine Ausbildung als Psychotherapeutin, nicht als Künstlerin.

Durch die ästhetische Betrachtung der Bilder wird ein gewisses Schema auf die Bilder gelegt, durch das das Bild gedeutet wird.

Ob sie dadurch deuten, weiß ich nicht, aber sie arbeiten damit. Sie bringen über ästhetische Prozesse die psychischen Prozesse in Bewegung. Das kann ich nicht und kann es mir auch nicht aneignen.

Dein Ansatz ist eher, dass der Klient sein Anliegen aufzeigt, ohne dass es nach ästhetischen Kriterien bewertet wird. Dann ist der Klient frei, es nach seinen Ausdrucksmöglichkeiten zu erschaffen.

Wenn man den Patienten dann gehört hat, kann man kleine Deutungsversuche machen, als Angebote. Voraussetzung ist, dass der Klient sein Bild erst beschreibt und man sehr genau zuhört. Das habe ich in meinem Buch beschrieben, wie sich das Feld an Informationen beim zuhörenden Therapeuten aufbaut. Diesen Zustand, aufgrund dessen man überhaupt kunsttherapeutisch anfängt zu arbeiten.

Der Therapeut macht sich seine Vorstellungen über den Klienten, aber das ist nur ein Teil. Dann kommen die Eindrücke des Patienten. Und dann kommt mein Erfahrungsspeicher, der sich auch hineinmischt. Das ist in meinem letzten Buch detailliert beschrieben.

Aufgrund deiner Erfahrungen und deines Wissens machst du dir auch eine Vorstellung dessen, was der Klient dir anbietet an Worten und auch an Bildern.

In das Feld kommen Informationen vom Klienten, vom Bild und von meinem Inneren. Eine Suspension entsteht, wenn sich zwei Essenzen, die sich nicht vertragen, mischen. Dann entsteht ein Schwebezustand (z.B. zwischen Öl und Wasser), und irgendwann mischt es sich. So ist es mit den Angeboten des Klienten und mit meiner Erfahrungsinformation; und wie von selber, wenn man nur warten kann, kommt die gute Frage aus diesem Feld. Alles hängt drin in dem Feld und man hält es aus, dass es sich noch nicht formulieren lässt, und auf einmal kommt dieses evidente Gefühl: »Jetzt frage ich das.«

II.2 Wie würdest du die Gruppe als soziales System beschreiben?

Eine soziale Gruppe ist für mich ein Aufeinanderbezogensein verschiedener Menschen, zum Teil ohne es zu wissen. Anders als wenn man eine Party plant etc., da ist die Bezogenheit viel klarer. Ich habe z.B. einmal ein Resonanzbild auf das Reinkommen machen lassen: Sie kannten noch niemanden und kamen rein; also eine Resonanz auf die Gruppe oder auf jemanden aus der Gruppe, ehe die Gruppe anfing. Das System ist sofort aktiv, wenn jemand in die Türe kommt oder rausgeht oder sich neben den oder den setzt.

Man macht sich bereits Vorstellungen …

… auch Zweifel und Phantasien. Also bewusstes und unbewusstes Bezogensein einer Gruppe (von Menschen).

Ich erlebe stumme Systeme/laute Systeme/vibrierende Systeme/Systemabspaltungen (z.B. seltsame Sitzordnungen aus Angst)/starre Systeme. Systemische »Symptome« sind dabei: Delegationen an die anderen/sich heraushalten (wollen)/das System steuern und dominieren (wollen). Das sind Sachen, die laufen von den ersten Minuten an, ohne dass es eigentlich angefangen hat. Das ist ein System, das mehr unbewusst läuft.

Therapie von Systemen *(Gruppentherapie)*, wie ich mit dem System umgehe: Zum Beispiel provoziere ich das System, indem ich mich davorsetze und ein unerwartetes Thema einleite:
- Provokation (»Ich habe gehört, es gab ein Problem im Aufzug/im Liegewagen.«)
- Jemand verlässt plötzlich den Raum aus Erschütterung, Angst, Feindseligkeit.
- Jemand kommt zu spät.
- Jemand hört auf/jemand stirbt.

Durch meine Provokation wird es emotional oder auch erotisch. Ein System wird dadurch kreiert. Dann lasse ich die anderen, die rundherum sitzen, ein Resonanzbild machen über die Szene in der Mitte. Dann projiziere ich diese Bilder an die Wand.

Durch deine Provokation wird dann bei den Teilnehmern in der Mitte eine Vorstellung aktiviert.

Ja, man muss dabei auch aufpassen, dass es nicht eskaliert. Dass z. B. einer in die Rolle kommt, die er schon immer hatte. Es ist kein Partyspiel, kein Zeitvertreib. Die Resonanzen werden zu Lehrzwecken auf der Wand gemacht und dann verarbeitet. Das ist sehr aufwühlend unter Umständen.

Das Resonanzbild gibt dann wiederum eine Auskunft über den, der das Bild gemalt hat.

Ja, es kann dann wieder mit seinem Initialbild verknüpft werden. Dadurch kriegt man wieder einen neuen Aspekt der Situation.

II.3   Wie würdest du »psychische Systeme« beschreiben?

Bewusste und unbewusste Dynamiken (z. B. im Traum), die in dauerndem Fluss und in Auseinandersetzung sind (Verdrängung, Abspaltung, Integration etc.).

Die bildlichen Vorstellungen, die wir uns machen, sind bewusst oder unbewusst.

Ja, mehr oder weniger. Ich glaube, es gibt Menschen, die anschaulich denken, und solche, die sich eher kognitiv auseinandersetzen: bildhafte und abstrakte Denker.
   Durch den Druck, die Vorstellungen aufzuzeichnen, werden sie in einen höheren Grad an Bewusstheit gezwungen. Man wird gezwungen, sich zwischen den fluktuierenden Vorstellungen festzulegen.

II.4   Wie würdest du die bildliche und sprachliche Ebene menschlichen Erkennens beschreiben?

Das sprachliche Erkennen ist *immer* auch

* verquickt mit bildlichen Elementen: Mimik, Körperbewegungen beim Sprechen und akustischen Elementen: die Stimme;

- verquickt mit Gesprächsatmosphäre;
- abhängig von einer mehr begrifflich formulierten Sprache oder einer mehr erzählenden, bildhaften Sprache.

Es ist für mich eine Verquickung von Sprache und Bild. Auf Sprache könnte ich auf keinen Fall verzichten.

Der bildlichen Ebene menschlichen Erkennens liegt
- instinktives Bildverstehen zugrunde oder
- beim Spezialisten spezielles Erfahrungswissen, das aus dem Kennen Tausender Bildaussagen (von Patienten oder Künstlern) herrührt.

Grundlage sprachlichen sowie bildlichen Erkennens ist das Erkennenwollen, d. h. eine rezeptive Offenheit, bei der keine Wahrnehmungsinhalte ausgeklammert werden.

Das Bild und die Art, wie es vorgestellt wurde (in drei Sätzen), löst die Resonanz aus. Man kann die sprachliche und bildliche Ebene nicht isoliert betrachten. Sprache ist in der Kunsttherapie nichts Abstraktes.

II.5 Wie hängen die sprachliche und die bildliche Ebene zusammen beim Maler des Resonanzbildes?

Ich würde sagen, da entsteht beim Umdrehen des Resonanzbildes, wenn er den Satz draufschreiben soll, eine kleine Ratlosigkeit. Erst einmal ist da die Resonanz auf das Bild von jemand anderem, dann hat er endlich eine Form gefunden. Jetzt ist er in einer ganz anderen psychischen Verfassung, als wenn er spricht. Das ist eine echte Ratlosigkeit, etwas dazu zu schreiben. Es ist manchmal schwierig, aus dem Darstellen in das Reflektieren und Formulieren überzugehen. Es ist eine gute Übung und gleichzeitig ein Akt der Selbsterkenntnis. Der Maler benennt etwas, was er gemalt hat. Beim Prozess des Benennens erfährt er etwas über sich. Manche sind ratlos und manche wissen es sofort. Sie haben ein Symbol gefunden und wissen sofort, was ihr Symbol für einen sprachlichen Zusammenhang hat.

Während des Malens des Resonanzbildes – geht das ohne parallele Sprache? Funktioniert das Zeichnen ohne Sprache?

Es ist eher verschieden. Wenn jemand ein Symbol wählt, dann ist sicher das Symbol sehr nah an der Sprache. Aber wenn er hilflos irgendetwas abmalt, dann bezweifle ich, dass er sich das Wort innerlich vorsagt. Es ist näher an der Sprache, wenn er nur Linien abmalt, als wenn er ein Symbol wählt.

Die bildliche Ebene ist im Vordergrund und die sprachliche im Hintergrund. Wenn jemand aufgefordert wird, sich damit bewusst auseinanderzusetzen, dann geht die sprachliche Ebene in den Vordergrund und es kommt der Wechsel.

Ja.

Wie wirken diese Ebenen zusammen?

Sehen ist anschauliches Denken. Die Resonanzbildmethode verquickt Bildersprache (Vorderseite) und verbale Sprache (Rückseite). Bilder sind sichtbar gemachtes Wissen.

Das Lesen von Resonanzbildern ist eine Übungssache. Es ist aufgrund der vielen Piktogramme für unsere Generation relativ einfach, Zeichen zu verstehen, z. B. die Verkehrsschilder im Straßenverkehr. Resonanzbilder sind im Gegensatz dazu ganz individuelle Zeichen. Wenn man solche Bilder jahrzehntelang sieht, kommt ein Evidenzgefühl – wie wenn man eine Fremdsprache lernt.

Es hängt zusammen z. B. mit meditativen Übungen des Menschen, der bereit ist, *auf allen Ebenen* offen zu sein und nichts auszuschließen.

Sowohl das bildliche als auch das sprachliche Erkennen sind sehr abhängig vom Symbolverständnis des Erkennenden, d. h. wieweit er in der Symbolik zu Hause ist/wieweit er auch die tieferen Hintergründe der bildlichen und der sprachlichen Äußerungen in Betracht zieht (Bildgeschichte).

Da ein Kulturkreis bestimmte Zeichen gemeinsam hat – ist es dadurch möglich, bestimmte gemeinsame Bedeutungen zu finden?

Ja, manche Piktogramme sind im Ausland ganz anders, z. B. in Asien. Da waren mir manche der Bilder fremd. Aber diese Vorbildung, die unsere Patienten haben, Zeichensprache zu entschlüsseln, kommt von dieser gesellschaftlichen Situation mit diesen Orientierungshilfen, z. B. auf Bahnhöfen.

II.6 Was verstehest du unter dem Begriff Resonanz?

Ich bin gut bekannt mit einem Sänger, der sofort von vibrierenden Saiten, vom Resonanzkörper im Klavier erzählt hat. Das Nachschwingen oder Mitschwingen im Kontakt mit Menschen: Mit einem ist man auf einer Welle, mit anderen nicht – als würden sie ein ganz anderes Instrument symbolisieren, das einem fremd ist, wo es zu keiner Resonanz kommt. Dann ist die Unterhaltung eher anstrengend.

Genauso ist es, wenn man schreibt: Man muss sich in den Zustand versetzen, eine Etage tiefer als die erzählende Ebene. Man kann es nur formulieren, wenn man sich in diesen Zustand hineinversetzt, der dann direkt hinübergeht zum Zuhörer.

Es wird dann auch anstrengender, wenn man sich in einen rein abstrakt kognitiven Bereich begibt, in dem man die abstrakten Begriffe zu klären versucht. Der bildliche Modus ist fast ein Trancezustand und dann kommt es rüber. Es spricht von selbst, ohne dass ich vorher weiß, was kommt.

Ja. Es tut fast weh, wenn man diese Ebenen dauernd wechseln muss. Wenn man sich unterhält auf einer ganz anderen Ebene, als wenn man die Resonanz beschreiben will.

Es wird dem Zauber der Resonanzbildmethode nicht gerecht, wenn sie zerredet wird.

Ja, genau.

II.7 Was wird von dem Malenden durch das »Initialbild« zum Ausdruck gebracht?

Das Initialbild folgt ja auf meine meditativ eingeleitete Einstimmung: Ein *aktuelles* Thema, Gefühl, eine Szene, ein Problem, eigenes oder von einem Familienmitglied, einem Bekannten, ein Traum aus einer der letzten Nächte.

Was wird dann genau zum Ausdruck gebracht?

Die haben Kunstunterricht gehabt, ein Repertoire, wie man z. B. Angst ausdrücken könnte. Aus diesem Repertoire und aus ihrem unterschiedlichen Können, ihrer Verfassung, malen sie das Bild; auch abhängig von dem Material, was man ihnen gibt. Ölkreiden oder Wasserfarben z. B. Ich mag sehr gerne Wasserfarben, weil da Ungeplantes reinkommt, während mit den Ölkreiden alles mehr geplant wird.

Die Teilnehmer haben ein aktuelles Thema und davon eine Vorstellung aufgrund ihrer Erfahrung, ihrer Symbole, unterschiedlichen Ausdrucksfähigkeiten, Kenntnis von Zeichen. Sie haben eine Vorstellung davon, dass dadurch diese Vorstellungen ausgedrückt werden.

Es sind keine Zeichnungen, es ist etwas anderes durch die Wasserfarben. Es passiert etwas, z. B. ein Klecks, da es viel weniger kontrollierbar ist. Es ist emotionaler und weniger vorhersehbar, was sich ausbreitet, was sich vermischt, als wie wenn man mit dem Stift malt.

Was würde der Teilnehmer kontrollieren?

Er will etwas verbildlichen und er möchte sich natürlich nicht blamieren. Er will es verständlich machen. Er kontrolliert den Realbezug. Mit den unvorhergesehenen Ereignissen bekommt es eine neue Richtung, mit der verschieden umgegangen werden kann. Zum Beispiel ist jemand erstaunt über die Mischung von Farben, die er gar nicht geplant hatte. Die Kontrolle bezieht sich auf die, die das später sehen sollen.

Wer macht dann das Bild?

Der Mensch, der sich bewegt, handelt, etwas übersetzt aus dem Erinnerungsspeicher in die Bildebene. Der Mensch besteht nicht nur aus Kognitivem. Es passiert öfter etwas, wenn man mit Wasserfarben malt. *Es* passiert, aber es ist immer der Mensch. Es ist keine Zeichenschule, viele haben jahrelang nicht gemalt. Durch das Verlaufen passiert etwas Unvorhergesehenes.

Der Teilnehmer hat die Absicht, etwas Vorhersehbares zu malen.

Ja, der Prozess des Malens verändert aber das Vorhergesehene in jedem Augenblick. Genau wie wir beide am Anfang nicht wussten, wie wir die Sätze bilden. Sie entstehen. Man hat was vor, aber wie sich genau dieser Prozess gestaltet, kann man nicht 100 % voraussagen, außer man malt immer wieder dasselbe.

Im Initialbild wird meistens eine mit der aktuellen Stimmung verbundene Bildszene oder Farbszene dargestellt. Hat also meistens einen Realbezug, was auch in einer therapeutisch orientierten Gruppe nötig ist. Kein künstlerisches Zusammenspiel von Farben, sondern ein realer Bezug zu einem Traum oder zu einem aktuellen Problem. Dadurch habe ich in der Gruppe reale Probleme von Menschen.

Manche Anwesenden haben das Gefühl, dass es um eine Art Experiment geht. Da machen sie mit. Auch aus Neugier. Oder weil sie bereits durch die Vorstellung der Initialbilder verführt sind, sich einzulassen – auf sich selbst. Sie ahnen gar nicht, wie wesentlich die Aussage des Bildes ist.

Was ist das Wesentliche im Resonanzbild?

Das Wesentliche ist, dass der Teilnehmer überrascht wird (laterales Denken/ Querdenken), ein Thema, das er nicht in dem Seminar erwartet hat. Er denkt, er malt etwas ab für den anderen. Die Quintessenz der ganzen Methode ist das Erstaunen, dass es etwas mit ihm zu tun hat, und zwar ganz viel.

Die Auswahl geschieht intuitiv, durch plötzlich ausgelöste Gefühle, durch Neugier, durch ein unvorhergesehenes Sich-Verstandenfühlen, weil da jemand offenbar Ähnliches erlebt (hat) oder durchgemacht hat oder durchmacht. Oder durch Mitleid, Erinnerung. Man muss unter Zeitdruck ziemlich schnell zu einer Entscheidung kommen. Da ist keine Zeit fürs Abwägen. Manche, die sich nicht entscheiden können, verquicken zwei Resonanzbilder oder machen zwei Bilder, was wiederum symptomatisch ist.

Wenn die Teilnehmer die Initialbilder sehen, werden Vorstellungen ausgelöst. Diese Vorstellungen lösen Gefühle aus.

Ja, die werden dann wieder vergessen. Und durch die Aufforderung vielleicht wieder belebt. Es kann aber auch sein, dass es verdrängt wird und es wird etwas ganz Neutrales genommen. Die Resonanz kann so stark sein, dass man ausweicht auf etwas ganz Unwichtiges. Der Raum ist oft voller Emotionalität. Sich dem Bild zuzuwenden, das an die Grenzen der eigenen Emotionalität geht, erfordert auch Willen dazu. Manche wollen sich vielleicht gar nicht exponieren und sie gehen dann zu etwas anderem.

Es ist ein Schutz, eine Selbststeuerung oder Selbstregulation.

Ja, ein Schutz. Was nicht ausschließt, dass der Teilnehmer es ein anderes Mal aufgreift. Ich hatte Therapiegruppen, die drei Jahre lang gingen und immer mit Malen. Da wurde ein schwieriges Thema dann zum richtigen Zeitpunkt ausgewählt.

II.10   Was wird von dem Malenden durch das »Resonanzbild«
         zum Ausdruck gebracht?

Ein Detail, eine Weiterentwicklung des dargestellten Prozesses, eine Frage, ein Symbol, welches alles zusammenfasst, was verstanden wurde. Oder auch das Eigentliche, von dem im Initialbild abgelenkt wird. Sie malen dann nicht das Bild ab, sondern das, was sie meinen was dahinter ist. Die besondere Bildkonstruktion. Das Detail wird nicht naturgetreu abgemalt, sondern variiert und raumsymbolisch anders angeordnet. Manchmal wird ein Symbol therapeutisch verändert, dass es einem besser gefällt oder erträglicher wird. Es wird fast ein therapeutischer Vorschlag gemacht. Ein Element wird übernommen und verändert.

Der Klient hat ein Streben oder eine Kraft, sich zu heilen.

Ja, die Psyche hat diese Tendenz, sich so zu regulieren, dass es besser aushaltbar ist.

Und sich weiterzuentwickeln.

Ja. Die Veränderungen gehen meist nicht ins Brutale, sondern ins Abgeschwächte.
    Eine Teilnehmerin hat einmal ein esoterisches Symbol gewählt, das vom eigentlichen Thema abgelenkt hat. Ich war froh, dass ein Teilnehmer gesagt hat; »Du versteckst dich hinter deinem Symbol« und das in seinem Resonanzbild verdeutlicht hat. Das hat dann wiederum eine Bedeutung für den Maler oder er will sagen: »Guck mal, was für ein toller Analytiker ich bin.« Was Kluges sagen, besser sein wollen als die anderen oder eigentlich spirituell sein wollen etc.

II.11   Welche Bedeutung haben dabei die bildliche und
         die sprachliche Ebene?

Für mich hat die bildliche Resonanz den Vorrang. Sie ist näher an dem Gefühl, das beim Betrachten des fremden Initialbildes aufgetaucht war und die Resonanz ausgelöst hatte.

Der geschriebene Kommentar auf der Rückseite ist manchmal künstlich dazugesetzt, nach Reflexion, soll originell oder klug wirken. Die sind versunken in der Resonanz und sollen dann auftauchen und es benennen. Das ist nicht so einfach.

Das Benennen ist auch wichtig; dass das Resonanzbild kognitiv erfasst wird.

Ja, aber zum Teil falsch, es unterliegt der Abwehr. Das Überraschende ist ja unbequem oder unangenehm. Das löst oft Angst oder Wut aus und wird dann nicht benannt, weil es aus einer abgespaltenen psychischen Region kommt. Es wird dort gleichzeitig wieder zurückgeschickt. Das kann auch sexuell und peinlich sein.

Durch die Sprache wird dem eine andere Bedeutung gegeben?

Ja, manchmal wird das Resonanzbild durch die Sprache benannt, oder es wird im Sinne der Abwehr von etwas abgelenkt.

Wenn der Therapeut nicht analytisch denkt, dann ist es trotzdem gut zu wissen, dass es nicht unbedingt die Benennung ist von dem, was aufgetaucht ist.

Das würde bedeuten, dass diese Benennung wiederum selbstreguliert ist …

… um in der Gruppe drinzubleiben, um sich nicht zu exponieren und nicht komisch angeguckt zu werden.

Je nachdem, wie sich der Teilnehmer fühlt, wird dementsprechend auch die Benennung ausfallen.

Ja. Und wichtig ist, das nicht zu bewerten, sondern es einfach in Betracht zu ziehen.

Theoretisch erklärt die Systemtheorie, dass die Verfassung – psychisch und physiologisch – einen Einfluss darauf hat, wie ich etwas benenne: »Die derzeitige Grundstimmung bestimmt die Logik.«

Daher ist es so wichtig, dass die Therapeutenpersönlichkeit das alles auffangen kann. Es ist oft viel differenzierter, als man zunächst glaubt.

Zunächst »weiß« er gar nicht, warum er ein Detail ausgewählt hat. Die Vorstellungsrunde hat vielleicht eine kleine Verwirrung ausgelöst. Das ist es ja gerade – es ist keine Zeit zu langer Reflexion. Die Resonanz soll gleich aufgezeichnet werden.

Da manche sehr spontan und schnell wissen, was sie zeichnen wollen, wirkt das ermutigend und ansteckend. Oder jemand nimmt (scheinbar!) irgendetwas, weil er meint, das könne ja nicht so bedeutsam sein.

Das System wird erweitert – und das hat eine ungeheuerliche Wirkung! Erst scheint es so, als seien eben statt eines Bildes zwei da (Veränderung der Zahl). Aber sobald man als Therapeut dazu anregt, einen eventuellen Zusammenhang zu sehen bzw. zu finden, wird ein unglaubliches Assoziationsfeld aktiviert. Das ist ähnlich, wie wenn ich das System sprenge, wenn ich die Frage stelle: »Was ist in dem Aufzug passiert?« Dann kommt erst Verwirrung und dann das Eigentliche, was die Teilnehmenden aber gar nicht geplant haben. So ist es hier auch. Sie haben keinen Zusammenhang gesehen zwischen sich und dem Resonanzbild und jetzt plötzlich wird das mit dem Initialbild assoziiert. Ein aufgewühlter, begrenzt kontrollierbarer Prozess. Das tiefere Angesprochensein, das sich im Resonanzbild ausdrückt, kommt wieder ins Spiel und wird in Verbindung gebracht mit dem Initialbild.

Ich stelle dann gezielt Fragen, um den Zusammenhang in einer überschaubaren Zeit herzustellen. Man kann es aber auch dem Teilnehmer überlassen.

Der Teilnehmer sucht nach Bedeutungen, die das Resonanzbild für ihn haben könnten.

Wenn auf den ersten Blick kein Zusammenhang herstellbar ist, stelle ich dieses Feld her, gehe eine Etage tiefer, in eine leichte Trance. Und dann ergibt sich für mich plötzlich der Zusammenhang der beiden Bilder und mit dieser Person. Dafür braucht man Erfahrung, auch dieses Nichtwissen auszuhalten und diesem Feld Raum zu geben, in dem der Zusammenhang auftaucht. Das geht nicht über den Kopf. Es erfordert den Mut, alle warten zu lassen, nichts zu machen (absichtsloses Warten), bis sich die Erkenntnis dieses Zusammenhangs einstellt.

In dem erweiterten Assoziationsfeld leuchtet dann auf einmal ein Wort auf oder ein weiteres Bild. Dies wird von dem sehr aufmerksamen Kunsttherapeuten wahrgenommen und aufgegriffen. Ein ganzer Themenkomplex tut sich auf. Und um diesen geht es. Denn es handelt sich fast immer um eine verdrängte, abgespaltene oder im Familiensystem tabuisierte Thematik.

*II.15   Was könnten Sie sonst noch zu dem Vorgang
       der Resonanzbildmethode sagen?*

Den Zusammenhang zwischen den beiden Bildern zu sehen, kann nicht intellektuell und nicht schnell passieren. Dass man sich diese leichte Trance erlauben kann, das kann nicht jeder.

Welche Erkenntnisse gewinnt der Teilnehmer beim Betrachten beider Bilder?

Dass das Initialbild nicht das eigentliche Thema seines Lebens ausdrückt, sondern dass das Eigentliche in seinem Resonanzbild ist. Oder dass er das Thema des Initialbilds plötzlich neu sieht, es in einen Systemzusammenhang setzt. Dass es dadurch einen anderen Schwerpunkt, eine andere Bedeutung bekommt. Das Assoziationsfeld um das Initialbild wird aufgebrochen, irritiert, weil jetzt ein neues Assoziationsfeld kommt. Das macht das Feld, nicht er allein oder ich allein oder die Bilder allein.

III   Verständnis von Veränderung

III.1   Was wird durch die Resonanzbildmethode im Menschen verändert?

- Der Zugang zu abgespaltenen Lebensthemen wird geöffnet.
- Es kommt zu Aha-Erlebnissen.
- Einfälle – etwas Vergessenes taucht auf.
- Es tun sich unerwartete Zusammenhänge auf.
- Das Repertoire des Gedächtnisses wird erweitert, weil der Teilnehmer nachdenkt, und dadurch wird das Gedächtnis aktiviert.

Die Veränderung geschieht auf der Gefühlsebene und auf der Erkenntnisebene. Der Patient erkennt, was er eigentlich braucht, was er verloren und nie betrauert hat, etc. Er erkennt, was er versäumt hat, was er nachholen und anpacken sollte. Erinnert sich – wehmütig oder glücklich. Alles wird aufgebrochen, wie wenn man in ein Wespennest sticht. Und es ist Aufgabe des Therapeuten, das zu teilen. Es sich beschreiben lassen. Natürlich gibt es Mechanismen, das schnell wieder zuzudecken, auch das sollte der Therapeut (zunächst) teilen. Lösungen sind erst mal gar nicht wichtig.

Einmal hat die Frau in meinem Dokumentarfilm beim Erzählen fröhlich geguckt, sonst traurig. Das habe ich mir gemerkt und dann nachgefragt: »Was war das für ein Moment?« Sie sagte: »Beim Hier und Jetzt.« Das ist mein Lieblingsthema: Im Hier und Jetzt wird das Aufgestöberte gelassen. Ein spezifisches Frageschema, wie früher das Anamneseschema, habe ich hinter mir gelassen. Ich nehme alles auf und lasse das Feld sich entwickeln. Die Lösung ergibt sich dann von selbst, wenn ich warten kann und mich nicht unter Erfolgsdruck setzen lasse.

Das Wort »zusammenspielen« trifft es genau – nämlich das systemische Ineinandergreifen von kognitiven Prozessen, von Emotionen, vegetativem Nervensystem und Gehirn. Es gibt auch ein körperlich akzentuiertes Erkennen: Es wird einem kurz schwarz vor den Augen, man zittert, einem bleibt die Sprache weg, es fehlen die Worte etc. Ein Spiel zwischen den Ich-Funktionen, zwischen den Ebenen.

Die Gruppe ist bekannterweise mehr als eine Anzahl von Einzelnen. Jede Gruppe schafft ein ihr eigenes »Klima«.

Dieses Gruppenklima ist sozusagen die Matrix, die alles, was geschieht, aufnimmt, »verdaut« oder nicht aufnimmt – weil es zu heftig, zu schnell, zu bedrohlich herauskommt. Wenn z. B. ein Resonanzbild etwas sehr Bedrohliches auslöst, alte Traumata, dann kann für manche Gruppenteilnehmer eine unerträgliche Emotionalität entstehen. Jede Gruppe ist anders.

Die sprachliche Ebene hat für mich in der Kunsttherapie eine große Bedeutung, z. B.

- um zu beschreiben, was sich da gerade zeigt und was die Teilnehmer fühlen (Angst, Befremdung, Ekel, Wut, tiefe Trauer etc.);
- um zu analysieren und zu beschreiben, was der Auslöser sein könnte;
- um zu integrieren, was die Gruppe im Moment zu sehr belastet hat und was sie möglicherweise »ausscheiden« will. Was im Gruppenkörper passiert, ist den Verdauungsprozessen sehr ähnlich. Wie ein Organismus (ein Gruppen-biest), der etwas verdauen muss und irgendwann an seine Grenzen stößt. Der dann etwas ausscheiden oder erbrechen will. Ich bin dabei und kann ein bisschen Verdauungshilfe leisten. Aber auch der Therapeut kann das nicht unbegrenzt, dann kann man es freundlich aufschieben. Er darf nicht aus-rasten, wenn die Verdauung nicht geht.

Bei alledem ist bei sprachlichen Äußerungen wichtig, *wie* es gesagt wird, d.h. mit welcher Wortwahl und mit welcher Stimme!

Ohne Sprache kann man nicht erkennen – würdest du das bestätigen?

Ja, ich habe mich immer für Sprache eingesetzt. Manche denken, Sprache sei was Intellektuelles und ganz weit weg vom Bild, was aber nicht stimmt. Eine Sprache, die dem Bild gerecht wird, muss man sich erst aneignen.

Dann ist es nicht möglich, etwas zu erkennen, ohne Sprache einzusetzen?

Es gibt verschiedene Schulen, die das ablehnen. Ich habe das nie verstanden. Ein Bild, das Leidensanteile zeigt, soll Teil eines Prozesses sein, und um diesen Prozess zu teilen, brauche ich die Sprache. Oder ich muss alles auf der Bildebene machen, aber das ist nicht mein Stil. Manche machen das anders.

III.6 Was könntest du sonst noch zu deinem Verständnis von Veränderung sagen?

Die in der Therapie und speziell bei der Resonanzbildmethode angestrebte Veränderung steht für mich im Dienste der Ganzwerdung, Individuation (C. G. Jung). Das Dazunehmen von Bereichen, die ausgeklammert, abgespalten und nicht gelebt wurden.

Gisela, ich danke dir für dieses Gespräch!